普通高等教育"十一五"国家级规划教材

"十二五"职业教育国家规划教材
经全国职业教育教材审定委员会审定

广西壮族自治区"十四五"职业教育规划教材

分销渠道设计与管理

Fenxiao Qudao Sheji Yu Guanli （第4版）

主 编 李小红

副主编 赵 锋 黄 坤 潘 峻

重庆大学出版社

内容提要

全书分为 10 个项目,内容包括:分销渠道入门、分销渠道的成员、分销渠道系统设计的技术、分销渠道管理的基本原理、分销渠道管理实务、评估并完善分销渠道、分销渠道的物流管理、信息系统管理分销渠道、网络分销渠道、国际分销渠道等。

本书收编了分销渠道管理部分最前沿的理论和相关的新知识,也提供了大量反映行业管理的阅读资料和鲜活的企业渠道管理案例,有很强的前瞻性和实效性,既能满足高职院校市场营销、工商管理、物流管理等相关专业学生的需要,也能够满足市场营销人员专业培训的需要。

图书在版编目(CIP)数据

分销渠道设计与管理 / 李小红主编. -- 4 版.
重庆:重庆大学出版社,2024.8. -- ISBN 978-7-5689-
4712-1
Ⅰ. F713.1
中国国家版本馆 CIP 数据核字第 2024AT3796 号

高职高专市场营销专业系列教材
分销渠道设计与管理
(第 4 版)
主 编 李小红
副主编 赵 锋 黄 坤 潘 峻
策划编辑:尚东亮

责任编辑:陈亚莉　　　版式设计:尚东亮
责任校对:谢 芳　　　责任印制:张 策

＊

重庆大学出版社出版发行
出版人:陈晓阳
社址:重庆市沙坪坝区大学城西路 21 号
邮编:401331
电话:(023) 88617190　88617185(中小学)
传真:(023) 88617186　88617166
网址:http://www.cqup.com.cn
邮箱:fxk@cqup.com.cn(营销中心)
全国新华书店经销
重庆升光电力印务有限公司印刷

＊

开本:787mm×1092mm　1/16　印张:21.75　字数:541 千
2004 年 8 月第 1 版　2024 年 8 月第 4 版　2024 年 8 月第 14 次印刷
印数:37 576—40 000
ISBN 978-7-5689-4712-1　定价:48.00 元

第 4 版前言

本教材修编坚持以习近平新时代中国特色社会主义思想为指导思想。党的二十大提出构建更高水平的中国特色社会主义市场经济体制的目标，这为我国经济高质量发展和充分发挥市场配置资源作用提供了重要的制度支撑，也为我国企业在市场法制化规范下公平竞争提供了重要的保障。企业的高质量发展是要建立在科学管理和营销创新的基础上的。企业分销渠道的设计与管理能力正是其营销管理的关键能力之一，也是营销管理者必须掌握的核心能力。

随着网络化、数字化、智能化、人工智能(AI)等现代信息技术全面地影响社会经济生活，企业的分销渠道环境也发生了根本性变化，从"赢在渠道"到"赢在终端"到"赢在流量"，分销渠道经历了三级跳的跨越。如："跨境电商"的概念颠覆了分销渠道覆盖区域的空间概念，即随时随地可以实现"买全球、卖全球"的国际贸易活动；大数据的应用能帮助企业精准锁定目标顾客，解决了长期困扰企业关于分销渠道在"最后一公里"的效率问题；"网络分销渠道管理"的模式创新完全突破了阻碍渠道扁平化和渠道管理效能低的瓶颈；在以现代信息应用技术覆盖的全渠道链管理上产生了新渠道、新零售，使得"虚实结合""批零结合""线上线下"的商品销售衔接有序，有效解决了商流、物流、资金流、信息流脱节的矛盾，显示"终端为王"的魅力；以新媒体应用技术为突破口的业态创新、短视频营销、移动客户端营销等新业态的出现，彰显了"流量为王"的巨大爆发力。营销创新的潮流风起云涌，渠道创新势不可挡。在企业渠道环境多变和科学技术应用推动管理创新日新月异的今天，分销渠道教材的修编也需要与时俱进，以适应我国企业营销渠道的创新发展。

本教材修编突出以下特点。

1.守正创新。本教材的修订编写遵循了"守正创新"的指导思想。"守正"守的是高质量发展新时代中国特色社会主义市场经济的正道，守的是新时代中国特色社会主义市场经济法治化建设的正道，守的是企业渠道管理的科学化和规范化的正道，坚持以课程思政建设为目标并贯穿教材修编的始终，就是为了守住教材的"正道"。"创新"是将中国企业渠道管理创新的实践成果的总结和营销界的理论研究成果结合，初步形成的新理论、新知识、新技术、新方法与时俱进地融入本教材。如：在项目1中，介绍了"渠道扁平化和深度分销""大数据分销渠道"等渠道结构新理论；在项目2中，介绍了"新零售成员"；在项目3中，介绍了"全渠道营销体系模式"和"逆向营销渠道"；在项目7中，介绍了"智能物流与仓储配送管理"；

在项目9中介绍了"新媒体营销技术应用下的短视频营销、社群营销等新业态";在项目10中介绍了"跨境电商渠道模式""国内国际两个市场化,双循环经济"等,把这些新理论或新知识点、新技术应用编入修编的教材,进一步增强了教材的前瞻性和现代感。

2.仿真务实。本教材修编从满足"教学做一体"的高职教学模式改革的需要,从培养企业高级营销人员的职业岗位能力的需求出发,根据分销渠道设计与管理实务的工作过程的各个环节和各项目标任务的要求进行分解,分别从"分销渠道成员实务、渠道设计实务、渠道管理实务、渠道评估与控制实务、渠道物流实务、渠道信息管理实务、网络分销渠道实务、国际分销渠道实务"等分销管理实务板块构架了相应的教学模块,并根据营销人员分销管理的岗位工作过程及工作任务要求和工作标准的要求,设计学习目标,分别将知识点、专业技术能力、职业素质等融合到教材内容、教材体例中。例如:从仿真的角度,每一个项目都以案例导入为开篇,都以任务为驱动展开学习内容,让学生带着问题去学习,从学习中寻找解决问题的思路和答案,为启发式教学和项目式教学、案例教学改革取得实效提供脚本;教材整理了企业管理中鲜活的案例和最新的行业管理资讯,通过将大量的阅读资料、小思考、案例与思考、实训技巧提示等编入教材中,拓展学生的视野,帮助学生理解相关知识的重难点;为学生提供丰富的学习参考和实务操作技巧练习,为了解决学生边学边练的难题,教材加强了每个项目的综合实训练习的质量,并嵌入了大量阅读材料与案例,精心设计情境模拟训练等,强化渠道管理实务技术的训练要求等,满足了"教学做一体化"的教学改革要求,突出培养学生学以致用的能力。

3.突出教材数字化。在教材的修编中,通过应用数字化的手段、工具和技术,收集、整理、编辑了大量短视频案例,用于佐证相关的知识点以及技能要求,还用数字化工具梳理了部分重要的知识点和技能要求,以及鲜活生动的企业市场实战案例等,让原有的文字表达富有画面感,更具有可视性、趣味性、可读性、可模仿性,实现了教材"鲜起来,活起来,动起来"的效果。本版教材还配套了包括可参考的课件、教案、阅读参考书、课后练习、补充案例等丰富的课程教学资源库。通过课程教学资源库既可助力教师的线上线下教学,同时,也能帮助学生开展自学和网上学习。

4.校企合作。本教材由广西经济职业学院牵头组织修订编写,合作支持单位有广西财经学院、广西凯宁置业投资有限公司和广西一九岜非影视传媒有限公司。在教材编写中,广西凯宁置业投资有限公司的黄坤讲师、营销总监潘峻讲师(经济师)等承担了本教材的副主编和参与教材修订编写的工作;广西一九岜非影视传媒有限公司的总经理马亚非(跨境电子商务师)、教育总监黄玉宇讲师等提供并编写教材的案例,提供教学资源库所需要的资源素材等。这些具有企业高管背景的专家还分别承担了课程的教学和项目式教学实训指导等工作,他们既长期担任企业的营销管理职务,如营销经理、营销总监,又兼任高职院校的讲师,所以本教材修订编写的成员是由具有"双师型"素质的教师组成的。他们能够把相关理论、知识点与工作岗位实操要求、工作规范要求相结合,使得本教材具有很强的实用性和可操作性,还把丰富的市场实战案例选入教材,增强了本教材的可读性和可借鉴性。

本教材自2004年第1版出版以来,始终坚持边教学、边实践、边总结、边修改完善的宗旨,得到了全国众多高职院校的师生和行业专家的广泛认可,本教材2006年被评为普通高等教育"十一五"国家级规划教材,随后进行修编推出了第2版,2013年又入选教育部"十二五"职业教育国家规划教材立项建设。此次,是为本教材获得了广西壮族自治区"十四五"职业教育规划教材立项而进行新的修编。

本教材的第4版修订工作,由广西经济职业学院教育顾问李小红教授担任主编,由广西财经学院赵锋教授、广西经济职业学院黄坤讲师和潘峻讲师担任副主编。具体分工如下:李小红承担全书的修订编写总设计工作,负责全书总纂稿、项目1、项目8、项目10的修编和案例整理;赵锋担任本教材修编的策划;黄坤承担项目5、项目6的修编和部分案例的整理,并承担全书视频案例的编辑;潘峻承担了项目3、项目4的修编和部分案例的整理;石彩梅讲师承担了项目7、项目9的修编,全书练习题的修编,并承担了课程教学资源库资源的收集整理;韦晓讲师承担了项目2的修编;黎超老师参与了部分教材视频案例的收集与整理。马亚非总经理承担了部分案例的编写、黄玉宇讲师承担了部分案例的编写。因为本教材修订编写是在前面共3次出版的版本基础上完成的,特向为原来版本编写付出心血的原作者表示衷心的感谢!

本教材编写中参考和借鉴了国内外营销同人的部分成果,也借用了不少其他媒体上的案例或阅读资料,在此一并表示感谢!本教材从第1版到第4版的每一次修订出版都得到了重庆大学出版社的大力支持和帮助,在此,特别鸣谢!

限于编者水平,书中不乏疏漏之处,敬请各位读者批评指正。

编　者
2024年3月

教学资源库

目　录

项目1
分销渠道入门

【学习目标】

知识目标

◇理解分销渠道的概念及含义；

◇掌握分销渠道的基本职能、基本流程、基本结构等知识点；

◇理解渠道扁平化与深度分销的基本释义；

◇认识分销渠道的效率目标；

◇了解我国分销渠道发展趋势。

能力目标

◇能够区分不同结构分销渠道的优缺点及应用技术；

◇初步掌握选择分销渠道流程、渠道结构等实务；

◇能理论联系实际理解渠道扁平化和深度分销策略的应用技术。

素质目标

◇以社会主义核心价值观为引领，学生通过学习和掌握分销渠道设计和管理的基础知识和基本理论，为将来从事市场营销工作打下扎实的专业技术基础。

【导入案例】

娃哈哈的分销渠道

娃哈哈是我国著名的食品饮料品牌。长期以来,它在全国 31 个省区市选择了能控制一方市场的 2 000 多家经销商,坚持用"联销体"模式,构建起了几乎遍布中国每一个城乡消费者的分销体系。消费者可随时随地购买娃哈哈的产品。

这个"联销体"主要是由总部、省(区)分公司、特约一级批发商、特约二级批发商和三级批发商、零售商等娃哈哈联销体网络成员构建的一个全封闭式的、完整的全国分销渠道网络(见下图)。

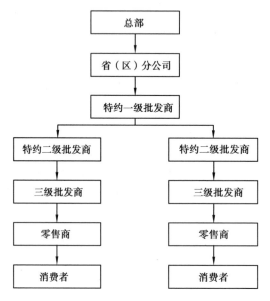

娃哈哈品牌的食品和饮料产品线丰富,长期以来娃哈哈总部根据多元化产品的特点,设计了以多渠道为主的分销系统,即形成了以间接渠道和密集型分销为主要特点的分销渠道模式。近年来,娃哈哈的分销渠道除了传统的层层分销到消费者的模式,也开启了以总部为主体的电商分销模式,分别在电商平台如淘宝、京东、拼多多等设有专店,并且在抖音等短视频营销平台也都在线开设了专窗,以充分满足各类消费者线上和线下便利购买的需求。娃哈哈对分销渠道的不断改革和创新,主要目的就是方便消费者购买,扩大市场份额,强化娃哈哈品牌知名度。现今,娃哈哈分销渠道密集分布在全国市场终端,遍布全国各地的大大小小的便利实体店,直至比较偏僻的乡镇村庄都能买到娃哈哈的产品。

从娃哈哈构建的"联销体"分销渠道看,娃哈哈总部直接控制了几十家分厂及销售分公司,这些分厂和销售分公司并不具备独立的法人资格,所有的资金、分配权都集中在总部,总部统一制订各种各样的促销政策,提供一定比例的促销费用,并实行返利激励和间接激励相结合的激励制度,这种比较集中的分销管理模式,既可以激发经销商积极性,又保证了各个层级经销商的利润。

娃哈哈"联销体"的运作模式的特点:(1)根据各个经销商的规模由特约一级批发商打一笔预付款给娃哈哈,娃哈哈支付与银行相当的利息,然后每一次提货前,结算上一次的货款。特约一级批发商(简称"一批商")在自己的营销区域内发展特约二级批发商(简称"二批商"),一批商与二批商也用同样的方式结算货款。这样管理的好处是,分销系统的资金链畅通,不容易产生拖欠货款或资金链断裂的现象,有效地控制了坏账和死账的风险。(2)适宜的"联销体"渠道是一个利益连体的模式,它能促进娃哈哈产品渠道扁平而快速地下沉到终端市场,从而使产品快速送到消费者手中,能迅速拓宽市场,提高产品市场占有率。(3)严格的利益分配机制是构建一个利益连体的保证,能保证经销商各自的利益,有利于调动经销商经营娃哈哈产品的积极性,也保证了整个分销渠道的稳定。(4)娃哈哈构建覆盖全国的"联销体"基本实现以各区域市场的特约经销商为主的,包括县级经销商在内的封闭式的销售网络,有效保证了产品在全国市场长期的货源稳定调配和供应。

(资料来源:百度文库)

请问:

1.为什么说娃哈哈的分销渠道属于多渠道为主的分销结构?

2.娃哈哈的"联销体"分销渠道结构有什么特点?

任务1　理解分销渠道的含义

1.1.1　分销渠道的含义

1)分销渠道的基本概念

分销渠道也称分销通道,是指商品或服务从制造商向消费者转移的通道或路径。制造商生产的商品或服务通过这条通道或路径,可以顺利到达消费者。分销渠道涉及若干个中间环节,通常包括制造商、批发商、零售商及其他辅助机构。他们为使商品或服务顺利到达消费者而履行各自职能,通力合作,有效地满足市场需求,实现产品价值和企业效益。

2)分销渠道概念析义

一般说来,分销渠道的概念包含以下4层含义。

(1)分销渠道是由渠道成员的经济活动构成经济关系的集合

集合的起点是制造商,终点是消费者。一个完整的分销渠道过程是由两个或两个以上的渠道成员,主要是那些相互独立、相互衔接的专门从事流通的中间商机构或个人分工与协作的结果。因此,从一定程度上说,分销渠道就是若干个中间商的利益关系以及这些关系的集合。

(2)分销渠道是通过渠道成员的营销活动向消费者提供价值的过程

销售渠道作为商品流通的途径,必然是一端连接生产者,一端连接消费者,制造商的商品或服务通过销售渠道源源不断地流向消费者,实现了商品所有权和商品实体的转移,商品价值从生产者手中通过中间商交到消费者的手上,满足其价值需要。分销渠道因此具有实现商品价值及提高交易效率和效益、增强企业竞争优势的功能,有助于商品迅速到达消费者手中。如导入案例提及的娃哈哈"联销体"的分销渠道建立后,构建了一个利益连体,这既保证了经销商各自的利益,调动了经销商积极性,也保证了整个分销渠道的稳定。

(3)分销渠道的核心问题是交易活动,即买卖双方的购销活动

一般分销渠道的过程都是由一次或多次的交易活动完成的,也就是说,商品或服务从制造商出来要经过一次或多次的商品所有权更换。同时,商品或服务的实体要在一定的时间和空间里转移,最后才到达消费者或用户手中。因此,也将这样的商品流通活动称为商流、物流、资金流、信息流的"四流"活动。

(4)分销渠道是一个多功能系统

这个系统的活动包括商品或服务流转过程的调研、购销、储运、分拣包装、融资、配送等多种职能,这些职能也是分销渠道的基本职能。这些职能发挥作用主要体现在通过中间商成员的共同努力,刺激消费需求,扩大销售,实现渠道成员追求的营销效益上。

[小思考 1.1]　　　　　　　　　　家用电器的分销渠道

广州市某电器企业生产的一批空调,用火车运到长沙市,销售给当地的专营批发商。批发商把这一批空调转卖给益阳市一家百货商场。批发商负责把空调从火车站用汽车运送到益阳市的百货商场,这批空调最终通过百货商场销售给益阳市的家庭消费者和机关事业团体,即终端用户。

在这批空调的分销过程中,广州市某电器企业、铁路运输公司、长沙某专营批发商、长沙某仓储公司、汽车运输公司、益阳市百货商场、广州和长沙两地的商业银行、家庭消费者和机关事业团体都是参与者。

广州市某电器企业、长沙某专营批发商、益阳市那家百货商场和最后的购买者(普通家庭消费者和机关事业团体)构成了分销渠道,因为只有这些渠道成员就商品所有权发生过交易关系,如图 1.1 所示。

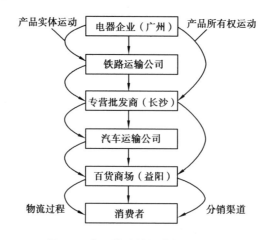

图 1.1　商品的分销渠道与物流过程

请问：

1.空调分销渠道有哪些参与者？

2.这些参与者各自承担的职能是什么？

1.1.2　分销渠道的基本职能

假设某果汁饮料制造商的分销渠道结构如图1.2所示。图中列举了果汁饮料从制造商到达消费者手中所经过的流程。它是由若干个相互独立的渠道主要成员（如各个销售组织和代理机构组织，加上一部分渠道辅助成员，如运输商、广告公司、财务机构等）共同构成的渠道系统。它们各自履行一种或多种职能，各司其职，促进产品或服务最终实现销售。

视频：采摘、质检、分级、拍卖、分销，玫瑰最终在情人节到达人们的手中

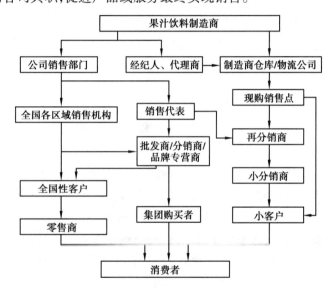

图1.2　某果汁饮料制造商的分销渠道图

图1.2展示了分销渠道是由若干个渠道成员（包括主要成员和辅助成员）组成的，各个成员各自履行自己的职能，彼此互为上下游且密切联系，在流通链中互动与合作，形成了一条增值的分销价值链，最终实现顾客价值。

1）分销渠道的九大基本职能

分销渠道的基本职能就是指分销渠道的功效和能力。一般来说，分销渠道具有九大基本职能：调研、促销、寻求、编配、洽谈、物流、融资、财务、风险等。

①调研。搜集、整理现实与潜在消费者、竞争者以及营销环境的相关信息，并及时地传递给渠道中的其他参与者和合作者。

②促销。各个环节的成员通过各种促销手段，把商品和服务的有关信息传播给消费者，刺激消费者的需求和购买欲望，促使其产生购买行为。

③寻求。通过认真分析市场机会，寻求潜在市场和潜在消费者，针对不同细分市场目标

消费者的特点,提供不同的分销渠道形式。

④编配。按照买方要求分类整理供应商品,例如,按商品相关性分类整理和组合,调整改变商品包装大小、分级等,以满足不同消费者的需求。

⑤洽谈。各个渠道成员之间,按照互利互惠、彼此协商的原则,就有关交易商品的价格、付款和交货条件等达成协议,促成买卖双方功能的实现。

⑥物流。分销渠道最终要实现把商品送到消费者手中,满足其消费需求,因此,分销渠道不能缺少采购供应、商品实体的运输、储存和配送服务等功能。

⑦融资。为了顺利地实现商品的交换,分销渠道的成员之间可以用赊销、信用的形式互相协作,加速商品流通和资金周转。

⑧财务。分销渠道促进商品交易和实体分销的活动是伴随着资金的流通而进行的。分销渠道离不开货款往来、交易费用支付和消费信贷等,这些活动的有效实施需要筹措、用活和用好有限的资金。因此,分销渠道财务管理的功能必不可少。

⑨风险。分销渠道成员除了在商品流通中通过分工分享利益,还应共同承担商品销售、市场变化带来的风险。

2) 确保实现分销渠道基本职能的原则

一个完整的分销渠道过程是分销渠道基本职能的集合,但在分销渠道的过程中,并不是每个渠道成员的分销活动执行全部的渠道职能。由于渠道成员分处不同的流通环节,所起的作用不同,他们所承担的渠道职能就有所不同。在分销渠道的流通过程中,渠道成员是由供应链联系起来的既有分工又有协作的联合体。在渠道成员之间,这些基本职能可以相互转移。分销渠道的基本职能,哪一部分应由哪些成员来承担,或者是否需要在渠道成员之间转移,应符合"流通效率更高、交易成本更节约"的原则。

从以上对分销渠道基本职能的认识得知,分销渠道成员及其职能的选择,应遵循以下3个原则:

①分销渠道的成员可以增减或替代;

②渠道成员减少或被替代后,其原来承担的渠道职能并不会随之减少或被替代;

③渠道成员的增减或替代,其所承担的职能一般只是在同一供应链上进行向前或向后转移,交由其他成员承担而已。

[小思考 1.2]   IBM 的分销渠道系统

图 1.3 是被联想兼并前 IBM 的分销渠道系统。IBM 根据自己的特点,针对不同用户对计算机产品及服务的不同要求,采取多渠道网络系统,充分发挥渠道功能。IBM 销售公司主要面向大、中型企业用户;IBM 直销公司则主要负责向小型企业和个人职业用户(如律师、会计师等)销售计算机及其配件,销售方式是电话订购和邮购。这两条分销渠道由IBM 直接管理。IBM 的第三条分销渠道由一些独立的中间商组成,这些中间商包括计算机专营商店、代理商和各类经销商,他们负责向数据处理、保险、会计、审计、石油等行业的用户销售计算机及相关软件、配件。各机构均要根据渠道目标的要求完成相应的功能。

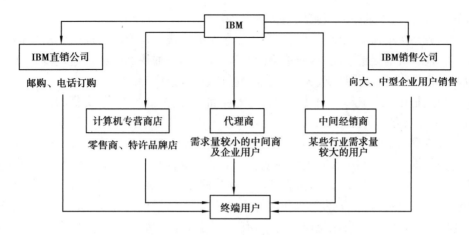

图 1.3   IBM 的计算机分销渠道系统

请思考:IBM 的计算机多渠道网络系统的 3 种销售方式,各自主要承担什么渠道职能?

1.1.3   分销渠道的基本流程

1)分销渠道流程及主要内容

"流程"通常是对商品流动方向的描述。分销渠道的流程就是指由渠道成员依顺序执行的一系列职能,如图 1.4 所示。

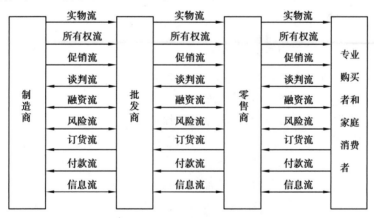

图 1.4   分销渠道流程

①实物流也称物流,是指产品实体在渠道中的空间移动,即从制造商到达消费者的运输和储存活动。物流是分销渠道中十分重要的基础,为了保证渠道的运行效率和质量,渠道成员就要强化物流管理,降低物流成本,提高分销渠道的效率和效益。

②所有权流也称商流,是指商品的所有权从渠道的一个成员转移到另一个成员的过程,表明了流通时所有权关系的变更。一般来说,商流都会在不同的渠道成员之间发生转移,但也有一些渠道成员参与流通活动,商品的所有权并没有发生转移。例如,代理商的活动能促

进商品的流通,但他不是商品所有权的持有者。

③促销流是指渠道成员促进销售的行为。各个渠道成员在商品流通的活动中都会尽可能地应用各种有效的促销手段,尽快地将商品推向消费者,加快商品的流通速度。这些促销手段包括广告推广、营业推广、公关推广、人员推广、服务推广等。

④谈判流是指渠道成员之间就双方交易的商品价格、付款的方式、交货的地点和时间等进行洽谈,一经双方确认就成交。

⑤融资流是指渠道成员之间的资金互相融通的活动。这种融资流可分为前向融资和后向融资两种。供货者向购买者赊销商品就属于前向融资,如某汽车制造商设立专门机构,不仅为他的用户提供财务帮助,还为持有其汽车存货的经销商融资;购买者向供货方预付的商品定金属于后向融资,如买房的消费者预付购房款、家电公司预付货款、大量订购家电商品。

⑥风险流是指渠道成员在流通活动中,有可能遇到像产品积压、过时、报废、丢失、耗损、产品返修率高、合同违约、市场变化、自然灾害等不可预测的损失,这些风险都会在成员之间互相转移,每个成员都有可能要承担流通的风险。

⑦订货流是指渠道成员向供应商订购商品的活动。订货流一般是由专业购买者或消费者向零售商订货,零售商向批发商订货,批发商向制造商订货的后向流程。

⑧付款流是指渠道成员向其供应商购买商品所支付货款,或者支付为实现购销活动发生的服务费引起的资金流动。

⑨信息流是指渠道各个成员之间为了实现促进商品流通,互相传递市场信息的活动。

在以上九大流程中,实物流、所有权流、促销流属于前向流程,即在渠道中依次从制造商流向批发商、零售商、消费者;订货流、付款流是属于后向流程,即分别由渠道中的后一成员流向前一成员;洽谈流、融资流、风险流和信息流则是双向流程,即在交易的成员之间进行。

2) 分销渠道职能与流程的关系

分销渠道职能与流程的关系是指分销渠道的基本职能的实现要通过它的流程来完成,流程效率的高低决定了职能产出率的大小。

从以上的分析得知,分销渠道的职能和流程都是不可或缺的。但在实际的流通活动中,还需解决渠道成员间合理分工的问题。一般情况下,渠道的职能或流程都是分别由多个成员来分工协作完成的,有些成员完成多种职能或流程,有些成员则侧重完成某一种职能或流程,也有单独由某一个成员完成全部的职能或流程。作为控制分销渠道主体的制造商对渠道成员的取舍,应以获得分工和协作的最大利益为前提,充分发挥各个成员在渠道中的专业优势、规模效应,实现更高的流通效率,完成分销的基本职能。

图1.5列出了主要的几种职能以及与这些职能相对应的流程系列。

渠道成员在流通各个环节中的角色不同,相应履行的职能不同,参与流程的程度也不同。如图1.5所示,分销渠道的主要流程,如所有权流、物流、洽谈流、促销流、支付流等,分别由不完全相同的成员承担,各有侧重。而这些流程之间应是协调的、流畅的、前后衔接的。例如,某新产品在市场上销售不理想,究其原因,其中有可能是促销流和物流不协调造成的,尽管该产品市场促销做得很成功,产品的知名度迅速提高,但运输跟不上或库存不足使供应延误,导致许多零售网点常常缺货,直接影响销售效果。

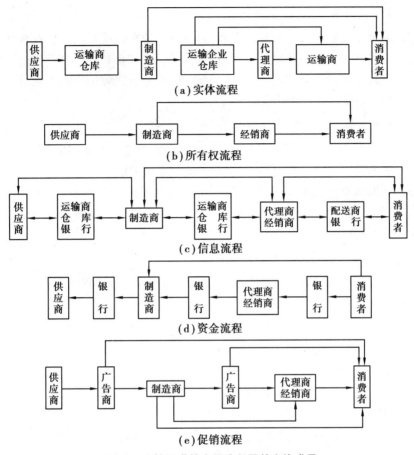

图 1.5 分销渠道的主要流程及其实施成员

在信息技术创新为标志的现代商务环境下,以计算机技术、网络技术、电子技术融合一体的现代信息技术是分销渠道畅通的保证。渠道流程的协调主要靠信息的畅通和共享。通过信息的传递和交换连接制造商、批发商、代理商、零售商、银行等各个成员,使渠道运作协调,商品流通顺畅,及时有效地满足消费者需求。例如,沃尔玛的"零库存"物流体系就是靠其强大的信息管理体系支撑的,消费者在美国的沃尔玛公司购买商品,该信息会同时传到制造商那里,由此信息会变为生产与补充存货的计划,还可以发出发货的指令,这就使货物从制造商到零售商分配的流通成本大大降低,并提高了整个渠道流程的效率。

1.1.4 分销渠道的作用

1)调节产销矛盾

分销要服从市场营销战略的安排,同时要为提高市场营销效率发挥应有的作用。分销在市场营销中承担创造条件或通道消除所有权归属差异、空间差异、时间差异及信息沟通差异的任务。

（1）建立商品销售的渠道，消除所有权归属差异

分销的核心就是要把商品销售给消费者，商品销售的本质就是实现所有权交换，让需要商品的消费者或终端用户能够及时从生产商处获得商品，并有效地消费使用，从而创造所有权效用。分销管理还包括所有权转让形式的创新，如多环节接续销售的通道，代销、经销、地域销售独占、融资促销等多种销售形式。

（2）在消费者面前组织销售，消除空间差异

在市场营销组合的英文表述中，与分销对应的营销功能要素是"Place"即地点，其含义就是要到消费者需要的地点销售商品，让消费者能够零距离地购买和最便利地使用，创造空间效用。分销职能偏重分销渠道的创立和维护，就是为了适应消费者需要的时间和地点高度分散的状况，建立起一个能够面对面地对每一个消费者销售商品的分销网络，而不论消费者是近在咫尺还是远在天涯。

（3）建立和组织物流体系，消除时间差异

商品销售只有在消费者需要的地点和需要的时间进行才能体现其应有的价值。为减少消费者需要时商品的短缺和消费者不需要时商品的积压，分销职能还包括建立和管理物流体系，重视物流管理，追求合理的库存、快速的运输以及灵敏的需求响应。

（4）建立信息沟通渠道和促销渠道，消除信息沟通的差异

渠道的信息系统是双向的，一是"生产商有商品要销售"的信息必须让消费者知道。分销职能还包括商品展示、人员推介、现场促销等多方面的工作，旨在向消费者传递企业和商品信息，实现知识信息效用。二是"消费者需要商品"的信息，也要让营销者知道，他们才能够向消费者提供正确的产品，而且在消费者需要的时间和地点组织销售。作为与消费者直接联系的接触点，分销还承担着收集市场信息、适时反馈调节的功能。

2）降低成本、提高效率

生产者之间或生产者与消费者之间通过中间商进行集中交易，比他们各自分散交易的效率更高。图 1.6 显示了中间商参与交易提高效率的情况。前半部分显示 4 家厂商均利用直销分别同 10 个消费者交易，这时，需要发生 40 次（M×C）交易联系。后半部分显示通过一个中间商交易，其交易联系减少到 14 次（M+C）。

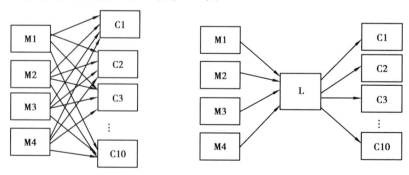

图 1.6　分销商的效率

[特别思考]

如果在上例中,4家厂商使用2家同类分销商,结果会怎么样呢?若使用4家同类分销商呢?直观来看,若使用2家同类分销商其联系次数就从14增加到28;若使用4家同类分销商则联系次数增至56。那么到底选择几家分销商比较科学?我们的回答是:如图1.6所示设厂商为M、消费者为C、分销商为L,只要$L<M\times C/(M+C)$,那么利用中间商就是有效率的! 这也说明,对分销渠道的选择和管理,会对分销效率效益产生重要影响。

3) 增强企业竞争优势

企业竞争优势是指生产企业在市场竞争中获得的,竞争对手无法迅速模仿或者不容易被竞争对手模仿的竞争优势,主要标志是本企业能够获得的利润超过行业平均水平。而分销渠道则是供应链控制优势的主要体现。今天,越来越多的企业认识到:市场竞争已经不是单个企业之间的竞争,而是一个个完整的分销系统之间的竞争。一家公司的长期生存与发展,在很大程度上依赖于其所在的分销渠道系统的协调与效率,以及较好地满足消费者的需求,即针对目标消费者需求,在适当的时间、适当的地点和以适当的方式将消费者需要的产品送达其手中,并提供使用服务,最终赢得消费者。分销渠道的建设有别于其他营销要素的关键之处,就在于它不仅能够帮助生产企业获得持久的竞争优势,还能够使这种竞争优势得到固化,甚至能够与企业的组织结构和文化建设有效地融为一体。

由此得出结论:分销渠道优势应当是生产企业可以长期依赖的重要资源优势。

任务2　认识分销渠道的基本结构

分销渠道的基本结构是指从制造商到消费者的流通过程要经过多少个环节,即渠道的"长度结构",也称为"层级结构",就是渠道的纵向构成;而每一个环节有多少经销商,即渠道的"宽度结构",是指渠道的横向构成。由纵向结构和横向结构构成了某一产品的营销网络系统,也就是分销渠道系统。

渠道规划与设计

分销渠道基本结构包括层级结构和宽度结构。

1.2.1　层级结构

分销渠道的层级结构按照商品从制造商到消费者的转移过程中经过多少个购销环节来划分。每一个环节都发生一次产品所有权的转移,转移多少次就形成多少级的中间商层级。

分销渠道根据级数不同可以分为以下4种形式,如图1.7所示。

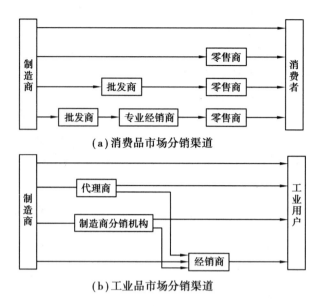

（a）消费品市场分销渠道

（b）工业品市场分销渠道

图 1.7　分销渠道的层级结构

1）零阶渠道

零阶渠道一般也被称为直接渠道或直销形式，是指产品从制造商直接销售给消费者不经过任何中间商环节的分销渠道形式。直销的形式主要有上门推销、邮购、电话销售、网上销售、厂商自设的直销部门等。直销的形式没有经过任何中间商的环节，是最短的渠道模式，能降低交易成本，取得理想的分销渠道效益。随着信息技术的广泛应用和流通手段的现代化，直销形式越来越多，也越来越广泛，其发展前景非常广阔。

2）一阶渠道

一阶渠道是指产品从制造商到达消费者的流通中只经过一个层级中间商的环节。如果是生活消费品市场，中间商常常是零售商；如果是工业品市场，中间商则常常是批发商或代理商。

3）二阶渠道

二阶渠道是指产品从制造商到达消费者的流通中要经过两个层级中间商的环节。如果是生活消费品市场，二阶渠道是经过批发、零售的两个层级；如果是工业品市场，二阶渠道的成员大多数是批发商和销售代理商。

4）三阶渠道

三阶渠道是指产品从制造商到达消费者的流通中要经过三个层级中间商的环节。这是相对较长、环节较多的渠道。对那些日常消费品比较适合。例如，设在居民区附近的小副食店、小百货店、小五金店等小型零售店，这些众多的小零售商通常不是大型批发商的服务对象。为此，有一些专业性的经销商就在批发商和零售商之间，专门为小零售商提供产品和服务。

多数产品从制造商到消费者的分销渠道可能设若干个层级,人们将有中间层级的渠道称为间接分销渠道。一般分销渠道的环节越多,对渠道的管理控制就越困难,所以对渠道环节多少的选择,其关键就在于是否方便消费者或用户购买。

如何把握产品是采用长渠道结构还是短渠道结构,需要比较两种渠道的优缺点和适用范围,如表 1.1 所示。

表 1.1　长渠道与短渠道比较

渠道类型	优点及适用范围	缺点及基本要求
长渠道	适合大量消费的日用品销售;市场覆盖面广;适合市场延伸较长渠道的需要;制造商可以利用中间商的丰富资源,广布网点	制造商对渠道的控制程度较低;产品的流通成本较高,价格难有竞争力;对渠道成员管理的难度较大
短渠道	适应于专用品、时尚品、鲜活产品和消费者较集中的市场区域;制造商对渠道的控制度较高;流通成本较低	制造商要承担大部分或全部的渠道职能,必须有实力才行;市场的延伸力度有限,覆盖面较窄

1.2.2　宽度结构

分销渠道的宽度结构是指在同一分销层级中选择中间商数目的多少,数目越多就越"宽",反之,就越"窄"。

根据同一层级中间商的数量多少,分销渠道的宽度结构可以分为密集型分销、选择型分销、独家分销 3 种类型。

1) 密集型分销渠道

密集型分销渠道是指制造商在同一层级中尽可能多地选择中间商经销自己产品的分销渠道类型。密集型分销渠道能扩大产品的市场覆盖面,网点的密度高,方便消费者购买。例如,可口可乐公司与它的装瓶商、批发商和零售商紧密协作,共同开发了密集型的渠道战略。可口可乐公司的产品出现在百货公司、连锁超市、便利店、小商店、学校、游乐场、旅游场所、体育比赛场地、街道自动售货机、医院等地方。总之,无论在任何地方,人们只要想买饮料,就能买到可口可乐公司的产品,这种十分密集的渠道策略增强了可口可乐的竞争力,为可口可乐公司提供了广阔的市场覆盖面。事实上,如果可口可乐公司的产品不能随时满足数以亿计的全世界消费者的需要,也就没有今天可口可乐在全世界饮料市场的地位。密集型分销会产生较高的渠道费用,因为制造商要将更多的利益让给经销商,而且制造商在对众多的经销商进行管理和控制时,难度会增大。

2)选择型分销渠道

选择型分销渠道是指制造商按一定的选择条件,在同一层级上选若干个中间商经销自己的产品的分销渠道类型。制造商根据一定的时间所确定的渠道战略和市场竞争的实际情况,有条件地选择经销商。通常情况下,这些条件包括经济实力、经营能力、资信水平、促销能力以及服务能力等。例如,制造商需要为用户提供高附加值的服务,要求经销商具有制造商所要求的能力,并在经销活动过程中能按其要求去做,为制造商树立良好的品牌形象。这种渠道类型有利于制造商对渠道的管理,也有利于控制流通成本,提高渠道的效率和效益。

3)独家型分销渠道

独家型分销是指制造商在某一个地区或某一个分销环节中只选择一个中间商经销自己产品的分销渠道类型。独家分销的突出特点就在于"独"字,制造商要求被选中的经销商只经营自己一家的产品,不得经销其他厂商同类的或者是对本企业产品形成竞争的产品。制造商与经销商双方在合作中关系密切,利益相关。独家式分销一般只适合一些特殊的产品,如产品安装、维修的技术性要求高,使用专业性很强的生产资料用品,除此之外还有高档的消费品等。

渠道宽度结构的3种类型各有优缺点和适应性,企业应根据实际情况进行选择。3种宽度结构的分销渠道的比较如表1.2所示。

表1.2 独家型分销、密集型分销及选择型分销的比较

分销类型	含 义	优 点	不 足
独家型分销	在既定市场区域内每一渠道层次只有一个中间商运作	市场竞争程度低;制造商与经销商关系较为密切;适宜特殊的产品分销	因缺乏竞争,消费者的满意度可能会受到影响;经营商对厂商的反控力较强
密集型分销	凡符合制造商要求的中间商均可参与运作	市场覆盖率高;比较适宜日用消费品分销	市场竞争激烈,经销商为了自身利益,可能会破坏制造商的统一营销规划;渠道管理成本较高
选择型分销	有条件地选择经销商	通常介于独家型营销与密集型营销之间	

[案例与思考1.1] **可口可乐在中国的22种分销渠道**

作为饮料行业的第一大品牌,可口可乐公司在中国不仅采用直接控股或与中粮、太古、嘉里等集团公司合资的形式广设装瓶厂,进行市场开拓与分销活动,他们还采用22种渠道,将可口可乐公司的产品分销到每一个角落。

(1)传统食品零售渠道:如食品店、食品商场、副食品商场、菜市场等。

(2)超级市场渠道:包括独立超级市场、连锁超级市场、酒店和商场内的超级市场、批发式超级市场、自选商场、仓储式超级市场等。

(3)平价商场渠道:经营方式与超级市场基本相同,区别在于经营规模较大,而毛利率更低。平价商场通过大客流量、高销售额来获得利润,因此在饮料经营中往往采用鼓励整箱购

买、价格更低的策略。

(4)食杂店渠道:通常设在居民区内,利用民居或临时性建筑和售货亭来经营食品、饮料、烟酒、调味品等生活必需品,如便利店、便民店、烟杂店、小卖部等。这些渠道分布面广、营业时间较长。

(5)百货商店渠道:即以经营多种日用品为主的综合性零售商店。内部除设有食品超市、食品柜台外,多附设快餐厅、休息冷饮厅、咖啡厅或冷食柜台。

(6)购物及服务渠道:即以经营非饮料类商品为主的各类专业店及服务行业,经常顺带经营饮料。

(7)餐馆酒楼渠道:即各种档次的饭店、餐馆、酒楼,包括咖啡厅、酒吧、冷饮店等。

(8)快餐渠道:快餐店往往价格较低,客流量大,用餐时间较短,销量较大。

(9)街道摊贩渠道:即没有固定房屋、在街道边临时占地设摊、设备相对简陋、出售食品和烟酒的摊点,主要向行人提供产品和服务,以即饮为主要消费方式。

(10)工矿企业事业单位渠道:即工矿企业事业单位为解决职工工作中饮料、工休时的防暑降温以及节假日饮料发放等问题,采用公款订货的方式向职工提供饮料。

(11)办公机构渠道:即由各企业办事处、团体、机关等办公机构公款购买,用来招待客人或在节假日发放给职工。

(12)部队军营渠道:即由军队后勤部供应,以解决官兵日常生活、训练及军队请客、节假日联欢之需,一般还附设小卖部,经营食品、饮料、日常生活用品等,主要向部队官兵及其家属销售。

(13)大专院校渠道:即大专院校等住宿制教育场所内的小卖部、食堂、咖啡冷饮店,主要向在校学生和教师提供学习、生活等方面的饮料和食品服务。

(14)中小学校渠道:指设立在小学、中学、职业高中以及私立中、小学校等非住宿制学校内的小卖部,主要向在校学生提供课余时的饮料和食品服务(有些学校提供课余时的饮料和食品服务;有些学校提供学生上午加餐、午餐服务,同时提供饮料)。

(15)在职教育渠道:即设立在各党校、职工教育学校、专业技能培训学校等在职人员再教育机构的小卖部,主要向在校学习的人员提供饮料和食品服务。

(16)运动健身渠道:即设立在运动健身场所的出售饮料、食品、烟酒的柜台,主要向健身人员提供产品和服务;或指设立在竞赛场馆中的食品饮料柜台,主要向观众提供产品和服务。

(17)娱乐场所渠道:指设立在娱乐场所内(如电影院、音乐厅、歌舞厅、游乐场等)的食品饮料柜台,主要向娱乐人士提供饮料服务。

(18)交通窗口渠道:即机场、火车站、码头、汽车站等场所的小卖部以及火车、飞机、轮船上提供饮料服务的场所。

(19)宾馆饭店渠道:集住宿、餐饮、娱乐为一体的宾馆、饭店、旅馆、招待所等场所的酒吧或小卖部。

(20)旅游景点渠道:即设立在旅游景点(如公园、自然景观、人文景观、城市景观、历史景观及各种文化场馆等)向旅游参观者提供服务的食品饮料售卖点。一般场所固定,采用柜台式交易,销售量较大,价格偏高。

(21)第三方销售渠道:即批发商、批发市场、批发中心、商品交易所等以批发为主要业务形式的饮料分销渠道。该渠道不直接服务消费者,只是商品流通的中间环节。

(22)其他渠道:指各种商品展销会、食品博览会、集贸市场、庙会、各种促销活动等其他销售饮料的形式和场所。

请问:从可口可乐的分销渠道结构看,它属于什么类型的渠道?

1.2.3　渠道扁平化和深度分销

渠道的扁平化和深度分销是优化企业分销渠道结构,强化渠道管理,提高营销管理效益需要遵循的重要理念。也是优化渠道结构设计,并强化渠道管理的两个重要策略。

渠道扁平化。渠道扁平化是指企业通过优化的渠道层级,使产品以最短的分销体系到达消费者,目的就是提高渠道管理的效率和营销业绩。"渠道扁平化"的核心就是通过减少管理层次和中间环节,增大管理幅度,增强渠道的可控程度,提高管理的效率,更高效地服务消费者。实现渠道管理扁平化,基于两个条件:一是,因为"互联网+""大数据""人工智能"等信息技术在渠道管理上的应用,为渠道扁平化提供了技术的可能性;二是,由于直营制、连锁经营、网络营销、直销等新兴业态的兴起,为渠道扁平化提供了必要条件,客观上推动了企业渠道扁平化的进程。渠道结构呈现扁平化,能促进企业提高渠道管理效率,可以有效避免渠道成员陷入"价格战""冲突""窜货"等自伤自残的市场混乱局面。同时,渠道扁平化还能促进企业渠道管理重心向下转移,从传统渠道培育经销商转移到服务消费者。渠道扁平化还是一种营销策略,但渠道扁平化并不是简单地减少中间环节,而是通过对渠道结构进行扁平化设计,剔除没有服务质量和效率的,又不能实现增值的渠道环节。在便利消费者购买为中心的前提下,对原有渠道结构进行优化,延伸渠道服务价值链。

深度分销。深度分销是指企业通过一定的手段和方法,将产品尽可能销售到目标市场的每一个层次和每一个角落,达到渠道充满和随手可及。企业都将深度分销作为提高企业市场竞争力的有效手段:深度分销从横向深度来说,是指区域市场的密集分销,企业对特定的目标市场有很高的占有率,实现"渠道充满"的分销目标;深度分销从纵向深度来说,是指"渠道重心"下移,分销链延伸到更小的细分市场,也称为"深耕细作"目标市场。深度分销既是渠道结构设计的理念,也是渠道管理的重要策略。深度分销策略主要应用在消费品的市场。企业通过对目标市场的深耕细作,用密集分销的策略服务目标消费者,才能实现销量最大化以及市场占有率的最大化。中国市场地域辽阔,地区间经济发展不平衡,各地域风土人情也有很大差异,因此必须重视对各地经销商群体在各自市场深度开发方面的支持,充分发挥其贴近市场的本土化优势,将深度分销技术运作到市场实战中,才能实现企业效益最大化。像宝洁、娃哈哈、可口可乐、王老吉等品牌,它们都是靠对既定目标市场的"深度分销",充分利用各个层次经销商在各自市场的资源,对目标市场进行"深耕细作",将产品分销到市场各个层次、各个角落,让目标消费者"随手可及",因此,这些品牌都取得了傲人的市场业绩。

[案例与思考1.2]　　A品牌家居建材企业渠道扁平化

以往家装建材品牌企业的渠道代理商层级过多,由省级代理到县级代理,再到终端。由于渠道层级多,经销成本高,层层加价,到了终端市场,产品就失去了竞争优势;另外,家装建材产品有其特殊性,消费者对产品的品牌及价格比较敏感,消费者需要更多地了解产品信息,要"货比三家"才做出购买决策。渠道扁平化有利于企业保持与消费者之间的沟通,更好地"按需定产"和"按需定销"。A品牌家居建材企业为了扩大产品的市场占有率,提高渠道管理的效率,对原有的分销渠道进行改革,制订了以下的渠道扁平化和深度分销策略。

1.家装博览会模式。博览会模式是家装产品渠道扁平化的一种策略。A家装建材品牌企业积极参加区域市场的家装博览会,通过这个平台实现与消费者的无缝对接,消费者到现场体验产品,营销专家现场答疑解难,同时,以团购消费的形式进行促销,通过团购砍价的优惠方式直接现场下单,能收到很好的促销效果。

2.专场促销活动模式。A品牌家装建材企业选择在家装材料市场旺季举办大型专场促销活动,现场体验和优惠促销的力量能吸引大量消费者,也能收到像博览会那样的效果。这也是渠道扁平化的有效策略。

3.线上电商和线下门店的O2O联动一体化模式。以A品牌家装建材企业的产品之一的木门销售为例,就成功地运用渠道扁平化及深度分销的服务策略。例如,每一款木门都会通过最有效的方式展示给正在选购的网络消费者,门框、门缝、把手、木纹、情境展示等任何细节和整体观感都可以帮助消费者充分地了解产品,最大化地让消费者了解产品的特点及优势,然后成功地引导消费者购买。A品牌家装建材企业对木门产品推出了一套很清晰的销售服务流程:"测量—ERP—生产—物流—到货安装—跟踪回访。"消费者在确定选购商品并提供相关的信息后,A品牌的网上商城就会派出专业的测量设计师,免费上门测量目标消费者住宅的门框尺寸情况,搜集相关的数据,消费者在最终确定好商品式样后,营销人员就会给木门下单,把产品信息录入其ERP系统,经过28天的生产加工,通过他们自己的物流系统派送到消费者所在的城市,最后就是与消费者预约上门安装的时间。A品牌家装建材企业销售木门的一系列的服务流程,体现了渠道的目标消费者进行深耕细作服务,发挥了A品牌家装建材企业应用深度分销策略的优势,在充分满足消费者需求的基础上,取得很好的营销效益。

请问:

1.A品牌家装建材企业的渠道扁平化模式,就是"砍掉渠道层次",减少中间商环节吗?

2.A品牌家装建材企业应用深度分销渠道策略服务目标消费者采取了哪些方式?

任务3 认识分销渠道的效率目标

分销渠道效率是分销渠道管理的核心问题,而影响分销渠道效率的关键因素是"服务与成本",即渠道的服务产出和交易成本决定了渠道的效率。例如,当企业决定省去批发商环节,直接向零售商供货时,减少了流通环节,结果会大大降低交易成本,但换个角度思考,这样做有可能因服务投入不足,渠道服务职能不能充分发挥,降低了服务产出的价值,进而影响消费者的满意度。所以在设计和规划渠道结构时,应在满足消费者需求的前提下,设法降低交易成本和提高渠道效率,实现以尽量低的渠道成本充分满足消费者需求的渠道效率目标。

1.3.1　高价值的服务产出

从分销渠道的成员向目标消费者提供优质的、便利购买的服务,能满足消费者对渠道服务需求价值的事实,说明决定渠道效率的关键因素是服务产出的价值。例如,一家汽车销售公司,他们除了经常向经销商和大客户提供最新、最充分的汽车商品信息,及时、保质、保量地供货,还提供各种方便周到的保养和维护汽车的服务。这家汽车销售公司为消费者提供尽心尽力的服务,在消费者中赢得了良好的口碑。尽管竞争对手通过降价争夺市场,但到该公司购买汽车的消费者仍然络绎不绝,消费者相信他们获得了超值服务,因而成为品牌的忠实用户。

美国营销专家布克林指出分销渠道有以下4个方面的基本服务。

①空间的便利性。通过经销商的努力,使销售网点的建设布局,更接近消费者,给消费者提供更多的便利,减少消费者不必要的运输和调研费用,从而提高消费者的满意度。各个购物中心、连锁社区型超市、连锁便利店、自动售货机、加油站等都可以满足用户追求“便利”购买的需求。

②一次购买商品的数量。按经济批量原理,消费者一次购买数量的大小会影响其利益。如果对消费者购买商品的数量没有限制,消费者采取小批量购买,随用随买,那么他享受的服务价值就越大;反之如果让消费者一次必须购买商品的数量较多时,由于他们不能在短时间消耗掉这些商品,增加了消费者的储存和保管费用,而享受的服务价值反而会下降。

③减少等待或交货时间。供货时间是指消费者从订货到收到商品所需的时间。供货时间越长,会贻误消费者再购买或消费的时机,消费的期待与实际消费间隔的时间越长,消费所获得的价值就越低。但如果消费者愿意等待的话,那么他就会得到较低的价格。例如,通过产品目录直接下订单或通过其他的渠道订货。

④产品的多样化。它指的是能提供给消费者的商品品种越多,说明渠道的服务水平越高,渠道要支付的分销成本越高。因为品种越多,要求持有的存货就越多。例如,综合超级市场平均要保持2.1万种商品存货,而仓储式商店只有8 000多种商品,则其商品出售的价格就较前者要低。

提高渠道的服务价值,就要靠提高渠道的服务质量。服务质量就是消费者的期望值与实际水平的差距。也就是说,当渠道成员所提供的服务价值超过消费者的期望值时,说明服务的质量高;当所提供的服务价值达不到消费者的期望值时,说明服务的质量差。图1.8说明,应当根据消费者的期望值来决定为消费者提供什么样的服务。

分销渠道通过执行一定的职能和流程来提供服务。应提供多少服务,取决于所掌握资源的多寡、渠道成员的能力,以及消费者需求的数量。渠道成员的资源与消费者需求数量相互作用的结果,就形成了渠道的结构,它能满足渠道成员和消费者双方的需要。在合理的竞争条件和行业竞争基本均衡的情况下,通过长期演变,某产品的分销渠道结构协调运作,各个成员职能得到充分的发挥,以适应其外部环境和渠道服务的任务要求,得到最大限度的回报;消费者所花的每一分钱也可以得到最大限度的满足。这种结构为规范性渠道结构,也称为合理渠道结构。

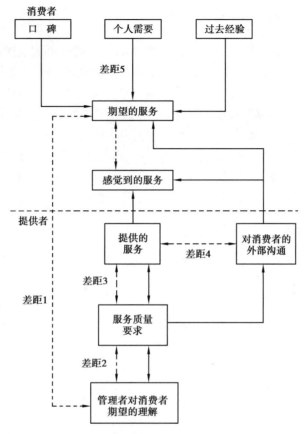

图 1.8 服务质量的概念模型

提供高水平的渠道服务价值,就意味着渠道成本的增加,对消费者来说就可能带来商品价格提高。消费者在渠道流程中也可以通过承担一定的渠道职能,如市场调研、物流、融资等,使其所购买商品的价格降低;渠道提供的服务越少,其提供的商品或服务价格也会越低。消费者常常会面临这样的选择:是选择低价格低服务的渠道,还是选择高价格高服务的渠道。理想的渠道结构是通过提高渠道成员的服务产出水平,在消费者满意的前提下,达到流通总成本最小化和消费者价值最大化的均衡。在一条渠道内,为了实现以尽可能低的成本,提供尽可能多的商品或服务,可以尝试调整其渠道成员参与每一流程的程度,但这种调整需要周密的协调和合作。

1.3.2 整合渠道的成本优势

提高分销渠道的竞争力,降低成本是其中重要的因素之一,降低成本可以使渠道成员有更大的价格竞争空间,通过挑战竞争对手的价格而获得满意的利润。分销渠道系统是一个整合的团队,降低渠道成本很大程度上取决于构成每一流程成本以及全部流程的成本的整合优势。从以下 3 个方面分别讨论整合渠道成本的优势。

1）通过规模经济强化成本优势

规模经济一般是指企业以不同的方式和更高的效率进行更大范围的生产经营活动，生产经营规模扩大所需要的固定成本的增长低于其扩大的比例。在流通中通过规模经济强化成本优势就是以更大的销量来分摊固定成本和广告费等。设计与运作良好的分销渠道，通过专业化分工与合作提高分销规模和效率，可以获得规模经济的优势。在这样的分销渠道中，对每一成员的选定与布局，都是根据特定目标市场的市场潜力、需求特点及赢利规模来进行的，各个成员都会按照市场规模和环境特点，采取相应的成本管理策略，控制各个流程成本，进而实现整个渠道的规模经济。此外，分销渠道的一些流程功能的共同化，如信息、物流服务设施等资源在渠道成员之间共享，就体现了流通中规模经济性的要求。

2）通过协调渠道关系强化成本优势

分销渠道作为一个超组织的系统，成员间的关系协调是渠道管理的重点，也是取得渠道关系效益和成本优势的主要源泉。

渠道关系是指一条渠道中各个成员之间交往状态和合作深度。图 1.9 显示了这种关系的 4 种状态，分别为和谐的、对立的、误解的和混乱的关系。和谐的渠道关系建立在各个成员有相同的目标和实现目标过程的相互协调的基础上。按业务关系的合作深度，还可以将渠道关系分为交易关系、合作关系、伙伴关系和结盟关系。如图 1.10 所示，其一端是业务操作导向的交易关系，另一端是发展导向的战略伙伴关系。

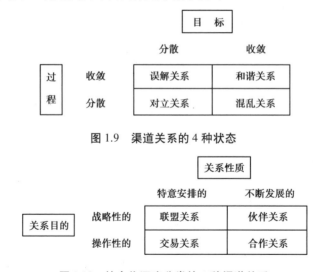

过程 \ 目标	分散	收敛
收敛	误解关系	和谐关系
分散	对立关系	混乱关系

图 1.9　渠道关系的 4 种状态

关系目的 \ 关系性质	特意安排的	不断发展的
战略性的	联盟关系	伙伴关系
操作性的	交易关系	合作关系

图 1.10　按合作深度分类的 4 种渠道关系

渠道关系表明供应商和中间商或供应商同消费者之间的合作深度。这一看似简单的概念包含了复杂的内容。渠道系统中的各个成员必须就目标、政策、定价和货物分销过程达成一致意见，尝试和采用最新方法分担各项业务的责任。通过渠道系统管理，促进各个成员转变观念，共同面向市场和消费者，实现所有成员在整个渠道内密切合作，形成渠道垂直的供应增值链，可以极大地提高效率，降低成本，成为各个独立经营的公司和整个渠道创造竞争优势。

3）通过成员之间职能转换强化成本优势

分销渠道的每一流程都有不同的成本曲线。由于各个企业的资源条件不同，完成其中一些流程成本较低，而完成另一些流程则没有成本优势。若将后一种流程的职能交由更有效的其他渠道成员完成，则可以降低平均成本或边际成本，使双方受益。因此，职能转换或专业化能提高企业的竞争地位，并通过协同增效来增强整个渠道的竞争力。

职能转换带来的成本优势，首先表现在渠道的垂直分工效益上。例如，制造商托付批发商承担渠道系统的主要储存职能，建立物流中心和配送系统，可以一方面降低制造商和零售终端的储运成本，另一方面又使批发商在专业化和规模经济效益上受益，并在总体上增强渠道的整体成本优势。

职能转换也可通过渠道的垂直重新整合带来成本优势。从渠道动态变化看，企业在规模较小时，会让出更多职能，让其他成员代理，利用渠道提供其外部的经济性。但当企业发展到自己可以用最优规模来完成这些职能时，就会将原流程重新整合，以减少交易成本，追求更高的一体化综合效益。例如，一些小型制造商开始都非常依赖中间商、专业存储、运输和金融机构。但当其业务和市场规模大大扩展时，就会倾向于发展自己的销售队伍，独立承担存储、运输和融资等职能，降低对中间商机构的依赖程度。批发商、零售商也存在类似情况。如美国最大的零售商西尔斯（Sears）从邮购业务开始，然后进行水平扩张。当其业务发展到一定规模时，西尔斯运用自有营运仓库和其他批发设施实行后向整合，成为集批发、零售业务于一身的大型分销商。这种垂直一体化整合造就了像IBM、索尼、西尔斯这样的一大批著名的大制造商和分销商。这也说明了垂直分工之后的职能重新整合具有成本优势和竞争优势。

任务4 我国分销渠道的发展趋势

1.4.1 我国分销渠道的历史演变过程

传统的计划经济时代，我国的分销渠道打上了"官商"的烙印。新中国成立后至20世纪80年代以前，我国实行计划经济，在计划经济背景下，由于物资资源的不足，分销渠道是以分配式为主，从制造商——级批发商—二级批发商—三级批发商—零售商—消费者，全过程都按照计划进行分配，实行按计划层层调拨至消费者。这个时期的"经销商"严格来说就是"官商"，他们不需要开拓市场、不需要考虑渠道建设和管理效益、不需要考虑消费者的便利。在物资匮乏的年代，只要有产品就是王道，产品至上，部分产品还凭票供应，渠道建设和管理不用考虑市场竞争的因素。

传统计划经济向社会主义市场经济转型的初期，我国的分销渠道特点是以"坐商"为主。在20世纪90年代后，我国改革开放初见成效，从计划经济转向社会主义市场经济，双轨制打破了原有的单一的国有调配制的流通渠道格局，个体经济非常活跃，当时我国的流通市场被分化为国营商业与民营商业并存的局面，分销渠道出现了多元的状况，一批商品批发市场如雨后春笋般地建立起来了,比如,义乌的小商品批发市场、武汉的汉正街、广东的大沥等一批具有强大辐射能力和商品集散能力的市场活跃在全国各地。在那个市场饥渴的年代,只要有好产品,产品知名度不高也不愁销售。于是,一个产品广告投放成功,就能有效地行销市场。经销商就能坐等客户上门、坐收货款或先收款后发货等,"坐商"味道十足。但是随着市场竞争的加剧,经销商之间也相互碾压,商品供应渠道管理混乱,制造商也直接向大型零售商和专卖店供货,批发商也面临着制造商和零售商的两面夹击,批发商也不能被动坐等商机的错失,只有主动开发市场、服务市场。直至 21 世纪初,渠道的竞争中出现了零售连锁经营批发商、制造商直销等新业态、新模式,最有标志性的零售业,像沃尔玛、家乐福、麦德龙、欧尚等国际零售商登陆中国,紧随之成长的上海联华、北京华联、农工商(超市)、华润等本土连锁零售大卖场,它们既是零售大卖场,也承接小额批发的业务,一方面大型零售商场和连锁商业不断要求制造商直接供货,撇开经销商,另一方面,经销商也因为承受不了零售企业巨额的通路费和赊销的压力而不得不放弃一些零售终端。此时的经销商和批发商面临转型的威胁,他们开始从"坐商"向"行商""服务商"转变。通过做好服务,去服务一些大型零售商业不能覆盖到的市场,向更广阔的分散的县、乡镇市场提供供应服务,填补了这些市场供应链的空白,同时也弥补了制造商提供对大型零售商供应商品时不能做到的有序计划、物流配送、品项管理等深耕渠道服务的不足。

电子商务的崛起,开启了分销渠道的新革命。进入 21 世纪初期,由于电子计算机技术和互联网应用技术突飞猛进的发展,基于互联网技术基础上的电商——网络营销也蓬勃兴起,从美国的"戴尔"网络营销到"亚马逊",电商引导着我国电子商务的兴起,先后成功成长起来的淘宝网、当当网、京东、苏宁易购等电商平台,网络购物越来越被消费者接受,B2B、B2C 的便利渠道在消费品市场上应用越来越普遍。

随着网络支付技术和物流配送技术的应用推广,"商流""物流""信息流""资金流"四流运作一体化,线上渠道与线下渠道相结合新业态层出不穷,除了较早出现的官方网上商城、PC 端平台旗舰店、移动端 WAP 商城,新的零售业态,如微信商城、微信社群营销、24 小时虚拟货架等新零售业态也逐渐成为渠道的主流形式,这个新业态的特点既能使企业渠道的扁平化,降低渠道成本还能精准地服务客户,提高企业渠道管理的效率和效益,市场不断向宽度和深度延伸,同时也为消费者提供了购物的便利,满足消费者的多样化需求。比如,王府井百货集团的渠道包括传统实体门店、官方网上商城、PC 端平台旗舰店、移动端 WAP 商城、微信商城、移动电子工作台、24 小时虚拟货架等,其渠道体具有全纵深(线上线下的互动互补)与全天候(24 小时服务)两大特点,让消费者能随时随地购物。

近年来,直播电商渠道成为渠道舞台上的新主角。以新媒体为支撑的直播电商,基于交互式的信息技术和音视频技术在渠道平台的应用,彰显了新媒体营销的魅力,新兴的直播电商渠道比原有的电商渠道更凸显直接性、时效性、情景式、交互性等特点,助力企业与消费者之间真正实现了即时的、直接的交流,交易成本低、交易成功率高。如活跃在我国主流电商平台的腾讯、淘宝、京东等都加入了直播电商的赛道,还有成长迅速的如抖音、快手等直播电商平台。市场进入了"无商不播"的时代,直播电商将渠道革命推向了一个新的高度。

1.4.2 现代分销渠道发展趋势及特点

现代分销渠道发展趋势有以下五大特点。

1) 从单一渠道到多元渠道

渠道多元化战略是为了满足不同细分市场的需要、尽可能覆盖多元市场。多元渠道战略在快速消费品、消费类电子产品(如手机、电视、其他数码产品)等领域尤其明显。

娃哈哈堪称由单一化渠道成功转型为多元化渠道战略的典范。公司创立之初,限于人力和财力,主要通过糖烟酒、副食品、医药三大国有商业主渠道内的一批大型批发企业销售公司的第一个儿童营养液产品。随着公司的稳健发展和产品多元化,其单一渠道模式很快成为企业的销售瓶颈,娃哈哈开始实行基于"联销体"制度(联销体制度是娃哈哈和代理商之间建立的一个共同经营产品的渠道体制,从厂家、经销商到终端每个环节的利益和义务都会得到明确)的渠道再设计。首先,娃哈哈自建销售队伍,拥有一支约2 000人的销售队伍,隶属公司总部并派驻全国各地,负责联络厂商,为经销商提供服务并负责开发市场、甄选经销商;其次,娃哈哈在全国各地开发1 000多家业绩优异、信誉较好的一级代理商,以及数量众多的二级代理商,确保娃哈哈渠道重心下移到二三线市场。这充分保证了娃哈哈渠道多元化战略的实施。娃哈哈针对多种零售业态,分别设计开发不同的渠道模式:对于机关、学校、大型企业等集团客户,制造商上门直销;对于大型零售卖场及规模较大的连锁超市,采用直接供货;对于一般超市、酒店餐厅以及数量众多的小店,由分销商密集辐射。这种"复合"渠道结构,既能够有效覆盖,又能够分类管理,有利于在每种零售业态中都取得一定的竞争优势。

从娃哈哈的案例中可以看出,渠道多元化是实施企业战略多元化的必然结果,也是企业生命周期发展的必然阶段。娃哈哈渠道多元化战略对公司的快速发展功不可没。

2) 渠道结构向扁平化方向转变

传统的销售渠道结构呈金字塔式,在供过于求、竞争激烈的市场营销环境下,传统的渠道存在着许多不可克服的缺点:一是制造商难以有效地控制销售渠道;二是多层结构阻碍了效率的提高,且臃肿的渠道不利于形成产品的价格竞争优势;三是单项式、多层次的流通使得信息滞后、错位;四是厂家的销售政策不能得到有效的实施。

随着竞争的加剧、利润的摊薄及产品生命周期的缩短,最初的分销渠道开始落伍。尤其随着大卖场、大型超市及专业连锁的发展,零售环节可以越过批发商而直接向制造商大批量采购,已成为大中城市的重要渠道模式。而在二、三线市场,随着原有的层级批发体系以及大代理制的解体,制造商逐渐转向更贴近终端市场的中小型批发商。许多制造企业正将销售渠道改为扁平化的结构,即销售渠道越来越短、销售网点越来越多。

[阅读资料 1.1]　　　　　　　　　美的公司渠道扁平化改革

2017 年,美的公司"T+3"改革成功,意在改变过去主机厂汇总省级经销商的订单大规模备产,再从主机厂到省级代理商、到零售商层层压货的传统产销模式(追求产销均衡),转为直接汇总零售商的订单,多批次小批量的柔性生产(T+3)。为此,美的把线下销售中间渠道都清理完毕。美的线下渠道少了多层中间环节抽佣,中间环节的价差可以实实在在变成线下销售价格下降的空间,而公司净利率不受影响,线上价格也能跟随线下价格同步下降。

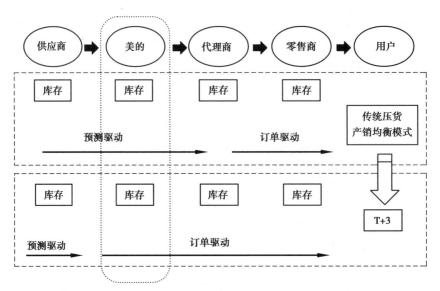

美的的线上渠道持续发力。一直以来美的是以线下自销售为主,从 2013 年美的整合 16 家天猫旗舰店,统一为一家官方旗舰店,为线上渠道改革扫清了障碍。"美的官网"线上商城成功运营,在天猫、京东、苏宁易购等电商平台同时发力,美的的线上销售业绩保持持续上升的态势。2020 年家电全行业的销售虽然有所下滑,而美的公司的线上销售不减反增,全年全网销售规模超过 860 亿元,同比增长 25%。同时,美的还非常重视线下渠道的情景化体验式销售。对线下渠道,美的把主要策略放在提高用户的体验满意度上,使用户通过真实的体验获得差异化的服务享受,线下门店销售也仍然保持增长的势头。截至 2022 年年底,美的已对全国 3 000 多家门店进行了升级改造,在全国各大城市开设众多的线下体验店,打造多类型、多业态的终端体验空间,利用 AI、VR 等新技术增强用户的智能体验感为纽带,让用户在看得见、摸得着的沉浸式体验中建立全新的美的品牌形象。实现让美的产品真正融入每一个家庭,让用户真正享受到美的产品带来的美好生活。

美的公司线上和线下有机融合的渠道改革,切合中国家电市场的变革潮流和消费者购买行为复杂多变的市场环境,对家电产品实现渠道的扁平化,对线上线下渠道融合策略的应用,提供了很好的借鉴。

(资料来源:百度文库)

3) 渠道成员的关系向战略合作关系转变

传统渠道成员之间的关系是纯粹的交易型关系,渠道的每一个成员均是独立的,他们各自为政、各行其是,都为追求其自身利益最大化而与其他成员短期合作或展开激烈竞争,没有一个渠道成员能完全或基本控制其他成员。因此,随着科技与社会经济的发展和时间的推移,这种传统渠道成员之间的关系正面临着严峻的挑战。战略合作型分销渠道正是顺应形势的变化而产生的一种新型分销渠道,在比较成熟的市场,比如在家电行业,制造商和渠道商的关系都是比较紧密的。渠道关系是影响和决定渠道模式和结构的重要变量。传统渠道关系的着眼点以单次交易型为主,短期利益观念严重,部分渠道成员只考虑自身利益,损害其他渠道成员的利益,从而破坏了渠道关系的持久性和渠道结构的稳定性。随着国内企业从销售商到运营商观念的转变,实现双赢、多赢目标和构建渠道成员"生态平衡"的和谐局面,自然成为未来战略性、伙伴式渠道关系的必由之路。"竞合"是竞争的最高境界,伙伴式渠道关系着眼点在于培育消费者忠诚,注重长期合作和多次交易。如产品供应商与零售商联合形成的"零供战略联盟"。战略性渠道关系,不但降低交易成本、减少渠道冲突,更加重要的是,渠道伙伴成员能通过共同拓展市场,提升品牌价值,提高渠道整体效能。

4) 注重生活者体验和消费者价值

随着"消费者主权"概念的深入及实质性发生作用,未来的通路模式势必更加贴近消费者,企业将在渠道和市场一线与消费者进行更加广泛、更加深入的互动。消费者由"猎物"角色转变为"猎人"角色后,企业渠道战略将实现两个关键性转变:一是由"竞争导向"向"顾客导向"转变,二是由"交易型导向"向"关系型导向"转变。消费者参与性增强、话语权增大,要求企业深入拓展多种形式的直销通路模式,加强与消费者直接接触,深化与消费者的关系,让消费者和企业成为互动的利益共同体,并一起参与价值创造。具体途径包括封闭式的消费者俱乐部内部销售、社区及楼盘直销、数据库营销、B2C 电子商务、一对一的人际直销等。

5) 大数据与分销渠道创新

随着大数据时代的到来,以移动互联网为互动平台,以算力、算法为技术支撑的数据系统的优化,根本改变了潜在消费者的需求、购买行为和购买习惯。同时,也为企业精准掌握潜在消费者在哪买? 什么时候买? 买什么? 等购买行为和习惯提供了营销决策的便利,在大数据的作用下,企业的分销渠道变得更多元、更复合、更扁平化和多样化。

大数据的分销渠道可以分为以下几种类型。

(1)社交媒体平台

如新浪微博、微信、QQ 等,这些社交平台是通过传播有趣的、受众群体喜欢阅读的内容或发放小福利引流,以刺激潜在消费者的需求。其中微信营销是最有效的获客手段,通过快速微信裂变,获取微信公域流量,搭建自己的私域流量,不花一分钱完成人脉裂变,微信获取源源不断的增量消费者。微信公众号是微信最大的红利,如通过微信公众号进行二次开发,具体包括商家微官网、微会员、微推送、微支付、微活动、微报名、微分享等微营销方式。

（2）搜索引擎优化（SEO）

利用关键词优化,提高网站在搜索引擎中的排名,以扩大品牌知名度和影响力,同时根据用户搜索习惯分析客户需求。如百度浏览器、百度App、手机自带浏览器、搜狗浏览器、QQ浏览器、360浏览器、今日头条等,广告直接出现在首页,线上竞价排名广告,直接转接400,获取客户手机号码,进而优化企业的营销整合策略。

（3）自媒体平台

由于移动互联网技术的快速裂变,传统第三方媒介逐渐被新兴自媒体平台取代,现今在中国市场上主流的自媒体品牌有微信公众号、今日头条、知乎、小红书等。如微信营销是目前应用最广泛的自媒体平台,通过利用公域流量,实现与目标消费者私域信息的推送和互动,灵活就业者便可以利用平台从事微营销创业。今日头条,用户广泛,主要分布在大城市,利用平台算法分析目标消费者的兴趣,锁定商品信息投放的目标受众,进行有针对性的推送。而知乎覆盖广泛的专业领域,内容围绕目标消费需求投放,从而提高企业营销决策效益。再如,小红书通过放大量的有趣的,与消费者日常生活相关的场景信息,吸引大批的目标消费者,带动其效仿消费。

（4）短视频应用

抖音、快手等短视频平台,通过立体动态的、针对目标市场有吸引力的视频内容,吸引消费者的眼球,积累一定的粉丝量,用矩阵操作获取消费者资源,刺激消费者的需求,从而实现视频营销的目标。

（5）新型的电子商务渠道

传统的几大电商平台,如淘宝、阿里巴巴、京东、拼多多等,经过多年的努力,在全球市场网络中已经形成了B2C、B2B等电商品牌。近年来,这些传统的电商平台也主动开发短视频渠道,构建了有强大移动互联网支撑的,线上和线下积极互动的,以算力和算法的技术为特征的新型电商购物平台,借助大数据技术平台使传统电商渠道的直销模式或互动模式的优势更突出,也让这几个头部电商的平台保持了领先优势。

大数据分销渠道根本弥补了传统分销渠道的劣势,在精准的受众定位,降低分销渠道成本,营销渠道策略优化,与目标消费者的互动和维护更便利,对市场效果的反馈更及时等方面具有强大的优势。现代分销渠道正朝着大数据营销的趋势不断地创新和发展。

[阅读资料1.2]　　　　　　　　格力电器渠道变革之路

格力电器发展至今,已经历企业初创、高速发展、转型升级等三个阶段,目前正处于渠道变革阶段,积极布局新零售渠道。

1.第一次渠道变革:大客户经销商+淡季让利模式

1994 年,行业的快速发展导致业务员个人力量无法满足快速的市场扩张需求,加之业务人员频繁跳槽,格力进行渠道结构调整,转向大型经销商模式。为此,格力电器与全国各地大型经销商合作,采用基于分销商来开发二、三级分销商或零售商的营销体制。为解决淡季生产的资金问题,鼓励经销商淡季多打款提货,即每年淡季 9 月至次年 4 月将订货价逐步上调至旺季价位,淡季大量回款让公司的现金流更加稳健,帮助格力锁定资金雄厚的大户,抢占市场份额。

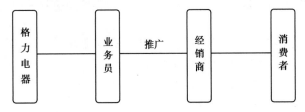

2.第二次渠道变革:区域性销售公司+联合代理模式

1996 年,格力在湖北的 4 家经销商为抢占市场份额进行恶性竞争,降价、窜货对格力空调的市场价格战造成不利影响。基于此,格力与湖北经销商联合成立湖北销售公司,即多家大户一起成立专营格力产品的股份制销售公司。作为公司主体进行统一定价给二、三级经销商,最终统一享受销售公司的分红利得,实现统一批发、统一价格、统一渠道、统一管理和统一服务,建立起联合代理模式,由此大户职级形成利益共同体。

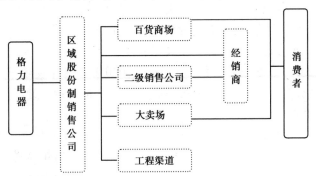

在联合代理模式下,因格力对区域经销商的监管有限,导致二级及以下经销商的利益无法得到有效保障。为此,格力将渠道再次升级转变专业代理模式。

3.第三次渠道变革:自建专卖店渠道+股权捆绑模式

随着我国零售业务的不断发展,以国美、苏宁为代表的家电连锁企业崛起。家电连锁商经营规模大、资本雄厚,跨地域连锁经营下掌握庞大的销售网络,零售终端高效且专业化。但由于零售终端的话语权较强,经常为打造客流量和活动而自行大幅降价,打乱品牌的渠道价格秩序,损害了品牌形象和其他经销商的利益,并由此爆发了数次格力与国美、苏宁的冲突摩擦事件。为此,格力开始自建专卖店渠道,并将格力集团持有的 10% 股权转让给由 10 家主要经销商组建的河北京海担保投资有限公司。

自此,格力逐渐形成了严重依赖线下经销商的渠道体系,并在渠道商的利益平衡和掣肘中不断细化改革,目前已在中国境内建有几十家销售公司及 3 万余家零售终端网点,逐步实现企业、经销商与消费者的三方共赢。

4.第四次渠道变革:渠道扁平化+新零售模式

当前,格力线下经销体系包括区域销售公司、代理商等多个环节,格力根据区域销售公司每年销量分配提货任务,再由区域销售公司统一管理。线下经销商打款提货,由于区域销售公司、代理商等多个环节存在加价现象,致使格力产品线下价格高、性价比低。

线下渠道:格力在前三次渠道变革中通过返利、股权等模式与经销商实现利益绑定,大幅提升线下渠道的竞争优势,截至2019年底,格力位居中国家用空调线下市场份额首位,零售额占比约为36.8%,此外,中国家用空调线下市场零售额排名前20的机型中,格力产品占12个,占比为60%。

线上渠道:格力线上渠道布局早,但受限于线下渠道层级较多,线下终端价格高于线上,且格力与线下渠道的深度绑定,格力线上渠道发展缓慢。

因此,当前格力渠道变革逻辑演变的关键,简单浓缩在一点——线上线下的利益究竟要如何权衡,才能有效应对网销渠道的冲击。

其实,美的、格力均存在线上线下的利益权衡的问题,线上的定价要考虑线下的定价,两者如果存在价差,消费者会选择价格便宜的渠道订货,价格贵的渠道则会丧失消费者订单。线下渠道有多层中间环节抽佣,线下销售存在多层的中间成本,导致线下成本往往比线上成本要高出许多,所以问题的关键——公司管理层需要好好权衡解决线上线下渠道的价格差问题。

但是,格力的问题比较复杂,因为经销商入股格力电器,拥有公司股东、经销商双重角色,格力的渠道模式是总经销商(第一层抽佣者)从格力厂家统一接货,下层经销商(第二层抽佣者)从总经销商提前压货,线上渠道的货源还是来源于经销商而非格力厂家,经过两层抽佣后的线上定价一定会比同行同类空调高出不少。为此,可以看到当下几大空调巨头的线上市场的销售额占比,格力可谓是有苦说不出。2020年第一季度线下门店关闭,空调行业逐步向线上渠道转移,此外,线下门店的关闭推动了直播电商的快速发展,直播渠道逐渐成为空调企业的重要销售渠道之一。

同时,格力这种经销商体系,线下多重抽佣,线上定价需要匹配线下定价,线下要降价,有两种方式:一是要么格力牺牲自己净利率降价卖给经销商,经销商再降价卖给消费者(经销商利益不受影响);二是要么格力自己不降价,而经销商牺牲自己的净利润降价卖给消费者。

格力经历多次渠道变革,目前格力开始积极布局新零售渠道。自2020年6月1日第四次直播起,格力电器直播由线下经销商协助引流,在线上实现统一转化。线下经销商以"类地推"方式将线下流量集中,消费者通过扫经销商专属二维码进入直播间,待消费者线上下单后,再由格力将销售额分配至线下经销商,而非引流成交销售额则由线下经销商就近发货。

本次渠道变革中,格力引导经销商积极转型,促进线上线下渠道融合,推进经销商分享新零售渠道红利。2020年4月至6月,董事长董明珠亲自在抖音、快手、京东等平台直播,5场直播累计销售额达178亿元;2020年7月10日,格力开启全国巡回直播第一站,实现销售额约50.8亿元。

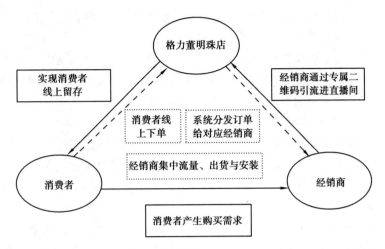

在董明珠的带领下,格力大力进军直播电商领域,借助多年沉淀下来的品牌效应,以及借助新媒体技术,数字化、智能化等技术工具,格力通过不断推出新业态、新渠道,在2020年行业整体下滑的危机冲击下,实现销售业绩持续稳定增长。

[阅读资料1.3]　　　　　　　　　**电子商务模式**

1.B2C,如阿里巴巴、京东商城等

B2C是英文Business-to-Customer(商家对顾客)的缩写,而其中文简称为"商对客"。"商对客"是电子商务的一种模式,也就是通常说的商业零售,直接面向消费者销售产品和服务。这种形式的电子商务一般以网络零售业为主,主要借助互联网开展在线销售活动。B2C即企业通过互联网为消费者提供一个新型的购物环境——网上商店,消费者通过网络在网上购物、在网上支付。由于这种模式节省了企业和消费者的时间与空间,大大提高了交易效率,特别对于工作忙碌的上班族,这种模式可以为其节省宝贵的时间。

2.个人交易平台C2C,如淘宝网等

C2C是电子商务的专业用语,是Customer-to-Customer的缩写,是个人与个人之间的电子商务。

3.品牌垂直网店,如阿玛尼

垂直网店,服务某些特定的人群或某种特定的需求,提供有关这个领域或需求的全面产品及更专业的服务体系。

4.团购网,如Gilt Groupe等

团购(group purchase)就是团体线上购物,指认识或不认识的消费者联合起来,加大与商家的谈判筹码,会取得最优惠价格的一种购物方式。根据薄利多销的原则,商家可以给出低于零售价格的团购折扣价和单独购买得不到的优质服务。团购作为一种新兴的电子商务模式,通过消费者自行组团、专业团购网、商家组织团购等形式,提升用户与商家的议价能力,并极大程度地获得商品让利,引起消费者及业内厂商甚至是资本市场的关注。团购的商品价格更为优惠,尽管团购还不是主流消费模式,但它的影响力已逐渐显露出来。现在团购的主要方式是网络团购。

5.线上订购、线下消费模式

线上订购、线下消费是O2O的主要模式,是指消费者在线上订购商品,再到线下实体店消费的购物模式。这种商务模式能够吸引更多热衷于实体店购物的消费者,传统网购的以次充好、图片与实物不符等缺点在这里都将彻底消失。

传统的O2O核心是在线支付,而爱邦客是将O2O改良,把在线支付变成线下体验后再付款,消除消费者对网购的诸多不信任。消费者可以在线上众多商家提供的商品中挑选最合适的商品,亲自体验购物过程,不仅有保障,也是一种快乐的享受。

6.SNS-EC(社交电子商务)

社交电子商务(social commerce)是电子商务的一种新的衍生模式。它借助社交媒介、网络媒介的传播途径,通过社交互动、用户自生内容等手段来辅助商品的购买和销售行为。在Web 2.0时代,越来越多的内容和行为是由终端用户产生和主导的,比如博客、微博。一般可以分为以下两类。

一类是专注于商品信息的,比如Kaboodle,Thisnext,以及我国网站美丽说、辣妈说、葡萄网是比较早期的模式。主要是通过用户在社交平台上分享个人购物体验、在社交圈推荐商品。

另一类是比较新的模式,通过社交平台直接介入商品的销售过程,例如社交团购网站Groupon。还有就是社交网店:法国的平台Zlio、我国的辣椒网Lajoy。这就是让终端用户也介入商品销售过程,通过社交媒介销售商品。

7.第三方支付平台

所谓第三方支付,就是一些和产品所在国家以及国外各大银行签约,并具备一定实力和信誉保障的第三方独立机构提供的支付平台,如支付宝、财富通等,在通过第三方支付平台的交易中,买方选购商品后,使用第三方支付平台提供的账户支付货款,由第三方支付平台通知卖家货款已到账、可以发货;买方检验物品后,第三方支付平台再将款项转至卖家账户。

8.直播电商

直播电商主要是指直播带货的渠道模式,近年来随着网络技术不断发展,以抖音、腾讯、快手为代表的短视频自媒体平台推出了直播带货,同时传统电商,如淘宝、网易考拉等也陆续推出了直播带货平台,无论是B2B,还是B2C或C2C,都可以通过新媒体营销平台实现交易。现今直播带货已经逐渐成为线上电商的主流形式。"直播电商"能迅速走红市场,因为直播带货平台有很强的互动性和社交性,消费者观看视频,有实物真、体验强的感知,主播通过语言和肢体展示、展现产品,起到诱导消费者购买的作用。目前,直播电商也是创业者最青睐的平台。

项目小结

当前,商品市场的竞争可以说就是为商品寻找消费者的竞争。企业不仅要弄清楚消费者需要什么,而且要把消费者所需要的商品及时、准确地送到他们手中。在现实条件下,制造商单靠自身力量是远远不够的,必须借助中间商才能实现。分销渠道就是将制造商、中间商和消费者有效连接起来的流通系统。

所谓分销渠道也称分销通道,它是指产品或服务从制造商向消费者转移的通道或路径。分销渠道通过创造人力和物力条件,消除制造商与消费者之间存在的所有权归属差异、空间差异、时间差异和信息差异,有效满足消费者需求,促进产品价值的实现。

一个完整的分销渠道过程就是分销渠道基本职能的集合。一般来说,分销渠道的基本职能有调研、促销、寻求、编配、洽谈、物流、融资、财务与风险承担等。为完成这些职能产生了渠道流程:实物流、所有权流、促销流、谈判流、融资流、风险流、订货流、支付流和信息流。分销渠道的职能和流程不能增加或减少,但可以在渠道成员之间前向或后向转移。渠道职能、流程的专业分工或整合,是分销渠道管理的重点内容之一。

分销渠道的结构是市场环境不断演变的结果,其基本结构包括层级结构和宽度结构。渠道层级结构和宽度结构的概念,分别描述了渠道的长度与宽度状态,为管理者设计与管理分销渠道提供了框架思路。渠道宽度结构一般有密集型分销渠道、选择型分销渠道、独家型分销渠道3种;渠道层级结构一般有直接渠道、间接分销渠道,其中,间接分销渠道一般由二级以上的分销渠道构成。"渠道扁平化和深度分销"是企业渠道结构优化设计的重要思维,也是企业渠道管理建设的重要策略。

影响分销渠道效率的关键因素是服务与成本,理想的渠道应当通过调整服务产出水平使渠道系统的总成本最小化。因此,在设计和规划高效的渠道结构时,应正确处理好服务产出与渠道成本的关系,尽可能提高渠道效率和效益。

我国经济社会的改革开放过程也是分销渠道发展与变革的过程。我国分销渠道发展新趋势及五大特点。以电子商务为代表的新兴渠道系统,不仅包括了有传统制造商、经销商、物流商、广告商共同参与完成的分销系统,还应包括有信息服务商、金融服务、商品质量溯源服务、新媒体平台服务等分销成员参与的整合系统。传统分销渠道的创新结合以新电商为代表的新渠道融合发展,一个新型的复合型渠道形成,将成为现代分销渠道发展新趋势的重要标志。

【练习题】

一、名词解释

1.分销渠道

2.渠道长度结构

3.渠道宽度结构

4.密集型分销渠道

5.渠道扁平化

6.深度分销

二、选择题

1.分销渠道是由渠道成员的经济活动构成经济关系的集合,集合的起点是(　　　),终点是消费者或用户。

    A.批发商　　　　　B.中间商　　　　　C.制造商　　　　　D.承运商

2.分销渠道的核心问题是(　　　),即买卖双方的购销活动。

A.物流活动　　　　B.交易活动　　　　C.信息活动　　　　D.生产活动

3.在分销渠道九大流程中,(　　　)属于双向流程。

A.信息流　　　　B.实物流　　　　C.所有权流　　　　D.付款流

4.(　　　)一般也被称为直接渠道或直销形式,是指产品从制造商直接销售给消费者,不经过任何中间商环节的分销渠道形式。

A.零阶渠道　　　　B.一阶渠道　　　　C.二阶渠道　　　　D.三阶渠道

三、简答题

1.简述分销渠道的基本职能。

2.分销渠道的作用是什么?

3.简述密集型分销、独家分销、选择型分销三种分销渠道的优缺点。

4.优化渠道结构的两个重要策略是什么?

5.如何整合渠道的成本优势?

四、论述题

请论述现代分销渠道的发展趋势。

【实训题】

选择某一个食品饮料的分销渠道做调研

1.实操目的:通过实地调研熟悉食品饮料的渠道流向、职能以及结构特点。

2.实操要求:以学习小组为单位,选择一种熟悉的食品饮料品牌开展市场调研。

3.实操步骤:

(1)通过市场调研,了解和分析某一种食品饮料品牌分销渠道的流向、职能以及渠道结构特点;

(2)描述该食品饮料品牌的分销渠道流向及职能特点,并画出流程图;

(3)分析该食品饮料品牌分销渠道结构类型;

(4)撰写调研报告。

【案例分析】

海尔在互联网时代的转型与创新

　　面对互联网时代带来的企业开放性、平台化创新的特征,制造企业如何理解新工业革命下的"互联网+思维"?如何利用互联网带动企业的转型和升级?如何利用企业平台化发展推动组织转型?如何整合资源进行创新?海尔的创新管理模式能够为中国制造业企业转型和创新带来一些经验启示。

　　思维"触网"。信息交互和知识分享等互联网思维正在改变着中国的制造业。现在,海尔正在采用互联网思维改造传统创新管理模式。通过构建"平台型企业",海尔一边聚集着引领企业创新的用户需求,一边连接着供应商资源和解决方案,形成创新生态系统,通过开放式资源整合,不断创造用户价值。在推进企业平台化发展过程中,海尔员工实现自主创业和创新的价值,从传统科层制下的执行者变成平台上的自驱动创新者。创新支撑并非局限于海尔内部,而是由围绕平台形成的创新生态圈提供。简而言之,互联网时代的制造企业转型就是企业平台化、员工创客化、用户个性化。

　　业务服务化。海尔正在从一家传统制造企业转变为服务型企业。除了家电产品制造业务,海尔还建立了营销网、服务网、物流网,再加上海尔商城等"虚网"渠道,海尔提供"虚实融合的用户全流程体验"。虚实融合正在成为互联网时代的主导商业模式。互联网思维对企业能力提出了全面的要求,这种能力体现在通过线上和线下的融合不断创造用户价值。海尔所搭建的虚实融合平台,主要有交互、交易、交付三大功能。交互是指企业与用户之间的互动,用户参与产品的设计和更新、参与服务内容的设计;交易是指电子商务平台和支付完成的方式;交付是指物流送达所体现出的最后一公里服务。三大功能缺一不可,才能够发挥强大的网络效应,提供差异化的平台服务,并以较高的转换成本"黏住"用户。

　　创新平台化。"用户零距离,企业网络化"是海尔对互联网思维的理解,并积极推动企业平台化发展。现在,通过与6-Sigma等企业合作,海尔正在搭建"全球研发资源整合平台",整合了全球10万个著名高校、科研机构,涉及电子、生物、动力、信息等诸多领域,海尔只需要将自己的研发需求放到这个平台上,就可以坐等科研资源找上门来,提供相应的解决方案。海尔搭建的"全球研发资源整合平台",不但整合了诸多领域的技术资源,还可以快速配置资源。利用平台形式,海尔正在把员工、用户、供应商之间的关系变成合作共赢的商业生态圈,共同创造市场价值。采用专利授权或者委托研发的模式,海尔与全球的科研机构结成了一个"利益共同体"。

　　资源社会化。海尔正在把企业变成一个开放的体系,全方位引进最优秀的资源。为了实现平台化发展,海尔把研发变成一个开放的平台,完全发挥平台的网络效应。随着创新和研发资源的社会化,全球资源都可以整合到企业的创新体系中。海尔创新模式的特征是"发现用户需求,并快速满足"。例如,天樽空调的缘起是用户抱怨"空调出风太凉",很多用户习惯在空调旁边开着电风扇,以使空调凉风和室内空气尽快中和。为此,才有了天樽空调"环形出风口"设计。"快速满足"是整合资源的终点。海尔把用户需求放在资源整合平台上面,采用开放式创新和集成创新的思维,通过吸引全球技术资源来满足用户需求。平台型创新支撑体系的优势在于,通过用户交互能够找准用户需求,通过整合资源能够找准满足用户需求的技术方案。天樽空调的空气射流技术是与中科院合作的成果,智能调温技术则联合中国标准化研究院共同推出。

　　"利共体"是创新业务单元。海尔的利益共同体是由多个自主经营体组成的项目经营体或者创业型组织。围绕用户需求,利益共同体容纳了研发、产品设计、销售、服务等所有的利益相关者,保证用户参与设计、渠道购买、物流送货、售后服务等全流程的用户体验。由此,避免了面对用户需求时各个业务环节之间脱节、推诿或者沟通不及时等状况发生。

　　在互联网时代要建立平台生态圈。海尔的网络化就是组织结构的扁平化、网络化,把企业各部门之间变成协同的关系、把与供应商之间变成合作关系、把用户体验纳入产品全流程,形成以利益共同体为基本单位的平台生态圈。所谓生态圈,就是组织不是固定的,人员也不是固定的,资源也不是固定的,根据用户需求和创新需要随时改变。海尔认为没有建造生态圈的利共体都不应该存在。

　　管理平台和生态圈的能力成为企业的核心能力。平台的吸引力在于动态调动创新资源,保证全流程的用户体验。

(资料来源:赵建波,《新经济导刊》,2014 年第 7 期)

案例思考题

1.为什么说"用户零距离,企业网络化"是海尔构建平台型企业的互联网思维?

2.哪些方面体现出海尔提供了互联网时代"虚实融合的用户全流程体验"的商业模式?

3.试分析海尔在互联网时代渠道发展转型和创新的特点。

项目2
分销渠道的成员

【学习目标】

知识目标

◇掌握不同分销渠道成员的主要特点和基本职能；

◇了解各个分销渠道成员在渠道中的地位和作用；

◇了解在营销环境的变革及技术经济的冲击下中间商的类型及功能的变化趋势。

能力目标

◇具备根据实际情况选择合适的制造商、代理商、批发商、零售商、物流商或其他渠道成员的能力；

◇能够甄别各类分销渠道成员和各个成员承担不同渠道职能，在此基础上掌握对各个成员进行分类管理的技术；

◇掌握在新零售和新营销的业态下，各个渠道成员应具备的新职能。

素质目标

◇通过学习会辨识符合国家政策、法律法规和行业规范要求的，并能顺应经济社会潮流发展的新业态、新渠道形式，如甄别直销与非法传销等，摒弃那些破坏市场公平竞争法则的渠道模式及成员；

◇在认识各个分销渠道成员承担的职能和作用的基础上，了解各个分销渠道成员应遵守的市场公平竞争下的行业规范及管理规制。

【导入案例】

薇姿的"药妆店"渠道

薇姿(VICHY)是法国欧莱雅集团旗下的品牌,薇姿进入中国市场时,正面临中国中高端化妆品为了抢占大型百货店的专柜而厮杀混战的局面,而薇姿在原来欧洲市场的渠道,首先是超市,其次是药店,最后才是百货店。薇姿在分析了当时中国中高档化妆品竞争的形势后,选择了避开大型百货店的渠道,进入当时中国市场还是空白的"药妆"市场,坚持薇姿自己"只在药房"销售的专业形象定位。

薇姿选择了部分消费者比较集中的大中城市的大型连锁药店作为主要合作经销商,在这些连锁店药店设立专柜或者选择在大型百货公司商店中的药店进行销售。薇姿走进药妆店,主要是满足了消费者使用化妆品"健康、放心"的需求,薇姿在药妆店配备了持有药剂师资格证的专业人员,为消费者提供专业指导和服务,增强了消费者的信任感。薇姿选择另类的直销渠道模式,帮助薇姿在目标消费者中树立独特的品牌形象,成功地进入了中国市场。

薇姿在药妆渠道取得成功的主要原因有以下几个方面。

(1)薇姿的直销服务模式。薇姿品牌是以中高端消费定位,产品直接进入药店渠道销售,走药妆直销的渠道。传统直销一般是消费者与营销人员之间在信任基础上进行的销售活动。薇姿的直销渠道,是通过专业药剂师在现场提供高质量的皮肤健康方面的专业咨询服务,还有专业指导化妆品消费的服务,取得消费者的信任。不仅如此,更重要的还因为有日夜服务于消费者家门口的药店为薇姿产品销售作为保障,"产品+专业人士+专业店"的直销模式,最容易取得消费者信任,从而产生很好的销售效果。

(2)薇姿另类的终端。以往药房主要是销售药品,薇姿化妆品出现在药店中,以"健康、放心"的品牌形象吸引消费者,加上经常开展的主题促销活动,例如,"怎么让皮肤更健康"专家咨询服务活动,给消费者带来眼前一亮的视觉冲击的同时,也带来了心理的极大信任感,激发了消费者购买的欲望,再加上高质量的专业服务,自然会赢得消费者的信任。

(3)"充满渠道"的网点。薇姿选择与大中城市的品牌连锁药店合作,这些千万个连锁药店星罗棋布地分布在各个主要街道和社区,都是销售薇姿产品的网点,使薇姿产品很快就"充满渠道",实现"渠道扁平化和深度分销"的营销效应。所以,药妆店是薇姿产品能够快速占领终端市场最有效的渠道。

(4)特色服务。薇姿通过分布在各店的专业人员提供免费的皮肤敏感度测试、护肤用品使用指导、产品方案、建立消费者档案、定期诊查皮肤等多项专业服务,很好地提升了品牌的专业形象,延伸了服务链价值。

(资料来源:渠道网)

请问:薇姿在药妆店取得成功的因素有哪些?

任务1 认识不同的分销渠道成员

分销渠道主要是由制造商、中间商、消费者(用户)3类基本成员构成的交易过程、交易行为和交易关系的总称。分析分销渠道成员的各自特点和在渠道中的作用,就能开展高效有序的渠道管理和制订适用的分销渠道策略。

2.1.1 制造商

制造商是将原材料通过物理或化学作用,加工转化成为工业品或消费品的企业。制造商在渠道中具有举足轻重的地位和作用,它提供了产品的源头,是构成渠道价值链的价值基础。

制造商在整个生产过程中不仅需要大量投资,还要承担巨大风险。从生产前的市场调研、产品开发,到组织生产,按时交货,其中任一环节出了问题都会影响到整个分销渠道价值链的实现。为了扩大销售,分散行销风险,制造商往往通过分销渠道进行销售,很少直销。

1)制造业的新特点

制造商作为整个分销渠道的起点,主要任务就是提供令人满意的产品。随着科学技术推动现代工业化突飞猛进的发展,新技术广泛应用于制造业,使之呈现出许多新特点。

(1)产品创新

在工业化革命的推动下,新原料、新技术、新工艺层出不穷,产品的市场生命周期大大地缩短了。第二次世界大战前,全世界工业品的生命周期平均在30年以上,现今已发展为平均10年左右。在信息技术的进一步推动下,产品的生命周期更有越来越缩小之势,而且激烈的市场竞争使研发新产品的时间越来越短,许多企业从上一代产品尚处在生命周期的成长期时就已经开始了新一代产品的研发。

(2)全面质量控制

现代制造业通过全面质量管理制度的实施,提高了全行业的整体素质和竞争能力。全面质量控制主要表现如下几个方面。

①对人员的管理。管理人员应该从激发员工的积极性、主动性和创造性入手,充分利用企业现有的人力资源,将企业的生产风险和整体利益直接与员工的个人利益联系起来,有效地提高生产效率和产品质量。

②制造流程的全面质量控制的主要内容有以下4个方面。

a.组织技术。为了减少物资处理的时间消耗,消除不必要的或非生产性的活动,减少生产过程中的处理工序并且分清每个人在流程中所担负的责任。

b.统计流程设计控制。统计流程设计是一项识别、解决潜在的产品质量问题并进一步改进产品质量的技术,它通过连续监测制造过程中出现的偏差来确保每一步流程的偏差都在允许的范围内,并且在监测的同时进行改正工作。

c.零缺陷。用正确的方法把制造流程和产品的偏差控制在一定的、被许可的范围。

d.连续改进。连续改进是为了更有效地实现零缺陷而不断地寻找更好的方法对制造流程进行不断的监督管理,其关键是进行产品的革新,以及流程设计的改进。

③产品设计。很多企业常用的传统设计方法是一个顺序的过程(构思—筛选—产品设想—商业分析—产品研制—市场试销—投放市场),这种流程最突出的缺陷是耗时太长和局部最优化两方面的脆弱性。为了解决这些问题,企业应该加强各个设计部门之间的合作,并且利用先进的信息手段和技术缩短从产生构思到正式上市的时间,实现整体的最优化而并非只考虑自己小组工作的最优化。

2) 制造商在渠道中的职能与作用

(1)制造商提供了渠道交换的对象——产品或服务

没有制造商提供的产品或劳务,交换活动就成了无源之水、无本之木,也就无所谓渠道了。由制造商提供的产品或服务是否适合市场需要事关重大,从根本上决定着渠道的效率和效益。

(2)制造商是分销渠道的主导者

在整个分销渠道中它是供应链的顶端,是产品使用价值和价值的提供者,由制造商决定目标市场、产品定位策略、产品价格策略等,也决定着产品的销售渠道的设计及建设,在渠道中制造商最致力于促进商品销售量的提升和市场占有率的扩大,它理所当然是渠道的主导者。

(3)制造商是渠道创新的主要推动力量

随着市场竞争环境的不断变化,需要渠道策略的不断调整和创新,适应市场的需求与变化。一般是由制造商根据市场环境变化,在促进渠道整合、结构扁平化、战略结盟等方面起中坚作用。

3) 制造商类型

根据制造商对分销业务的参与程度,制造商通常可分为专业型制造商和复合型制造商两种。

(1)专业型制造商

专业型制造商专注于生产活动。他们负责提供产品,将产品的分销职能交给专职于分销业务的中间商。专业型制造商主要是中小型生产企业。

(2)复合型制造商

复合型制造商不仅从事生产活动,而且在较大程度上参与产品的分销业务,例如,由制造商组建自己的分销网络系统直接销售产品,通过控制管理渠道的成本,提高渠道的服务产出,以提高渠道系统的效率和效益。复合型制造商往往是有实力的企业和强势的品牌,它们拥有自建渠道和管理渠道的能力。

制造商是制造产品的企业,作为产品的创造者,是分销渠道的源头和中心。声誉卓著的制造商会吸引众多的中间商主动与其合作并处于渠道的主导地位。例如,可口可乐、海尔、宝洁、柯达等都在其分销渠道中起到了非常重要的主导作用,但是也有许多制造商的品牌知名度并不高,扩展市场的力度不强,销售困难,这些制造商在分销渠道中就难以发挥主导作用。

2.1.2 中间商

中间商是指处于制造商和消费者之间,参与商品流通业务,促进买卖行为发生和实现的组织或个人。中间商通常包括批发商、代理商、零售商、物流公司等。

1)中间商存在的必然性

中间商是社会化大生产和社会分工的必然结果,也是经济合理地组织商品流通,使其高效运行的必要条件。中间商的存在和发展有其必然性,原因是它在分销渠道中专门从事对产品的购买和销售,有些企业由于资金等状况不允许,没有能力建立自己的分销网络而必须依靠中间商;有些有能力自建分销渠道的企业不愿把过多的精力和财力分散到渠道中,因而愿意与中间商合作由其专职于自己企业的分销工作。因此,中间商有着制造商难以替代的重要作用。

2)中间商的职能与作用

(1)提高商品流通效率

中间商使制造商与消费者之间的交换变得简单,提高了商品的流通效率。没有一个企业有能力生产出消费者所需要的各种产品,消费者在需要各种产品时就必须从不同的制造商那里购买;制造商若想把他所生产的产品卖给消费者,也必须面对其全部消费者,通过分别与每个消费者交易才能完成。中间商的存在使交换活动变得简单,如图2.1所示。从图中可以看到,中间商的中介地位可以降低交易次数,减少厂家直接销售的流通费用,同时也能降低消费者的购买成本。

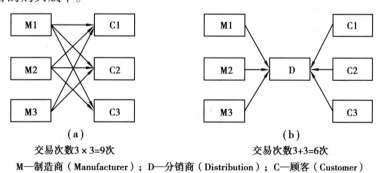

（a）交易次数3×3=9次　　（b）交易次数3+3=6次

M—制造商（Manufacturer）；D—分销商（Distribution）；C—顾客（Customer）

图2.1　中间商的作用

(2)实现规模效应

中间商可以根据消费者的需要集中采购,扩大一次购买数量,消费者也可以一次从中间商那里买到多种产品,使一次交易的规模比没有中间商的情况大大提高。交易规模的扩大,产品的运输、仓储、装卸等方面的规模优势也会体现出来,从而获得规模效应。

(3)创造了时间、空间效应,有利于解决产需在时空上的矛盾

企业生产的产品,并不是一生产出来就会有消费者马上来消费它,对于消费者来说,只有当他需要消费时才会去购买。产需之间在时间、空间上都会存在一定的距离。而中间商为了使其商品供应不至于中断,就必须保持必要的储备,保持稳定的供应市场,组织地区间的商品平衡供应,调剂品种,调剂商品。

(4)为企业承担相应的营销职能

中间商承担了企业部分的营销职能,使企业能投入更多的精力从事生产和创新,而且有的营销活动企业难以自己去实施,通过中间商实施起来就较为方便。

3) 中间商的主要类型

按其服务的市场类型,可划分为工业品市场中间商和消费品市场中间商;按其直接销售对象,可划分为批发商和零售商;按其在交易过程中是否拥有产品所有权,可划分为经销商和代理商。此外,还可以按行业或产品类型(如化工、机械、房地产、钢铁、农产品等)来划分中间商。本书采用常见的分类方法,即按其销售(服务)对象的性质,将中间商分为批发商和零售商,再按其他标准将批发商、零售商进一步分类。详细内容将在本项目下一任务中分别介绍。

2.1.3　消费者或用户

消费者或用户是分销系统的最终服务对象,同时也是渠道系统的重要成员。从表面看,消费者不参与经营,在分销系统中似乎没有发挥重大作用。其实不然,在作为联结生产与消费的分销渠道系统中,消费者是终端,也是最具影响力的成员。任何一条高效的分销渠道,都必须以能满足消费者需求为基本目标,都要根据消费者的要求来设计和传递最佳的服务产出。从项目1可知,决定渠道服务产出的4类因素,即空间便利性、批量规模、等待时间和经营产品多样性,归根到底都是由消费者决定的。也就是说,高效分销渠道的模式及其行使的职能和流程,都必须按照消费者或用户的需求与购买特征来设计和实施。

但作为分销渠道成员的消费者或用户并不是一般意义上的消费者,而是特定目标市场的消费者。在不同的渠道中,他可以是某些个人或家庭消费者群,也可以是一些机构,如生产企业、服务性企业、政府机关、教育机构、医院等。这些特定消费者或用户的需求特征、地理分布、生活习惯、购买行为,都会对分销渠道的构建和运行产生重大影响。因此,只有对消费者有了充分的了解和认识,才能更好地满足消费者的需求。按照购买动机和购买行为的不同,可将消费者分为个人消费者和团体购买者。

1) 消费者个人购买及特点

个人购买是指为了满足自己或家庭成员的生活需要而对商品或服务进行的购买行为。这种购买是通向最终消费的行为,是一切社会生产的最终目标。个人购买行为具有以下特点。

（1）消费需求的多样性和不确定性

个人消费者在性别、年龄、职业、受教育程度、社会地位、收入等各个方面是千差万别的。因此,他们在选择商品的时候就会对商品的功能、规格、质量、款式、价格、售后服务等方面产生不同的要求。随着社会的发展,商品供给的逐渐丰富,人民生活水平的不断提高,消费者的消费日益呈现出个性化的趋势,使个人购买行为的需求多样化特征越来越明显。个人消费者人数众多,分布面广,差异性大,他们的消费行为也具有明显的多样化,并且消费者的心理活动迥然不同,因此无法用一种确定的、模式化的行为方式来概括和总结。

（2）购买者人数多,但每次购买量小,购买频率高

个人购买行为是为了满足个人或家庭成员的生活需要而进行的。因此,每个人都可能成为个人购买者,购买者人数众多。但个人及家庭的规模决定了他们对日常消费品的单位使用数量是很有限的,但又长期需要,这使他们每次的购买量不会很大,并且会经常不断地重复购买。

（3）购买行为的专业性不强,因此具有可诱导性

个人消费者在购买过程中经常掺杂着感性的、冲动性的购买。面对着种类繁多的商品,消费者很难掌握各种商品的专业知识,对商品信息的了解也不够全面,所以在购买过程中,凭感觉、习惯或一时冲动的购买行为不在少数。这使得个人购买行为容易受广告、销售人员、家人、朋友的影响,企业可以通过制订适当的营销策略,有效地引导个人消费者的购买行为。

（4）个人购买行为针对的商品需求弹性各异

在个人消费者购买的商品中,生活必需品的需求弹性小,其价格的变动对购买量的影响不大。但非生活必需品的需求弹性很大,价格的变化会对需求量产生的影响极大。

2) 团体购买及特点

团体购买行为是除个人购买行为以外的一切购买行为,包括各种工业企业、商业企业、政府机构、民间团体、各种非营利机构等,他们进行购买的目的不是供自己和家庭成员的消费,而是为了生产、转售、向社会提供等。与个人购买行为相比,团体购买行为主要的特点有以下几点。

①购买者的数量少,购买规模大。团体购买者大多数是企业单位,购买的目的是生产、转售、向社会提供等,需要购买的数量较大,而且购买频率一般不像个人购买行为那么高。

②购买者不像个人消费者那样分散,往往集中在少数地区。

③购买行为具有很强的专业性。由于团体购买行为涉及的金额大、影响广泛,因此一般是由受过训练的专业人员来负责执行的。企业单位的采购工作比较复杂,参与决策的人员多,是集体决策,决策过程也更为规范。

④需求缺乏弹性。团体购买商品和服务的数量受价格变动的影响小。

2.1.4　其他成员

分销渠道系统实际上还包括许多其他支持分销业务的各种成员。这些成员通常称为辅

助商。除了直接为分销渠道成员服务的银行、保险公司、广告公司、咨询服务公司等机构,还有运输公司、仓储服务公司、包装公司和各类分销中心等。这些成员在分销渠道中分担了物流或后勤工作,有效地提高了商品的流通效率和效益。

任务2　了解中间商及分类

中间商是指通过提供转售或服务活动,将制造商的商品销售给购买者的机构或组织。中间商通常包括批发商、代理商、零售商、物流商等营销机构。

2.2.1　批发商

1)批发商的概念及特点

批发是指将商品或服务销售给为了转售、进一步生产加工或其他商业用途而进行购买的个人或单位的各种活动。从事批发业务的人或者部门称作批发商。与零售商相比,批发商具有以下特点。

①一次性流转业务量大。批发商的一次性流转业务量往往比零售商的业务量大,属于批量购进、批量销售。

②一般其销售对象购买产品的目的不是用于最终消费,因此,批发业务在商品作价、运输服务、仓储服务方面的职能都与其他的中间商不同。

③政府对其采用与零售商不同的法律法规和税收政策。

2)批发商的类型

按照所有权关系和基本经营方式,把批发商分为4类。

①独立批发商(也称为商人批发商)。指自己进货,取得商品所有权再批发出售的商业企业,商人批发商是批发商最主要的类型。

②居间经纪商。与商人批发商所不同的是,居间经纪商对其经营的商品没有所有权,不用承担资金方面的风险,其主要职能是促成商品的交易,借此赚取佣金作为报酬。

③自营批发机构。这是由制造商和零售商自设机构经营批发业务的批发商。主要类型有制造商和零售商的分销部和办事处。

④专业批发商。主要指一些专业批发商,他们经营一些特殊的经济部门、行业的产品。如农产品、石油等。

[阅读资料2.1]　　　　　　　**现代批发市场的发展模式**

工业品批发市场是在我国经济体制转轨过程中、在经济发展到一定阶段出现的必然产物,因为批发市场赖以生存的经济基础是大量的中小型工商企业。但随着居民消费结构的不断升级,生产企业规模化、组织化、集体化趋势的逐步增强,流通领域的现代化、国际化程度不断提高,以及总经销、总代理、连锁化经营的大型综合超市、仓储式商店、专卖店等各种现代流通组织形式的迅速发展,批发市场产生了以下几种新的发展模式。

批发市场向零售市场转型。例如,杭州、石狮、武汉等地的服装批发市场开始重视零售业务,将批发市场内的门店打造成样板店,有的甚至打出"批发价零售"的口号,以应对大型零售商场带来的竞争压力。

批发市场向物流配送中心转型。很多批发市场按现代物流应用技术与供应链管理方法进行改造,整合现代化的物流配送中心,提供第三方物流服务、进行流通加工等。

批发市场向综合型的贸易中心转型。大型批发市场应利用自身在商流、信息流、物流、资金流等方面的优势,成为"商品集散中心、流通加工中心、交易中心、价格形成中心、信息发布中心",即多功能、综合性的贸易场所。

批发市场由贸易型商业向服务型商业转型。批发商以向零售商提供全方位服务为己任,向"零售支持型"服务提供商转型。

大型专业批发市场向现代采购中心转型。现代采购中心能提供以物流配送服务为核心的综合化的商业服务,除了传统批发市场所具有的商品集散、信息发布、价格形成、融资等功能,还具有现代会展、电子商务、娱乐休闲等功能。

3) 批发商的基本职能

①销售与促销职能。批发商拥有专业的销售人员,通过销售人员的业务活动,可以有效地接触众多的小客户,从而促进销售。

②采购与搭配货色职能。批发商代替消费者选购产品,并根据消费者的需要,将各种货色进行合理的搭配,从而使消费者一次就能购买到多种商品,节约时间。

③整买零售职能。批发商可以整批地买进货物,再根据零售商的需要批发出去,从而降低零售商的进货成本。

④仓储服务职能。批发商一般都有仓储设施,可以将货物存储到出售为止,从而降低供应商的存货成本和风险。

⑤运输职能。由于批发商一般距离零售商较近,可以很快将货物运到消费者手中。

⑥融资职能。批发商的融资职能包括两个方面:一方面,批发商可以向客户提供信用条件,提供融资服务;另一方面,如果批发商能够提前订货预交货款或准时付款,也相当于为供应商提供融资服务。

⑦风险承担职能。批发商在分销过程中,由于拥有货物所有权(主要对商人批发商而言),因此承担失窃、损坏或过时等各种风险。

⑧提供信息职能。批发商可向其供应商提供有关买主的市场信息。

⑨管理咨询服务职能。批发商可经常帮助零售商培训推销人员、布置商店以及建立会计体系和存货控制系统,从而提高零售商的经营效益。

[阅读资料2.2] **国际批发业的发展趋势**

随着世界经济一体化和知识经济的来临,世界批发业正在不断革新。许多批发商已经为自己的业务注入新的活力,成为更富于竞争力的渠道成员。

①实施聚焦战略。一些批发商重新评估了自己的战略任务,放弃了对实现公司目标无太大作用的边缘项目,将焦点集中在公司具有竞争优势的产品花色种类和细分市场上。其结果是批发业务进一步专业化。

②营销支持理念。许多批发商已将他们的公司业务定义为"营销支持业务",即他们与零售商等客户的业务关系绝不仅是购销关系,而是营销支持关系。他们意识到自己的主要目标是帮助供应商制订有效的营销方案。他们乐意支持供应商或客户的任何任务、活动或职能,以使整个渠道的营销更有效率与效益。同时,作为整体客户满意的延伸,批发商对供货企业也不仅仅是供销关系,他们开始选择供货企业,对其产品质量进行评估,对其生产提出参考意见,甚至采用控股、参股的方式参与企业的经营管理。这些情况说明,关系营销和渠道整合将是批发商寻求发展的主要方向。

③加强技术装备。高科技的发展同样吸引着批发商,被他们视为发展的重要动力。从条形码、扫描仪到全自动的仓库,从电子数据交换连接,到传播卫星和录像设备,批发业技术装备不断完善。技术可以降低成本,提高生产效率,促进信息管理,改善服务和促进销售。

信息系统的发展极大地提高了批发商更有效率和有效益地为客户服务的能力。电子数据交换系统,即EDI,一种已被生产企业和零售商广泛使用,以控制存货和进行交易的电子协定书。已被批发商用来综合处理订单,加速了信息流和产品流,并降低了成本。技术和信息管理系统是所有分销渠道潜在的巨大变革力量。分销技术促进了沟通,提高了服务水平,有益于渠道中的每一个成员。除了用于交易,几乎所有的批发商都意识到使用最新的信息和计算机技术,密切发展与制造商、零售商和其他客户之间的合作关系。因此,以技术带动的有效信息管理将是提高批发公司营销能力的重要方向。

④开拓国际市场。国内市场竞争驱使批发商寻求境外发展空间。经济全球化和高科技的采用为他们开拓国际市场提供了方便。随着世界经济一体化潮流,一些商业壁垒一个个被击破。据资料统计,美国28万个批发商中大部分都通过合资或营销联盟将其业务拓展到海外,大约有18%的收入来自国外。与此同时,日本、德国、意大利、瑞士等国家的批发商也在世界各地寻找商机,几乎到了无孔不入的地步。全球批发潮流必将日益迅猛,不可阻挡。

[阅读资料2.3]　　　　　**啤酒公司的批发商职能**

啤酒是流通最快的消费品之一,对于啤酒行业的批发商来说,其主要工作职责便是配送,通过批发将啤酒尽快送达消费者手中,对于中小型批发商来说,如果同时经营多个品牌时,会占用更多的装瓶箱,而且也会占用更多的资金,缺乏主营产品,进而带来管理的混乱。每一家批发商都投入较大,而市场都做不大。因此,专营一个品牌,并将其做强做大,是很多中小批发商的出路,这些区域中小批发商原有的优势就是贴近市场,快速反应消费者需求,但他们一旦专营某一品牌就会面临销售和利润无法保证的风险。于是啤酒企业和批发商联手经营的区域批发商专营合作的形式应运而生。

在某品牌啤酒公司的全国性经销体系里,即使在销售旺季,仍有近一半的批发商专营该品牌啤酒,这些区域的啤酒批发商只销售一个品牌的啤酒,是因为这些批发商采取了与厂商合作的专营经销,这确保了啤酒产品的物流顺畅、配送即时到达,服务周到,货款及时回笼。能使这些啤酒批发商放弃经营其他品牌啤酒的理由是批发商赚到钱了。某品牌啤酒在短短的几年时间里,其产品取得了年销售额18亿元的业绩,一跃成为全国一线品牌。

这种啤酒企业与区域批发商联盟的啤酒产品销售模式,也是国内多个品牌啤酒采用的营销策略。这种厂商与经销商联手的产品销售联盟,是双方共同分析市场行情,对自己的市场进行合理的预期,并能提高资金使用效率和良性的财务运作,同时,在统一的渠道管理制度下协调运作,执行统一的标准,批发商之间不相互打压,不窜货,在联盟批发体系下,统一的销售培训体系,共同提高了批发商的销售能力和管理能力。

厂商与区域批发商专营合作运作的渠道模式的成功,证明了在市场竞争很成熟的环境下,渠道成员的业务向上或向下延伸是市场营销策略选择,网络信息技术不断创新,并折射影响到分销渠道管理活动,不断产生新的业态,因此,分销渠道管理一体化是渠道管理创新的发展趋势。

2.2.2　代理商

1) 代理商的特点

代理商是指接受制造商委托,从事商品交易业务,但并不取得商品所有权的中间商。他们通过代为销售及提供信息等方式促成商品交易成功,从中赚取一定的手续费或佣金。由于没有独立投资,他们在商品的分销过程中不承担资金方面的风险。代理商具有如下特点。

（1）对市场比较熟悉,信息量大

代理商对其代理地区的市场比较熟悉,有较强的专业性,拥有专业的销售人员,具备专业的销售技术,一般都有自己较为成熟的客户关系网,因为它是通过促使商品交易成功而赚取佣金的,所以比较注重收集商品及客户信息,而且能够迅速地获取信息。

（2）能有效地规避风险

如果制造商想进入一个不太熟悉的市场,选择一个可靠的、业务能力强的代理商是一个较为稳妥的方式。代理商是由专业的销售人员组成,在销售技巧与专业知识方面有其优势,并且掌握大量的市场信息,通晓行情变化,可以最大限度地规避风险。

（3）运营成本较低

代理商的主要收入是赚取佣金,制造商可以通过支付佣金的方式利用代理商的客户网络及相关信息来销售自己的产品,这比自建销售网络要节省不少费用和时间。

2) 代理商的类型

代理商主要有以下几种类型。

（1）制造商代理人

制造商代理人是指受制造商的委托签订销货协议,在一定的区域内代销制造商产品的中间商。制造商委托代理商销售其产品,在产品售出后,按照一定的比例支付佣金给代理商。制造商可以划分不同的销售区域,委托若干个代理商在指定的销售区域内销售自己的产品。制造商代理人常常被用在电器、家具等产品的销售上。

（2）销售代理商

销售代理商是指以签订销售代理合同的方式,为委托销售某些特定商品或全部商品的代理商,对价格条款及其他条件可以全权处理。双方关系一经确定,生产企业自身不能再进行直接的销售活动,而且在同一时期制造商只能委托一个销售代理商,销售代理商也不能再接受其他企业的委托。这种代理商在纺织、木材、服装行业中较常见。

(3)寄售商

寄售商是指受生产企业的委托,为生产企业进行现货代销业务的中间商。生产企业将产品交给寄售商,待产品销售后寄售商按照双方议定的比例扣除佣金及相应的费用后,再将货款交付给生产企业。寄售商不承担产品未能销售的风险和责任。这种形式在开辟新市场,处理滞销产品方面可发挥积极的作用。

3)代理商在渠道中的地位和作用

代理商不取得商品的所有权,是专门从事促使交易成功的中间商,由专业的销售人员组成,具有较强的专业性,在销售技巧与专业知识方面有优势。他们通晓该领域的市场行情,与消费者有着密切的联系,有利于企业打开市场;使用代理商是比较灵活的,当市场打开以后,企业的实力得到了壮大,又可以选择采用其他的销售方式;代理商确切知道行业的佣金标准,销售后支付佣金的方式,对于实力较弱、无能力建立销售网点的中小企业而言,这是一种比较合适的选择。代理商在分销渠道中的地位是其他方式不可取代的。

[小思考 2.1]　　　　　**汽车零件厂如何打开国内市场**

在珠江三角洲有一家小型电子汽车零件厂,生产汽车倒车报警器。全厂只有20多名员工,月产量只有十几万只,每只毛利只有一元多。过去是由一家外资企业代理外销,每只纯利只有0.5元。现该厂设计了内销包装,想用以下的几种方法来打开国内市场,你认为应该采用哪种方法好?

(1)自己到市内开一家门市部兼营零件与批发;

(2)招聘一批销售人员去各地推销;

(3)寻找代理商,代理销售;

(4)通过批发商销售产品;

(5)与汽车制造商签订合同,请其在其汽车上安装。

2.2.3　零售商

1)零售商的特点

零售是直接销售产品或服务给消费者,以供其用作个人消费或用于非营利用途的各种活动。但是,参与零售活动的机构,并不一定都是零售商,有的生产企业、批发商也兼营一部分零售业务。零售商是指以经营零售业务为主要收入来源的商业企业和经营者。它具有以下特点。

(1)直接面对消费者,提供终端服务

零售终端的消费者每次的购买量小,频率高,要求产品花色齐全,价廉物美,并且能够方便地进行购买。这就要求零售商具有小批量进货、低库存和重视促销等特点。零售商的服务对象是消费者,因此其分布受一国或地区的人口数量、人口地理分布、市场分布情况的影响较大,并且消费者对零售商的职业道德、商业信誉、文明经商等方面的预期较高。

（2）零售业态多元化,且具有生命周期

第二次世界大战以后,西方国家不断涌现出各种新的零售方式,新型零售商也随之相应出现,并且新的零售方式从出现到成熟所需要的时间越来越短。美国零售形式从产生到成熟所需的时间,超级市场是35年（从20世纪30年代到60年代）,折扣商店为20年（从20世纪50年代到70年代）,快餐店为15年（从20世纪60年代到70年代中期）,商品目录展览室为10年（从20世纪60年代后期到70年代后期）。

（3）销售区域小,销售状况受地点的影响较大

零售店的选址是非常重要的,选址正确是成功的先决条件,选址时既要考虑可能的销售量,又要考虑租金水平是否适当,还要尽量避免与现有销售渠道的冲突。例如海尔在开专卖店前,都要对社区的人口数量、家庭数量、收入水平、附近家电商店的数量和分布等进行严格的市场调研,之后用科学的计算方法,计算开在哪个地方划算,如何布局最合理。海尔专卖店在建设时尽量与大商场交错,而且专卖店一般都建在一级市场和二级市场的郊区或郊县,不与现有的渠道发生冲突。

（4）零售商的业务活动有明显的时效性,受销售时机以及季节的影响较大

[小思考 2.2]　　　　　　　　　社区里的化妆品商店

美源化妆品商店是一家由私人投资建立的某品牌化妆品商店,聘有8位专业美容护理人员。除销售品牌女性化妆品外,还添置了美容护理工作间和相应的美容美体设备,提供专业美容护理、瘦身理疗服务。服务项目包括皮肤护理疗程、针灸减肥、绣眉、去斑除痘等。由于技术精湛、服务周到,吸引了社区里不少女士前来消费。而光顾该化妆品商店的女士,在接受美容美体护理的同时,大多数还购买了需要的化妆品。

请思考:通过便利的社区服务吸引社区目标消费者,是不是零售商服务的创新?

2）零售商的类型

零售商的类型千姿百态,新型的组织类型层出不穷。我们把零售商分为3类,即商店零售商、非商店零售商、零售组织。

（1）商店零售商

商店零售又称门市部零售,设有摆放商品供消费者选购的店面,消费者的购买行为是在商店内完成的。其主要形式有以下几种。

①专业商店。专业商店是专门经营某一类商品的零售商店。它经营的产品线较为狭窄,但花色、品种较为齐全。例如花店、书店、服装店、儿童用品商店等都属于这种类型。根据产品线的狭窄程度可以将专业商店再分为:a.单一产品线商店,如服装商店;b.有限产品商店,如儿童服装店;c.超级专业商店,如为儿童量身定做服装的专业服装店。专业商店适应了不同消费者的个性化需求,近年来得到了快速的发展。

②百货商店。百货商店是经营多种商品的零售店,经营商品的类别多,同时每类商品的花色、品种、规格齐全,实际上是多个专业商店的综合体。它一般规模较大,购物环境较为舒适,多设在城市交通中心和商业区中心,能为消费者提供咨询、购物、送货、售后维修等多种服务。1852年在法国巴黎开业的"好市场"是全世界第一家百货商店。百年来,百货商店仍是零售的主要方式之一。

③超级市场。超级市场是一种规模大、成本低、薄利多销、自选式的零售方式。特点是商品分类上架,标明分量、规格和价格;备有购物筐、手推车让消费者自选;在超市出口处集中结算。初期的超级市场以食品为主,兼营少量杂货,1830年8月美国零售商库仑在纽约开设了第一家超级市场。经过多年的发展,超级市场的经营面积越来越大,范围也越来越广,涉及化妆品、文具、五金、服饰等多种商品,向综合服务发展。

④便利店。便利店又称为方便店,这是一种经营商品种类较多但品种简单的小型综合类商店,多设在居民区及活动场所附近。它经营的范围包括吃、穿、用等各个方面,商品类别多,但每类商品品种数量少。它营业时间长,深入居民区,贴近消费者,方便购买,7-11便利店就是其典型的代表。

⑤折扣商店。折扣商店中商品按正常价格折扣出售,是一种以低价方式销售标准化商品的商店。它通过减少经营设施等方法尽量降低费用,是顺应消费者对产品价格的敏感而发展起来的一种零售方式。

⑥独立减价零售店。一般是个人拥有与经营(或成为一个大零售公司的分支),销售的产品与产品品牌都不固定,货源也不固定。它可以从制造商那里进货,也收购其他商店的积压商品或库存产品,然后以1元店、10元店的价格出售,利润较低。这类商店经营规模一般不大,只有一间店面或少数几间店面,出售的商品非常便宜。

⑦仓储式销售商店。它实行会员制,定期交纳会费,凭会员卡进店采购,向会员以比较优惠的价格出售商品。仓储式销售商店的面积非常大,店址偏僻,经营产品线宽,但每种商品的品种不多,以周转较快的全国性品牌商品为主。由于购买量大,周转快,自助式以及店址多设在偏僻的郊区,因此这种商店的加价率最低,一般比超市或折扣店还要便宜20%~40%。

⑧目录展示商店。这是将目录展示与折扣商店结合起来的零售形式。一般以销售毛利率高的、周转快的名牌商品为主,如珠宝、照相器材、化妆品等。这种商店定期发布彩色的产品目录,标明每种商品的规格、型号和价格,消费者可以根据商品目录到商店购买或打电话订购。

⑨服务店。分别提供包括住宿、餐饮、美容、干洗等服务的机构。随着经济的发展,服务业的发展比零售业的发展速度要快得多。

[阅读资料2.4]　　　　　　　零售业"四次革命"

在相当长的历史时期内,零售业态是以肩挑小贩、摊贩、集市、乡村杂货店等为主要业态。自19世纪中后期,工业革命以后,为适应新的工业生产发展的需要,零售业态发生了四次重要的变化,被称为"四次零售革命"。

1.百货店问世

随着第一次工业革命带来的资本主义经济快速发展和建设新城市的浪潮,百货商店作为一种崭新的零售业态出现了。1852年,法国商人 A.布西哥建立了"邦·马尔谢"商店,率先创建了百货商店。其特点是:拥有大面积的营业场地,营业设施完备;以经营日用百货为主,实行综合经营;商场实行专业化分工,大量陈列商品,明码标价,实行现金交易;消费者可以自由地进出商店,随意选择商品;采用垂直统一的业务管理系统,商品销售采取"薄利多销"原则。这种新型零售业态很快在欧美等经济发达国家流行。

百货店把各种商品陈列在一个店铺中,通过相互配合、相互衬托,营造了一个风光无限、极其诱人的购物环境。同时,百货店奉行"明码标价""现金交易"和"薄利多销"原则,节省了大量的讨价还价、赊欠账管理和价格搜寻成本,给消费者带来了便利和实惠,从而产生出巨大的市场威力。早年美国芝加哥有一家"马歇尔·费里罗德"百货店,由于完善的商店设备和管理制度,并坚持"言无二价,明码交易"的方针,快速发展壮大,到20世纪40年代,一度成为世界上最大的百货店,每天接待消费者数量高达20万人次,日赢利约60万美元。

1860—1920年是百货店发展的黄金时期,历史上称为零售业的"第一次革命"。后来由于技术发展和法律制度的改革,新的零售经营方式赢得了市场的青睐,限制了百货店向更大规模发展。

2.超级市场诞生

传统零售经营中大量依靠推销人员,而在劳动力工资快速上升的市场背景下,零售商背上了沉重的人工成本负担。不少零售商进行了改革。只是到第二次工业革命以后,一些新技术的应用才使得零售商改进了商品陈列方式和货款结算方式,从而创造出一种新的零售业态——超级市场。

19世纪30年代,在美国纽约皇后区首次出现了超级市场的雏形。到1935年,美国77个城市中拥有6 000多家超级市场。第二次世界大战以后,超级市场数量快速增加,规模也日益扩大,到1968年就发展到了33 900多家。现在,超级市场已经遍布各类城市甚至乡村。超级市场经营的商品品种也在不断增加,1950年约3 750种,到1970年则达7 800种,其中食品杂货的销售额约占全美国食品杂货销售总额的3/4。在其他相当多的国家,超级市场也已成为零售业的主要业态。

超级市场经营的主要特点在于消费者自助选择商品,实行集中收款结算。这样,消费者挑选商品更加自由,购物效率可大大提高;而且无须多少销售服务,商店可大量减少销售服务人员,从而降低销售费用。这种零售业态带来了零售效率的突变,所以称之为零售业的"第二次革命"。

3.自动售货机出现

为适应消费者非常分散、购买量小、购买时间不固定的特点,同时也是为了节约销售费用,20世纪70年代,西方国家出现了无人售货机,即采用自动售货机向零星购买的消费者售货。自动售货机正面采用透明玻璃,人们可看到里面存放一定量的商品,比如袋装或盒装食品、罐装饮料、香烟、化妆品、胶卷、唱片和报纸等,所有商品明码标价。消费者根据商品的价格,在投币口投入货币,并按下货物选择按钮,机器就会自动出货,消费者可以在取货窗拿到商品,在退币口取回找赎。自动售货机可以被放置到各个地方,尤其像车站、学校、旅馆、戏院、饭店等往来人群较多的地方。自助售货机24小时工作,同时分布面非常广,又可大量减少销售服务人员(仅需要少量补货和取款人员),因此,零售效率得到大大提高,且能大幅度节省销售费用。这种零售业态被称为零售业的"第三次革命"。

前三次革命都是顺应工业革命而发生的,同时也是各种先进技术和先进管理方式在零售经营中应用的结果。前三次革命首先改变了零售业面貌,使之大大提升了满足消费者需要的能力,同时为创造更多的零售经营方式奠定了重要基础。其次也大大促进了其他产业的发展,尤其是推进了制造业的现代化进程。

4.网络商店异军突起

1992年,俄克拉荷马大学的Robert Lush等人率先提出了无店铺零售是零售业第四次革命的观点。随着互联网的普及和信息技术的广泛使用,电子商务、网络营销、网上购物等与信息技术相联系的零售业态,成为这次革命的主力军。无店铺零售最早起源于美国,之后发展迅速,无店铺零售总营业额一直保持两位数的增长率。在我国做得比较成功的,如当当网、淘宝网、京东商城等。同前面三次零售革命一样,无店铺零售也是零售组织在市场竞争中适应生产力发展水平和消费水平变化而进行变革创新的产物。之所以称之为零售业第四次革命,是因为它颠覆了传统意义上的零售概念。人们的购物方式发生了巨大变化,消费者将从过去的"进店购物"演变为"坐家购物",足不出户,便能轻松在网上完成过去要花费大量时间和精力的购物过程。购物方式的变化必然导致商店销售方式的变化,一种崭新的零售组织形式——网络商店应运而生。

(2)非商店零售商

非商店零售是指没有店面的零售方式,是一种近年来在西方国家发展较快的一种零售方式。它的特点是零售商没有固定的店面供消费者上门购物。主要类型有以下两种。

①直销。指制造商自己或通过直销人员向消费者销售产品。包括集市摆卖、上门推销、举办家庭销售会等。如安利公司是一家全球化的直销公司。安利(中国)自从1998年进入中国市场以来,以直销经营的方式起步,提供有利于消费者生活健康的产品,在中国市场深耕细作,实践了消费体验者也是营销者融合的独特的营销方式,成功地塑造了健康生活方式的推广者和倡导者的品牌形象,成为引领中国直销事业创新的排头兵。安利(中国)获得健康持续的发展,据统计,目前安利公司全球年销售额高达百亿美元,而安利(中国)公司占其中的40%,可带动300多万人就业。为规范直销业的健康发展,维护市场经营秩序,保护消费者合法权益,加强对直销的监管,我国于2005年12月1日实施《直销管理条例》。这对打击非法传销和保护合法直销健康发展起着重要的作用。2017年3月1日,国务院对《直销管理条例》进行了修订,主要调整了部分条款以适应当前的市场环境。

[阅读资料2.5]　　　　　　　直销与传销的联系与区别

如何准确地界定直销与传销,学术界至今仍是众说纷纭,莫衷一是。根据《世界直销商德约法》对专门用语的解释,直销是直接在消费者家中或他人家中、工作地点或零售商店以外的地方进行消费品行销。广义的直销(Non-store Retailing)又可分为单层次直销(Direct Selling)和多层次直销(Multilevel Marketing),前者即是通常所说的"直销",后者即是所谓的"传销"。直销刚刚进入我国时,传销和直销两个词没有分别,直到1998年,《国务院关于禁止传销经营活动的通知》出台后,传销被定性为非法,各家企业开始纷纷改称"直销"。新颁布的《直销管理条例》将承认"单层次直销",即"店铺+推销员"模式合法,而继续禁止"多层次直销"和"家庭聚会式直销"。

单层次直销其实是最古老的销售方式,由销售人员从制造商直接进货,然后直接卖给消费者。目前单层次直销的主要形式有以下几种：①直接邮售式；②制造商自有商店销售；③直销人员的家庭访问式。多层次直销即传销，其主要特点是公司的直销商自己可以不断地发展新直销商加入公司，由他推荐的直销商是他自己的下线，而每一个直销商均可如此，从而形成一个庞大的传销网络，公司用电脑管理此网络，产品由网络销售。可见，传销是借助网络组织发展起来的一种较高层次的直销形式。从定义上看，直销与传销是两种不同的分销渠道，为什么人们普遍把传销与直销混为一谈，主要原因在于传销与直销中的家庭访问式推销都采用了"无店铺销售""人员推销"的销售方式。

传销是指组织者或者经营者发展人员，通过对被发展人员以其直接或间接发展的人员数量，或销售业绩为计算依据和给付报酬，或者要求被发展人员以交纳一定费用为条件取得加入资格等方式牟取非法利益，扰乱经济秩序，影响社会稳定的行为。

传销的明显特征：①传销的商品价格严重背离商品本身的实际价值，有的传销商品根本没有任何使用价值和价值，服务项目纯属虚构；②参加人员所获得的收益并非来源于销售产品或服务等所得的合理利润，而是他人加入该组织时所交纳的费用。

直销是销售人员以面对面的说明方式而不是固定店铺经营的方式，把产品或服务直接销售或推广给消费者，并计算提取报酬的一种营销方式。不同的公司有不同的称谓，因此这些直接销售人员被称为销售商、销售代表、顾问或其他头衔，他们主要通过上门展示产品、开办活动或者是一对一的销售方式来推销产品。

直销与传销的区别。①推销的商品不同。传销的产品大多是一些没有什么品牌，属于质次价高的商品。而直销的商品大都为一些著名的品牌，在国内外有一定的认知度。②推销员加入的方式不同。传销是要求推销员加入时上线要收取下线的商品押金，一般以购物或资金形式收取"入门费"。③营销管理不同。传销的营销管理很混乱，上线推销员是通过欺骗下线推销员来获取自己的利益。采用"复式计酬"方式，即销售报酬并非仅仅来自商品利润本身，而是按发展传销人员的"人头"计算提成。直销的管理比较严格，推销员不直接接触商品，自己的业绩由公司来考核，报酬由公司进行分配。④根本目的不同。传销的根本目的是无限制地发展下线，千方百计通过扩大下线来赚钱。而直销最终面对的终端用户是消费者，其目的是进行商品交易，满足消费者需求。

[阅读资料2.6]　　**安利（中国）公司——直销的领头羊**

随着"健康中国"战略的推进，安利公司抓住了这一战略机遇，通过技术、产品、服务的创新，深耕大健康的赛道，致力于成为"健康中国"的助跑者和推动者。

安利公司利用在中国市场开辟的直销网络，在中国普通消费者群体中有较高知名度的优势，积极推出"营养中国行"等公益活动，做营养科普推广者，提升公众健康意识，累计覆盖人群过亿；安利遍布全球的自有农场和认证农场，为消费者提供安全、绿色、有效、可信的产品。近年来安利公司还通过对消费者的深度服务，打下扎实的大数据基础，以算力、算法为核心，为消费者定制个性化的消费方案，销售渠道有了创新的技术和业态的支撑，为传统直销提供了更为稳定、成熟的消费者群和广阔的市场空间。

不仅如此，安利公司联手中国营养学会，培养了数万名经营养学会认证的"营养健康顾问"，一改以往直销人员专业水平参差不齐、服务质量不高的现状。直销从业人员不再是单纯的产品推销者,还成为全面健康生活的倡导者和推广者,并积极打造线上线下相融合的健康生活社群,与消费者共同学习、把知识转变为行动,把行动转变为习惯,建立健康的生活方式,推动公众享有全面健康。安利公司多次荣获"中华慈善奖""国民信赖十大健康品牌"称号。

(资料来源:百度百科)

②直复式市场营销。在我国,直复式市场营销的先行者有联想、海尔、科龙等。它最早产生于邮购行为,是一种使用多种广告媒体向消费者推销商品、主要以信用卡付款的零售形式。它跨过中间环节直接面对消费者,进行面对面沟通,促成产品到商品到货币的销售。这是一种针对目标消费者较散或者针对大宗购买的渠道模式,具体形式有以下几种。

a.邮购目录。采用这种形式,销售商按照选好的消费者名单邮寄目录,或准备目录供消费者随时索取。这种方法经营完善产品线的综合商店用得较多。

b.电话营销。这是一种营销人员通过电话向目标消费者进行市场营销活动的方式,已经成为一种主要的直复式市场营销工具。随着电话普及,更多的消费者通过电话询问有关商品的信息,并通过电话购买商品。

c.电视营销。营销人员通过电视这种媒介介绍商品,可以购买一定的时间段,也可以通过闭路电视或专门的一整套节目,或赞助某个专题节目来开展营销活动。消费者通过邮购、信件订购或打电话的方式购买商品。

d.其他媒体营销。营销人员通过报纸、广播、杂志等方式开展市场营销活动,购买者可以通过写信或电话订购。

e.网上直销。这是一种新兴的销售方式,它是随着 Internet 的问世而发展起来的。Internet 自诞生以来,以极快的速度发展成了继电视、报纸、收音机后的"第四媒体"。网上直销就是利用互联网进行分销活动的方式。这种方式彻底改变了传统的面对面的一手交钱、一手交货的交易方式,使消费距离为零。消费者足不出户就可以买到自己满意的商品,是一种新型的、有效的、保密性好的、方便快捷的分销方式。网上直销是由制造商或经营者通过互联网发布商品及服务的有关信息,消费者通过网络进行订货,然后由出售方统一的配送中心通过邮寄或送货上门的方式把商品交到消费者手中的销售模式。它可以分为两种方式:一种是面对企业的销售方式。这是一种企业与企业之间的交易,称为"B2B"方式。这种交易的金额一般较大,有严格的电子票据和凭证交换关系。另一种是面对单个消费者的销售方式。这是一种企业与消费者之间的交易,称为"B2C"方式。消费者通过浏览企业在网上发布的商品及服务的信息订购商品,通过电子钱包付款,可以方便、快捷地完成购物过程,甚至足不出户就可以拿到订购的商品。

(3)零售组织

零售形式往往是由一定的机构来保证的,但不同形式的零售业也可能会有相同形式的组织模式。在高度现代化的时代,单店经营的形式虽然还有,但要发展必须走组织之路。目前,已经派生的新型零售组织主要有:连锁公司、消费者合作社、零售商合作社和"摩尔"(Shopping Mall)等。

①连锁公司,又称"零售连锁店"。这是由两个以上的独立零售店,按照一定的规则运作,把现代化大生产的组织规则、管理原则、经营原则运用到商品流通领域,达到提高协调运作能力和规模经营的目的。它实行店名、品牌、店容、商品、服务的统一化和标准化。采购、

送货、销售、决策、经营的专业化,信息汇集、广告宣传、员工培训、管理规范的一致化,从而可以雇用优秀管理人才,采用高科技现代化手段来处理定位、促销、销售、存货控制、销售量预测等工作,大大提高效率,降低成本。

②消费者合作社。这是社区居民自发组织的一种商店性合作社。居民出资联合开设商店,商店地址设在社区内,营销决策由投资者决定,价格与管理也采用民主决策,一般要做到物美价廉,年终根据每个人的购货数量给予一定数额的惠顾红利。

③零售商合作社。这是以民主形式集中不同的零售形式组合在一起的企业,是一种自由形式的公司。这种多样化的零售能产生优秀的管理系统,并使所有独立零售商均能得到经济节约的好处。零售商合作社成败的关键在于是否拥有优秀的管理者以及先进的管理系统。

④"摩尔"(Shopping Mall)。它是集购物、餐饮、休闲、娱乐和旅游功能为一体的大型多功能"商业航空母舰"。这种商业消费形态,以其综合性经营模式与较完美的环境配套设施而风靡欧美及东南亚国家和地区。摩尔规模大、功能全、经营主题明确。它占地面积大、绿地面积大、停车场规模大、建筑规模大,营业面积一般在10万平方米以上;集购物和其他商业服务,甚至集金融功能、文化功能于一体,进行全方位服务;按照所处地理位置、自身条件、当地零售商业发展状况确定目标市场,然后据此定位引入相应零售商配合其市场定位。世界上最大的摩尔内有800多间商店,150间餐厅及食物馆,110间小食档及19间戏院,还有人工湖、人造波浪泳池及小型高尔夫球场等。摩尔的商业前景使之成为颇有吸引力的融资概念。一个摩尔的有效商圈一般可辐射200~300千米,它的形成还将带来人流、物流、信息流、资金流的全面汇集,对一个区域的经济产生巨大的带动作用。

摩尔mall

⑤连锁经营组织。它是指在总部的统一管理之下,分设两个或两个以上的商店,经营大类相同的商品,其经营业务(如采购和销售)受总店的控制,一般有相似的店面布置风格和标志。连锁经营被称为零售业组织形态的一次革命,是零售业实现商业规模化经营的突破。目前采用此模式最多的主要是餐饮、医药、清洁、干洗、服饰等行业里的强势企业,代表企业有麦当劳、德克士、重庆小天鹅火锅、国际立新、福奈特、罗蒙西服等。

海底捞

直营连锁又称正规连锁,连锁企业总部通过独资、控股或兼并等途径开设门店,所有门店在总部的统一领导下经营,总部对各门店实施人、财、物及商流、物流、信息流等方面的统一管理。它在经营过程中通常具备以下特点。

a.同一管理下的多店化经营。连锁商店不再单纯依靠单个商店的大型化来提高销售业绩,这样对所有的商业企业来说不太实际,经营效果也不一定好。连锁商店以统一形象的多个店面的形式能获得大规模经营的各种利益。

b.总店控制下的统一化经营。各个连锁商店统一经营理念,统一视觉识别系统(例如统一店名、商品陈列、店员服装等),统一经营行为(例如规章制度、行为规范、服务用语等)。

c.专业机构运作下的规范化经营。连锁商店在总店的全面管理下,不再执行传统的混合职能,而是在每个环节都有专业的机构在运作。由配送中心进行统一的进货和送货,各个店面负责销售,统一的财务中心进行专业的财务管理,信息中心负责产品信息的收集及汇总。专业化的经营必须有一套规范的经营及控制系统与之相匹配,并保证各个系统之间协调、高效地运行。按照所有权的不同,可以把连锁经营分为正规连锁、自愿连锁和特许连锁,不同形式的连锁具有不同的经营特点。

⑥特许连锁经营。特许经营是指特许人(制造商、批发商或服务组织)将自己的商品、商标、专利等,通过契约授予受许人使用。受许人独立经营,自负盈亏,但必须先付一笔首期特许费,此后每年按销售收入的一定百分比交给特许人作为经营使用其产品、商品、商标、专利的报酬,并且必须遵守契约中有关特许经营活动的其他规定。国际特许经营协会(IFA)将特许经营定义为:特许人与受许人之间的契约关系,对受许人经营的如下领域(经营诀窍和培训等)由特许人提供并有义务保持关注;受许人的经营是在特许人的控制下按一个共同标记、经营模式或过程进行的,并且由受许人以自己的积累对业务进行投资。

特许经营被誉为当今零售和服务行业最有潜力和效率的经营组织形式,它可以节省研发新产品、创造新的知名品牌、寻找新的服务方式所花费的时间和金钱,特别适合规模较小的零售企业和服务企业。特许经营的特点有以下几点。

a.特许经营的一方是特许人,另一方是若干个受许人,特许人与受许人之间由契约联系,各个受许人之间没有横向的联系。

b.受许人保持财务与人事的独立性,独立经营,自负盈亏。

c.在契约规定的特许经营期间,受许人可以享有在一定区域内独家经营使用特许人的商品、商标、服务项目等权利,并且特许人还承担着帮助其培训员工、管理咨询、广告宣传等方面的费用。作为回报,受许人将营业额的一定百分比当作特许经营费交给特许人。

d.受许人在特许经营的特定时间、区域内享有使用特许人的商品、商标、专利的权利,同时也必须遵守合同中关于特许经营活动的其他规定。例如麦当劳对其出售的食品有着严格的质量标准和操作规程,以及严格的卫生标准和服务要求,如男性工作人员不准留长发、女性工作人员必须戴发罩等。

e.特许关系中明确规定,受许人不是特许人的代理人,没有代表特许人行事的权力,受许人在经营时要表明自己的身份,以免消费者发生混淆。在这一点上,特许经营与代理方式有着本质的区别。

特许经营主要有以下两种类型。

a.产品、商标型特许经营。这是一种传统的特许经营方式。在这种方式下,特许人通常是制造商,同意授予受许人对其特许产品以及商标进行商业运作的权力。特许人通常要根据经销商的市场份额制订若干标准,并据此选择经销商。特许人对其提供培训、咨询、广告宣传等方面的帮助,但受许人仍然拥有自主权,自主经营。在美国,这种特许大约占所有零售特许商店的70%,最典型的有汽车制造商、大石油公司,以及可口可乐等饮料公司。例如,世界著名的固特异(Goodyear)轮胎公司只收取少量费用,授权独立经销商以及部分大型零售商经销固特异牌轮胎。以特许经营方式销售了全公司50%的产品。该公司对申请特许经销商的条件只有两个:一是拥有5万美元的资金,二是良好的经营业绩。

b.经营模式型特许。这种形式的特许人与受许人之间的关系更为密切,受许人不仅被授予对特许产品及商标进行商业运作的权力,特许人还对其提供全套经营方式的指导与帮助,包括选址、人员培训、广告、质量控制等。与产品、商标型特许经营不同的是,该体系侧重于经营方式,特许人对受许人的控制程度较高。常见于餐馆、彩印店、旅馆等的特许经营,麦当劳就是其中比较成功的一例。全球快餐业之王麦当劳公司以其一整套经营服务方式和标准化的快餐食品为基础组建特许经营组织,所有特许店在选择供应商时要经总公司同意,总公司制订各分店的装修设计标准,要求新进入的受许人进入"汉堡包大学"学习企业管理,在原料购买、食品制作和经营服务各方面遵循一定的程序,达到规定的质量标准。麦当劳公司向每一特许店收取15万美元的初期费用,以后每年从其经营额中提取3%的特许权费、3.5%的租赁费和4%的广告费。

但是,对特许经营的管理较为严格,因为特许经营是柄双刃剑,采取特许经营的方式可以很快地发展自己在全国的销售网络,但这样做的弊病在于难以对加盟企业进行管理和控制。如果不能真正形成一套成熟的管理制度,不能形成一套自己的商业文化,快速膨胀式的发展带来的往往是陷阱。因而必须从加盟商的选择、加盟商及员工的培训、店面及店内的设计装潢、商品陈列、定价及销售方法、存货管理、加盟商与总部的信息沟通、现代管理技术的运用等方面确立一个完整统一的管理体系,才能最大限度地避免加盟店管理失控。例如风神汽车有限公司在选择加盟商时要从对方的融资能力、资金周转、财务状况、售车经验、地区汽车的保有量及年购车量、当地人均生产总值及纯收入、城镇人口、物价水平等多方面因素进行综合评估和资格认证。而海尔选定的加盟商须到青岛总部(海尔大学)接受海尔企业文化和企业管理培训,经考试成绩优异者方可发放海尔专卖店营业许可证。

⑦自愿连锁商店和零售商合作社。连锁店的优势与竞争使独立商店开始组成两种契约式联盟:一种是由批发商牵头组成的独立的零售商店联盟,称为自愿连锁商店,盟员联合起来从事大量采购和共同销售业务;另一种则是独立零售商店组成的集中采购组织,称为零售合作社。它也实行联合促销以降低成本,提高销售额。

⑧制造商自营销售公司。制造商自营销售公司是零级渠道(直销)方式的一种。在这种经营方式下,企业在其商品的分销过程中由于种种原因不利用中间商,或仅利用一部分中间商,制造商自营公司是属于企业的、与生产部门相对独立的分支机构,一般由公司的营销分支机构负责完成中间商应该完成的分销职能。

尽管大部分的产品和服务需要通过中间商完成分销过程,但是企业自建机构从事分销的方式也在不断增加,这是因为它具有如下优点。

a.减少了流通环节,有利于企业对其商品及服务的分销过程进行控制。因为企业通过其自建机构从事分销活动,有较强的独立性,使其对整个分销过程的控制能力得到了增强,可以根据具体情况自主灵活地制订市场营销策略,以及实现与企业其他部门的紧密合作,同时也更容易获得企业从人、财、物、技术等各方面的支持。

b.使制造商与消费者直接接触,减少了中间商在信息传递过程中影响,有利于企业改进其产品及服务,同时为满足消费者对某些特殊商品与服务的需求提供了可能性。

c.节省费用支出。企业使用中间商就必须付给其一定的报酬,制造商自营公司是企业自己的分支机构,因而可以减少这方面的费用支出。

d.制造商自营公司是企业的一部分,企业的利益与其息息相关,而一般的中间商都同时经营几家企业的商品,因此在经营的过程中不会像自营公司那样尽心尽力,同时忠诚度也差些。

这种分销方式也存在着不足,例如组建自营公司的资金要充裕,自建零售网络必须达到一定的规模,才有可能在销售成本方面跟经销商相比有一定的优势,这就需要大规模的资金投入。并且,培训及人力资源上的投入,信息化管理硬件和软件的建设等方面都需要一笔不菲的资金。另外,要求企业具有比较高的管理水平。

[案例与思考2.1]　　宜家:用"仓储式卖场"打下的零售王国

近两年来,国内家居卖场由于扩张太快,不断出现关停、倒闭的现象,一度引发"家具行业走入绝境"的猜测。与此相反,作为全球家具最大的零售商——宜家,却在中国市场保持了增长态势,不惧行业危机继续高歌猛进。在这两个截然相反的市场表现面前,我们不禁要发出疑问:是什么赋予了宜家勇往直前的自信和勇气? 答案并不难找,"仓储式卖场"就是宜家的制胜之道。

1."仓储式卖场"是宜家的成功之道

仓储式卖场在国内也许还属于新鲜名词,但是在美国,它早已是一种成熟的大型卖场运营模式,包括沃尔玛、家乐福都是此类模式的获益者。在国外,人们熟知的仓储式卖场有沃尔玛、家乐福、麦德龙。如今,国美和苏宁也开始尝试这种模式,但规模远远无法与国外零售业巨头相比。

宜家在1998年开始进入中国,经过15年的耕耘,到2013年年底在中国拥有总计14家卖场。而同样身为国际零售巨头的沃尔玛,虽然在2012年放缓了开店的速度,仍然保持着3年100家卖场的速度。如此悬殊的开店比例,突显出宜家的商业版图在中国扩张上的谨慎态度。究其背后的原因,宜家认为,唯有买地自建才能确保其商业概念和零售理念的完整实现。

事实证明,宜家的决策是正确的。在欧倍德、家得宝等国外大型卖场宣布彻底退出中国家居建材大卖场领域,东方家园、居然之家、红星美凯龙等本土家居卖场全线收缩国内市场的时候,宜家反而宣布增加开店计划,支持宜家稳步发展的"仓储式卖场"的销售模式功不可没。

也是从宜家的成功范例开始,"仓储式卖场"将显而易见的突出优势呈现在世人面前,它通过"仓储直营"的渠道模式压缩了中间环节,大大降低了成本,并且产品全部采购于知名家居品牌供应商,能把高品质的产品、服务及生活方式以相对低廉的价格带给广大消费者。这让众多处于困境中的国内各大家居卖场看到了希望的曙光,甚至认为"仓储式卖场"将是未来家居行业的发展模式。

2."仓储式卖场"让宜家突破封锁线

宜家决定采用"仓储式卖场"的模式完全是偶然的。1965年,宜家在瑞典斯德哥尔摩的卖场开业,因消费者太多,员工不够,宜家决定开放仓库,让消费者亲自提货。从此,宜家概念中的重要部分——仓储式卖场正式诞生。

在"仓储式卖场"里,货物无须存储,而是直接将货物摆在货架上,从而省去中间的物流成本,减少了不少费用。走进宜家,可以看到宜家是把展示销售和仓储式销售结合起来,在卖场二楼,人们推着小车,在展示样板间里,自由挑选心仪的物品。记下编号,当购物结束后,消费者可以下到一楼,在自助式提货仓库,按编号迅速找到自己选购的商品,提取货物。宜家的大多数货物均为平板式包装,消费者可以轻松地搬运回家,自己组装产品。这种超市式、仓储式的购物体验,很容易让人们联想到沃尔玛、家乐福展示出的超大规模、物美价廉、产品丰富的景象。

高质低价的主打特色使大量消费者慕名而来,让宜家打破了其他家具经销商的封堵。为了最大限度保持低价,宜家的设计师最先拿到的是产品的销售价格,再与生产商协同工作,共同完成整个生产流程,这样就保证了宜家产品低成本的优势。与此同时,宜家的采购人员也在全球寻找好的供应商,使用最适宜的原材料生产产品。仅仅在中国,就有超过三百家供应商为宜家提供服务。

3."仓储式卖场"满足创造美好生活的需要

宜家作为最成功的家具卖场,不断被抄袭,却从未被超越。它将瑞典特有的人性化关怀引入产品设计及销售模式中,坚持走平民化路线,其产品定位于"低价格、精美、耐用"的家居用品,强调产品的"简约、自然、清新、设计精良"等独特风格。

宜家的战略定位是自助式家具服务商,而这个与众不同的定位是宜家的核心所在,很难被竞争对手模仿;宜家家居差异化战略定位也使它在年轻人心中已成为一种时尚生活的标志,宜家完全了解他们喜欢"变化"的心理。

在宜家购买家居用品,不仅是在购买货物,更是在享受一种美好生活的态度。宜家用独具特色的"仓储式"卖场,在容纳了不同需要、梦想、品位、追求以及财力的人群的同时,也满足了人们对改善家居状态并创造更美好生活的需要。这种人文关怀理念无处不在,从人们走进宜家的那一刻起,与众不同的经营模式就注定了它的成功。

总而言之,宜家已经用遍布全球的商业版图向人们证明了"仓储式卖场"的巨大威力。而以此为鉴,国内家居卖场只有构建真正适应市场和消费者需求的新型卖场,才能脱离当前的渠道苦海。这一切,都需要从业者改变思维,去推动整个行业的变革。

问题:

1.什么是仓储式卖场? 你还能列举哪几家仓储式购物的商家?

2.和传统的卖场比,仓储式卖场有哪些优点和缺点?

[阅读资料 2.7]　　　　　　零售业态发展趋势

1.大量采用高新技术

将现代信息技术、物流技术、管理技术应用于零售经营活动,已经成为越来越重要的竞争手段。管理先进的零售商正在使用大数据提高预测水平,控制仓储成本,改进商品处理流程;通过数字网络向供应商订货或约定送货,在店内用电脑为消费者设计产品,为消费者订货或选择商品;采用电子货币结算方式压缩收款时间,采用店内闭路电视进行商品介绍,采用自动摄像技术进行消费者购买行为调查。

2.不断降低成本

新的零售业态大多都以低价销售吸引消费者,以迎合消费者追求物美价廉的购买心理。在零售业态的变化中,新的业态要战胜传统的业态,必须抓住消费者追求物美价廉的心理,通过能够降低成本、降低价格的各种技术和手段,来达到低成本、低价格的效果。比如超市战胜传统百货,就是靠减少销售人员和销售服务来降低成本的;现在的平价商店(大卖场)则是通过简易装修、大量采购和批量销售来降低成本的。不过,新零售业态如果仅仅靠减少服务、简易装修来实现低成本是难以长期吸引消费者的,一定时期后,应该提供的服务和销售环境还是要提供给消费者的。于是,新业态的经营成本和销售价格将逐步提高,其竞争优势也将逐步消失。这时,又会出现新的零售业态。运用新技术的新零售业态层出不穷,其效果是迫使零售价格总水平不断下降,给消费者带来福利的增长。

3.提升服务价值

现有的一些零售业态旨在通过减少服务来降低销售费用,但也为消费者带来了许多不便,比如消费者购物花费的时间更长了、体力和精力消耗增加了、大件商品或众多商品搬运困难等。随着消费者收入水平的提高,增加服务项目将会赢得更多消费者的欢迎。有些零售商正在改变零售服务项目和服务方式,比如从传统的店铺内服务逐步走向购前设计和定制、购后服务和预约送货服务;树立个人服务品牌,宣传推广商店自有品牌。另外,针对传统企业在以往产品销售中已经形成的服务体系和声望,一些新的零售业态着重于销售新上市的产品,一方面借新产品的新颖优势吸引消费者,与传统业态实行错位经营;另一方面开发新的服务领域,积累新产品、新服务的经营经验。

4.提升零售过程中的人性化水平

大型百货商店、超级市场都非常重视购物环境的刺激性。然而,越来越多的零售店重视店铺的人性化效果,强调店铺的可观赏性、娱乐性、知识性,以便消费者光顾过程中得到更多的享受和收获。比如越来越多的商店播放轻音乐、设有茶座和板凳、摆放合适的装饰性物品;有些电脑专卖店被装饰成咖啡厅样式,而休闲服装店被装饰得更像温馨的卧室。

5.专业化与集中化平衡发展

一方面,为了创造竞争优势,吸引消费者光顾和购买,应用先进技术和创新构思设计的具有差异化特色的新型零售业态层出不穷,比如专业商品便利店、社区便利平价店。这种专业化的发展趋势反映零售业态的分工越来越细,差异化越来越突出。另一方面,为满足消费者多种需求,多种零售业态集中在一起形成一种规模巨大、层次交错的大型零售场所的趋势也在发展,比如购物中心或商业街以及大型商业城迅速增加。大型购物中心从大城市的市中心向郊区扩散,并由一两家大型百货商店吸引着广大消费者,再加上许多平价商店和专营商店,构成新的购物形式。

3) 新零售

(1)新零售的定义

话说新零售

新零售是指企业利用人工智能、大数据等先进科技,在互联网的基础上,对产品进行各个流程尤其是流通和销售过程的升级。通过这样的手段,重塑业态结构与生态圈,并对线上服务、线下体验以及现代物流进行深度融合。

新零售则与传统零售截然不同。传统零售是由流量、场景和内容三部分组成。这三部分形成了大数据。在新零售中,数据占据是由"人、货、场"三要素构成的经营形式,从第一次到第三次零售革命都是围绕着如何提高"人、货、场"三要素的效率下功夫。而新零售根本不同的是它由"流量、场景和内容"三要素构成,对三要素的整合主要靠大数据来实现。新零售下,任何交易都离不开数据统计和分析,只有依托可靠的数据才可以完成相应的分析,智能算法将形成需求与供给之间的高效链接,帮助管理者做出合理的决定。新零售中更看重的是消费背后的一系列数据。场景角色是新零售价值链中从传统渠道中分化出来的新角色,场景起着激发需求的作用,刺激消费者更好做出购买决策。在新技术创新的背景下,一定会产生若干新的渠道业态。

(2)新零售的八个特征

①零售渠道边界融合。线上、线下的边界正越来越模糊。

②行业效率提高,购物体验提升。这也是评价一个零售模式好不好的两个标准。比如,

滴滴提升了乘客找车和司机找客户的效率,饿了么提升了客户订餐和餐厅找客户的效率。

③以客户体验为中心。借助互联网的力量,最大限度提高交易效率和生产效率。

④线上、线下同款同价。新零售将统一价格、质量和体验,且提供专业的服务,同质同价。

⑤零售终端提供叠加式体验。零售终端才是最重要的体验场景,提供良好的消费体验和丰富的定制化服务成为零售终端最主要的功能,无人超市、无人零售店、无人售卖机等新零售业态,通过技术和硬件重构零售的卖场和空间。

⑥消费场景碎片化。零售从原来的规模性驱动,转向个性化、灵活化和定制化的"三化驱动";社区化运营也成为零售业发展的重要方向;精细化运营是未来方向,社区便利店、社区生鲜店、社区药房成为必争之地。

⑦全渠道数据化。将消费行为无论是线上的还是线下的、实体的还是虚拟的变成真实的数字交易,并汇总每笔交易、每个客户的数据,通过分析,向客户推荐感兴趣的产品,提高产品成交率,优化物流供应链。实现渠道一体化管理,即订单打通、商品打通、库存打通、财务打通及会员打通。

⑧新零售的最终目的——提升线下零售的效率。为此,有两点做法要注意:一是将门店转变为在线状态,甚至24小时不打烊;二是做好线上、线下利益分配协调工作。

[**案例与思考2.2**] **国美进军新零售的转型策略**

面对新零售时代的到来,阿里巴巴、国美等行业巨头蓄势待发,由此产生的商业连锁反应是不可小觑的。在商界巨头们纷纷转型的趋势下,零售行业只能选择效仿,否则被时代抛弃的可能性非常大。

1.借助新零售的风口

说到被时代抛弃的痛,国美的体会应该是最深的。当初在互联网大浪潮到来时,国美电器没有抓住电商时机转型,深以为憾。如今面对新零售的风潮,国美电器迅速推出了"6+1"的新零售转型策略,希望能够借新零售的风口转型成功。

(1)重塑新零售渠道

和阿里巴巴不同的是,作为实体零售连锁店的商业巨头,国美缺少的是线上渠道,为了搭上新零售的时代快车,国美电器不惜以9亿元买入了大股东黄光裕的电商App,这对踏足新零售是重要一步。国美电器半年报显示,国美2017年上半年的电器销售额为380.73亿元,同比增长了7.82%,其中母公司利润占比1.61%,大约为1.22亿元。国美一边在重塑新零售渠道,一边在加速去电器化模式,以此来谋求自身的发展转型。

(2)加速去电器化模式

国美2017年上半年销售收入同比上涨了7个百分点,即使这样,公司上半年依然亏损1.06亿元,亏损同比增加了近6 000万元。值得关注的是,国美在财务报告中并没有提及亏损的具体原因。有分析认为,需求的下降、消费的放缓、租金的上涨、管理费用上涨和其他原因,抵消了国美综合毛利率的贡献。2017年8月31日,国美电器正式更名为国美零售,此次改名明确了国美的商业定位,确定了未来的发展方向,也为接下来的新零售之战做了充足的准备。2017年上半年是整个零售行业的欢喜年。新零售概念迅速普及,各种形态的零售实体店纷纷出现。

2.有迹可循的转型路

这时国美的"6+1"模式,即"用户为王、产品为王、平台为王、服务为王、分享为王、体验为王、线上线下融合"的社交商务生态圈,为发展转型奠定了基础。接下来,国美将从电器零售向为家庭整体提供电器解决方案的转型将有迹可循。我们还可以发现在国美2017年上半年的年报中,国美线上线下渠道的交易总额同比增长了22.87%。

(1)坚守家电行业

其实早在新零售到来之前,国美便对门店的场景和商品的结构进行了升级改造和优化,这使得国美的毛利率达到了17.8%。这一数据超过了同行近3个百分点,这说明了新升级改造的国美得到了消费者的认可,最终才得以实现交易额的增长。该半年报显示,空调、影音和冰箱三大类是国美毛利较高的产品,即便如此,在大数据的驱动下,国美还是新增了很多以家居为核心的商品,比如进口炊具、智能门锁、电动工具、家居、智能卫浴等。

(2)携手家装行业

国美一直在努力从家电加安装的零售服务商转变成"零售+娱乐+休闲"的体验式卖场,国美认为,这是可以使国美长远发展的。为此,在2017年6月,国美以3.56亿元入股了互联网家装公司——爱空间。2017年8月,首家爱空间的家装样板在北京国美马甸鹏润店正式开业了。除此之外,国美还和泥巴公社、觅糖装饰等多家家装公司开展合作,跨行合作将给国美带来很高的业值。

(3)进军汽车产业链

除了合作家装业务,国美还在汽车产业链上获得了新突破。国美打造的汽车整车销售环节,囊括了汽车整车的产业结构,包括了整车销售、汽车金融、二手车、汽车保险、出行服务、汽车用品及维修保养等,而汽车整车销售于2018年5月在国美正式上线。

(4)物流和售后

除此之外,国美的物流也日益发展壮大。到目前为止,国美的物流网络已经覆盖了全国95.5%的地级市、91%的县区和71%的乡镇。而国美并不满足于现状,接下来,国美还将在物流方面深度发展,计划新增196万平方米物流仓库,并在物流的配送时效,效率的提升方面做深度的钻研。为了打造家电服务的竞争门槛,国美在售后服务方面也做了升级,并在全面推广"送装一体化"的服务体系,力求为客户打造全新的购物体验。

(5)国美管家

国美还推出了连接线上线下的管家平台——国美管家。消费者可通过这一平台查询家电说明书、保修卡、电子发票及安装送货等信息,实现与一个平台解决多种需求的愿景。

另外,国美还作出了围绕"家"展开的关联功能,例如手机充值、家政保洁等服务。国美表示在未来还会推出水电费缴费、火车票订购等便民服务。

(6)国美PLUS应用程序

除此之外,为了更好地对线下线上进行融合,2018年国美还推出了一款叫作国美PLUS的应用程序App,这款App以边玩边赚的形式,整合了美信、国美在线、国美海外购、国美管家等线上应用系统;线下链则布局了全国所有门店。这款App以安全性能足够强大的云计算作为后台技术的保障,为用户提供了线下体验、线上下单的优质体验,并以"社交+商务+利益分享"的创新商业模式,打造新型的互联网社交电商平台。

请问：

1.国美为什么要进军新零售领域？

2.什么是国美的"6+1"新零售模式？

3.国美的线上与线下融合有什么特点？

任务3　了解物流商

2.3.1　物流商的概念及特点

物流商是具体从事商品实体流通的部门或组织，它是指通过有效的商品仓储、运输、信息传递和管理，使商品在需要的时间到达规定地点的商业机构。物流商不同于传统意义上的仓库或运输工具，物流是物品实体运动的一个系统，一般涉及运送、装卸、保管、包装、流通加工、信息传递和反馈等多种服务功能。在现代分销渠道变革中，物流活动的职能从各个中间商的基本职能中分离出来，由专业的服务机构——"第三方物流"商来承担，正是分销渠道市场竞争环境发展的必然选择。

2.3.2　物流商的组织类型

一般来说，物流商的类型主要有以下5种。

1)交通运输公司

交通运输公司是商品实体分销过程中的重要部分，它相当于商品实体流通中的"承运人"。从事专门的运输业务，一般都拥有或者能够提供运输设备及运输能力，负责货物在途的安全。根据运输方式的不同，具体可以细分为铁路运输公司、汽车运输公司、水运公司、航空运输公司等。

2)储运公司

储运公司以仓储职能为主，兼有运输或配送服务，在实体流通过程中提供专门的仓储服务，包括提供仓库及其他相应条件。

3)货代公司

货代公司是居于托运人和承运人之间的机构，它是一个中间的服务组织，直接与货主办理代理承运手续，在货主与各种形式的物流公司之间从事货物的代理、承办等业务。

4)商业配送中心

配送中心按照客户的要求配送商品，它的经营管理主要包括收货管理、存货管理、发货管理以及相应的财务管理等。

5)供应链服务公司

这是基于专业的供应链与物流服务商,为大中型制造业企业提供专业的采购、生产、销售、服务等一揽子供应链解决方案和实施服务,涉及的物流环节有运输、质检、仓储、拆零、分拣、包装、贴标、配送、供应链融资等多项服务。

2.3.3　物流商在渠道中的地位和作用

1)保证分销过程顺利完成

物流商是分销渠道成员中的重要组成部分,是实现商品的价值和使用价值,完成商流、物流、信息流、货币流等渠道流程的保证。企业的市场营销活动不仅要使消费者购买需要的商品,而且要保证消费者得到商品的使用价值,即商品实体向消费者的转移。物流商通过其专业的仓储、运输、信息等业务,把商品从生产地转移到消费地,创造了地点效应。从生产企业的角度讲,有效的物流活动,如运输、仓储等,能帮助制造商合理地安排生产进度,安全快捷地运送货物,保障制造商生产活动的顺利进行。

2)有效降低企业物流成本

在商品成本中,有很大一部分是仓储及运输成本,物流商利用其专业的储运设备、技术及信息管理系统,可以大幅降低企业在储运方面的成本(物流成本),从而降低商品成本。

物流商可以有效地降低产品成本,满足消费者的需要,实现企业的营销目标。因此在当今竞争激烈的市场态势下,物流商会使企业在竞争中具有更大优势。

3)通过物流环节提供的增值服务,实现分销渠道服务更高的价值

物流商在分销活动中可以通过提供供应链服务、商品保质服务、分拣加工、包装加工等多种服务,提高分销产品附加价值,从而提高分销渠道服务的延伸价值。

项目小结

一条完整的分销渠道通常由制造商、中间商、物流商、中介机构和消费者构成。渠道中的成员为追求自身利益最大化,共同执行营销功能,渠道关系在成员间相互持续不断地讨价还价过程中得以维持。

制造商作为整个分销渠道的起点,主要任务是提供令人满意的产品。中间商是经济合理地组织商品流通、使其高效运行的必要条件,通常包括批发商、代理商、零售商和物流公司等。

批发商是分销渠道中的一个重要机构。批发商通过购买商品,拥有商品的所有权后再转卖给零售商。研究批发商,有助于企业制订有效的销售渠道策略。制造商必须从各个方面考虑选择最适合自己的批发商,在协调与批发商的关系时关键是大力推动一级批发商。

代理商对所经营的商品没有所有权,只是在买卖双方之间牵线搭桥。对代理商的管理是一件复杂的工作。

零售商在整个分销渠道中处在渠道的出口端,零售商环节非常重要,关系到商品能否最终到达消费者,不论制造商采取何种渠道战略,零售商都是不可缺少的合作伙伴。零售商在漫长的发展历程中,形成了多种业态,每一种业态都有自己的独特性。在与零售商合作时,应注意掌握这些业态的服务特征,发挥各自优势。新零售是在智能化、数字化等信息技术推动下,线上与线下零售业务取得最佳融合效益的新渠道。

物流商是具体从事商品实体流通的部门,它是指通过有效的商品的仓储、运输、信息传递和管理,使商品在需要的时间到达规定的地点的商业机构。物流商不同于传统意义上的仓库,物流是一个系统,一般涉及运送、装卸、保管、包装、流通加工、信息传递和反馈6种功能。

消费者是整个分销渠道的终点,满足消费者需求、顺利实现商品销售,是所有分销渠道管理要实现的终极目标。按照购买动机和购买行为的不同,消费者可分为个人消费者和团体购买者两大类,企业必须针对其不同特点采取相应的营销策略。

【练习题】

一、名词解释
1.目录展示商店
2.中间商
3.居间经纪商
4.非商店零售
5.新零售

二、选择题
1.(　　)是分销渠道的主导者。
  A.中间商　　　　　　B.消费者　　　　　C.制造商　　　　　D.承运商
2.按其直接销售对象,中间商可划分为(　　)和零售商。
  A.批发商　　　　　　　　　　　B.经销商
  C.代理商　　　　　　　　　　　D.制造商
3.(　　)是批发商最主要的类型。
  A.居间经纪商　　　　　　　　　B.商人批发商
  C.自营批发机构　　　　　　　　D.专业批发商
4.零售商可分为3类,即商店零售商、非商店零售商、(　　)。
  A.专业商店　　　　　　　　　　B.便利店
  C.折扣商店　　　　　　　　　　D.零售组织

三、简答题
1.制造商在渠道中有哪些职能与作用?
2.与零售商相比,批发商具备哪些特点?

3.零售商的特点有哪些?

4.物流商的类型主要有哪些?

5.简述新零售的八大特征。

四、论述题

在分销渠道成员中,中间商是必须存在的一类成员吗? 请加以说明。

【实训题】

认识家电企业分销渠道成员实训

1.实操目的:通过本次实训进一步加深对分销渠道成员的认识,识别各渠道成员的类型、相应的功能以及特点。

2.实操要求:以学习小组为单位,调查分销渠道结构中的成员特点及其承担的功能,要求把所有的渠道成员列举出来。

3.实操步骤:

(1)选择某一家电企业,搜索该企业的网站,调研该企业渠道结构中的成员;

(2)列出各渠道成员的名称与类型,记录其特点以及在渠道中承担的功能;

(3)用所学的知识对各类渠道成员进行对比,分析其中的差异;

(4)形成实训报告。

【案例分析】

春兰是如何维系经销商的?

江苏春兰集团实行的"受控代理制"是一种全新的厂商合作方法。代理商要进货,经销商必须提前将货款以入股方式交给春兰公司,然后按照规定,提走货物。这一高明的营销战术,有效地稳定了销售网络,加快了资金周转,大大提高了工作效率。当一些同行被"互相拖欠"拖得筋疲力尽的时候,春兰却没有一分钱拖欠,几十亿元流动资金运转自如。春兰公司已在全国建立了13个销售公司,同时还有2 000多家经销商与春兰建立了直接代理关系,加上二级批发商、三级批发商和零售商,销售队伍已达10万人。

春兰集团的经验虽然简单易行,但并不是所有的企业都能学到手。因为春兰用于维系经销商的手段并非单纯是"金钱"(即预付货款),更重要的是质量、价格和服务。首先是春兰空调的质量,不仅在全国同行首屈一指,而且可以同世界上最先进的同类产品媲美。其次,无论是代理商还是零售商,都从销售中获得了理想的效益。而质量第一流的春兰没有忘记给经销商更多的实惠。公司给代理商大幅度让利,有时甚至高达售价的30%,年末给予奖励。许多企业都难以做到这一点。有的产品稍有一点名气,就轮番提价,恨不得把几年的利润在一个早晨就通通挣回来,根本不考虑代理商和经销商的实际利益。再次是服务。空调买回去如何装?出了毛病找谁?这些问题不解决,要想维系经销商也是很难的。春兰为了解决10万经销商的后顾之忧,专门建立了一个强大的售后服务中心,近万人的安装、调试、维修队伍。他们实行24小时服务。顾客在任何地方购买了春兰空调,都能就近得到一流的服务。春兰正是靠这些良好的信誉维系经销商的。同时,经销商也给了春兰丰厚的回报:他们使春兰空调在国内市场的占有率达到了40%,在同行中遥遥领先。

案例思考题

1.你对春兰维系与经销商关系的做法有何评价?

2.从与经销商建立战略伙伴关系的角度,你认为春兰的做法中还有哪些值得改进的?

项目3
分销渠道系统设计的技术

【学习目标】

知识目标

◇掌握分销渠道系统设计的相关知识；

◇掌握分销渠道的系统模式；

◇了解分销渠道系统设计的难点；

◇了解各种环境因素对分销渠道设计的影响。

能力目标

◇初步具备分析渠道现状、确定渠道具体目标和选择理想渠道系统的能力；

◇初步掌握分销渠道设计的基本流程和技术，能模拟制订分销渠道系统设计方案。

素质目标

◇通过系统学习分销渠道设计与管理的理论要点和研究企业市场实践的案例，帮助学生了解分销渠道设计与管理是提高企业营销竞争力的关键技术，"以顾客为导向"的市场法则是企业的各种分销渠道模式的根本遵循；

◇通过学习探索中国特色社会主义市场环境下，具有中国企业特色的分销渠道系统模式，培养学生研究市场、分析市场和市场实战的能力。

【导入案例】

扁平化直营环境下，分销渠道是否会消亡？

随着互联网的发展，人们的购物方式正在改变，买一瓶饮用水，可以通过网上订购，也可以在学校的超市购买，或者是在教学楼的自动售货机上购买。直到今天，人们还在争论：在未来，互联网是否会全部取代实体店的销售，我们的购物方式会发生怎样的改变。

国家统计局发布的统计数据显示，2022 年，全国网上零售额 137 853 亿元，较上年同期上涨 4%，而 2022 年，社会消费品零售总额 439 733 亿元，网上零售额占全社会消费品零售总额的 31.35%。从数据来看，人们大部分的消费还是在线下完成的，但线上消费的比例一直在逐年递增。

对于商家来说，在数字经济蓬勃发展的今天，如何布局自身的渠道模式？

案例：从传统渠道进入线上渠道的美的空调渠道建设

美的公司 1968 年成立于广东顺德，是一家生产和销售电器、暖通空调、机器人与自动化系统、智能供应链(物流)的科技集团，提供多元化的产品种类与服务，包括以厨房家电、冰箱、洗衣机及各类小家电为核心的消费电器业务；以家用空调、中央空调、供暖及通风系统为核心的暖通空调业务；以库卡集团、美的机器人公司等为核心的机器人及自动化系统业务；以安得智联为集成解决方案服务平台的智能供应链业务。

美的

美的的空调业务始于 1985 年成立的美的空调设备厂，1992 年完成股份制改革，成立美的集团股份有限公司，1993 年，美的电器股票在深圳证券交易所挂牌上市。自上市以来，美的的渠道模式变化主要经历了三个阶段。

第一阶段，1992—2005 年，行业从导入期到发展期过渡，从供不应求到价格战频发。此时美的依靠代理商进行渠道拓展和产品推广。此时美的采用代理制渠道模式，链条为"美的集团—一级代理—二级代理—零售商—顾客"，这一阶段，美的电器营业收入从 5 亿增长到 213 亿元，净利润从 0.96 亿元增长到 3.82 亿元。

第二阶段，2006—2011 年，行业从发展期到成熟期过渡，苏宁、国美等连锁卖场强势崛起，中小弱厂商逐渐退出市场，市场格局向寡头垄断过渡。此时美的开始自建渠道，开拓更多的销售通路，进行销售公司体制改革，增强渠道掌控力。出于风险和自主性考虑，美的开始构建地方销售公司体制，渠道链条转变为"制冷/日电集团总公司的营销总部—合资公司—经销商"，专卖店网络在三、四级市场强势渗透，更加扁平，更为敏捷。这一阶段，美的集团营业收入从 368 亿元增长到 1 340 亿元，净利润从 6.76 亿元增长到 34.73 亿元。

第三阶段，2012—2018 年，行业步入成熟期，市场寡头垄断格局愈发清晰，电商等新的消费趋势出现。此时美的渠道体制经历阵痛后再调整，部分回归代理制，并在网点覆盖面足够后，着手改造渠道形态和流程再造，理念上从强调收入规模到注重利润创造转变。并在销售网点实现一、二级市场全覆盖,三、四级市场覆盖率达到95%后,美的开始着手改造渠道形态和渠道流程再造。

(1)线上开拓电商渠道,一是自建官方网购平台,二是入驻电商大平台京东、天猫,三是继续与苏宁、国美等卖场合作,线上线下相结合。2018年至今,探索网批模式,上线美云销系统,构建"厂商—小B商"通路。

(2)线下渠道下沉,铺设旗舰店,致力融合线下与扁平化。2018年提出全屋智能解决方案,在建材渠道开设体验中心,同时开始着力拓展B2B业务。

(3)"T+3"模式变革。美的集团形成了在成熟一、二级市场,依托大型家电连锁卖场,在广阔的三、四级市场,以旗舰店、专卖店、传统渠道和新兴渠道为有效补充的全渠道布局。营收占比方面,线上渠道、线下专卖店渠道、KA渠道占比分别约为30%、60%、10%。

(资料来源:《中央空调市场》)

请问:

专注于实体渠道的美的集团,在不断扩大其电商渠道的比例,而电商巨头京东集团,在逆向布局实体渠道,你认为,在未来,实体渠道和电商渠道,谁将胜出?

任务1　了解分销渠道的系统模式

分销渠道是一个由若干个相互依赖的机构组成的网络系统。分销渠道系统的模式是指分销渠道成员相互联系的紧密程度以及成员相互合作的组织形式。

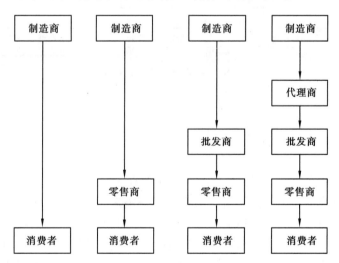

图3.1　传统渠道系统

传统的渠道系统是指由独立的制造商、批发商、零售商和消费者组成的分销系统。传统渠道系统成员之间的系统结构是松散的,每一个成员均是独立的,这些成员只关心自己的产品是否卖得出去,能否有利润,并不关心产品能否最终卖得出去,当然更不会关心消费者或用户的利益。虽然这些成员之间都有着经济联系,但他们又都为追求其自身利益最大化而相互竞争,甚至不惜破坏和牺牲整个渠道系统的利益。传统分销渠道滞后的观念显然不能适应现代企业营销竞争的需要,分销渠道的主导企业应通过科学整合渠道的资源,创新分销渠道系统的模式,提高分销渠道系统的效率和效益。

20世纪80年代以来,分销渠道系统突破了由制造商、批发商、零售商和消费者组成的传统模式和类型,有了新的发展,渠道的系统整合就是渠道成员通过不同形式的一体化整合形成的分销渠道系统模式。现代分销渠道系统的模式主要有垂直一体化分销体系、水平一体化分销体系、多渠道分销体系3种模式。

3.1.1　垂直一体化分销体系

垂直一体化分销体系主要有3种,如图3.2所示。

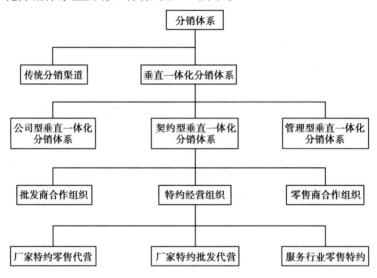

图3.2　垂直一体化分销体系

1) 公司型垂直一体化分销模式

(1) 什么是公司型垂直一体化分销模式

公司型垂直一体化分销体系是指由一家公司拥有或控制若干个制造商、批发商、零售商等机构。公司型垂直一体化分销体系是为了获得分销运作的最大效益,为了消除成员之间因各自独立的利益而产生的矛盾和威胁,进行分销渠道的统一规划、有效控制、科学管理,形成合理分工与合作的分销渠道体系。该体系往往是由制造商来主导,共同面向消费者,建立营销网络。如李宁体育用品有限公司,是一个诞生在中国的国际知名体育用品的企业。公司不仅拥有多个运动用品品牌的制造工厂,还拥有遍布全国各地市场的连锁专卖店和各大百货商店的品牌专柜,同时公司还投资大型体育赛事和冠名有国际体坛竞争力的中国运动代表队,开展体育运动营销,公司业务涉及了体育运动产业的上下游。公司管理模式沿用了垂直型一体化分销的模式。

李宁

（2）公司型渠道模式的优点

①渠道效率高,结构稳固。它克服了传统的分销渠道体系中成员关系松散,利益抵触,缺乏统一协调的弊病,使渠道成员的关系紧密,统一指挥、统一行动,就能够使商品流通顺畅。此外,成员的利益关系密切,不轻易变更,进而渠道网络结构更加稳固。

②缩短渠道,尽可能接近消费者。在统一体的分销渠道系统中,公司最大的利益就是尽可能用最短的渠道贴近消费者,在满足目标消费者需要的基础上得到实现。渠道短就能使企业尽快地反馈市场信息,及时了解目标消费者的需求,制订科学的分销渠道策略,赢得市场的优势,获得理想的营销效益。

③有利于建立公司的统一形象和品牌声誉。由于成员之间的摩擦和竞争的降低或消除,公司及其产品的品牌在市场的销售过程中,以统一的市场形象出现就会大大增强产品的品牌声誉,如公司将产品的售前、售中、售后的服务统一规范,纳入统一的规划,可以使消费者在产品的使用过程中,无论何时何地都享受到附加利益,对品牌产生信任,成为忠实的消费者。

④减少营销环节和程序,降低分销成本,提高渠道整体的效能和效益。成员之间的分工与协作减少了相互切磋、谈判协调利益、重复建设网点浪费资源、互相压价恶性竞争等交易成本的支出,极大地降低了交易成本。公司为实现最佳的分销渠道管理效益,会将降低交易成本作为渠道组织和结构设计的重要前提。

⑤确保企业长期的分销渠道战略的实施。公司型的渠道模式能避免成员的短期行为这一不负责任的现象发生,从公司的长远利益的角度来规划渠道的发展和调整战略,并能确保它的实施。

（3）公司型渠道模式的缺点

①渠道管理权限过于集中,缺乏灵活性和适应性,一旦市场发生变化,渠道就难以及时得到调整。渠道管理权限过于集中就使各个成员很少有主动性和创造性,当面对市场的变化时也难以及时调整渠道的组织结构,以适应这种变化的市场形势,出现组织中的各个成员被动执行公司统一的销售政策的局面,发挥不了全体成员的积极性。

②管理的链条长,增加管理费用,公司承担着较大的压力。整个渠道的建设和管理都压在了公司肩上,公司要投入相当多的人力、物力、财力建设分销渠道网络,一旦渠道的某一个环节出了问题,对于整个公司来说,风险就会很大。

③管理的难度比较大。公司型分销渠道的特点就是前向、后向一体化,公司的分销渠道向两头延伸,渠道链越长,公司管理和控制的效能、效益就越低,公司的管理人员和管理费用也要增加。

2）管理型垂直一体化分销模式

（1）什么是管理型垂直一体化分销模式

管理型垂直一体化分销模式一般是指由规模大、实力强的企业牵头,统一组织和协调渠道各个成员的利益和统一规范管理渠道网络系统的模式。在管理型垂直一体化分销模式中各个成员是相互独立的实体,保持自己的经济独立性,但渠道成员之间又相互依赖,由核心企业统一指挥,统一协调在渠道中的活动。

在管理型垂直一体化分销模式中,通常存在一个或少数几个核心企业,这些企业由于其自身拥有强大的资产实力、生产规模、良好信誉及品牌声望,使其在渠道体系中具有优越的地位,构成对其他渠道成员的巨大影响力。正因为如此,使一批中间商愿意接受核心企业的指导,成为其渠道成员,围绕核心企业及其产品展开分销活动。分销渠道各成员在产权上是相互独立的实体,他们都有自己的物质利益。为此,核心企业可以避免公司型分销模式构建渠道的巨大投资和灵活性差的问题。管理型垂直一体化分销模式成员之间的相互关系是建立在由核心企业统一管理和协调的分工协作基础上的,在遵从核心企业的管理、协调和指导的前提下,能建立较高程度的合作关系,统一的分销目标和共享的信息资源,使渠道具有相对稳定性。由于核心企业的影响以及各成员相互关系的稳定,成员间的利益目标将由分散、相互矛盾的个体利益最大化,转向分销渠道的长期利益最大化,各成员的利益目标服从于整体利益最大化的目标。比如宝洁、康师傅、统一、汇源等品牌,都凭借着品牌的实力控制渠道,在商品流通各个环节起到协调和管理的作用。

例如,某品牌食品批发商采取了管理型垂直一体化分销模式,为零售商提供各种辅助的服务,如货架陈列、经营管理、零售财务计划、统一价格政策、促销政策等,帮助他们策划和实施销售服务计划等。此外,还可以提供商品促销和广告、商店布局、营运的管理、合作与支持,从而建立起稳固的分销关系。例如柯达、吉列、宝洁等公司在商品展位、货架位置、商场促销活动等方面都与经销商进行了积极的合作。

(2)管理型垂直一体化分销模式的优点

①实现整个分销过程的供应链一体化运作。围绕着核心企业进行分工协作、联合与结盟,上下游的企业结成促进商品流通的网络式关系,使企业间的竞争关系转变成了管理式的合作关系,还使分散无序的渠道得到有效地组织。因此,大大增强了渠道供应链整体的竞争力,为创建高效率和高效益的分销渠道网络提供了保障。

②有计划地控制和掌握流通全过程各个成员的销售活动。各个成员共享和利用渠道的信息资源,真正做到"以销定产""以需定销",在最大限度地提高商品流通速度的同时,大大地降低渠道的成本。

③有助于以核心企业为首的渠道联盟发挥制订和实施商品市场开发战略,并吸引渠道各个成员积极参与相关工作。

(3)管理型垂直一体化分销模式的缺点

①核心企业对整体流通渠道的规划和组织,要有清晰的发展战略思路,能吸引其他的经销商加入渠道联盟,否则,很难有稳定的和发展渠道网络的长期合作关系。

②管理控制把握的难度大,管理型的渠道网络体系要由核心企业制订一整套科学的管理机制和管理制度,创新管理方法等来维系;反之,管理体系设计不好,渠道网络体系的成员各行其道,管理就难出效益。

3)契约型垂直一体化分销模式

(1)什么是契约型垂直一体化分销模式

契约型垂直一体化分销模式是指分销渠道系统中的各个独立的经销商,为了共同开发产品的市场,以合同为基础,组成联合的分销网络体系。契约型的分销渠道,是指渠道网络的各个成员为了达到共同的目标,通过合同的约定,明确渠道各个成员在流通中的地位和作用。各个成员在履行合同时就把各自的经营计划有机地结合起来,实现独立经营并获得的最大化的销售额和利润。

(2)契约型的分销渠道体系包括的几种形式

①批发企业推动的自愿连锁系统。由实力和规模都很大的批发企业作为龙头企业,带动若干家中小型独立的零售企业签订自愿协议,形成的连锁零售网络,使之能与大零售商抗衡。参与这种自愿连锁的零售商一般都接受以批发企业为主所制订的经营计划,将各自的销售活动纳入规范化、标准化的管理轨道,形成能发挥各自资源优势的销售群体,达到规模经济的效果。例如,美国一家杂货店联盟(IGA),IGA联盟的领头批发商为多家加盟的零售商提供多种服务,包括商场标识与布局设计、订货系统、存货控制系统、价格折扣与协调、送货、广告合作与支持、管理咨询、人员培训、融资与财务服务等。

②零售商合作组织。由多家中小型的,独立的零售商自愿组织起来的一个新的商业实体。这种商业联合体开展批发业务与市场销售的合作,有时还开展生产加工的合作。各个成员通过合作组织,统一采购一部分货物、统一进行广告宣传活动、统一价格以及共同培训职工等,从而与大型的连锁商业组织抗衡。例如,在我国的一些城市里,有些规模不大的空调经销店,在进货、销售、售后服务等方面没有优势,难以与大零售店抗衡,于是自己协商组织起来,组成空调一条街,统一采购、统一价格、共同设立售后服务部门,统一广告促销,与大型综合零售店进行竞争。在新的商业实体中,利润都可以按购买量比例分配,非成员的零售商也可以加入这种合作的采购组织来统一采购,降低采购的成本,但不参与分配利润。又如,荷兰中小零售商组成"采购联营组织",直接向国外供货商订购货物,并有自己的仓库,这种组织实际上是中小零售商联合经营的进口批发机构。

③特许经营组织。特许经营是指特许授权人与特许被授权人之间,通过协议授予受许人使用特许人已经开发的品牌、商号、经营技术、经营规模的权利。特许经营被誉为当今零售和服务业最具有潜力和效率的经营组织形式,特别适合那些规模小而且分散的零售和服务业。同时,特许经营也是近年来零售业发展最为迅速和成功的经营模式。一般特许经营又有以下3种类型。

一是制造商创办的批发商特许经营系统。例如,某家电集团,按其产品的市场分布情况,选择若干个特许销售分公司,专职做那个地区的市场批发业务,管理零售网络的产品配送、产品促销、售后服务等。

二是制造商创办的零售商特许经营系统。例如,丰田等汽车公司特许经销商出售的汽车,这些经销商都保持独立核算,但必须同意遵守各项销售与服务的规定。

三是服务业企业创办的特许经营系统。例如,麦当劳、假日酒店,以及其他的快餐业、照相业、洗衣业等大公司的零售连锁系统都是采取特许经营的方式。

[阅读资料3.1]

星巴克成立于20世纪70年代,最早是咖啡豆和咖啡器材销售商,霍华德舒尔茨于1987年收购星巴克,发展为现制咖啡连锁店。星巴克在中国门店约3 500家,未来计划每年新增500家以上,中国仍为其重点发展区域,成为星巴克"第二主场"。

（3）契约型分销渠道系统的优点

①有效地克服批发与零售分散经营,力量单薄的缺陷,通过有组织的分销体系向目标消费者提供商品采购与销售、商店标志、品牌使用权、售后服务等完整的商品和服务,使合作成员能实现共赢。

②解决分销渠道成员之间的矛盾,降低分销成本和风险。合同型的分销渠道系统既能发挥各个成员在渠道中的职能,提高渠道网络的效益,又能协调成员间的矛盾,避免冲突。

（4）契约型分销渠道系统的缺点

①各个成员都是保留着独立的经济实体,成员之间还会为争夺利益而发生矛盾,影响渠道的效率。

②如果有成员不遵守协议规定,就有可能破坏整个渠道的协议同盟体的正常秩序。

[阅读资料3.2]　　绝味鸭脖的核心竞争力:强有力的渠道管控

2019年8月27日,鸭脖界相继发布2019年半年报,绝味食品以半年24.9亿元的营收蝉联第一,10 598家门店,主营业务收入的90%以上均来源于加盟渠道的销售。

绝味鸭脖的渠道模式主要以直营连锁为引导、加盟连锁为主体。鸭脖产业兴起于两湖地区,绝味起源于武汉,开店于长沙,最先以鸭脖起家,依托于全国覆盖的门店数量,公司作为行业龙头已初步完成生产布局、门店分布全国化。公司在全国建立了20多个生产工厂,可覆盖30个省份的日配送;门店数量超10 000家,远超对手。

休闲卤味食品本身具有即食冲动消费的特征,可获得性尤其关键,因此门店是行业核心的扩张渠道。2007年,公司便确立了"以直营连锁为引导,以加盟连锁为主业"的发展战略,贯彻实施多年,实现了门店的快速扩张。2010年,公司门店数量为2032家;截至2018年,公司已实现加盟门店9 798家,直营门店117家,门店数量近万家,覆盖全国大陆31个省市区,门店覆盖率位居行业前列。2018年,公司90.54%的收入来源于加盟门店,加盟门店的扩张为公司的业绩打下了坚实的基础。

3.1.2　水平一体化分销体系

水平一体化分销体系是指分销渠道内同一层次的若干制造商之间、若干批发商之间、若干零售商之间采取横向联合经营形式,合作或合资创造新的营销机会,组成新的渠道系统组织。组成横向联营的分销体系就是要带来协同效应。因为许多企业势单力薄,单独生产或经营缺乏所必需的足够资金、先进技术、生产设备及市场营销技术等条件,通过公司间的联合行动,可以产生巨大的协同效应,大大地增强联合体的竞争能力。公司间的联合行动可以是暂时性的,也可以是永久性的,还可以创立一个专门的公司进行分工合作,开发共同的目标市场,美国营销专家把它称为"共生营销"。

例如,品食乐公司和味挺美食品公司签订一项联营协议,由品食乐公司制造冷冻生面团产品并负责其广告宣传业务,而味挺美公司应用其专门技术组织销售。

3.1.3　多渠道分销体系

多渠道分销体系是指一个公司建立两条或更多条分销渠道以满足一个或多个细分市场购物需要的做法。例如,康柏公司除了直接向组织购买者出售个人电脑,还通过分布较广的电器零售商出售产品。通过增加更多的渠道,公司得到了3个重要的好处:首先,可以增加市场覆盖面,公司不断增加渠道是为了获得新的目标市场份额,而单一渠道可能做不到。如不仅有面向大客户的网络渠道,服务于大客户,还有面向家庭个人的网络渠道,服务于个人用户。其次,公司通过增加能降低向现有的客户销售成本的渠道,降低渠道成本,如由原来的人员访问小客户变为电话销售,对小客户的销售成本大大降低。再次,为了更好地销售,公司可以通过增加其销售特征更适合客户要求的渠道,如利用技术型推销人员销售有技术要求的设备,在为客户做好服务咨询的基础上,积极地打开了专业设备市场。

使用多渠道分销系统最大的优点就是能增加产品的多条渠道服务于目标市场,提高市场占有率,还可以通过选择进入新的细分市场的营销策略,扩大其产品市场空间,获得较好的营销效益。但这种渠道系统类型的选择也有其缺点,在引进新的渠道的同时也不可避免地遇到了新渠道与旧渠道不兼容,需要解决更多的冲突和难控制的问题。如华为渠道模式是多渠道分销体系,基本有三种模式。一是运营商渠道,通过中国电信、中国移动、中国联通三大运营商渠道,直接到面向消费者。二是电商直营,如淘宝、京东等平台的旗舰店,或平台代理,通过电商渠道直接向消费者。三是传统渠道,从全国代理到省级代理再到市级代理和终端。

3.1.4　全渠道分销体系

所谓"全渠道分销体系",就是指在"互联网+"和"大数据"信息技术应用的基础上,通过线上渠道资源和线下渠道资源整合,使分销链上游和下游的企业都能面向共同的目标消费者,在协同的渠道运作上实现管理高效率,目的就是顺畅地将产品和服务从制造商一端到达目标消费者一端。

"全渠道体系"有利于企业提高渠道的管控能力。在"互联网+"和"大数据"时代,网上商城与线下实体店一体化型的企业改变了传统渠道模式,大大提升了企业对终端客户的控制力。"互联网+"本身就是一个巨大无比的渠道,消费者的多样化需求自然而然会形成渠道多元化的趋势,借助大数据、人工智能(AI)等新兴技术不仅让电子商务如虎添翼,还为企业渠道管理提供了更多的面向消费者开发个性化市场的技术条件,无论是线上渠道还是线下传统渠道,都可以融合形成多种多样的布局组合,构建"全渠道分销"体系,企业就可以从分销起点到终点的整个运营流程的实时管控,根据各个渠道环节反馈的数据来设计和调整渠道布局,统一执行全渠道分销战略,通过强化渠道设计和管理,实现多渠道整合,将各个渠道纳入统一的管理体系,确保企业的营销战略统一。

例如,S公司的全渠道分销体系结构展示如图3.3所示。

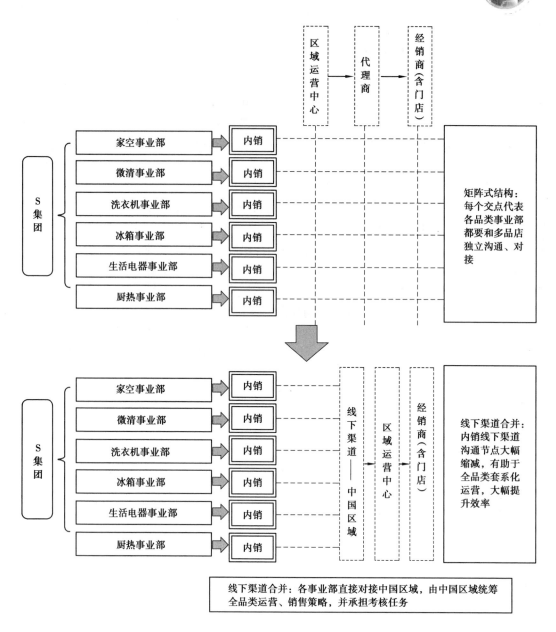

图 3.3 S公司的全渠道分销体系结构

[案例与思考 3.1]   三只松鼠的全渠道营销

　　作为中国当前销售规模最大的食品电商企业,三只松鼠的发展离不开飞速发展的互联网。三只松鼠连续 7 年获"双 11"天猫食品销售额第一名、累计销售坚果零食产品超过 200 亿元、天猫店铺粉丝数第一品牌、用户数超过一亿人,牢牢占据线上线下同业态坚果零食全行业第一名。三只松鼠依托互联网技术,利用 B2C 平台实行线上销售,迅速开创了一个以食品产品的快速的、新鲜的新型食品零售模式。这种特有的商业模式缩短了商家与消费者的距离,确保让消费者享受到新鲜优质的食品。也开创了中国食品利用互联网进行线上销售的先河。

然而,登顶线上"王座"的三只松鼠,没有满足于线上取得的成就。

在 2021 年也迈出了战略调整的关键一步——攻坚线下。2021 年 10 月 15 日,三只松鼠首次亮相 2021 年全国(天津)秋季糖酒会并召开了战略星品发布会,宣布将进军线下分销渠道,前期聚焦坚果建立分销渠道,后期再将其他精选零食子品牌导入分销系统,计划五年实现 100 亿元的营收目标。三只松鼠在公司内部完成了全国销售团队组建、分销业务流程规则制订、分销 CRM 系统开发上线、经销商专属中心仓配送模式成功运行等。更与全国 230+年平均销售规模 6 500 万元以上的休食大商确定品牌授权代理合作,与中国百强连锁商超中的 80%确定经销商代理进场销售。三只松鼠目前结合线上线下,已经打通各大电商平台,并且顺利推出了松鼠投食店以及松鼠小店。

复合渠道案例1

复合渠道案例2

请问:什么是"全渠道"营销? 三只松鼠为什么要推出全渠道营销策略?

任务 2   理解分销渠道设计的基本原则

3.2.1   分销渠道设计的概念

在企业的分销渠道管理活动中,渠道设计是最重要的活动之一,它是整个渠道管理最基本的决策。分销渠道设计是指企业在分析渠道环境因素的基础上,"以顾客为导向",为实现分销目标,对各种备选渠道结构进行评估和选择,从而开发出新型的分销渠道或改进现有的分销渠道的过程。

3.2.2   分销渠道设计的原则

(1)顾客导向原则

在设计分销渠道时,首先要考虑的便是消费者的需求,并对其进行认真的分析,建立"以顾客为导向"的经营思想。通过周密细致的市场调查研究,不仅要提供符合消费者需求的产品,同时还必须使分销渠道满足消费者在购买时间、购买地点以及售前、售中、售后服务方面的需求,从而提高消费者满意度,促进企业产品的销售。

(2)发挥优势原则

企业在选择分销渠道时,应先注意选择那些能够发挥自身优势的渠道模式,以维持自身在市场中的优势地位。如今市场的竞争是整个规划的综合网络的整体竞争,而不再是过去单纯的渠道、价格、促销或产品上的竞争。企业依据自己的特长,选择合适的渠道网络模式,能够达到最佳的成本经济并取得良好的消费者反应。

（3）适度覆盖原则

随着市场环境的变化及整体市场的不断细分，原有渠道已不能达到制造商对市场份额及覆盖范围的要求，而且消费者购买偏好也在发生变化，他们要求购买更便捷、更物有所值。在这种情况下，制造商应深入考察目标市场的变化，及时把握原有渠道的覆盖能力，并审时度势地对渠道结构进行相应调整，勇于尝试新渠道，不断提高市场占有率。

（4）稳定可控原则

分销渠道对企业来说是一项战略性资源，它一经建立，就对企业的整体运作和长远利益产生重要的影响。因此，应该从战略的角度出发，考虑分销渠道的构建问题。渠道建立之后，不可轻易改变，尤其要注意渠道应具有一定的稳定性。此外，渠道还需具有可以进行小幅度调整以适应经营环境变化。调整时，各个因素须协调一致，使渠道始终在可控制的范围内基本保持稳定。

（5）协调平衡原则

各渠道成员之间的密切协调与合作对渠道的顺利畅通、高效运行起着至关重要的作用。然而渠道成员间常常会产生一些利益或决策方面的分歧、冲突与摩擦、竞争。企业在设计分销渠道时，应充分考虑到这些不良因素，在鼓励渠道成员间进行有益竞争的同时，创造良好的合作氛围，以加深各成员之间的理解与沟通，从而确保各分销渠道的高效运行。分销渠道的协调与合作更多地会反映在合理分配利益方面。无论是何种类型的渠道模式，都会存在有各渠道成员之间利益的分配或各渠道成员工作绩效的评估及资源在各个部门之间的分配问题。因此，企业应制订一套合理的利益分配制度，根据各渠道成员所担负的职能、投入的资源与精力，以及取得的绩效，对渠道所取得的利益进行公平、合理的分配，从而避免因利益分配不均而引起渠道冲突。

（6）利益最大化原则

渠道管理者在设计分销渠道时，应认识到不同的分销渠道结构针对同种产品的分销效率的差异。企业如果选择了较为合适的渠道模式，便能够提高产品的流通速度，不断降低流通过程中的费用，使分销网络的各个阶段、各个环节、各个流程的费用趋于合理化。总之，所设计出的分销渠道应该是能够降低产品的分销成本，使企业能够在获得竞争优势的同时获取最大化的利益。

任务 3　掌握"以顾客为导向"渠道设计的流程及技术

虽然对于每个企业来说，其分销渠道的实际情况不尽相同，但就大多数企业而言，渠道设计的流程却是基本相似的，如图 3.4 所示。

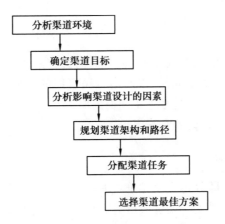

图 3.4　"以顾客为导向"的分销渠道设计流程

3.3.1　分析渠道环境

1)分析企业渠道现状

通过对企业过去和现在分销渠道的分析,了解企业以往进入市场的步骤;各步骤之间的逻辑关系及后勤、销售职能;企业与外部组织之间的职能分工;现有渠道系统的经济性(成本、折扣、收益、边际利润)。

企业经营必须知道的分销渠道的规划与设计

2)了解目前企业的营销环境

了解目前的营销环境,首先要了解外界环境对企业渠道决策的影响。宏观经济、技术环境和消费者行为等环境要素对分销渠道结构也有重要影响。渠道设计首先要认真分析下列因素:行业集中程度、宏观经济指数、当前和未来的技术状况、经济管理体制、市场进入障碍、竞争者行为、消费者状况(忠诚度、地理分布等)、产品所处的市场生命周期阶段、市场密度与市场秩序。其次是分析企业内部环境,包括企业的财务能力、渠道的管理能力、企业发展战略方向等。通常来说,分销渠道模式的选择和组合,决定了渠道的资金成本、管理成本、渠道效率等要素,企业要建立高效的分销渠道,必须分析企业自身的因素,取长补短,争取利益最大化。

以上这些要素影响着渠道设计方向,一般说来,渠道环境越复杂、越不稳定,宽渠道会面临渠道成员众多的管理成本问题,长渠道则面临层级过多、产品价格不占优势的问题,这些问题错综复杂,客观上就越要求对渠道成员进行有效的控制,同时也要求渠道更具有弹性,以适应迅速变化的市场。但是,这种高弹性和高控制是相互矛盾的。设计者必须对环境要素和行业发展状况进行分析,考虑不同的备选渠道方案。从产品市场生命周期而言,最好的渠道设计应该是随着环境而改变的。在介绍期,以能增加实际价值的渠道为佳;在成长期,分销渠道应能消化销售额的急剧增长,所以不必提供介绍期需要的某些服务;在成熟期,由于消费者关注的焦点是低价格,渠道设计并不需要特别强调增加服务价值;在衰退期,就没有必要增加整个渠道的价值。

3) 分析中间商因素

中间商因素,包括合作的可能性,要根据中间商合作意愿、中间商的分销能力选择渠道模式。二是考虑中间商成本费用问题,中间商分销费用的高低,决定了企业是采用短、窄的渠道,还是采用宽、长的渠道。三是考虑中间商的服务水平,如果中间商能提供优质的服务,企业可采用长、宽渠道;反之,选择短、窄渠道。

4) 分析竞争者渠道状况

分析竞争者渠道状况,即分析主要竞争者如何维持自己的市场份额、如何运用营销策略刺激需求、如何运用营销手段支持渠道成员等。具体列出这些资料,以便了解主要竞争对手并制订竞争策略。

5) 分析消费者的服务需求

渠道的设计始于消费者。分销渠道可以被认为是一个消费者价值的传递系统。在这个系统里,每一个渠道成员都要为消费者增加价值。一家企业的成功不仅依赖它自己的行动,而且依赖它的整个分销渠道与其他竞争对手的分销渠道进行竞争的状况。例如,某汽车公司与消费者连接起来的供货系统中就包括几千家经销商。如果竞争者拥有更优越的经销商网络,即便福特汽车公司制造出了最好的汽车,它也有可能输给其他公司。同样的,如果汽车公司供应劣质汽车的话,世界上最好的汽车经销商也可能破产。因此一家公司应该设计出一种一体化的分销渠道系统,这一系统能把附加在产品上的高价值传递给消费者。

不同款式、不同价位的盆菜通过不同的销售渠道满足人们多元需求

(1) 分销渠道设计要以消费者的需求为核心

分销渠道越来越受消费者的左右。在买方市场环境中,企业的一切经营活动必须以消费者为核心,否则就会在激烈的市场竞争中失败。以消费者为核心,既指在营销活动前期进行消费者研究和目标市场选择,也是在产品设计、价格确定、渠道选择和促销活动中满足消费者的需求。如果说产品是满足消费者的效用需求,价格是满足消费者的价值需求,促销是满足消费者的信息需求,那么分销渠道则是满足消费者购买时的便利需求或者说服务需求。如轮胎公司的大客户是整车制造商和出租车公司,一般采取厂家直供的模式,但当出售更新轮胎给普通消费者时,必须采用分销模式,通过汽车修理店、轮胎店、汽配店、汽车美容店等终端销售网点为个人客户提供服务。

(2) 分析消费者期望的服务水平

弄清目标市场上消费者购买什么、在哪里购买和怎样购买,是设计分销渠道的第一步。市场营销人员必须弄清目标消费者需要什么样的服务。一般来说,分销渠道提供以下 5 种服务。

① 批量。批量是指分销渠道中,通常在一个消费者的一次购买行为中提供的商品数量。比如,对于日常生活用品,小工商户喜欢到仓储商店批量购买,而普通百姓偏爱到大型超级市场购买。因此,购买批量的差异,要求制造商设计不同的分销渠道。分销渠道销售商品数量的起点越低,表明它所提供的服务水平越高。

②等待时间。等待时间是消费者通过某个渠道收到货物的平均时间。例如,普通邮件比航空邮件慢,航空邮件又比特快专递或"隔日"邮件慢。消费者往往喜欢反应迅速的渠道,因此企业必须提高服务的水平。分销渠道交货越迅速,则收入回报的水平越高。

③出行距离。它是指消费者从家里或者办公地点到商品售卖地的距离。一般而言,消费者更愿意在附近完成购买行为,但是,不同的商品,人们所能接受的出行距离是不同的。消费者购物出行距离长短与渠道网点的密度相关。密度越大,消费者购物的出行距离就越短,反之则长。市场分散程度越高,可以减少消费者在运输和购买商品时花费的时间和费用,提高服务产出。

④选择范围。它是指分销渠道提供给消费者的商品的花色、品种、数量。一般地说,消费者更喜欢购买商品时有较大的选择余地。如果不是单一的品牌崇拜者,他们不愿意去专卖店购买服装,而愿意到集众多品牌的服装店或商场购买。分销渠道提供的商品花色品种越多,表明其服务水平越高。

⑤售后服务。它是指为消费者提供的各种附加服务,包括信贷、送货、安装、维修等。消费者对不同的商品有不同的售后服务要求,不同的分销渠道也会产生不同的售后服务水平。

市场分销渠道设计者必须了解目标消费者需要的服务水平。提供更多更好的服务意味着渠道开支的增大和消费者所支付价格的上升。然而,还是有不少企业在坚持提供高服务水平,以获得消费者信赖,赢得更稳固和更持久的市场增长。如以香港为基地的中国工业集团坚信作为中国排名第一的制造商和分销商,它的成功来自它的可靠性和速度。在分销渠道系统尚不完善的中国,该集团在卖给消费者产品的过程中还提供包括仓储、装卸、办理海关手续乃至文书工作的全面服务。

(3)借助大数据和智能等工具、技术分析消费者购买行为

在 IT 时代,B2B 和 B2C 的线上销售渠道更具有不确定性,但是如果借助了大数据和智能销售系统,通过算力、算法等信息技术工具,能精准分析消费者在"哪里买""如何买"的购买行为及特点,就能使渠道规划与设计更合理,更高效。

3.3.2 确定渠道目标

渠道目标是营销总目标的组成部分,必须与营销总目标保持一致,为实现营销总目标服务。此外,渠道目标必须与营销组合的其他目标协调一致。

分销渠道的目标是什么? 对这个问题,许多企业会回答:"把产品卖出去。"实际上企业在进行经营渠道设计时,必须以确定的销售目标为基础,而这个目标的确定必须以消费者的服务需求为基础。值得注意的是,一个公司的渠道目标受该公司的性质、产品、中间商、竞争对手和环境的影响。例如,公司的实力强,销售人才济济,自己可以成立销售公司并承担大部分的渠道职能,直接控制渠道,提高渠道的能效;反之,就要分清哪些职能由公司承担,哪些职能必须由中间商来完成。再如,戴尔公司找到了通过互联网开展网上销售电脑的最佳方式和途径,既为消费者提供了个性化的电脑的设计服务,又节约了销售成本,降低了电脑的售价,最终赢得了消费者的信赖。

设计分销渠道必须首先了解目标消费者希望从渠道系统中得到什么。消费者希望就在

附近购买还是到较远的商业中心去购买？他们愿意亲自购买,还是通过电话、邮寄或是线上购买？他们看重产品类型多样化还是专业化？消费者是需要大量的增值服务(运送、贷款、维修、安装)还是愿意从别处获得这些服务？运输速度越快,产品类型越多,增值服务越多,渠道的服务水平就越高。一般来说,渠道设计的目标主要有以下 10 个方面。

①分销顺畅目标。分销顺畅是分销渠道设计最基本的要求,为了达到这一目标,一般应使渠道扁平化、沟通便利化。

②分销流量最大化目标。通过广布网点、提高铺货率,可最大化地增加流量。

③分销便利目标。为了使消费者便利购物,企业应使市场分散化,节约消费者的运输成本;同时,提供完备的售后服务,及时为消费者解决问题。

④拓展市场目标。一般情况下,在进行市场开拓时,大部分厂家更侧重于依赖中间商,待拥有一定的市场份额和自己的消费者群后,再建立自己的分销网络。

⑤提高市场占有率目标。在建立起合适的分销渠道后,应特别注重分销渠道的维护与保养,从而逐步扩大市场份额。

⑥扩大品牌知名度目标。在维护老客户对品牌忠诚度的同时,进一步争取新客户。

⑦分销成本最低化目标。在设计与选择分销渠道时,要考虑渠道的建设成本、维护成本、改进技术及最终收益。

⑧提高市场覆盖面积和密度的目标。厂家为了实现这一目标,大多数采用多家分销和密集分销形式。

⑨控制渠道的目标。制造商可以通过提高自身的管理能力、融资能力、掌握丰富的销售经验,建立品牌优势来掌握渠道主动权。

⑩渠道服务创新目标。如延长营业时间、提供主动上门服务、开展网上分销等。

在确定渠道目标时值得注意的是,所制订的渠道目标应该明确而又具体,既可以清晰描述,也可以操作,例如。

a.可以让想买家用电器的人在交通很方便的情况下购买到,并且安装、维修都十分便利。

b.公司的产品将于本年度内达到覆盖全国 5 个大区市场,开发约 35 个地级市一级经销商,在 3 年内争取通过经销商销售渠道的销售额提高至销售总额的 48%。

c.争取在 2 年内,网上团购计算机从现在的 8% 提高到 28%,个人通过网上购买计算机从现在的 19% 提高到 39%。

3.3.3 影响分销渠道设计的因素

一个企业在选择如何使用何种分销渠道之前,必须对影响渠道设计的各种因素进行认真分析,然后再作出决策。影响企业选择销售渠道的因素主要有以下 5 个方面。

新菜品、新气象,
外卖成海鲜餐饮
企业新销售渠道

1) 产品特性因素

产品特性因素在渠道设计方面的影响,主要体现在以下 7 点。

（1）产品的自然属性

例如，有些产品易毁损、易变质或易腐烂、储存条件要求高、产品有效期短（如活鲜品、危险品）等，应采用较短的分销渠道，尽快送到消费者手中。产品的自然属性的一个重要方面是产品的体积、质量等。产品的体积大小和质量大小直接影响运输和储存等费用。质量过大的或体积大的产品，应尽可能选择最短的分销途径。对于那些按有关规定超限（超高、超宽、超长、集重）的产品，应该直达供应。小而轻且数量大的产品，则可考虑采取间接销售。

（2）产品技术性

对于技术性较强的产品，如大多数的工业品，或消费品中的大型电器，需要经常性提供服务，多数采取较短的分销渠道，尽量减少中间环节，保证向消费者提供及时良好的技术服务。例如，需要安装和维修服务的产品，通常由公司或公司授权独家专卖特许销售和维修。

（3）产品的标准性与专用性

如果产品具有一定的品质、规格、式样等标准化，则分销渠道可长可短。若消费者比较分散，如量具、刀具、通用机械等，宜采用间接渠道。对于非标准化的专用品或定制品，需要供需双方面议价格、品质、式样等，并直接签订合同，宜采用直销渠道。

（4）新产品

为了尽快把新产品投入市场，打开并拓广销路，生产企业一般重视组建自己的营销队伍，直接与消费者或用户见面，推介新产品和收集用户意见。当然，如果能取得中间商的良好合作，也可以考虑采用间接销售方式。

（5）产品种类和规格

产品需求面会影响分销渠道的选择，如日用百货品要通过批发商销售，而蔬菜类产品直接由零售商经销。有些产品品种规格少、销售量大，可经批发商销售；有些产品规格多、销售量小，可由专业商店销售或企业直接与消费者签订购销合同。

（6）产品时尚性

款式、颜色时代感很强且更新较快的流行性商品，如各种新奇玩具、时装等，尽量采用短渠道分销，以求速售。

（7）产品价格

一般来说，产品单价越高，越应减少流通环节，否则会造成售价的提高，影响销量，这样对生产企业和消费者都不利。较为昂贵的耐用品，就不宜经较多的中间商转手；单价较低、市场面广的产品则通常采用多环节的间接销售渠道。

2）市场因素

市场状况是影响分销渠道的一项重要因素，也是分销体系发挥作用的外部环境。

（1）市场需求

如果产品销售的市场范围大、批量也大，则宜采取宽而长的分销渠道，尤其是在全国范围内销售或出口销售，就需要更多的流通环节。

（2）消费者集中程度

若消费者集中于某一区域,则可考虑设点直接销售,而市场范围大而分散的商品宜采取长而宽的渠道。

（3）消费者购买习惯

对于一些价格较低、购买频繁、消费者无须仔细选择的日用产品多采用中间商,扩大销售网点以增大销量;而一些耐用消费品,由于消费者购买少,则可少设网点。

（4）市场潜力

如果目前市场规模小但发展潜力大,则分销体系应有扩展延伸的余地;相反,如果潜力小则应有缩小或转移的准备。

（5）市场竞争性

对于同类产品,企业可以采用与竞争者相同的分销渠道与之抗衡,也可选择并开辟新渠道推销产品。其主要应依据竞争需要,分析对手实力,灵活选择营销流通渠道,或针锋相对,或避其锋芒。

（6）市场景气状况

市场繁荣时,生产者可采用长而宽的营销流通渠道以扩大市场,反之,则应以最经济的方式销售产品。

3）企业自身因素

企业自身因素在渠道选择中起着重要作用。企业的规模决定了它的市场规模及其得到所需的经销商的能力;企业的财务资源决定了它能够承担何种营销职能以及中介机构承担哪些营销职能;企业的产品组合影响它的渠道模式。产品组合越广,企业直接向消费者出售的能力就越大;产品组合越深,采用独家经销或少量有选择的中间商就越受益;企业产品的组合的关联性越强,所采用的分销渠道也就越相似。企业的营销战略也影响渠道设计,所以,一项快速送货的决策会影响生产者要求中介机构所承担的职能、最终环节上销售点的数量和存货点的多少以及运输工具的选择等。

具体来说,企业应从以下 5 个方面考虑渠道设计怎么与自身特点相协调。

（1）企业实力与声誉

信誉好、实力雄厚的企业则可以加强对流通渠道的控制,将部分销售职能集中在企业手中,从而建立自营体系,不依赖中间商,这样能够了解市场、增加收入。否则只能依靠中间商销售产品。不过,这对企业有严格的要求,一般情况下,企业都不宜完全自己掌控分销渠道。

（2）企业销售能力

如果企业自身拥有足够的销售力量,有丰富的经验,则可以少用甚至不用中间商。

（3）企业提供的服务层次

如果企业愿意且有实力为消费者提供更多服务则可采用直接销售渠道,如果愿意为零售商提供更多服务则可选用一阶渠道等,以此类推。企业提供充分的售前和售后服务能有效提高中间商销售产品的积极性。

（4）企业管理决策

有些企业如 IBM 等，管理决策倾向于使用直营体系，只有在企业销售体系无法达到的区域才采用中间商销售产品。

（5）企业市场信息收集能力

如果企业市场信息收集能力弱，缺乏对消费者的了解，就需要借助于中间商销售产品；反之，就可以采用直接渠道。

4）中间商因素

渠道设计应反映不同类型的中介机构在执行各种任务时的优势和劣势。比如，制造商的代表接触消费者所耗费的费用较少，因为总费用由几个委托人分摊。但是对每个消费者的销售能力则低于公司销售代表所达到的水平。一般来说，营销中介机构因其从事促销、谈判、储存、交际和信用等方面的能力不同而异。企业可从中间商的可得性、使用成本和服务质量三个方面选择渠道长度。

①可得性是指在选定的市场区域内能否选到合适的中间商。在许多情况下，中间商可能由于先前与企业竞争对手的关系和契约而不能经销企业产品，这时企业只能建立自己的分销机构，采用直接渠道。

②中间商可能会索取非常高的佣金。此时企业会选择和比较两种分销渠道的成本差异，以决定是否选择中间商和中间商的层次。

③企业还需要评估中间商向消费者提供服务的能力。如果中间商的实力不能提供有效的服务，企业就要考虑建立自己的具有保障服务能力的直接渠道。

5）政府法律及其环境特性

政策变化可以引起整个行业的变动，以我国的药品营销渠道为例，1984 年以前我国药品实行统购统销，由于我国实行的是计划经济，制药企业按国家计划生产药品，再有计划地对药品进行统一分销。渠道层级一般为四级，药企只能按计划把药品提供给一级批发站，然后一级批发站再向二级批发站销售，二级批发站又将药品卖给三级批发站，再由三级批发站销往医院和药店。1985—1995 年，随着我国进入市场经济，政府扩大了企业经营自主权，药企能够决定其渠道长度，可以分别向一、二、三级批发站供货，也可以直接向医院和药店供货。20 世纪 90 年代中期，我国开始放开药品零售领域，政府允许非国营企业从事药品零售业务，2000 年后非国营企业也能从事药品批发业务了。药企的分销渠道模式由密集型分销向选择型分销转变。从 2003 年 1 月 1 日起，我国对外开放药品销售服务市场，允许外国批发商和零售商进入中国市场，允许外国公司进入中国市场与中资公司合资或合作，经营药品批发、零售业务。

在影响企业营销主管对企业分销体系进行设计的众多因素中，有两点需要特别加以说明。

①不要因为限制因素太多而放弃创造性的努力。企业作为环境中求生存、求发展的微观经济单位，必然受到客观环境因素的影响与制约，这是必须接受的事实，而这也正是企业

开展经营活动的前提与基础。营销主管的工作就是要充分认识环境,发挥企业最大能量,并结合个人能动性与创造力,避开不利条件,化被动为主动,利用现有条件高质量地完成本职工作。

②不要将以上一般性经验与结论当作企业选择营销流通渠道的依据。这些经验只能作为参考,如果生搬硬套,必然会与现实格格不入,而且如果真的将各种经验盲目运用,就会发现许多结论是相互矛盾的,因而企业的经营也会无所适从。因此,营销主管要立足本企业,同时将他人经验加以创造性地运用。

[案例与思考3.2]   京东全渠道推动线下实体零售数实融合

在2022年11月11日举行的"了不起的实体经济"开放日活动上,京东零售CEO辛利军表示,从京东成立伊始,就是实体经济的一份子。农业、工业、商业、服务业都是实体经济的重要组成部分,京东也将一如既往地尽全力在乡村振兴、制造业升级、线下零售业发展中发挥更大的作用。

值得关注的是,京东的全渠道业务通过推动线下实体的数实融合,激发了更大的消费潜力,提升了整个零售产业的融合价值。

作为集线上线下消费和体验于一体的新生活方式精选集合业态,京东新百货服饰、居家、美妆、运动户外、奢侈品(钟表)等五大品类均实现高增长。10月31日晚8点至零点的4小时时间,京东新百货全品类实现销售增长超100%。来自海内外的品牌商家,也收获了稳定的高增长业绩。蔻莎与京东开创了新的奢品数字化全渠道生态模式,全面实现了人、货通和场通,在京东新百货获得了奢侈品行业TOP3的好成绩。

通过"线上下单、门店发货、商品小时达最快分钟达"的模式创新,2022年京东11.11,京东到家、京东小时购平台上,超市、便利店、手机数码店、美装家居店等各种业态超20万家实体门店入驻,共同为全国1 800多个县区市的消费者提供"全品类小时达"的即时零售便捷服务和升级体验。"京东到家希望充分发挥数字化、供应链能力,向行业开放基础设施,让零售伙伴得到实实在在的增长。"京东到家超市业务负责人赵鑫表示。

以零售企业正大集团为例,旗下卜蜂莲花超市已有近300家门店上线京东到家、京东小时购,"京东到家给了我们很多支持,特别是数字化工具、线上运营策略,以及打通线上线下定制化的营销活动,让我们持续做大做强线上销售规模的同时,也缩减了大量运营成本。"正大集团北京总部零售事业部负责人刘镏说。(资料来源:南方报业传媒集团南方+客户端)

请思考:

京东发展到今天,也布局实体渠道,使得企业的销售额在竞争中得到提升,京东的分销渠道设计是出于什么渠道目标? 依据了什么原则? 采用了什么样式的渠道模式?

3.3.4   规划渠道的构架和路径

1)渠道的结构设计

(1)规划渠道长度结构

渠道的长度决策要受到市场因素、产品因素、生产企业因素和营销中间商因素的影响。

渠道结构

①市场因素。市场因素主要是潜在市场规模、地理分散程度、消费者集中度、交易准备期、消费者地位和平均订购数量等方面对分销渠道长度产生影响。

面向大量的潜在消费者的销售需要借助一定数量和层次的中介。例如,假定一个厂家面对 3 000 个潜在的消费者,而它只有处理 50 个交易的能力,它就必须借助营销中介,如果平均一个营销中介能联系 60 个消费者,则这个营销系统就能完成销售任务,而如果平均一个营销中介只能联系 50 个消费者,则分销渠道还要再加入一个中介层次,渠道长度因此而延长。

面向广阔区域的销售常常要借助长渠道(如面向全国),而面向有限的区域销售时,短渠道可能更有效率。广阔区域的产品销售需要很多的资源和能力,企业常常力所不及而必须要借助一定层次和数量的中间商。

高度的消费者集中度(如在主要大城市)的销售,往往采用直接营销更能降低联系和服务每个消费者的费用。反之,在消费者较为分散的地方,需要使用长销售渠道。

交易准备期反映了消费者从第一次来联系到消费者购买的时间长度。较长的交易准备期(如购买复杂工业设备)更适于直接渠道。反之,消费者的习惯性购买则可以采用间接渠道。

渠道也会受到购买者在组织中的地位层次的影响。一般来说,作出购买决策的层次越高,越适合直接渠道。反之,组织购买决策由较低层次作出,则很适合借助分销商。

最后,消费者平均购买的规模越大,企业越倾向于采用直接渠道。而小规模的交易更适合采用较长的渠道。

②产品因素。影响渠道长度的产品因素有产品体积、易腐性、单位价值、产品标准化程度、技术特性和毛利率等。

与价值相比,体积较大的商品倾向于短渠道,因为短渠道能减少实体分销的成本,而这些成本会影响到产品的价格。另一方面,长渠道适用于体积与价值相对较小的产品。

易腐烂的产品,应该通过短渠道售卖,以减少运输的时间和距离,因为产品有限的保质时间不应该全被浪费在运输过程中。相反,容易保存且有较长生命周期的产品,能够通过长渠道售卖。

具有高单位价值的产品,通常倾向于直接售卖来降低这些物品的高额销售成本。相反,价值较低的日常用品,更倾向于通过中间商和分销商售卖。

标准化产品,与特制产品相比通常采用长渠道,而特制品由于需要与消费者建立联系,需要采用直接渠道。

技术复杂程度也影响了渠道的选择。显然,技术越复杂的产品越需要对消费者进行产品选择、使用、维护等专业知识的介绍,厂家越倾向于直接渠道。

③生产企业因素。渠道的长度要受到生产企业在规模、财务能力、控制愿望、管理专长和消费者知识的影响。

大型公司由于实力雄厚、财务健全并且拥有工商管理专长和丰富的消费者知识,因此有能力和意愿对渠道进行设置、管理和控制,倾向于采用直接渠道。而小公司由于实力有限,财务薄弱,缺乏商业管理知识和对消费者的深入了解,不得不借助中间商的力量,常常采用长渠道。

④营销中间商因素。渠道的长度决策还受到中间商特性的影响。设计过程中,应认真考查他们的资源与能力以及优势与劣势。在多数情况下,都希望中间商具备有利的地理位

置、较广的经营覆盖范围、丰富的分销经验、良好的信誉与口碑,并能够提供所需的其他分销功能。表 3.1 影响渠道长度的因素列出了影响渠道长度的因素。

表 3.1　影响渠道长度的因素

	影响渠道长度的因素	直接渠道的条件	长渠道的条件
市场因素	潜在消费者规模	小	大
	地理分散程度	低	高
	消费者集中度	高	低
	交易准备期	长	短
	消费者地位	高	低
产品因素	体积	大	小
	易腐性	高	低
	单位价值	高	低
	标准化程度	低	高
	技术特性	高	低
	毛利率	低	高
生产企业因素	规模	大	小
	财务能力	高	低
	控制愿望	高	低
	管理专长	高	低
	消费者知识	高	低
中间商因素	可得性	低	高
	成本	高	低
	质量	低	高

(2)规划渠道宽度结构

渠道中每个层次上使用的中间商数目的多少决定了渠道宽度。企业在制订渠道宽度决策时面临 3 种选择:密集分销、选择性分销和独家分销。

①密集分销。密集分销是指在分销产品的过程中,制造商在同一渠道层次上使用尽可能多的批发商、零售商为其推销产品,使渠道尽可能加宽。这一策略的关键在于扩大市场覆盖或加快进入一个新市场的速度,使众多的消费者能够随时随地买到企业的产品。密集分销较适用于价格低、购买频率高、购买数量少的日用消费品、工业品中的标准件、通用小工具等产品。密集分销是最宽的一种渠道模式,其市场覆盖面较广,但中间商的经营积极性却较难调动,对价格、销售等也比较难以控制。

②选择性分销。选择性分销是指在产品分销过程中,制造商在某一地区仅使用几个经过精挑细选的中间商经销其产品。选择性分销模式适用于许多商品,特别是消费品中的选购品、特殊品和工业品中的零部件,这些商品的消费者往往比较注重品牌。这种分销模式有利于稳固企业的市场竞争地位,维护企业产品在该地区良好的信誉。但在选择分销商时,一定要制订合适的标准,以便选出分销能力强而且信誉好的中间商。

③独家分销。独家分销是指企业在目标市场上或一定地区内只选择一家中间商经营其

产品。它是最窄的一种渠道模式，通常双方经过协商、签订独家经销合同，规定双方的权利和义务，在货源、价格、独家经营等方面各有约束。生产和经营名牌、高档消费品和技术性强、价格较高的工业品的企业多采用这一分销模式。这种模式能提高中间商的积极性和推销效率，做好售后服务工作；易于控制产品的零售价格；促销工作易于获得独家经销商的合作。但这种方式市场覆盖面相对较窄，制造商如果不能合理地运用，将会面临较大的风险。

在设计渠道宽度时，应注意以下两点。

①如果企业刚进入某一市场，对市场缺乏深入的了解时，万不可过早地采用独家分销模式。可以选用几家较有经验的当地分销商进行分销，待企业有了一定经验，或对该地市场有了深入的了解后，方可考虑独家分销模式。

②在选择渠道模式时，企业要充分考虑到不同消费者行为的差异性，做到因地制宜。

[阅读资料 3.3]   **家电行业渠道新发展**

中国家电市场线上渠道规模占比为 36.34%，线下渠道占比 63.66%。线上平台京东、苏宁、阿里巴巴呈现出三强鼎立格局，CR3 已经达到 93.03%；线下零售渠道包括 KA 卖场、代理商分销渠道及家电企业自有渠道，其中传统经销商在低线城市的渠道竞争上仍是目前最大的一股力量。

新零售概念由马云在 2016 年下半年提出，2018 年开始新零售渠道变革，真正对家电行业造成较明显影响。家电渠道新零售变革主要由苏宁、京东、阿里巴巴三大电商集团主导，渠道开拓增量上主要集中在乡镇市场。

格力电器是传统经销渠道的代表，成立销售分公司布局空调渠道下沉；美的集团持续推动渠道变革转型，缩减线下渠道层级，采用 T+3 加快效率，积极拥抱新零售；青岛海尔作为自建渠道的代表，形成顺逛全渠道网络布局；老板电器作为厨电龙头，在零售、工程、创新、海外、电商五大渠道发力，其中创新渠道和家居/家装公司合作，开始切入前端流量；华帝股份则通过精细化管理进行战略部署，打造多层次、深渗透、全覆盖的销售渠道体系；九阳股份和苏泊尔作为小家电行业龙头企业，线上占比高于传统白电厨电，并且在终端也基本完成了3~4 级渠道的全覆盖，终端数量达到 4 万~6 万个。

2)渠道规划的基本策略

(1)"点、线、面"渠道布局策略

多措并举 湖北农副产品拓宽销售渠道

市场分销渠道布局工作的实质，就是设计分销渠道中"点""线""面"这3 个要素，即"点""线""面"3 个要素的选择、投入与配合，就是市场分销渠道布局的关键。

"点"是指市场营销力量(包括人、财、物)在市场中所选择的关键点，通常是区位优势。企业通过对"点"的选择，争取竞争的主动权或适度回避竞争对手，进入现有竞争格局中的薄弱地带，以形成局部优势。"点"的选择作为整个渠道的支撑，是整个分销渠道布局的基础。

"线"是指渠道实际流通的线路，正是在"线"中运行了营销过程中的实物流、信息流等各种流程，以实现渠道动态功能，保障企业机制的健康运行。线路也要以"点"作为出发、终止点或者中转站，通过在"点"上的基础设施实现运动中所需要的储存、调运等功能。受环境变化的影响，线路也是经常变化的。环境的变化，比如新的道路的开通、地方经济的发展、人口流动等,会使原来的运行线路变得不再经济或效率不高,因而需要重新评估和设置分销渠道。

"面"是点、线所构成框架的总体功能和综合运用。主要指区域的划分、渗透及在区域中确立企业强有力的竞争地位,建立起阻止竞争对手进入的壁垒,并长期获利。

①"点、线、面"布局战略的原则。

a.阶段性。渠道布局是一个过程,需要许多步骤来完成,其中前一个步骤的实现又为下一个步骤的开展建立了前提条件。因此,渠道布局工作既要通盘周密计划,又要严格按照"点—线—面"的顺序进行。

b.地域性。阶段性是从时间延续的角度来说,地域性原则则是从空间广布的角度看待渠道布局。一般来说,企业所能投入的营销力量都是有限的,因此为了达到最佳效果,就要在合适的区域内有重点地投入营销力量。比如在20世纪60年代,美国大多数的快餐店都设在大城市的繁华地带,而麦当劳则将营业重点放在了城市近郊区域,这一策略取得了巨大成功。20世纪70年代,麦当劳开始在都市和城镇中开设分店。

c.层次性。主要指分销渠道组织上的层次性。通过设置合理而有效的层次与结构,渠道管理组织能够更有效地推进渠道布局的进程,实现既定的渠道布局战略,因此构成了渠道布局的组织保障。IBM公司的"WTC+海外子公司+营业单位"的经营层次说明了这一点。

②"点、线、面"布局战略的过程。

企业在进行"点、线、面"布局战略之前,要预先完成一些准备工作,主要包括市场调研、寻找竞争优势并在此基础上形成企业总体布局战略。市场调研要求务必准确、客观,这是渠道布局的基础。企业还必须把自己放在整个市场的竞争格局中,寻找自己独特的竞争优势,作为分销渠道布局的支撑。在对市场和企业都有充分理解的基础上,企业要制订总体渠道布局战略,指出行动的方向、重点和阶段,并围绕这一战略开展宣传推广。

③"点、线、面"分销渠道布局的设计步骤。

a.规划网点。对于企业分销渠道布局来说,网点主要有关键点(即优势区位)和切入点两种。关键点是指客观上形成的对企业经营、产品销售起重要作用的市场区域或销售集中区域。比如高档家电在大中城市,御寒皮衣在东北、西北等市场区域,再如上海的南京路、淮海路,北京的王府井、西单等商家必争之地,都构成了企业竞争的关键点。这些点对企业营销具有重要意义,因此行业中各企业都会不遗余力地争夺,竞争十分激烈。这就要求企业具有很强的竞争实力,或者企业拥有一种重大创新的新产品直接打入关键点。此外,如果企业实力不足,就要寻找现有市场竞争格局中的薄弱环节,即市场切入点,先打入市场保证生存,再寻找机会发展,即避免与实力强大的竞争对手硬碰硬,而采取避实击虚的策略建立生存空间。这一策略往往为中小企业采用。

b.疏通渠道。"线"是企业分销渠道中的一个关键因素,关系到整个渠道的运行成本与灵活性。由于分销渠道中实际存在实物流、所有权流、付款流、信息流以及促销流等多种流程,这些流程有的运行是相一致的,有的要经过不同的线路、不同的途径传递,因此企业的经营线路非常复杂。其中某些线路担负多种流程功能,需要从多种角度看待这一线路的效率,以及线路中渠道成员承担各种流程功能的能力。需要注意的是,营销环境的变化对渠道线路效率的影响极大,特别是交通运输业快速发展、信息基础设施建设常常能提供更快、更便捷的渠道线路。地区经济的发展、自然条件的改善也使某些渠道线路的改进成为必要。因此,企业必须不断审视环境的变化,考虑渠道线路改进的可能性。

c.地域扩张。地域扩张主要是指销售范围的渗透和覆盖。地域渗透主要是指运用多种营销、宣传、公关手段,使消费者对产品了解、产生印象并试用,这时要综合考虑消费者购买心理和各种影响因素。地域覆盖主要是指建立消费者消费的偏好、对本企业产品的消费习惯以及定势,建立牢固的消费根据点,并且企业对竞争对手进行认真分析,建立区域市场的进入壁垒,阻止竞争对手进入。

以上简要介绍了"点、线、面"渠道布局方法的原则与步骤。企业在实际进行渠道布局时,除了依据上述步骤,还要综合考虑多种现实因素的影响,权衡利弊,慎重抉择,同时兼顾短期利益和长远效果。

[阅读资料3.4]　　　IBM 公司运用"点、线、面"布局分销渠道

"点、线、面"是分销渠道布局的普遍方法。IBM 公司的国际战略,正是这一方法应用的极好实例。

IBM 公司的国际战略思想是先在海外市场建立营业据点,并用线把据点连成渠道,最后用线围成一定的范围,并使之充实扩大。具体实践这一战略又可分为三个阶段。

第一个阶段是从公司成立到 20 世纪 50 年代初期,经营的重点是向海外扩大营业据点。在公司创始人沃森一世的带领下,IBM 公司以美国母公司为中心,向欧洲扩充其营业据点,确立未来海外经营的基础。

第二个阶段是从 20 世纪 50 年代中期到 70 年代中期。在这一阶段,IBM 致力于将海外营业据点连成线,形成海外地域性经营渠道,实现高效的规模经济。这一阶段的主要特征是:已经壮大的海外经营企业一律设自主独立的海外子公司,如日本的 IBM 子公司、法国的 IBM 子公司等。公司总部成立了 IBM WTC(World Trade Company),即世界贸易公司,统一管理海外一切资产(包括当地法人)。这一时期,IBM 的竞争战略采取了海外市场渗透战略,即当地化。在各地的"点"(子公司)的基础上,逐步伸展,形成互为依托的经营渠道。利用规模经济的优点,以定价策略为武器,从而击败当地的竞争对手。

第三个阶段是从 20 世纪 70 年代中期至今,是 IBM 公司的国际化进入世界战略的展开,它将地域性渠道连成片,构成全球性的经营网络。以 WTC 为中心的 IBM 公司的世界战略是以当地的高度融合战略为基础,从全球观点出发,向当地传递世界情报,形成世界市场的统一战略。IBM 公司还对公司的组织机构进行调整,划分出美国、欧洲圈、亚太圈 3 个部分。同时,为了保持企业活力,IBM 公司积极推动分权化。IBM 公司在向世界性企业成长的进程中,正是通过了建点、连线和布面这三个阶段,实现了在地区化经营基础上的全球统一战略。

IBM 公司的世界战略是一个典型的"点、线、面"布局战略。当然,由于企业自身情况和所处环境不同,企业的分销渠道布局工作必然会有所不同。

(2)逆向重构渠道布局策略

①分销渠道的逆向重构的含义及方法。"逆向"就是建设渠道的顺序和传统建设渠道顺序相反。渠道的逆向重构策略,是指企业不按先向总经销商推销产品,再由总经销商向二级批发商等推销这种"顺向"的顺序,而是反方向从渠道的底部基础层开始做工作,先向零售商推销产品,当产品销售达到一定数量后,小型配送批发商会被调动起来,主动要求经销该产

品,接着是二级经销商、总经销商,因为产品销售量的扩大和价格稳定使经营产品变得有利可图,经营规模较大的经销商纷纷加入制造商的渠道体系。这样,一层层逆向建设渠道结构的体系就完成了。

制造商不按照原来市场旧的渠道结构来设计自己的渠道结构(这种旧的结构是经营同类竞争产品形成的),而是按照自己设定的分销目标和计划,对渠道成员进行重新布点和分配,使流通渠道达到高效率、低成本的状态。这就是"重构"的含义。

在实际实施逆向重构策略工作中,企业一般首先以直接向零售终端供应产品的批发配送商为突破口,批发配送商实际上是批发渠道系统的底层。生产商首先向这个层面的经销商供应产品,再由他们把产品送到零售商手中,当这个层面的销售达到一定规模后,经营能力强、销售规模大的二级经销商会要求经销该产品,企业又可以招标选取代理经销商或总经销商,再通过总经销商控制批发市场,向卫星城市和郊区辐射产品物流,形成完整的流通体系,如图 3.5 所示。

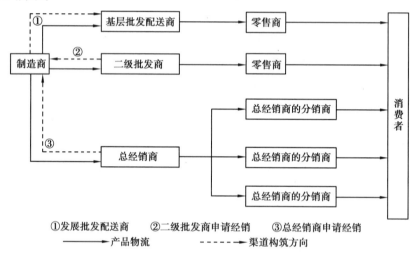

①发展批发配送商　②二级批发商申请经销　③总经销商申请经销
──→产品物流　　- - - →渠道构筑方向

图 3.5　逆向重构的渠道策略图示

渠道的逆向重构策略是在营销组合中创造差异化的竞争策略,是适应目前市场环境而产生的一种竞争策略。现在多数消费品企业,特别是新企业、新产品进入市场时,面临的最大难题不是消费者对商品的排斥,而是市场领先者和经销商结成的利益同盟对新进入者的排斥。对经销商而言,承接新产品必须承担经营失败的风险,所以经销商会抬高市场进入门槛,提出"市场准入"的条件,如赊销、货款铺垫、宣传促销、降价、退货和不得供应给其他经销商等条件。答应这些条件,企业像"戴着脚镣跳舞",不答应这些条件又难以获得经销商(特别是经营规模大的经销商)的支持,很多新企业、新产品的失败就在于此。相反,消费者并没有强烈拒绝新产品的意愿,距离消费者越近的流通环节,消费者越认同新产品,他们总是需要更多创新的产品。另外,小型的批发商不是市场先入产品的既得利益者,他们对新产品的热情较高,要求的"市场准入"条件也很低。所以制造商的渠道建设可以最先从这些层面开展突破工作,以向零售环节直接供应产品的中间商为突破点,然后再选择更高层次的经销商加入,最后形成完整的流通体系。

②运用渠道逆向重构法应遵循的原则。渠道的逆向重构作为一种渠道创新思路,它包

含了以下一些原则。

原则一:控制零售终端做到"随手可得"

渠道的最终目的是将产品在消费者需要的地方、需要的时间送到需要的消费者手中,所以成功的渠道策略就是对消费者JIT式(Just In Time,即时式)的服务。如,日常用品主要通过零售商向消费者销售,制造商应该通过渠道支持、服务零售终端,实现如可口可乐提出的"随手可得"的零售覆盖目标,让消费者能随时买得到、买得起。

原则二:拓展渠道宽度以增加流量

要建立一个完整的分销渠道,必须有一个宽大的基础层——一定数量的同样功能和作用的经销商。在中心城市,根据市场的需要进行渠道布点工作,所选择的属于基础层的经销商在分布上要有一定的密度,能覆盖目标市场区域。另外,在同一区域的经销商本身又可以进行分工,除了对小零售店供应产品的批发配送商,有些渠道对百货商店有较强的供货能力,有些渠道又专门做连锁超市的供应工作,而大型卖场如"家乐福""好又多""沃尔玛"则会接受制造商直接供货。制造商通过建立这样一个有"宽度"的批发配送商作为基础渠道层面支撑渠道发展,向目标零售终端供应产品,并且把产品呈现给目标消费者。

原则三:动态循环的渠道改变"富人游戏"规则

在传统的渠道建立方法中,制造商在选定了总经销商或代理商后,总是致力于用广告投入和促销活动唤起消费者的消费欲望,以拉动市场,力求让消费者在零售终端释放消费需求,传递给零售商相关需求信息,零售商则根据需求信息去寻求相关产品,然后从批发市场进货,从而使产品在渠道中流动起来,即产品实物流、所有权流、付款流、信息流和促销流的循环形成,整个渠道开始正常运转。

这种靠广告拉动市场的原理就像游泳池排水一样,不管游泳池有多大、是什么形状,只要在游泳池的最底部打开排水口,游泳池的水就会流出来。这被称为市场推广"拉"的策略。但是有人片面相信好的和大量的广告就是渠道循环的原动力,会最终带动渠道各环节运动起来。

改革开放后,我国市场前期有很多靠广告成功的例证,但近年企业在这种理论下成功的越来越少,特别是许多资金实力较小的新企业、新产品更是无法参加这种所谓的靠广告塑造品牌的"富人游戏"。"广告是渠道动力"的理论越来越显得背离市场的现实情况。可口可乐在阐述食品的消费特性时经常举的一个例子——"人们在口渴时如果找不到可口可乐而买了其他饮料,不会因为可口可乐是名牌而在下一次喝下两罐可口可乐作补偿",如果渠道策略完全被放在营销组合中的从属地位,那么再好的广告策略也难以征服市场。

渠道的逆向重构策略要求企业进入市场就建立将产品转移给消费者并回笼资金的循环。制造商向零售商供货或者向能控制零售商的批发配送环节供货,使产品能很快地在零售终端展示,这样产品被消费者购买的可能性立刻增加,而不是等待产品的广告效应出来后才被消费者重视,由此制造商实现销售的机会提高了。逆向重构策略要求企业围绕零售终端的产品销售,从小规模循环开始,由积累带动整个流通大规模循环的形成,在动态的循环中和产品的广告策略配合,成为品牌推广的一部分,而不能等待营销组合其他几个"P"来解决问题。

原则四:有弹性的渠道控制以适应新的市场变化

逆向重构策略弹性控制原则,要求渠道体系可随竞争情况压缩渠道环节以提高竞争力。渠道长,产品流通环节多,一旦某个环节出了问题,渠道调整见效慢,不利于市场竞争;渠道短,产品流通环节少,一旦某个环节出现问题,渠道调整见效快,市场竞争力相对较强。

渠道究竟是长好还是短好,要随市场竞争情况适度、适时调控。为了保持竞争优势,必须对渠道体系有弹性地控制,并不是选择了一级经销商或者总经销商就等于渠道的逆向重构走完了,企业还需要协助大经销商做好下一级经销商的产品分销工作,保持对各层面一定数量经销商的控制,特别是控制好基础层面——能控制零售终端的批发配送商层面,要和这一层面的经销商保持长期的客户关系,它是整个渠道结构的基础。在竞争趋于激烈时,企业要对多环节的渠道进行压缩,减少流通层次,缩短渠道长度,使其变为短而粗的渠道结构。同时企业必须回到加固基础层面的工作上来,制订鼓励这个渠道层面的策略,通过对批发配送商层面控制的加强,从而加强对零售终端的控制,以掌握市场竞争的关键点。

原则五:用“中心城市,周边取量”的方法达到规模经营

渠道的逆向重构策略要求在中心城市实施较为密集的渠道策略,以使产品获得较高的市场占有率和较好的品牌认同感。中心城市的消费潮流会带动周边城市的消费潮流。这在中国内地市场表现得尤为明显,产品在中心城市的市场占有率越高越有利于产品向周边卫星城市辐射。从销售系统成熟后产品实现销售的情况看,中心城市的销售额在整体销售额中只占到20%,而周边市场却占到80%,有的产品达到1:9的比例。每个企业在其市场拓展计划中把中心城市作为必争之地,一旦在中心城市取得成功,就有可能占领这个省(直辖市、自治区)的其他市场,所以制造商对中心城市的投入会大大高于其他地区。

这种“中心城市,周边取量”的原理,究其内在原因,除了品牌在中心城市的树立起到很大消费带动作用,流通上的影响也是主要因素。一个产品在中心城市的市场占有率提高了,参与经营的批发商就会增多,将导致产品发生“通货”现象——产品具体的形态和作用在经销商眼里已经不重要,重要的是这种产品没有经营风险,不是“死货”,对这种产品的持有和对货币的持有相同,在经销商之间可以作为交换货物的中介,作为一定程度上的通货来使用。只要厂家的价格体系稳定,产品的保质期较长,它就能像货币一样流通,特别是销售旺季商家现金紧张的时候以货易货的情况更多。当商家把产品看作钱而不是货物的时候,货物的流通能力加强,流通的辐射能力也加强,这时候,应该抓住时机,将“周边取量”的效果进一步强化。

[阅读资料3.5]   倒着做渠道

“倒着做渠道”就是企业不像传统做法那样,先向一级批发商推销,再由一级批发商向二级批发商推销……,产品最终到达零售商和消费者手中。而是先向零售商和消费者推销,当产品达到一定销量时,二级批发商闻风而动,要求经销该产品;当二级批发商的销量达到一定规模时,一级批发商争相要求经销该产品。于是企业在一级经销商之间进行招标,条件优惠者获得经销权。

某企业开拓市场时,将“倒着做渠道”这一营销策略发挥得淋漓尽致。他们进入重庆市场多年,但市场一直没有起色,销售额维持在每年500万元左右。公司及时更换了一名具备“倒着做渠道”营销理念的推销员,他首先找一家规模较大、信用较好的经销商,但经销商信

心不足。于是推销员说：这样吧，我来帮你卖！于是推销员开始协助客户销售，直接针对消费者(如大学生)和终端经销商(如零售店铺、路边店)送货。开始时销量小，就用扁担一担一担挑，一根一根地送，推销员形容市场是"用扁担挑出来的"。2个月后，经销商销售的产品竟有60%~70%是推销员卖出去的。经销商看到推销员卖得很好，信心大增，虽然心中仍存一点犹豫，但由于害怕别人看不起(推销员能销得动，经销商为什么销不动)，只得动用所有的渠道开始销售。结果仅一年的时间，销售额就猛增到4 500万元，增幅达800%。

这一策略叫作"协助客户销售""当客户的推销员"，这是"倒着做渠道"这一营销策略的一个具体体现形式，也是新产品开拓市场行之有效的方法之一。

3.3.5　分配渠道任务

1) 明确渠道成员的责任

渠道任务主要包括推销、渠道支持、物流、产品修正、售后服务及风险承担。这些渠道任务必须合理地分配给各渠道成员。

(1) 推销

推销主要包括：①新产品市场推广；②现有产品的推广；③向消费者促销；④建立零售展厅；⑤确定价格谈判与销售形式。

(2) 渠道支持

渠道支持主要包括：①市场调研；②地区市场信息共享；③向消费者提供信息；④与消费者洽谈；⑤选择经销商；⑥培训经销商的员工。

(3) 物流

物流主要包括：①存货；②处理订单；③运输产品；④与消费者进行信用交易；⑤向消费者报单；⑥处理单据。

(4) 产品修正与售后服务

产品修正与售后服务主要包括：①提供技术服务；②调整产品以满足消费者需求；③产品维护与修理；④处理退货；⑤处理取消订货。

(5) 风险承担

风险承担主要包括：①存货融资；②向消费者提供信用；③仓储设施投资。

2) 分配渠道任务

渠道管理者要将每一项渠道任务分配给渠道成员完成。其中，有许多任务既可以由制造商来执行，也可以分配给经销商，或移交给消费者(用户)，或分配给辅助商(如广告代理商、运输公司等)，还可以由渠道成员共同承担。例如，制造商可直接为用户提供运输服务，可以要求批发商自己来提货，可以让消费者自己来挑选并运走产品，也可以负责将货物运到批发商那里再由批发商将其转送零售商。

（1）从制造商的角度在渠道成员中分配任务的主要标准

从制造商的角度在渠道成员中分配任务的主要标准：①降低分销成本；②增加市场份额、销售额和利润；③分销投资的风险最低化和收益最优化；④满足消费者对产品技术信息、产品分布、产品调整以及售后服务的要求，从而在竞争中取得优势；⑤保持对市场信息的了解。

（2）渠道管理者向渠道成员分配渠道任务必须考虑的因素

①渠道成员是否愿意承担相关的渠道任务。要知道并非所有的渠道成员都愿意承担某些职责。批发商一般不愿意提供技术服务或处理退货；制造商一般不愿意向消费者提供信息服务。制造商能否有效地促使中间商主动执行某些职责的能力取决于制造商产品的竞争力。

②不同的渠道成员执行任务的质量。并非所有的渠道成员具有同样的水平来执行其任务。调查显示，工业企业的主要用户对于直接渠道和间接渠道的评价是不同的。他们认为分销商在信誉保证、紧急救助、产品分布性、服务传递质量以及消费者的关系方面做得要比直销业务员好。然而，直销人员在产品价格、质量、技术知识、规格改进等方面则做得要好得多，是分销商无法比及的。

③制造商与消费者的接触程度。一般情况下，可以将与消费者的接触分为3个等级：推销中介、存储中介和存储/服务中介。推销中介是先与消费者接触，存储中介维持库存但几乎不提供技术支持，而存储/服务中介与消费者接触的级别最高。在分配渠道任务时，可将负责销售的工作分配给经销商或代理来完成，而将处理退货任务分配给存储/服务型中间商来执行。

④特定消费者的重要性。在分配渠道任务时，还要考虑到消费者的规模。可以派直销人员去处理与大客户的业务；用电话销售和邮寄手册的方式来对待中型客户；对小客户和大众则宜采用间接渠道。制造商可通过相同的渠道网络到达不同的细分市场（包括直接渠道和间接渠道），但是，针对不同的细分市场要执行相应的渠道任务。

总之，明确渠道成员的职责，使各成员所承担的任务清晰化，是渠道顺畅运行的基本前提。制造商、经销商在渠道中应该各自承担什么样的职责，由谁来担当渠道领袖、管理渠道，这些工作都应该在进行渠道设计时认真考虑。各渠道成员的权利和责任明确后，各方都应恪守既定规则，并做好相互之间的监督工作，以避免多方任务交叉而导致渠道冲突。

渠道任务的分配，应当建立在渠道成员相互协商与协调的基础上，力求做到扬长避短，发挥渠道的整体优势。

[阅读资料 3.6]　　　　　　　UPS 渠道成员的任务

某大型企业主要生产 UPS，在渠道管理方面，明确渠道成员的职责，使各成员所承担的任务清晰化。

第一条，收集有关市场、购物模式的信息。

第二条，针对小功率产品快速物流的特性，保持完和一定量的存货，以确保及时供货。在每个省级城市都必须有现货供应，其中在华东、华南等市场需求大的城市，现货品种和数量要大，对二、三级市场要保证足够的货物储备。

第三条，提供快捷的交付。小功率 UPS 在省级中心城市、工作时间内要随时可以交付，在二、三级城市交货时间为一天。

第四条,装配、安装服务。为客户提供 UPS 及配套产品的安装和调试服务,对客户进行现场培训。

第五条,客户服务。为客户提供销售前的技术讲解,销售中的现场技术培训和售后的保障服务。对小功率 UPS 的售后服务承诺为:产品在 3 周内如果是机器原因造成的问题,包换机器。省级中心城市的响应时间为 24 小时,其他城市的响应时间为 48 小时,偏远地区的响应时间为 3 天。保证维修所需要的维修配件能够在 24 小时内到位。如果不能维修,应给客户提供备用机器。

第六条,对经销商提供支持。对经销商的支持有以下几个方面:技术支持,为经销商提供技术培训,设计电源解决方案和提供产品选择的相关技术;资金支持,对有一定客户基础、信誉良好的经销商,可以先发货后付款。

[阅读资料3.7]   **轮胎企业渠道模式分析与调整**

轮胎

1.渠道模式:从金字塔式向扁平化方向转变

传统轮胎企业的渠道成员是自上而下的金字塔式,这种模式的缺点是厂商对渠道的掌控力不强,并且产品多次加价导致价格缺乏竞争力,多层次长渠道使得厂商无法准确获取市场信息而错失商机,而随着厂商的销售政策刺激在渠道竞争中不断衰减,最后导致执行大打折扣。因此,许多轮胎企业只好将过去销售的金字塔式转变为扁平化式,这样渠道层级减少,厂商与消费者距离更近了,增强了企业对渠道的控制力。同时,渠道网点多了,填补了许多空白市场,这表明企业对渠道的自控力增强了,渠道更短、更宽、更密集,产品销售也快速增长。

2.渠道运作:从总经销为中心向消费者为中心转变

当轮胎市场竞争很激烈时,总经销这种市场运作渠道模式对市场的反应速度迟缓,层级多,运作的效率十分低下,总经销管理能力有限,对下一级的服务也跟不上,经销商对完成厂商的任务没有保证,厂商促销政策也难以落实到下层经销商,其结果可能导致促销成本越来越高,促销效果反而越来越差。

3.渠道关系:由松散型向管理型转变

传统轮胎渠道的渠道关系是,厂商只与总经销保持紧密联系,而与各个层次的经销商是松散的关系,厂商制订的各种销售策略很难贯彻到终端市场,而且渠道成员为了各自利益最大化,甚至不惜牺牲其他渠道成员利益,从松散型关系向管理型关系转变后,厂商与经销商由"我"和"你"的关系转变成为"我们"的关系,从对立或博弈的关系转变成为合作共赢的关系。

联合促销:合作广告、协同拜访大客户、提供销售工具等。

定制产品:保证渠道成员的利益,如对大的轮胎零售商定制某一款产品,以及由经销商买断某一品牌经营。

信息共享:经销商与厂商共享市场信息,有利于厂商及时提供资源和市场支持,同时厂商也可以为经销商创造更多商机。

培训:厂商为经销商提供销售和企业运营课程,厂商的渠道经理担当经销商的管理顾问,帮助经销商制订销售计划,管理销售团队,建立零库存管理体系等服务。渠道关系是渠道规划的前提,松散型关系不需要进行渠道规划。当松散型关系向管理型转变时,渠道规划才有了良好的基础和前提。厂商与经销商共同协作提高了渠道的运行效率。

4.渠道重心:由大城市向地方县级城市下沉

过去轮胎厂商以大城市为销售重心,主要靠各个中心大城市一个或几个总经销商来覆盖整个市场,结果受制于总经销商对渠道开发的广度和深度局限,难免出现很多的空白市场。将销售重心下沉,在各个地区或有市场潜力的县级市场设立销售中心,加强对末端市场的管理,将渠道网点尽可能贴近消费者。厂商要对渠道管理进行调整,既不放弃服务好大客户,更要将服务前移至消费者。做到两手抓,两手都要硬。

当市场竞争压力越来越大时,厂商主动选择更短的渠道和规模适中的经销商合作,调整渠道规划策略,从经济性向控制性转变,真正完成从粗放型渠道管理向深耕细作渠道管理转变。

(陆和平.渠道管理就这么做[M].北京:北京燕山出版社,2022.)

3.3.6 选择最佳的渠道方案

1)评价最佳渠道的标准

评估渠道结构有三种标准:经济标准、控制标准和适应性标准。

(1)经济标准

对不同的渠道方案进行评价,首先应该是经济评价,即以渠道成本、销售量和利润来衡量渠道方案的价值。

第一步,衡量公司直接销售与利用代理商销售哪一方案可以产生更多的销售量。有人说公司的销售队伍可以产生更多的销售,也有人说利用代理商可以提高销售量。而实际上,两种情况都是存在的,因为不同的情况有着不同的条件与背景。

第二步,评估不同渠道结构在不同销售量下的渠道成本。一般来说,当销售量较小时,利用企业的销售队伍进行销售的成本高于利用销售代理商的成本。随着销售量的增加,企业的销售队伍成本的增加率要低于销售代理成本的增加率,这样,当销售量增加到一定程度时,利用销售代理的成本就会低于利用公司销售队伍的成本。

第三步,比较不同渠道结构下的成本与销售量。由上一步可知,直销渠道与间接渠道下的销售量存在不同的销售成本,而渠道的设计又不能经常进行变动,所以企业应该首先预测产品的销售潜力,然后根据销售潜力的大小确定直销渠道与间接渠道的成本。在销售量(潜力)确定的情况下,选择成本最小的渠道结构。

(2)控制标准

除经济性外,企业还需要考虑渠道控制问题。如果企业倾向于控制管理渠道,评价渠道的标准可以多考虑控制因素。长而密的分销渠道很难控制,直接的分销渠道最容易控制,而长度适中、密度适中(选择性分销)的分销渠道在控制性上则处于二者之间。

(3)适应性标准

在不同的市场条件下,分销渠道环境是不同的,因而对生产制造商来说,存在着渠道的适应性问题。如果渠道环境相对比较稳定,渠道成员之间就会彼此投入较大的交易专有资产,增加互信和互依,互相承诺。反之,在快速变化的渠道环境下,渠道成员之间就会减少对彼此交易专有资产的投入,以避免可能发生的风险,降低相互承诺水平。因此,在评估渠道时,企业还需要考虑由于渠道环境引起的渠道成员之间的适应性问题。

2) 评价和选择最佳渠道的方法

(1) 财务评价法

财务评价法:影响渠道结构选择的一个最重要的变量是财务。因此,选择一个合适的渠道结构类似于作资本预算的一种投资决策。这种决策包括比较使用不同的渠道结构所要求的资本成本,以得出的资本收益来决定获得最大利润的渠道。并且,用于分销的资本同样要与使用这笔资金用于制造商自营相比较。除非公司能够获得的收益大于投入的资本成本,而且大于将该笔资金用于制造商机的收益,否则应该考虑由中间商来完成分销功能。

此方法很好地突出了财务变量对渠道结构的选择作用。而且,鉴于渠道结构决策往往是长期的,因而这种考虑更有价值。而应用这种方法的主要困难是在渠道决策制订过程中可操作性不大。即使不考虑采用的投资方式(如简单的回报率,或者更精确的贴现现金流量方式),要计算不同的渠道结构可产生的未来利润以及精确的成本是非常困难的,因此这种用于选择渠道的财务投资方法在广泛使用前应该等待更合适的预测收益方式。

(2) 交易成本评价法

交易成本分析方法(TCA)的经济基础是:成本最低的结构就是最适当的分销结构。关键是找出渠道结构对交易成本的影响。因此,TCA 的焦点在于公司要达到其分销任务而进行的必需的交易成本耗费。交易成本主要是指分销中活动的成本,如获取信息、进行谈判、监测经营以及其他有关的操作任务的成本。

为了达成交易,需要特定交易资产。这些资产是实现分销任务所必需的,包括有形资产与无形资产。无形资产是指企业拥有或控制的没有实物形态的、能够带来未来经济利益的非货币性资产。而销售点展示的有形物品、设备则是有形的特定交易资产。

如果需要的特定资产很高,那么公司就应该倾向于选择一个垂直一体化的渠道结构。如果特定交易成本不高(或许这些资产有许多其他用途),制造商就不必担心将它们分配给独立的渠道成员。如果这些独立的渠道成员的索要条件变得太过分,那么可以非常容易地将这些资产转给那些索要条件比较低的渠道成员。

(3) 经验评价法

经验评价法是指依靠管理上的判断和经验来选择渠道结构的方法。

①权重因素记分法。由科特勒提出的"权重因素法"是一种更精确的选择渠道结构的直接定性方法。这种方法使管理者在选择渠道时的判断过程更加结构化和定量化。这一方法包括以下5个基本步骤。

a.明确地列出渠道选择的决定因素。

b.以百分形式列举每个决策因素的权重,以准确反映它们的相关重要性,各因素权重之和为1。

c.每个渠道选择依据每个决策因素按"1~10"的分数打分。

d.通过权重(A)与因素分数(B)相乘得出每个渠道选择的总权重因素分数(总分)。

e.将备选的渠道结构总分进行排序,获得最高分的渠道选择方案即为最佳选择。

②直接定性判定法。在进行渠道选择的实践中,这种定性的方法是最粗糙但同时又是最常用的方法。使用这种方法时,管理人员根据他们认为比较重要的决策因素对结构选择的变量进行评估。这些因素包括短期与长期的成本以及利润、渠道控制问题、长期增长潜力以及许多其他的因素。有时这些决策因素并没有被明确界定,它们的相关重要性也没有被清楚界定。然而,从管理层的角度看,选出的方案是最适合决策因素的内、外在变量。

③分销成本比较法。此方法可估计不同销售渠道的成本及收益,并通过这些数字的对比,获得成本低收益大的渠道结构。比如,一家公司在进入一个中等城市市场之前,对比采用两种不同渠道结构的成本和收益:直销的渠道结构与使用一级分销商的渠道结构。

假设对这个城市的市场潜力估计为拥有潜在消费者 6 000 个,公司要求每个销售代表每两周必须拜访一位潜在消费者,提供帮助和支持服务。假设每名销售代表每周工作 5 天,同时假设每名销售人员平均每天能拜访 6 个潜在消费者,这就意味着一个工作周期(两个星期)中每名销售人员能拜访 60 个潜在消费者。在这种情况下,该公司在该市总共需要 100 名销售人员为本市所有的潜在消费者提供服务。那么该公司每个月的直销成本估计见表3.2。

表3.2　每月销售成本表

成本项目	每月成本估计值/元
100 名销售人员,假设每人工资每月 1 000 元	100 000
划分 4 个地区,每个地区 1 名销售经理,其工资为每月 4 000 元	16 000
仓库及办公人员、存货、存货利息及其他管理费用	50 000
每月直销的总成本	166 000

假设销售毛利为30%, 抵消这些费用,需要每月销售额达到:

$$(166\ 000 \div 0.30)\ 元 \approx 553\ 333\ 元$$

也就是说,553 333 元是公司的月销售额目标。

现在,来看看采用一级分销商的渠道结构的成本发生情况。假设公司提供给分销商 3 种可供选择的毛利:20%、15%、10%,在同样的销售额目标下,采用分销渠道结构的费用如下。

如果毛利为 20%,分销费用为(553 333×0.20)元≈110 667 元

如果毛利为 15%,分销费用为(553 333×0.15)元≈83 000 元

如果毛利为 10%,分销费用为(553 333×0.10)元≈55 333 元

直销与分销成本的比较见表3.3。

表3.3　直销与分销成本比较表

	20%的销售毛利/元	15%的销售毛利/元	10%的销售毛利/元
直销	166 000	166 000	166 000
分销	110 667	83 000	55 333
成本之差	55 333	83 000	110 667

从比较可知,对这家公司而言,分销的成本小于直销的成本,而且提供给分销商 10%的销售毛利节约的成本最大,且公司收益最大。

经验评价法也使得渠道设计者能将非财务标准与渠道选择相结合。非财务标准,对特

定渠道的控制程度及渠道的信誉等是非常重要的因素。在直接定性判定法中,这些因素都是很含蓄的,而在权重和因素分数中,控制程度及信誉可作为明确的决策因素并且通过高权重表示其相对重要性。但是在交易成本分析方法中,非财务因素,如控制程度和信誉只能通过经验作出判断。

项目小结

渠道设计是有关开发新分销渠道或改变现有分销渠道的决策,它在整个营销策略中起非常重要的作用,因为它是帮助企业获得差异化优势(可持续竞争优势)的关键因素。企业必须从战略高度解决分销渠道系统设计与组织形态问题。为此,管理者需要了解与之相关的理论、渠道系统设计方法、渠道策略以及结合渠道成员的组织类型。

本项目分别介绍了现代分销渠道系统的模式,主要有垂直一体化模式、水平一体化模式、多渠道模式。

"以顾客为导向"的渠道设计的六大流程,主要包括分析渠道现状、确定渠道具体目标、分析影响渠道设计的因素、规划渠道架构和路径、分配渠道任务、选择渠道最佳方案6个过程。

渠道的设计必须以能方便满足目标市场的需求为出发点。设计过程应确定分销渠道的具体目标,准确描述分销渠道在实现整体营销目标中所起的作用。确定了目标后,就要根据这些目标将分销任务分解。

渠道规划的基本策略有"点、线、面"渠道布局策略和逆向重构渠道布局策略。

为了充分满足消费者的需要,把商品分销出去,制造商还要选择"最佳"的中间商,并制订加盟其分销渠道的成员条件,明确权利、义务和责任。实现分销目标,除了选择"最佳"中间商,还要选择"最佳"分销渠道,财务法、成本分析法及经验法等方法的应用可以帮助决策者做出评价和选择。

【练习题】

一、名词解释

1.水平一体化分销体系

2.多渠道分销体系

3.独家分销

4.渠道逆向重构策略

5.全渠道分销体系

二、选择题

1.(   )垂直一体化分销体系是指由一家公司拥有或控制若干个生产商企业、批发商企业、零售商企业等机构。

   A.公司型   B.管理型

C.合同型 D.零售型

2.渠道的设计始于( )。

  A.制造商 B.物流商

  C.消费者 D.零售商

3.( )是影响渠道设计的市场因素。

  A.消费者集中程度 B.产品价格

  C.企业实力与声誉 D.新产品

4.一般情况下,在进行市场开拓时,大部分厂家更侧重于依赖中间商,待拥有一定的市场份额和自己的消费者群后,再建立自己的分销网络,这是渠道设计的目标中的( )。

  A.分销顺畅目标 B.分销便利目标

  C.拓展市场目标 D.扩大品牌知名度目标

三、简答题

1.现代分销渠道系统主要有哪些模式?

2.设计分销渠道时要遵循哪些原则?

3.影响分销渠道设计的主要因素有哪些?

4.渠道规划的基本策略有哪些?

四、论述题

如何评估和选择渠道方案? 请加以说明。

【实训题】

沃柑分销渠道设计方案实训

1.实操目的:通过本次实训进一步加深对分销渠道系统设计的认识,掌握分销渠道系统设计的难点,以及各种环境因素对分销渠道设计的影响。

2.实操要求:以学习小组为单位,通过对某地沃柑市场的调研,在对其分销环境分析的基础上提出产品的分销策略,阐述其分销渠道结构,并画出示意图。

3.实操步骤:

(1)对某地沃柑市场营销环境进行调研分析,包括市场需求分析、市场竞争分析、企业及产品特点分析;

(2)对其分销渠道成员进行分析;

(3)对产品分销策略进行分析;

(4)对其分销渠道模式进行设计(配合图示说明);

(5)形成分销渠道设计方案。

【案例分析】

格力、美的、海尔 3 种不同的渠道设计

一、格力电器:经销商成立销售公司,传统经销渠道的代表

格力电器在渠道建设方面,始终坚持自主管控、互利共赢的合作模式。线上渠道大致由两部分组成,一方面,公司直接在京东、天猫等平台建立官方旗舰店,另一方面,公司鼓励经销商成立的销售公司通过在京东、天猫、苏宁易购等平台开设线上店铺的方式,将线下渠道的商品进行线上销售,以此来保障传统经销商的利益。

线下渠道方面,2018 年底,格力在国内拥有 26 家区域性销售公司,销售公司下属负责地方、县级代理商、苏宁国美分公司,再下级为销售网点,目前格力各类网点共计 4 万多家,在全国范围内建设有精品体验馆、格力生活馆、格力专卖店,为消费者提供产品及一体化智能家居方案。

整体上,相较于其他家电企业,格力在电商渠道建设方面相对保守,是传统经销渠道的代表。与此同时,由于经销商通过京海担保持有格力电器 8.91% 的股权,两者利益实现牢牢绑定,使得格力对传统渠道拥有强大的控制力,独特的渠道建设思路在家电业界独树一帜。

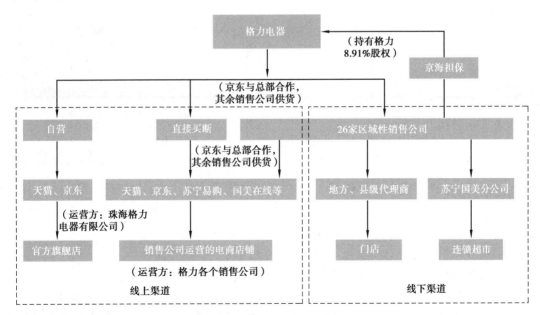

格式电器线上、线下渠道结构

资料来源:公司公告、中信建投证券研究发展部

二、美的集团:传统经销商扁平化,采用 T+3 加快效率,积极拥抱新零售

自 2017 年以来,美的集团持续推动渠道变革转型,包括缩减线下渠道层级,推进代理商优化整合和赋能建设,坚定持续降低库存、优化结构和精简 SKU 等。现阶段公司线上渠道、

线下专卖店渠道、KA渠道占比分别约为30%、60%、10%。

线上渠道方面，现阶段公司以自营为主，通过自建互联网大数据平台，和京东、天猫等平台达成战略合作，持续深入探索数字化精准营销模式，2018年美的全网销售累计超过500亿元，同比增长超过22%，位居京东、天猫、苏宁易购等主流电商平台家电全品类第一，公司预计未来线上占比还将有提升空间。

线下渠道方面，公司正在推动中间层扁平化，推动直营直销落地，逐渐淡化二级代理商。2018年美的已在全国建立了超过30个区域市场运营中心，强化内销终端全品类协同；提出慧生活全屋智能解决方案，在建材家装渠道开设体验中心139家，升级375家旗舰店为慧生活体验中心；完成超过2 500家全国送装一体服务点布局和对850家旗舰店授权认定，用于建设送装一体化网络；与地产及长租公寓20强建立长期采购合作，着力拓展B2B业务。

整体上，美的渠道建设相较于格力更为扁平化，更加贴近客户，同时公司认为，传统家电企业的压货终将面临变革，直面用户是厂商的应有之举。发展方向上，一方面直面零售端，进行厂家直供，将代理商转化为运营商，逐渐弱化传统的代理分销；另一方面，公司通过多举措大力发展电商，积极拥抱创新渠道，大力推进线上线下融合发展。

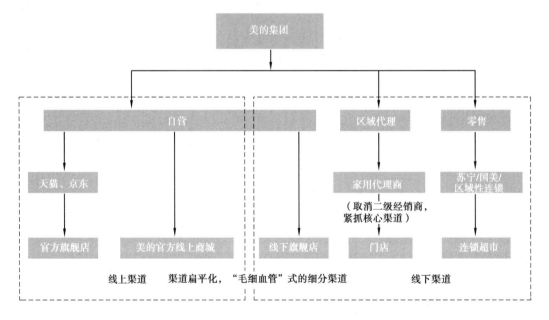

美的集团线上、线下渠道结构

资料来源：公司公告、中信建投证券研究发展部

三、海尔：自建渠道代表，顺逛全渠道网络布局

海尔为自建渠道代表，其多元化渠道体系已实现一、二、三、四级市场的全覆盖，同时与国美、苏宁家电连锁和天猫、京东等电商平台保持良好的合作。目前，海尔已在全国建设8 000多家县级专卖店，3万余家乡镇网点，综合店渠道方面成立V58、V140俱乐部，与家电龙头企业保持紧密合作，同时推进前置渠道的触点建设。

线上渠道方面，电商渠道进一步完善高端全品类与全系列布局，运用数据工具实现会员的全周期运营，融合全网管理，推进电商渠道下沉的触点建设，2018年实现零售增长29%；顺逛平台通过引入与美好生活相关的消费品牌，实现从垂直型家电销售渠道到平台的转型。

平台微店主增加至 160 万人,增幅达 100%。

线下渠道方面,公司巨商汇系统覆盖 100%经销商,易理货全覆盖乡镇级门店,实现对经销商从下单、销售、库存及售后的实时管控。日日顺物流仓储面积 470 万平方米,车小微数量 10 万辆,提供 24 小时送装一体服务。

整体上,海尔的业务流程是围绕着"用户解决方案"搭建的,是一套直接面向消费者的零售服务体系,这与多数家电企业围绕生产和渠道分销搭建的体系是不同的。海尔通过自建渠道和顺逛平台的建设,推动立体化渠道融合发展,实现与用户零距离交互。

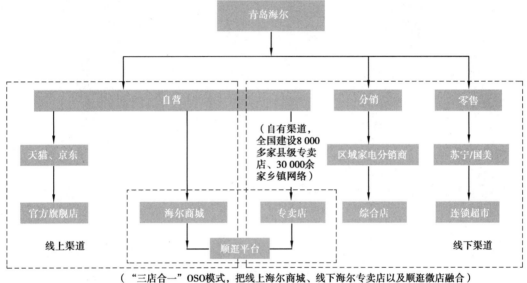

("三店合一"OSO模式,把线上海尔商城、线下海尔专卖店以及顺逛微店融合)

青岛海尔线上、线下渠道结构

资料来源:公司公告、中信建投证券研究发展部

案例思考题

1.格力、美的、海尔三家家电企业有三种不同的渠道模式,请分析这三家企业是基于什么因素设计其销售渠道的。

2.请收集医药行业的一个龙头企业的资料,分析其分销渠道结构设计的特点以及分销渠道设计的策略。

项目4
分销渠道管理的基本原理

【学习目标】

知识目标

◇掌握分销渠道管理的含义、主要内容和管理方法；

◇了解分销渠道管理的相关制度和政策；

◇了解进行有效的渠道管理的难点及影响因素。

能力目标

◇初步具备根据企业实际情况确定其渠道管理的主要内容和目标，并制订相应渠道管理策略的能力。

素质目标

◇通过学习初步掌握社会主义市场经济条件下，分销渠道管理的理论要点，培养学生的管理科学化的意识。

◇通过学习让学生认识到中国企业应遵从中国特色的，强化法治规范的市场经济规则，以树立正确的价值观，以诚实守信、平等互利为出发点，依法依规制订渠道管理制度，依法依规对企业的合作伙伴实施管理，在追求效率和利润的同时，也对经济社会发展和渠道成员和谐共赢发展做出贡献。

绝味鸭脖

【导入案例】

绝味鸭脖如何管理万家门店?

绝味鸭脖公司的渠道模式主要采取加盟的模式,2019年已有10 598家加盟店,对于超过万家的加盟店,公司如何管理?

公司于2014年正式推举成立了加委会。加委会总共包括四级分会,总会、片区加委会(包括华东、华中、华北等大区)、省级加委会(如分省子公司)以及战区委(一般一个战区有50~60个加盟店)。总会的秘书长由公司任命,委员由加盟商内部选举。加委会促使加盟商和厂家形成利益共同体,激发了加盟商内部自我管理的能动性。例如一个加盟商违规,加委会会率先进行管理,一定程度上缓解了加盟商和公司之间的正面冲突。同时加委会拥有分子公司30%的考核权,协助公司对子公司进行管理,尤其是偏远地区的生产基地,公司管理难度较大。加委会也是公司的人才池子,委员一般是一家加盟商到多家加盟商成长起来的,具有一定的管理能力,任期满(2年一届,连任不能超过两届)后会考虑引进分公司做管理,为公司储备了大量的管理人才。公司会补贴优秀的经销商去进修EMBA,提高经销商的个人管理能力。我们认为,在公司独创的加盟一体化管理下,形成了"分子公司"适当引进"大商","大商"协助管理"小商","小商"相互监管层层递进的管理模式,加盟商的忠诚度高,公司有十几年前的经销商还在合作。公司现有加盟商3 000人左右,加盟商人均门店约为3家。

(资料来源:百度文库)

请思考:绝味鸭脖公司为什么要加强对加盟商的管理? 主要采取了什么方法?

任务1　了解分销渠道管理的内涵、目标及内容

4.1.1　分销渠道管理的内涵

如今的工业化产品都经过市场调研,产品的设计、研发、生产,市场推广,销售和售后服务等阶段。其中从产品生产到用户购买的过程,是借助外部资源来完成商品的销售服务过程的,这个过程就是分销渠道管理。渠道管理是指制造商为了实现公司的销售目标而对现有的渠道进行管理,以保证渠道成员间、公司和渠道成员间相互协调和通力合作的一切活动。

一般来说,渠道管理的组织结构体系有两种模式。一是渠道管理是在一个公司内部的不同部门的职能分工,如产销一体化的销售公司、直属的专卖店、配送中心等,对它们的管理关系就是主从关系。二是分销活动分别由不同组织的分销成员(不同的利益主体)承担渠道流程的职能,存在着"超组织"的目标体系和任务分配的问题,如在区域分销活动中,地方公

司与当地的分销渠道成员的关系只能是平等合作的关系,这种管理关系主要靠合同和契约来维持和协调。国外学者对"超组织"渠道系统的研究较早,归纳起来,其特征主要体现在渠道成本的降低。即由于超级组织中各种成员不同功能的结果,以及各种成员之间的相互依赖,使得渠道成本降低。简言之,在分销渠道中,有了超级组织,就有了交换和分工带来的收益。

渠道管理系统组织的特殊性决定了管理关系的特殊性。首先,让各个成员理解,他们有共同的服务对象,他们都应使渠道的运行更有效率和效益,每一个渠道成员的活动都应为消费者增添一份价值。其次,每个渠道成员都有各自独立的目标,由于独自利益的驱使,如销售目标、利润目标、发展目标等,这些目标的差异甚至是冲突,就需要通过渠道管理进行整合协调管理。因此,渠道管理的首要任务,就是要把渠道的共同目标和渠道中不同成员的独立目标整合起来,引导渠道成员在关心共同目标实现的前提下,实现其销售额、利润、发展等目标。最后,在管理方式上,分销渠道管理较少地依靠权力、权威来指挥各个成员,较多地依靠合同、契约来规范渠道成员的行为,或者更多地使用恰当的激励手段来调动渠道成员积极性。因此,公司在进行渠道管理时,如何处理不同环节、不同销售渠道之间的利益关系,减少冲突,调动各个环节的积极性,就成为能否建立一个高效的渠道管理系统的关键。

4.1.2 分销渠道管理的目标

分销渠道是企业赢得市场的关键,要高度认识渠道管理的意义对于企业的生存和发展至关重要。一般来说,分销渠道管理的目标包括以下几个方面。

1) 确保充分发挥分销渠道的作用和功能

如前文所述,渠道的基本功能是使产品在消费者需要的地方出现,方便消费者的购买。所以,有效的渠道管理的基本目标,即第一个目标是保证货畅其流。如果销售渠道无法确保商品在消费者需要的时间和地点出现,显然就存在渠道管理的问题。因此,保证货架上的产品不断货供给成为日常渠道管理中的首要任务。

2) 管理产品市场价格

忽略对不同级别经销商的产品价格的管理,或者销售价格体系管理有漏洞,给经销商可乘之机,必将导致市场价格混乱,造成低价窜货的现象,最终危害企业的利益。因此,有效渠道管理的第二目标是维护和确保合理的价格体系,确保每个渠道层面价格稳定,杜绝和限制任何有可能引起价格混乱的行为。

3) 有效地促进市场推广

全面有效的渠道管理力求通过恰当的激励措施和终端管理活动,使市场最大化。除了产品本身、产品的价格和产品促销,产品的销售渠道是继续争夺市场的有力武器。充分有效的渠道管理,尤其是销售终端的管理,比如良好的商品布局和优秀的导购服务等,必然带来产品销量的增长以及市场占有率的扩大。

最后,在企业实际运营过程中,还必须有效地控制销售成本与费用,同时提高企业的销售业绩,谋求企业的长远发展,这就涉及渠道管理的最优化问题。消费者驱动的分销渠道是依据目标消费者的需求为他们提供产品或服务的分销渠道,在分销渠道中,为消费者服务是一个连续的过程,虽然不同的渠道成员提供服务的水平不同,但为消费者提供连续的服务是消费者驱动的分销渠道的客观要求,它需要在统一的目标下对渠道管理进行计划、组织、协调、控制等管理活动来实现渠道管理目标的最优化。因此,满足目标消费者需求是所有渠道成员的共同的目标,也是渠道管理最优化的目标。

4.1.3 分销渠道管理的内容

渠道的管理是商品分销全过程的管理,是系统的管理和协同的管理,渠道管理的工作可以包括以下几个方面的管理实务。

(1)对经销商的销售管理

对经销商的销售管理可以从合同管理、销售政策管理、建立客户档案管理等方面进行。销售管理既管理与企业合作的经销商,也管理销售人员队伍。

(2)对经销商的供货管理

保证供货及时,在此基础上帮助经销商建立并理顺销售子网,分散销售及库存压力,加快商品的流通速度。在渠道职能分工体系下,供应配送职能往往由专业的物流公司承担,对经销商的供货管理,就是对实体分销的管理。实行实体分销职能的企业,按合同的约定,及时将货物送达。

(3)对经销商的广告、促销支持

减少商品流通的阻力;提高商品的销售力,促进销售;提高资金利用率,使之成为经销商的重要利润来源。

(4)对经销商负责

在保证供应的基础上,对经销商提供产品服务支持,妥善处理销售中出现的产品损坏或变质、消费者投诉、消费者退货等问题,确保经销商的利益不受无谓的损害。

(5)对经销商的订货处理和订货结算管理

强化建设渠道的信息管理系统,减少因订货处理环节中出现失误而引起发货不畅;规避结算风险,保证制造商的利益。同时避免经销商利用结算便利制造市场混乱。

(6)其他管理工作

其他管理工作包括对经销商进行培训,增强经销商对公司理念、价值观的认同以及对产品知识的认识。还要负责协调制造商与经销商之间、经销商与经销商之间的关系,尤其对于一些突发事件,如价格涨落、产品竞争、产品滞销以及周边市场冲击或低价倾销等扰乱市场的问题,以协作、协调的方式为主,以理服人,及时帮助经销商消除顾虑,平衡心态,引导和支持经销商向有利于产品营销的方向转变。

从渠道管理工作的简单分析可见,渠道管理要求制造商全程提供帮助或部分参与经销商的管理工作。确保经销商把更多的精力投入到销售工作上,使经销商切实感受到合作是有价值的。在实践中,制造商切忌无视经销商的合理要求,或无理干涉经销商经营的自主权。

[阅读资料 4.1]　　　　　　　**七匹狼网络经销商的管理**

2008 年,七匹狼决定在淘宝开设自己的官方旗舰店,而此前约有 2 万家网店在销售七匹狼的产品,店主大多是七匹狼的线下经销商,或者经销商的亲戚朋友。由此带来的假货、窜货等一系列问题,使得七匹狼不得不有所行动,来消除这种无序状态带来的品牌损害。

起初,七匹狼采取了快刀斩乱麻的方式,一手建立自己的官方旗舰店,一手与淘宝的法务部门合作,取缔其他所有未经七匹狼授权的网店。结果效果不甚理想,打压一批,新的一批又会起来,而售卖假货的现象没有得到改善。

面对如此的对峙局面,淘宝开始与七匹狼商量,建议它转变策略,尤其是借鉴线下的经销商管理体系。从 2010 年开始,七匹狼把打压变为了"招安",主要的方式就是谈判加授权。把销售规模较大的店主找来谈判,愿意合作的就给予官方授权,并按照公司经销商的管理规则,引导网站规范经营。七匹狼的网络渠道授权分为 3 个层次:第一层是基础授权,回款达到 500 万元就可获得基础授权,中级授权是回款达到 1 000 万元,高级授权是回款达到3 000 万元。授权后,经销商若再有窜货、卖假等行为,就会被取消经销资格。由于七匹狼正式承认了网上经销商的合法身份,网店可以享受与实体店一样的投广告、参与直通车、焦点图、会员互动等营销活动,销量也大幅攀升。

2011 年七匹狼进行了从"军阀制"到"军团制"的大转换。所有的大型线上经销商再次被召集座谈,他们被要求按照用户族群进行品类与款式的差异化区分,每个军团有着自己独特的侧重点,按照谁更擅长做新品推广、做爆款、做尾货处理、做数据营销分析等标准进行分拆。最终七匹狼只在淘宝、京东、腾讯、库巴、1 号店等平台开设了 5 家旗舰店,同时还在考虑进驻苏宁易购、当当网等平台。

除了铁腕管理,七匹狼开始着手强化经销商的荣誉感与归属感,七匹狼会按照重复购买率、客单价、口碑好评度等标准进行统一衡量,优异者会被集团授勋,有更多的内部交流、出国旅游、融资扶持等奖励机会。

（资料来源:IT 经理世界）

4.1.4　分销渠道管理效果评估

对于现代企业来说,渠道控制的有效性主要是指企业在渠道规划、建设、维护和调整的过程中,根据控制力大小进行运作后取得的效果。它主要包括以下三个方面。

1) 渠道控制力的大小

渠道控制力就是企业运行和管理渠道的能力。它在很大程度上取决于企业对渠道的运行有多大的话语权和自由支配的能力。如果企业能对渠道各个环节进行随心所欲的控制,那么,它就具有很强的控制力,反之,则控制力呈递减趋势。从某种意义上来说,企业对渠道的控制力如何,取决于渠道对他们的忠诚程度。忠诚度越高,控制力也就越高。因此。企业渠道的竞争力关键在于控制力,更进一步说,是在于如何提高渠道的忠诚度。同时,渠道控制力包括渠道链条的整体控制能力和渠道客户忠诚度的控制能力两个方面。研究表明,渠道的忠诚度主要来自渠道链中各个客户通过合作获得利益的多少和对未来合作前景的期望。而在现代市场条件下,渠道利益的分配及保障体系始终存在着巨大的不确定性,因此,不同层次渠道的客户的忠诚度越低,控制力也越为低下,从而影响企业市场占有率和扩张速度,而且常常不可避免地导致核心渠道以及层次渠道之间发生业务和利益上的冲突与内耗,进而削弱和影响渠道控制的有效性。

2) 渠道控制的效果

渠道控制的效果主要是指在既定的渠道控制成本和控制模式下,企业通过渠道销售产品和服务的出货能力。它可以从数量和质量上反映渠道的投入产出效果,并通过渠道的市场覆盖率、渠道服务能力、维护成本和影响力等指标来描绘和分析,从而对渠道的效果进行优势和劣势的系统评估。渠道控制的效果与产品的细分市场高度相关。不同企业的渠道建设、控制模式只有与其产品的细分市场的特点相对应匹配,才能从结构上保证所构建渠道链的有效性,奠定最终有效出货的基础,实现对区域市场的有效覆盖。一般而言,其中任何一种渠道都不可能有效交叉覆盖所有的细分市场。不同控制模式和渠道构成,其控制效果是不同的。

此外,渠道构成中的客户素质、模式、实力、服务和管理等基本要素决定着渠道控制的效果水平和质量。只有拥有可控的优质渠道资源并提高渠道控制质量,才能构建起有效的营销链并产生强大的分销力。提高渠道控制效果的基本原则就是要以消费者价值最大化为目标,通过渠道创新、功能发育、策略调整、资源投入等方法,提高整个渠道价值链的服务增值能力和差异化能力。通过为消费者提供有针对性的增值服务、产品获得有效差异,从而提高消费者的满意度和忠诚度,使企业从根本上摆脱产品同质化引起的过度无序竞争的销售困境。实际上,通过渠道增值服务的提供,使渠道链条各环节的利益提高,必然增强渠道控制的稳定性和协同性。如,某饲料企业在发展原有经销商的养殖服务功能的同时,进行渠道创新,发展兽医和猪贩等成为饲料渠道客户;企业将市场促销调整为服务营销,加大服务资源的投入,充分利用渠道的服务功能,为广大养殖户提供防疫、收购、饲喂、品改等养殖综合服务,改善其养殖效益,从而提升产品市场份额和用户的忠诚度。

3) 渠道控制的效率

渠道控制的效率主要是指渠道控制中的流程运作效率。在现实的渠道流程中,涉及商流、信息流、物流、资金流的顺畅性和运营维护成本。渠道流程运行效率的高低,除取决于渠道的结构、功能以及市场容量、需求、产品特性和地理等其他环境因素的影响外,还受渠道控制模式的影响。现今分销理论普遍强调,渠道设计中应该考虑到区域商流的习惯性,合理地设计渠道层次关系,减少不合理的物流和价格环节,实现渠道效率基础上的扁平化,如考虑在区域传统商业集散地设立总代理,利用已存在的商流联系,直接覆盖地、县等二、三级市场,改变以往由中心城市代理覆盖地级代理,再由地级覆盖县级的一般性渠道构建思路。在集中地专业市场内,由特约经销商设立库存,覆盖其他多个一般渠道客户(无须增加库存),既实现了物流集中和库存集约,又保证了很大的渠道占有,使渠道的整体效率最大化,同时减少渠道冲突,调动各级渠道成员的积极性,稳定区域市场秩序,有效降低维护费用。

为了提升渠道控制的效率,必须注意渠道链条各环节的协同分工。这一方面是同一企业内部在使用不同类型的渠道覆盖相应的细分市场,并对这些渠道进行合理分工,另一方面还指渠道链各环节成员间的优势互补和资源共享,有效地获得系统协同效率,即提高分销效能,减少渠道运营费用。如企业利用管理经验、市场能力、技术服务等营销资源优势,承担品牌运作、促销策划、助销支持和市场维护等管理职能;核心经销商利用网络、地缘优势、资金、配送等资源优势,承担物流、结算、配合促销实施、前期推广等分销职能;各零销终端利用地理优势、影响力、服务特色等优势,承担现场展示、用户沟通、客户服务和信息反馈等销售职能。实际上,渠道有效控制的核心原则之一就是要谋求企业渠道价值链的系统协同效率,并以此为基础建立在营销领域的经营商、各类优秀终端、用户和其他物流、服务等相关者建立分工协同、长期合作、共同发展的紧密性关系,打造以企业为主导的渠道价值链。在此基础上,企业利用自身的综合能力(品牌、实力、荣誉、管理经验等)逐步确立渠道领导权,承担营销链的构成、协调、领导和服务等管理职能。企业要提高渠道综合管理能力,引领渠道各级成员有效地协同运作,在市场竞争的关键环节获得优势,有效打击竞争对手,扩大市场份额,使合作各方利益加大,获得各成员的认同和拥护。

任务2　掌握分销渠道管理的基本方法

4.2.1　管理控制

管理即控制,渠道管理的效果可以集中反映在对分销渠道的控制力度上。制造商对其分销渠道实行两种不同程度的控制模式,即高度控制和低度控制。

1)高度控制

高度控制也称绝对控制,是指制造商能够选择负责其产品销售的中间商类型、数目和地理分布,并且能够支配这些中间商的销售政策和价格政策,这样的控制力度称为高度控制。

根据制造商的实力和产品性质,绝对控制在某些情况下是可以实现的。一方面,一些大型制造商凭着他们的实力,在渠道中处于领导地位,往往能够做到对营销网络的绝对控制,例如,某汽车制造公司把所开发的市场划分为若干个区域,每个区域都有一名业务经理专门负责,业务经理对于本区域内的分销商非常熟悉,对每一中间商的详细资料都掌握。通过与中间商的紧密联系关注市场变化,及时反馈用户意见,保证中间商不断努力。绝对控制对这些类型的制造商有很大的益处。

另一方面,对某种特殊商品来说,由于产品的技术领先,在一段时间内可以利用绝对控制维持高价格,可以维护产品的优良品质形象。例如,商务通在中国市场通路大获全胜,创造了品牌销售的奇迹。自1999年入市以来,采用小区独家代理制,对终端市场区域精耕细作,严格控制销售区域和终端价格,对促销员进行严格的培训和管理,不断淘汰不合格的代理商,只用半年时间,在全国县级市场铺开,销售点达3 000个。

2) 低度控制

低度控制是指如果制造商无力或不需要对整个渠道进行绝对控制,企业往往可以通过对中间商提供具体支持服务来影响整个分销渠道流程,大多数企业的控制都属于这种方式。这种控制的力度是较低的,因此,低度控制又称为影响控制。低度控制的表现如下。

(1) 向中间商派驻代表

大型企业一般都派驻代表到经营其产品的中间商中去亲自监督商品销售。制造商的销售代表也会给渠道成员提供一些具体帮助,如帮助中间商训练销售人员、组织销售活动和设计广告等,通过这些活动来掌握他们的销售动态。制造商也可以直接派人支援中间商,比如目前流行的制造商专柜销售、店中店等形式,大多数是由企业派人开设的。

(2) 与中间商多方合作

企业可以利用多种方法激励中间商的销售人员宣传和推广产品,如与他们一起联合进行广告宣传,并由制造商负担部分费用;支持他们开展营业推广、公关活动;对于业绩突出的中间商给予价格、交易条件上的优惠;对中间商传授推销、存货等销售管理的技能、技巧,提高其经营水平。通过这些方法调动中间商推销产品的积极性,达到控制营销网络的目的。

首先,制造商必须在整个市场上塑造自己产品的形象,提高品牌的知名度,也就是必须对分销商提供强大的服务、广告支持。其次,中间商在自己区域内执行制造商的服务、广告策略时,制造商还应给予支持。为中间商提供各种补贴措施,如焦点广告补贴、存货补贴,以换取他们的支持与合作,达成利益的统一体。这一点很重要,制造商必须制订详细的措施,因地制宜地实施各种策略,争取中间商的广泛参与、积极协作。这既提高了自身品牌的知名度,又帮助了中间商赚取利润,激发了他们的热情,引导他们正当竞争,从而减少各种冲突,实现制造商与中间商的双赢。

[阅读资料 4.2]　　百事可乐公司的渠道控制——终端精耕细作

世界知名的百事可乐公司深谙销售渠道管理对公司的重要性。公司管理者深深知道,在今天的中国市场,谁控制了渠道,谁就掌握了消费者;谁掌握了消费者,谁就拥有了市场。1999 年,百事可乐公司在中国饮料市场的份额呈上升趋势,而可口可乐公司市场份额呈下降趋势,且同期下降了 3 个百分点。这个令人振奋的发展趋势与百事可乐公司科学严格的渠道控制是分不开的。比如在广州,百事可乐公司大量采用一级销售方式,直接面对终端零售市场。百事可乐将第一线销售人员分为直销员和批发协助员,其中以直销员为主要力量,从事广州市场的直销工作。这些一线销售人员的工作内容主要包括客户拜访、线路管理、瓶箱管理、冰箱管理、货架摆设、POP 张贴、销售与进货情况登记、竞争情况的了解等。与客户的货款结算工作由负责送货的司机兼做。百事可乐销售人员的管理是十分严格的,由各区主任进行现场监督管理,业务人员的每次拜访都必须有记录,而且每天的拜访次数(面访)由过去外国人管理时没有定额,逐渐发展到 30 次、35 次、40 次,一直到 45 次!

如果说严格的渠道控制保障了货畅其流和稳定的价格,那么百事可乐的变化多端和强有力的销售推广成功地实现了市场最大化,同时留住了渠道成员。1998—1999 年,百事可乐在中国市场分别推出了世界杯足球赛的拉环、瓶盖换领与换购足球明星奖品的活动,换领与换购歌星奖品活动,七喜浪漫小存折换领奖品和澳门旅游活动。这些活动涉及面广,影响力大,对终端促销、提高销售量起了积极作用。在激励经销商上,百事可乐公司主要采用给予价格优惠和折扣的方式。在1999年的碳酸饮料销售中,百事可乐的批发价在各竞争品牌中位于最低之列,具有很强的竞争力。除价格低廉外,百事可乐还对经销商提供了诸如一个月的赊销支持、免费旅游、季度抽奖等优惠政策。针对业务员,百事可乐采用类似保险推销小组的团队作战的激励方式。业务人员的奖励直接与销售业绩挂钩,在规定的基数前提下,超额完成部分奖励现金,并提供一定的福利奖励。

作为红酒代理商,如何有效地控制产品的销售渠道和价格定位

为了充分发挥各级营销人员的能动作用,百事公司有着一整套的人力资源发展计划。从基层的业代CR到业务主任TDS,乃至区域经理TDM,大区经理UM,每个层级都有自己严格的考核评定标准。业绩到了、各项指标均达到了,有职升职,给予更大的空间,无职增加收入和薪酬,纳入职业经理人备选库中。

4.2.2　提高渠道的控制力

提高渠道的管理水平就是要提高渠道的控制力。一般可以通过以下的基本方法来提高渠道的控制力。

1)利用品牌竞争力进行控制

从渠道管理的角度来看,产品品牌通过对消费者的影响,完成对整个渠道的影响。作为分销商也要树立自己的品牌,但分销商的品牌只能是在渠道中起作用,对消费者的作用较小。分销商的品牌往往是附加在所代理主要产品的品牌上的,没有制造商的支持,分销商的品牌价值就会大打折扣。

对于分销商来讲,一个优秀品牌的产品意味着利润、销量、形象,但是更意味着销售效率的提高。一般而言,畅销的产品所需要分销商的市场推广力度比较小,所以分销商的销售成本比较低。这样还会带动其他产品的销售,就可以从其他产品上找回利润,同时因为销售速度比较快,提高了分销商资金的周转速度。

所以,企业只要在消费者层面上建立自己良好的品牌形象,就可以对渠道施加影响。通过这个品牌给分销商带来销售成本的降低、销售效率的提高进而掌控销售渠道。

2)利用战略目标和发展远景提高渠道控制力

每一个企业都必须有自己的战略目标,在行业中确立自己的优势与地位。这是每个企业领导人必须考虑的事。企业若没有一个长远计划与目标,就难以在竞争中保持优势,从而最终会影响企业的发展。一个没有长期战略的企业是没有灵魂的企业,是不会长久赢利的,也是没有发展前途的。

实施战略目标管理的具体做法如下。

①直接让企业的高层和分销商进行沟通和交流,让他们建立个人联系。通过高层领导传达企业的发展理念和展望企业发展远景,这样的举措可以让分销商更深入地了解企业的现状和未来的发展。

②定期刊登企业重要活动及各地市场状况。最好是开办分销商专栏,让分销商的意见

和建议成为刊物的一部分,并定期把刊物发到分销商的手中。

③企业定期召开分销商会议,在会上对业绩好的分销商进行表扬和激励。公司各项政策的出台,事先要召开分销商的讨论会议。这样使分销商有企业一员的参与感,把自己当作企业的一部分,自己的发展和企业的发展密不可分。

3)提高制造商服务价值进行管理控制

一般而言,分销商与企业相比管理能力较弱,分销商的人员素质也要比企业差。企业有专业的财务人员、销售人员、管理人员和市场推广人员,分销商则可能是亲戚或朋友居多。很多分销商在发展到一定的时期后,非常想接受管理、营销、人力资源方面的专业指导。

分销商的这种想法为企业提供了契机,企业可以通过对分销商的培训与咨询来达到管理与控制分销商的目的。企业对分销商的服务包括帮助分销商销售、提高销售效率、降低销售成本、增加销售利润等。也就是说销售代表给分销商的是一个解决方案。这个解决方案能解决分销商目前的赢利问题,也能解决其长远的赢利问题。这样销售代表把精力放在自身水平的不断提高上,根据分销商的需求开展不同的培训课程,对分销商的业务人员、管理人员进行培训。这样一方面可以使销售代表的能力和分销商人员的专业性得到提高,另一方面可以促进分销商之间的交流,提高分销商的整体水平。制造商与分销商在这种关系下,合作都会很愉快,最终达成双方共赢,共同谋求企业的长远发展。

4)利用共同分享利益提高管理控制力

每一个分销商都是要以一定的利益作为保障,尤其是短期利益。因此,作为制造商必须给中间商一定利益空间,所以激励分销商也是一种控制方式,但在激励的力度上,必须保持合适的"度"。作为企业必须认识到,如果分销商不合作,损失了合作的利润,也会使他的整体利润降低,而其固定费用没有降低多少,这也就会涉及一个成本核算问题,风险较大,分销商一般情况下是不会冒此风险的。所以,如果企业能够把握这一点,对分销商的控制在心理上就占了一定的优势。

那么,什么时候分销商的风险才小呢?如果企业给分销商带来的利润很小,他和企业不合作以后,自己还是有赢利的。那么,这样的合作关系对分销商来讲是无所谓的,企业也就没有掌控住分销商。所以对分销商不仅在服务方面,还要在利益上掌控,要给分销商足够的利益。换句话说,企业给分销商的利润要大于分销商的纯利。只有在这个时候,才会让分销商在和企业"分手"的时候感到肉疼,才是企业说了算,才是掌控住了分销商。具体有以下5种办法。

①提升产品的品牌优势。
②增加本企业产品的销售量,降低分销商其他产品的销量。
③经常举行促销活动,以增加产品销量。
④降低分销商其他产品的单位利润。
⑤增大本企业的返利和降低折扣,使本企业给分销商的利润增加。

一般来讲,多级渠道结构中价格实行级差价格体系。即,在销售网络内部实行级差价格体系,构建级差利润分配结构,使每一次、每一环节的经销商都能通过产品取得相应的利润。

所谓级差价格体系,是指在将销售网络内的经销商分为总经销商、二级批发商、三级零售商的基础上,由制造商销售网络管理者制订的包括总经销价、出厂价、批发价、团体批发价和零售价在内的综合价格体系。在实际操作中应注意以下3点。

①为保障总经销商的利润,制造商应要求总经销商在各地按出厂价出货,总经销商的利润应包含在出厂价当中;制造商在各种场合,可以公布出厂价,而对总经销价格严格保密。

②为保障二级批发商的利润,总经销商对外应实行4种价格,即对二级批发商执行出厂价,对零售商场执行批发价,对团体消费者实行团体批发价(高于正常商业单位的批发价),对个人消费者实行零售价。这样做的目的在于使二级批发商可以按相同的价格销售给商场、团体和消费者,并以确保应得利润水平为前提。

③为保障零售商场的利润,总经销商和二级批发商在面对团体消费者和个人消费者时,要严格按照团体批发价和零售价销售,确保零售商场在相同的价格水平销售也有利可图。

5) 利用终端控制渠道客户

由于零售业与消费者是直接的面对面接触,因此消费品行业最常用的一个办法就是直接控制终端,直接控制渠道客户的下家。每个企业的做法可能不一样,但无论哪一种做法,控制零售店是最根本的目的,让零售店首先认同产品、认同品牌、认同厂家,而不是首先认同渠道客户,这样厂家就有把握在渠道客户出现问题时,把零售店切换到新的渠道而不影响销量。具体办法包括培训终端员工、举行促销活动、建立零售店的会员体系、建立零售店甚至大型最终购买者的基本档案、制作零售店网点分布图以及建立零售店、主要零售店员、竞争对手、渠道客户以及制造商基本情况档案。这些档案需要经常更新,以保证基本资料的准确性和完整性。企业只有建立强大的基础市场数据库,在这个数据库的基础上,开展针对终端的拜访和举行直达终端的各项活动,从而增强对渠道客户的谈判能力,并更有效地控制渠道。

商家控制终端,是要让零售商认可制造商而不是经销商。具体而言,对终端控制的手段主要有以下4种。

(1) 做好零售商资料搜集和管理

制作零售店网点分布图,建立零售店、主要零售店员工、竞争对手、分销商及制造商基本情况档案。这些档案资料需要经常更新,以保证基础资料的准确性和完整性。

(2) 对终端人员的控制

零售店的员工在销售中起的作用是最大的。对店员的培训可以增加其对企业的认同,增加对产品的认同,有助于店员全面了解产品的性能和指标,提升销售技巧。

(3) 把促销活动落实到终端

企业要把促销活动落实到终端,甚至举行零售店店员奖励和零售店奖励的活动,使终端在企业促销过程中能够获益。这样才能增强企业与终端的感情,增强企业对终端的影响力。

(4) 建立稳定的零售店会员体系

有一些企业组建了零售店的会员体系,定期举行活动,加强零售店和制造商的联系。摩托罗拉不单单有零售店的会员体系,它甚至建立了零售店店员的会员体系,定期举行会员活动,根据店员销售的手机数量进行积分式奖励。

6) 利用激励淘汰机制控制渠道客户

企业可以根据不同渠道客户的态度和能力,定期或不定期地进行评估,然后采取不同的激励淘汰措施。将所有渠道客户分为优秀的、可用的和不可用的,对不可用的坚决淘汰,企业必须消除感情因素的影响,同时也不要顾虑淘汰渠道客户可能对销售量短期内产生的影响。企业不必越做越大,但必须越做越好、越健康,而没有健康的分销渠道就不可能有健康的企业,这个结论已经被现实多次证明。对于可用的分为必须培训和必须改造,对于必须培训的要求渠道客户无条件接受培训,反之,则划入不可用之列,予以淘汰。对于必须改造的,重点帮助他们建立业务队伍,提升其渠道管理功能。同时,在改造中还存在这种可能,就是根据其经营能力重新定义其业务区域或重新定义其细分市场。需要强调的是,对渠道客户的培训在当前具有举足轻重的作用,系统专业的培训是提升企业分销渠道能力最重要的手段。对于优质的渠道客户必须从战略高度予以激励和支持,但是又要注意不要过于放纵和迁就,控制和激励都要张弛有度,否则,容易起到相反的效果。

[阅读资料 4.3]　　　　　　　娃哈哈渠道控制的枢纽——价差

对于渠道控制的关键,各有看法,有的说是服务,有的说是质量,有的说是品牌,而从娃哈哈的实战中却可以读出一个全新的答案:"利益的有序分配。"在娃哈哈掌门人宗庆后看来,全天下所有的分销理论万变不离其宗:无非是在产品和消费者的需求关联上提出各种新颖奇巧的服务理念。而在实战中,这些以理念创新为特征的分销理论因其无法直接转换为可以操作的运作模式而让一线的分销人员"可听而无可为"。宗庆后认为,商家角逐天下,说到底就是一个控制与反控制的过程。作为企业的战略决策者,其市场能力则全面地体现在"控制什么"以及"怎么控制"上。控制什么? 控制价差、区域、品种和节奏。其中,价差是"重中之重",是宗氏控制论的"枢纽",因为它关系到分销链中的每一个环节的利益分配。

所谓价差与价格,是两个迥异的概念:价差指的是产品从制造商到消费者手中经过的所有批零通路。就饮料、家电等产品而言一般有三四个环节的利益分配。高价的产品如果没有诱人的价差分配,仍然无法调动经销商的积极性,而低价产品如果价差控制得当,仍然可以以销量大而为经销商带来可观的利润。

[阅读资料 4.4]　　　　　　　海信公司的渠道终端管理

现代渠道管理中,对零售终端的管理成为渠道管理中非常重要的一块。青岛海信公司就是通过做好销售终端管理来有效控制销售并赢得市场的。其具体措施是:首先,采取多种方式,强化与商场家电经理的个人关系,进行全面的感情投资;其次,根据具体情况,增加海信在商场的特别促销员。海信对于促销员的选择有 3 种形式:①在商场同意的情况下,海信自行招聘,培训后进店上岗;②在商场不允许制造商派驻促销员时,通过与电视柜台的销售人员建立良好的个人关系来强化其对海信产品的正面引导和影响;③与商场协商,从商场现有的营业员中招聘,经过专门培训成为海信的特别销售人员。

　　同时,海信强化对促销人员销售现场行为的管理。为了在售点创造出有效的销售优势,海信采取了以下措施:①将促销人员的数量列为各办事处、分公司的绩效考核内容,除了考核销售额,还考核在其所辖地区的大中型商场的市场占有率;②将现有的优秀促销员的实际促销活动拍摄成短视频作为培训销售人员的素材;③加强与促销人员的思想交流和情感沟通,对他们个人及家庭给予力所能及的帮助,公司总经理在市场巡视过程中,每到一地均与他们会餐,以充分调动其工作积极性;④举行促销人员业绩比赛,对绩效优异的促销员给予重奖,包括从临时工转为合同工、增加基本工资以及在公司内部设立高级促销员头衔;⑤每月向促销员发放一定数量的优惠券,由他们自行支配,这样既增加了销售量,又给他们提供了照顾亲朋好友的机会。

任务3　了解分销渠道管理制度

4.3.1　分销渠道管理制度的概念及主要特征

　　"不以规矩,不能成方圆",成功的分销渠道管理还需要规范性与创新性的管理制度制约。分销渠道管理制度就是渠道各成员在商品分销活动中须共同遵守的规定和准则的总称。一般来说,具有以下3个方面的特征。

1) 规范性

　　分销渠道管理制度只有具有一定的规范性,才能充分发挥其作用。分销渠道管理制度的表现形式或组成包括渠道成员的职能分工、工作说明,专业管理制度、管理表单以及各项实施细则等。通过这些系统性、专业性相统一的规定和准则,要求各渠道成员在分销活动中统一行动、通力合作,实现共同目标。

2) 适应性

　　分销渠道管理制度的规范性是在稳定和动态变化相统一的过程中呈现的。市场瞬息万变,渠道管理制度应是具有相应的稳定周期与动态时期,这种稳定周期与动态时期是受市场竞争环境、行业特征、渠道成员素质以及经营者个人因素等综合影响的。因此,企业应适时地调整分销渠道管理制度的相关内容,不断增强对消费者需求和市场变化的适应性。

3) 创新性

　　完善而灵活的管理制度,对渠道成员的管理效果就好,就能产生更高的效益;反之,过于刻板僵化的制度体系必将大大影响渠道成员的工作积极性和主动性。因此,分销渠道管理制度还需不断创新。总的说来,企业应根据市场变化及各渠道成员发展的实际需要,以共同目标和顾客需求为导向,充分借鉴其他分销渠道先进的管理技术和方法,及时调整、不断完善分销渠道制度,使之产生更大的效益。

4.3.2　分销渠道管理制度示例

　　　　　　　　A 公司分销渠道管理制度

第一章　总　则

第一条　本公司的分销渠道是指产品从公司的生产领域向消费领域转移时所经过的通道,这种转移需要中间商的介入。

第二条　本规定的主要对象为分销渠道的各中间环节。

第二章　代理商

第一节　企业代理商

第三条　企业代理商是受本公司委托,根据协议在一定区域内负责代销本公司生产的产品的中间商。产品销售后,本公司按照销售额的一定比例付给其佣金作为报酬。

第四条　企业代理商与本公司是委托销售关系,负责推销产品,履行销售业务手续,本身不设仓库,由顾客直接向本公司提货。

第五条　本公司可同时委托若干个企业代理商,分别在不同地区推销商品,本公司也可同时参与某些地区的直销活动。

第二节　销售代理商

第六条　销售代理商是一种独立的中间商,受托负责代销本公司的全部产品,不受地区限制,并拥有一定的售价决定权。

第七条　销售代理商是本公司的全权独家代理商。本公司在同一时期只能委托一家销售代理商,且本身也不能再进行直销活动。

第八条　销售代理商也实行佣金制,但其佣金一般低于企业代理商。

第三节　寄售商

第九条　寄售商受托进行现货的代销业务。根据协议,本公司向寄售商交付产品,销售后所得货款扣除佣金及有关费用后再交付本公司。

第十条　寄售商一般要自设仓库或铺面,便于顾客及时购到现货,易于成交。

第四节　经纪商

第十一条　经纪商既无商品所有权,又无现货,只为买卖双方提供相关价格、产品及一般市场信息,为买卖双方洽谈销售业务起媒介作用。

第十二条　经纪商与本公司不签订合同,不承担义务,与本公司无固定的联系,但在买卖过程中又可代表本方,商品成交后,从中提取一部分佣金,但其比例一般较低。

第三章　直销商店

第十三条　直销商店需划出 A、B、C、D 4 个等级,要求每户一卡。

第十四条　直销商店业务拜访次数为:A、B 级店面每月不得少于 5 次;C、D 级店面每月不得少于 2 次。

第十五条　所有直销商店必须执行统一的市场零售价,若经查落实直销店面的零售价不统一,必须追究区域业务员的责任。

第十六条　直销商店根据营业额可采用给扣制。

第十七条　商店货物摆放位置必须处于最醒目的位置,商店货架上货物规格必须齐全,摆放整齐。

第十八条　要求商店的货物必须先进先出,业务员随时清点对方库存及出厂日期,以便出现问题及时解决,并以书面形式将公司的要求传达给客户,如对方库存量过大时,需协商,请示主管调回公司仓库。

第十九条　商品在销售、运输及库存等环节出现破损,必须当日调换,不允许拖至下月调换。

第二十条　客户提出的任何意见或建议,业务人员必须当面记录,在自己职权范围能予解决的当即解决,不能解决的上报公司主管,并在3日内回复客户。

第二十一条　业务员必须非常熟悉辖区内每家商店的经理、会计、出纳、企管、业务、采购、柜台组长及营业员的情况,其中包括姓名、家庭住址、电话、爱好、生日及个别家属情况。

第二十二条　每逢元旦节或圣诞节前夕,业务员应该给客户寄贺卡。

第四章　经销商管理原则

第二十三条　公司销售部门主管经销商,财务、售后服务、公关等部门予以协助。

第二十四条　经销业务一律实行合同制。对选定的经销商,公司与之签订长期的、文本统一的营销合作合同。在该合同中,具体规定双方的权利、义务以及互惠条件。

第二十五条　公司可对经销商评定信用等级,根据不同等级采取不同的管理方法。

第二十六条　公司定期或不定期地对经销商进行评价,对不合格的经销商应解除长期营销合作协议。

第二十七条　公司对经销商可颁发经销、特约、特许经营许可证。

第二十八条　公司对经销商制订如下筛选与评级指标。

1.现有销售量和销售能力。

2.财务实力。

3.管理能力。

4.商业信用与声誉。

5.潜在的开拓业务能力。

6.现经销商品范围。

7.现经营覆盖商业范围。

8.产品现有交易额大小。

9.产品交易增长率高低。

在对经销商具体筛选与评级时,应根据形成的指标体系,给出各指标的权重和评分标准。

第二十九条　经销商筛选程序

1.对每大类产品,由公司营销部经市场调研后,提出一定数量的候选经销商名单。

2.公司成立一个由营销、服务、财务、公关部门组成的经销商评选小组。

3.评选小组初审候选经销商后,再由营销部实地调查经销商,双方协商填好调查表。

4.经对各候选经销商逐条对照打分,并根据各指标权重计算出总分,排序后决定取舍。

第三十条　核准为经销商的,方可销售;没有通过的,请其继续改进,并保留其未来候选资格。

第三十一条　每年对经销商予以重新评估,不符合要求的予以淘汰,并从候选队伍中补选合格的经销商。

第三十二条 公司可对经销商划定不同信用等级进行管理,评级过程参照如上筛选经销商的办法。

第三十三条 对最高信用等级的经销商,公司可提供优惠折扣等待遇。

第三十四条 合同的审批与签订

1.经销业务必须由公司经理经营,或由经理派出的业务代表经营,由公司内部人员具体办理业务。

2.双方共同起草的合同定稿后,先上报公司法律部门进行文本审核,若存在问题要进行再修改。

3.经销业务一律实行合同制,全国各分公司的合同文本要统一。

4.委托代理人签约时要出具法人委托书,并交双方存档。

5.有关资料,如经销商的房产证明,房屋建筑蓝图,营业证件等,应当有详细的复印件和所签合同一起存档备查。

第三十五条 销售指标

1.销售指标是根据公司下达的年度销售指标制订的,确定各地区年度销售指标并将其按月分解下达。

2.各地区的经销商主管和业务员,将相应承担不同的销售指标。

3.指标包括销售额指标和区域经销商开发数量指标。

4.指标按月统计,由大区经销商主管将完成情况上报地区经理,经销商管理部进行全国范围的统计与考核工作。

5.每年销售指标须按上年完成情况,在原有基础上递增一定的百分点。

第三十六条 供货价格

1.经销商的供货价格方案由公司经销商管理部制订,并上报销售总监,经公司总经理批准后实施。

2.原则上要求经销商执行公司规定的价格进行销售,允许上浮5%,但不作具体规定,经销商有责任引导零售商执行全国统一零售价。

3.新方案公布前,所有经销商业务一律按既定价格方案执行。

第三十七条 货款结算原则

1.为防止货款拖欠形成呆坏账,经销商一律采取款到发货的原则。

2.为防止样品压款造成死账,经销商一律不无偿提供样品,坚持款到发货的原则。

3.样品在无破损的前提下,可给予换货优惠,或者经销商再进货时,对样品价格给予一定的优惠返还。

4.支票汇款结算,要等货款到账后,才能发货。

第三十八条 付款方式

1.经销商需缴付一定信誉保证金,待合作期满后,遵守合同约定条款的,保证金及时返还。

2.第一次订货时,经销商应向本公司支付订货总货款的一定比例作为订货订金,经销商提取订货时,订货订金自动转为货款。

3.经销商应在提货前将订货货款全额汇至本公司账户。

第三十九条 订货管理

1.查阅双方签订的经销合同。

2.查阅交易记录和结算记录。

3.如无货款结算遗留问题,可进行下次订货。

4.双方填写订货单一式四份。

5.订货单交经销商管理部、经销商、财务部和物流部各一份。

第四十条 发货与运输

1.对于确保销售指标以内的进货,应在收到经销商要货通知并得到本公司确认及本公司收到经销商相应的货款后10天内发货。

2.产品运输一律由经销商自己负责。

3.如经销商运输有困难,由公司协助办理运输,各项费用由经销商负责。发货时,经销商要到库房进行货物验收,验收合格后经销商要在验货单上签字。

4.委托公司代办托运时,若经销商不来验货,由经销商承担相应责任。

第四十一条 换货与退货

1.经销商在销售中因产品存在问题或颜色、型号不适销,均可向本公司调换。

2.经销商在确保销售指标内所进的货还未售出,只要不污、不损、包装完整,在约定时间内,一律可退还本公司。经销商在超过确保销售指标以外所进的货,在约定时间内,只要不污、不损、包装完整,可按经销商所进货最后一批数量的20%退还本公司。

3.经销商在经销过程中产生破损、变质、超过保质期这类问题,公司一律不予承担责任;但如有产品质量问题,公司将予以解决。

第四十二条 奖励措施

1.每年需对各经销商制订销售指标,按指标完成情况予以奖励,奖励办法如下表所示。

经销商销售奖励一览表

年销售额/元	奖励系数/%
250 000 及以下	无奖励
250 001~500 000	1.5
500 001~750 000	1.75
750 001~1 000 000	2.0
1 000 001~1 250 000	2.25
1 250 001~1 500 000	2.5
1 500 001~1 750 000	2.75
1 750 001~2 000 000	3.0
2 000 001~2 250 000	3.25

2.批发商的销售额在100万元(含100万元)以下,由分公司奖励;100万元以上,由销售部奖励,作为分公司费用。经销商未附合同正本,一律不享受本条款。

3.奖金在结算以后由经销部统一核对后发放。

4.若干个经销商联合进货则全部不给予奖励。

第四十三条　违规处理

1.经销商不得跨区销售,干扰其他市场,导致价格混乱。一经发现,第一次停止向其供货,第二次取消经销商资格,第三次取消资格的同时罚没所有销售奖。

2.若经销商未完成合同所规定的保底销售量,则按其保底销售未完成部分所占的比例扣除部分信誉保证金;但因本公司供货严重不足,造成经销商未能完成合同保底销售量的,则不受此限制,同时本公司对经销商予以补偿。

3.严禁经销商销售假货,一经发现,立即终止业务关系,并追究其责任。

第四十四条　公司营销、售后服务、财务部门向经销商提供如下服务。

1.提供市场、商品信息。

2.介绍本公司商品性能特点。

3.介绍商品操作与维修保养方法。

4.提供商品广告宣传资料(包括柜台与橱窗广告)。

5.提供订货的样品。

6.提供商业周转资金。

7.提供销售管理指导(如商品陈列、库存管理)。

8.介绍批量销售折扣办法。

第四十五条　公司每年召开一至两次(全体)经销商会议。主要议题包括:交流营销经验和体会,表彰、奖励优秀经销商,强化团结协作,广泛搜集扩大共同市场与竞争力的建议,联谊与旅游等。

第四十六条　公司对重要的、有发展潜力的符合公司投资战略的经销商,准许其投资入股,建立与经销商的产权关系。

第五章　附　则

第四十七条　经销商管理部负责对本制度的制订与修改。

第四十八条　经销商管理部拥有对本制度的最终解释权。

第四十九条　本制度自正式颁布之日起生效。

[阅读资料4.6]　　　　　　娃哈哈营销渠道的保证金制度

20世纪90年代,"三角债"已经成为制约整个国民经济正常运转的严重障碍,国务院还为此多次召开全国清理"三角债"工作会议。身为国家顾及不到的民营企业,宗庆后决定自己解决和控制债务信用问题。为确保企业与经销商资金链安全运转,1994年初,娃哈哈集团的总经理在经销商大会上宣布实行保证金制度,就是经销商先付货款,企业后交货。当初设立保证金制度的时候,许多经销商都问:"娃哈哈凭什么?"宗庆后回答说,凭的是娃哈哈的产品好,且不断有新品推出,东西好销,大家有钱赚;二是保证金有回报;三是生意长久,需要信用。

"保证金制度"的推出,有效地调动了经销商的积极性,使经销商全心全意地销售娃哈哈的产品。从一家企业在市场上单打独斗,发展为数千家企业合力与对手竞争,这大大提高了娃哈哈系列产品的市场竞争力,使得娃哈哈的蛋糕越做越大。同时淘汰了一批差劣的经销商,提高了娃哈哈联销体的整体水平,并且有效地杜绝了坏账、呆账的产生,使娃哈哈的资产结构更加合理,流动性更强。

基石:娃哈哈与经销商经过长期合作建立的信任。

娃哈哈庞大而令人生畏的联销体营销网络,是建立在"信用契约"的基础上的,宗庆后苦心经营十几年,最为可贵的便是与经销商达成了这种信用上的默契。在宗庆后的营销宝典中有这样一个法则:信用是一切营销体系得以构筑的基石,是一切交易得以持续的前提。

讲诚信,不能让人家吃亏、冒风险。娃哈哈的经销商卖不出的产品可以直接退回厂家,不会因为娃哈哈的货卖不出而造成损失。正是凭着娃哈哈自己十几年始终恪守的这份信用,才建立起了它与广大经销商之间的信用甚至友谊。

可以说,娃哈哈的"联销体"网络像一个充满黏性的巨大蜘蛛网,把遍布全国的经销商吸附在娃哈哈的周围。正是因为这份"黏性",娃哈哈与经销商之间建立了一种超乎寻常的信任。

(资料来源:百度文库)

任务4 制订与实施分销渠道政策

4.4.1 分销渠道政策管理的含义

分销渠道政策管理是企业为了促进产品的销售,提高渠道流程的效率和效益,确保渠道目标实现,对渠道成员制订和实施一套系统的渠道操作规程和管理制度的活动过程。

渠道政策作为原动力,通过本身所蕴含的控制力和报酬力去实现渠道的商流、物流、资金流、信息流的加速运转。

4.4.2 分销渠道政策的主要内容

选择一套有效可行的渠道政策需要做好充分的调研,即销售人员深入市场,研究分销商在渠道运作过程中的状况和需求,在考虑满足需求所具备的条件等因素的基础上,使企业和分销商都享有共同利益为目标,制订和实施适合的政策。

1)渠道政策的具体内容

渠道政策的具体内容见表4.1。

表4.1 渠道政策的具体内容

	分销商现状(需求)	制造商市场目标	政策内容
商流	产品积压 销售增长慢 市场占有率不高 交易费用增加 退货、换货率高	销售定额 增长率 铺货率 占有率 利润率	管理人员和销售人员的实物或现金奖励 月、季度、年终考核奖励 铺货产品的赠送、特价或配销陈列、展示费用 铺货率奖励 协助从下级客户筹集资金

续表

	分销商现状(需求)	制造商市场目标	政策内容
物流	库位不够 库存管理混乱 车辆短缺 配送不及时	"零库存"管理 供应链畅通 经济批量 存货周转率	仓储补贴、运费补贴 提高库存周转率的奖励 降低发货、验货差错率的奖励 及时配送的奖励
资金流	资金周转缓慢 客户账期压款严重 缺乏财务信用 利润率低	资金周转率 应收账回收率 信用额度 现金流量 贡献毛利率	价格让利 数量折扣 提高应收账回收期的奖励 信用额度的评估与管理政策
信息流	通信设备短缺 销售数据混乱 数据库不健全 客户信息未及时更新 信息流单一流向	通信设备完备 销售数据即时调存 信息管理系统化 客户管理系统健全 信息双向沟通	对通信设备建设的支持 联通渠道成员数据库 对健全客户管理系统的奖励 对建立信息报告制度的奖励

2)制订和实施分销渠道政策应注意的问题

(1)考虑政策力度所能达到的报酬力

制订分销渠道的政策的核心问题就是如何调动分销商的积极性。分销商运营管理通常从销售成本和利润率出发,追求利润最大化,如果促销的产品不好销,不仅会增加分销商业务员说服客户的难度,分销商资金、库位的周转成本也将随之增大。

(2)研究政策执行人员的承载能力

不少经销商对制造商的无节制配销非常反感,其原因可能是配销的产品与市场接受问题,也可能是经销商能力问题。通常政策的制订伴随着人员任务的分配,因此必须考虑业务人员能否将政策的目的传达给分销商,能否将具体任务落实并在有效时间内完成,能否指导、控制、监督好分销商对任务的执行,执行能否抢在竞争对手前完成等。这其中既有业务人员能力、监控手段问题,又有分销商素质问题等。

(3)洞悉竞争对手的动向

销售经理需要了解竞争对手会不会通过品牌压力干扰政策实施,并通过更大的促销力度后发制人。因此,对于相对弱势的品牌,只有走在强势品牌的前面或投入比强势品牌更高的费用才能有好的效果。

(4)政策调整的及时性

在市场竞争的条件下,分销渠道的环境变化快,影响环境变化的因素较复杂。企业的分销渠道政策应注意与时俱进,及时调整。

4.4.3 分销渠道的政策体系

1) 渠道价格政策

价格政策是指企业为了促进商品销售,针对合作的渠道成员在渠道流转中的不同职能作用,制订适度的促销价格策略,以刺激他们的购买欲望,从而实现促成交易的渠道目标的定价规程或制度。

企业选择的渠道定价方法是其制订渠道价格政策的重要基础。渠道的各级成员都要从履行渠道的职能后得到补偿和利润。分销渠道的定价就是确定产品从出厂价到最终零售价的价差比率。一般分销渠道的定价策略主要有加成定价法和倒挤定价法。

(1) 加成定价法

加成定价法即经测算确定单位产品的成本,在此基础上加上一定比率的利润后定出产品售价的方法。这种定价计算方法在企业定价中使用普遍,它计算折扣率事先约定,计算简单,易于成员之间互相计算和结账,利于那些销售量和单位成本都较稳定的产品使用。但这种方法的主要缺点是,对市场竞争的适应能力较差,定价方法不够灵活。与这种方法相匹配的价格政策要点:首先要科学合理地确定加成率,有利于引导各级渠道成员为追求自身的更大利益,努力提高产品的销售量,加成率应能随销售量的增加而增加;其次厂商对折让的利益要及时兑现。

(2) 倒挤定价法

厂商经过市场分析和购买心理的分析,直接定出产品的市场零售价,然后按一定折扣向后向成员折扣计算卖价,直至计算出厂价的定价方法。这种定价计算方法较能反映市场竞争的实际需要,并以市场需求强度为定价考虑的主要因素,但这种定价方法需要企业对成本控制能力强,计算操作时要能较准确地预算消费者的价格预期。与这种定价方法相匹配的价格政策要点:一是企业制订的折让率要有较强的刺激作用,以便各级成员可以向前向成员折让一定的利益,加速他们的购买;二是要充分考虑消费者的心理需求和需求弹性,能对消费者的购买起到刺激作用。

为了鼓励中间商进货,扩大产品的销售量,制造商通过制订一整套价格政策刺激中间商早进货、多进货,对于不同类型的中间商给予不同的折扣,或者对于他们不同的进货数量,给予不同的折扣率。

价格政策体现了一个渠道成员对另一个或一些渠道成员在产品销售价格方面的要求。例如,沃尔玛针对供应商实行两条重要的价格政策:一是所提供的商品价格必须是最低的;二是供应商应提供以下折扣:

①年度佣金:商品销售总额的 1.5%;

②仓库佣金:商品销售总额的 1.5%~3%;

③新店赞助费:新店开张时首单商品免赞助费;

④新品进场费:新品进场首单免费。

总之,企业的价格政策对成员的利益能起到协调的作用,在实际渠道价格管理中,科学合理地制订和实施价格政策的基础上,还要根据产品市场生命周期的变化、竞争态势的变化、企业营销战略实施的不同阶段等因素,对价格政策进行及时的调整。

2) 渠道销售政策

企业为了刺激消费者的购买欲望,促成消费者的购买行为的产生,孕育和培养更多的忠诚消费者,制订了实现渠道目标的管理规程和制度。具体来讲,销售政策包括了以下内容。

(1) 销售权及专营权政策

销售权及专营权政策也称经销商政策,是为了更好地划分渠道各个经销商的责、权、利,保证渠道职能的专业化和规模化。限定分销商的销售区域和规定分销规模,以解决市场划分不清,开发不力,出现窜货等管理混乱的现象。可从以下 4 个方面对分销商的销售区域和一定范围内的专营权进行划分。

① 区域划定。一定要将区域(具体到地区、市、县)标明清楚,在划分区域时要有长远眼光和目标。

② 授权期限。授权的时间要控制好,并且要明确清楚。

③ 分销规模。要在确定区域的范围内,明确提出市场占有率的目标。

④ 违约处置。渠道成员合作双方要按契约约定,处理好经销商和厂商的利益。为了预防违约的情况发生,并作好对违约的处理,要通过制订统一的规章制度来管理,分清轻度违约、中度违约和严重违约以及对这些违约现象的处理方法和措施,并在执行中一定要统一格式、统一部署。

此外,对于总经销商、二级经销商、三级经销商的职责和权限要清晰地划分,厂商要设法发挥各级经销商的积极性,不要越俎代庖。例如,地区设有总经销商的情况下,厂商一般不直接供货给二级批发商或三级批发商、零售商或消费者,这样可以让总经销商实至名归,让他们发挥开发和管理市场的积极性和创造性。

(2) 奖励政策

奖励政策主要指返利政策。返利政策可分为一次性折扣返利和累计返利,为了保持在一定的财政期限内,企业产品的市场销售连续性增长或稳定,目前大部分的企业都采取了年终奖励政策,也就是累计返利。返利政策的内容具体应包括:返利标准、返利时间、返利的形式、返利的附属条件等。

3) 渠道信用管理政策

企业为了规避分销渠道运作的风险,提高分销渠道的流转效益,处理好渠道成员之间的利益关系,促进分销渠道的良性循环,渠道成员的一方会向另一方成员制订信用管理方面的规定和制度。企业销售目标不仅是销售量的最大化,而且是现金流量最大化,不仅要追求销售量还要考虑规避风险和降低成本。因此,企业在分销渠道管理中要实施必要的信用管理政策来降低信用风险和坏账损失,将收账率控制到合理的水平,减少对流动资金的占用,加快资金的周转,为企业创造更大的效益。

企业应该从销售业务流程的开始制订和实施信用管理制度。企业可以根据渠道业务流程几个阶段,把握住信用管理政策的着力点。

（1）事前控制

在这个阶段信用管理政策的目标就是选择客户，确定信用条件。即在对其进行资信评估之后，确定对客户的信用条件，就是实施信用管理政策的具体化。信用条件主要包括以下3方面的内容。

①信用期限长短——规定消费者最长的付款期限。

②现金折扣——企业为了鼓励消费者提前付款或付现金而给予的价格折扣。

③信用额度——企业对消费者授信的最高金额限度。

以上这些条款都应在交易合同中明确。

（2）事中控制

发货控制与跟踪阶段。这个阶段信用管理政策控制的目标就是要严格按原合同的条款在付款期限内敦促客户及时付款；还要定期和客户对账，明确债权债务关系，敦促其履约，以减少以后的经济纠纷。例如，某企业每月月初将超过20天和30天账期的相关客户名单清理出来，并安排专门业务员对这些逾期不交货款的经销商催款，制订还款计划等。

（3）事后控制

规避资金风险的重要控制阶段。在这个阶段里信用管理政策控制的目标就是确保资金安全的同时，要设法加速资金的周转。另外，还要加强欠款催收的信用管理，制订拖欠货款的预警制度和危机处理的制度，着重分析那些拖欠货款顾客的情况，追究他们没有及时付款的原因；及时发现客户恶意欠款的企图，适时地采取措施解决。

总之，渠道政策体系除了价格和折扣、区域经销权、信用评价三大政策体系，还包括培训计划、管理支持、参与销售、存货处理、退货保护、广告补贴、仓储补贴等，除了正向激励政策，还有惩罚性的负向激励政策，有物质激励，也有精神激励。

项目小结

企业在设计和选择了渠道模式之后，接下来就需要对渠道进行控制和管理，以保证渠道顺畅运行。渠道管理的工作包括对经销商的销售管理、供货管理、产品服务支持、广告促销支持及订货结算管理等实务。整个渠道管理就是商品分销全过程的管理，是系统的管理和协同的管理，要求制造商全程提供帮助或部分参与经销商的管理工作，以实现所有渠道成员的共同目标。

根据控制力度的不同，可将渠道管理分为两种不同程度的控制模式，即高度控制和低度控制。目前大多数企业都采用低度控制方式，即通过对中间商提供具体支持服务来影响整个分销渠道流程。高度控制只是根据制造商的具体条件，在某些情况下采用。在实际管理过程中，应将两种控制方式有效地结合起来运用。提高渠道控制力的基本方式主要有品牌竞争力、战略目标管理、提高制造商服务价值、销售终端控制及渠道管理制度约束等。

渠道管理制度和渠道政策是促进产品销售、实现渠道目标的保证。渠道政策具体说来包括渠道价格政策、渠道销售政策和渠道信用管理政策等。企业正是运用这些政策，通过自身的控制力和报酬力去实现渠道的商流、物流、资金流、信息流的加速运转，提高渠道流程的效率和效益。

【练习题】

一、名词解释

1.高度控制

2.低度控制

3.级差价格体系

4.倒挤定价法

二、选择题

1.有效的渠道管理的基本目标即第一个目标是保证(   )。

   A.商品质量   B.市场价格   C.市场推广   D.货畅其流

2.(   )又可称为影响控制。

   A.中度控制   B.低度控制   C.质量控制   D.饱和控制

3.为保障总经销商的利润,制造商应要求总经销商在各地按(   )出货,总经销商的利润应包含在出厂价当中;制造商在各种场合,可以公布出厂价,而对总经销价格严格保密。

   A.总经销价   B.出厂价   C.批发价   D.零售价

4.分销渠道管理制度具有规范性、(   )、创新性。

   A.适应性   B.理论性   C.实践性   D.价值性

三、简答题

1.分销渠道管理的目标包括哪些方面?

2.分销渠道管理的内容包括哪些?

3.通常可采取哪些基本方法来提高渠道控制力?

4.制订和实施分销渠道政策应注意的问题。

四、论述题

请举例分析分销渠道政策体系的应用。

【实训题】

某汽车企业分销渠道激励与控制管理调研

1.实操目的:通过实训使学生进一步认识分销渠道激励与控制管理的重要性,提高学生分析解决实际问题的能力。

2.实操要求:以学习小组为单位,开展企业分销渠道激励与控制管理研究,完成《××企业分销渠道激励与控制管理的调研报告》。

3.实操步骤:

(1)选择某一家汽车企业作为调研对象;

（2）调研该企业分销渠道激励与控制管理的现状；

（3）分析该企业分销渠道激励与控制管理的特点、重要性，指出其存在的问题，提出改进建议；

（4）形成调研报告。

【案例分析】

独特的OPPO分销渠道管理模式

OPPO之所以引人注目，是因为这个品牌近年来取得了令人骄傲的业绩。中国的手机市场竞争一直处于白热化，尤其在通路上的竞争，都在博眼球，争取终端市场。各种手机品牌的市场，从线上到线下市场、城市到乡村市场、国内到国外市场，各个市场都有着全方位的非常激烈的竞争。而OPPO手机却走了一条另类的渠道，OPPO在线下渠道有着强大布局，将资源投向了终端。经过多年努力，OPPO建立了密密麻麻的销售网，地面店高达32万家，占全部销售渠道的90%左右，而线上渠道只占10%左右。OPPO把控了从产品设计到分销的所有环节，由于对线下门店拥有完整的控制权，无须担心中间人和分销商从中作梗，其控价能力非常强大，即使与零售商采用合作模式，OPPO也能用丰厚的奖励牢牢地掌控他们。OPPO的零售店主要有自营模式的体验店、专卖店、连锁家电手机卖专柜，以及代理商。消费者可以在分布全国各个大中小城市或城镇的地面店体验手机的功能，详细了解新版手机的功能以及可以对比新旧手机的优劣，产生强烈的体验效果。

因此，OPPO公司对分销渠道的经销商进行管理的经验值得借鉴。

（一）OPPO分销渠道的管理模式

①省会城市和经济发达城市必须采取直供，不需其他中间环节；

②省级售后服务中心统一由OPPO手机工厂建设和管理，省代表自己要做售后服务，必须经过工厂考核，方可独立操作；

③各省代必须在每一个二级城市设立自己的销售办事处，跟踪和协助当地经销商的市场开展和产品销售工作，以及售后服务的协调和解决；

④对终端经销商的销售政策必须为全保的政策，确保经销商最低风险，让经销商能够放心大胆地经销OPPO手机。

（二）配置和考核省代

OPPO手机省代的总经理必须不是老板本人，总经理由省代老板另行物色或者由工厂推荐，而且这个人选必须经过OPPO工厂总经理亲自考核方可上岗。

省代销售公司至少要有1名专职的销售培训专员，他必须通过工厂的培训考核合格后方可上岗。

为了最大限度激励省代总经理，培养优秀的销售管理人才，OPPO工厂要求各省代拿出至少10%的管理股份给省代总经理，意在留住优秀的销售管理人才，为OPPO手机的发展储备核心干将。

(三)人海战术

为了在最短的时间内突破终端客户,OPPO手机销售人员的拜访频率多为一天一次,覆盖所有的手机经销商客户,一个县城至少有两个销售人员,有的甚至达到5~6人。如此庞大的人力投入,即使每一个人每天销售一部手机,销量也不容小觑。

(四)代理商良好心态和理念

OPPO的区域代理商很大一部分都是步步高工厂的股东,步步高、OPPO的产品在该区域内都是由他们代理。这叫品牌完全代理制,市场就是自己的,步步高、OPPO品牌的成长就是自己成长,不必担心被厂商随意换掉,厂商不仅提供产品,还提供大量空中地面的推广资源支持产品的销售,这样的条件下,没有理由不认真做好市场。

(五)工厂要做得最简单

有如此优秀的渠道管理资源,OPPO手机工厂只要做好产品设计与制作,每一个阶段推动代理商就可以了。所以,OPPO手机在工厂销售团队的人数并不多,只有40人左右,90%以上是刚刚毕业的大学生。他们的任务主要是负责做市场调研分析,把工厂的理念和思路传达给经销商,为工厂培养有市场基础的企划人才,为将来的营销企划作准备。

(六)对分销商的选择与激励

(1)选择代理商

在每一个区域分别选择一些比较有实力,又有良好口碑,有销售业绩的代理商来销售公司的产品,并经过考核程序后确定。

(2)激励政策

①直接激励。按照业绩大小分别给予经销商丰厚的物质或金钱奖励,如返利政策、价格折扣、促销活动等,促使经销商做出更好的业绩。

②间接激励。OPPO通过帮助分销商进行销售管理,从而提高销售效果和效率,如帮助分销商做好零售终端的管理,铺货和商品陈列、广告与营业推广等,有利于与经销商建立长期、稳定、协调的双赢关系。例如,支持零售专卖店或专柜天天有活动,进行强力推广和促销,想买手机的消费者来到店里,就进入了一个信息高度密集、温度非常高的"场",消费者的购买行为被激发出来了。

(七)OPPO手机售货服务

售货服务是围绕产品销售过程展开的配套服务体系。OPPO非常重视自己售后服务,站在消费者的视角去发现问题,力求为消费者提供销售全流程的服务。主要包括以下几方面。

①实行手机三包服务。OPPO手机在刚买7天内包退、1个月内包换、1年内保修。

②维修速度快。OPPO在每一个区域都设有售后服务中心和服务电话,只要消费者有要求,维修人员的技术好,并且随叫随到,处理及时。

③对员工进行培训。服务人员要对消费者保持微笑,倾听消费者意见,耐心与消费者交流,尽量满足消费者的需求。

(资料来源:腾讯视频官网)

案例思考题

1.OPPO手机另类的渠道模式是什么? 有哪些形式?

2.OPPO手机的分销渠道管理主要有哪些方面?

项目5
分销渠道管理实务

【学习目标】

知识目标
◇掌握分销渠道成员管理、冲突管理和控制管理的相关知识;
◇了解渠道冲突的类型、原因及常用的处理方法;
◇了解进行有效的渠道管理的难点及影响因素。

能力目标
◇懂得如何选择、激励和评估渠道成员;
◇掌握选择分销渠道成员的实务;
◇学会分析渠道冲突源和冲突类型,掌握解决渠道冲突的方法和策略;
◇初步掌握分销渠道控制的实务。

素质目标
◇通过学习使学生掌握在遵循行业营销道德规范下,制订选择和管理渠道成员的标准及工作规范。

◇通过学习认识到营销管理者必须坚持守正创新的理念,守住国家法律法规和行业规范管理的底线,为渠道营销管理创造公平的环境,提高解决渠道冲突难题,控制渠道风险的能力。

◇通过分享、研究或实地考察本土企业渠道的设计与管理运作的案例和实例,了解到许多本土企业营销管理的弱项就是分销渠道管理运作中能力的不足,强化分销渠道管理的意识,提高学生渠道管理的实战能力。

印象丽江

【导入案例】

玉龙雪山与《印象丽江》情缘

玉龙雪山既是全球少有的城市雪山,又是丽江旅游的核心品牌。玉龙雪山景区在2007年成为全国首批66家5A级景区之一,升级后的第一个动作是整合周边六个景区的经营权,做大丽江旅游核心品牌景区。

从景区营销角度看,玉龙雪山的这种做法,本质上是一种品牌扩展策略。所谓品牌扩展,是指景区在成功创立了一个高品质的知名品牌后,将这一品牌覆盖到其他景区产品,形成共同拥有一个家族品牌的旅游产品集群。

为此,玉龙景区特邀张艺谋导演及其创作团队以丽江山水实景演出大型舞台剧《印象丽江》捆绑"玉龙景区"品牌。

一、《印象丽江》:实景演出成功探秘

大型山水实景演出《印象丽江》2006年7月正式公演,并引起了巨大轰动。根据玉龙雪山景区的统计,《印象丽江》自2006年7月公演以来,2007年接待观众23.64万人,2008年接待观众60万人,2009年接待观众140万人,全年共演出927场,旅游旺季平均每天演出3~4场,门票收入超过1.5亿元,净利润7300万元。

《印象丽江》为什么能取得这样优异的市场业绩呢?就节目本身而言,主要是三个结合:丽江品牌与张艺谋品牌的结合、民间生活元素与实景演出艺术的结合、少数民族文化与雪山特殊环境的结合。

二、《印象丽江》:营销管理方面最棘手的是两个问题及解决办法

1.价格策略:如何制订门票价格政策。既要调动旅行社的积极性,又不能让利太多而减少演出收益。

对此,《印象丽江》却独辟蹊径,采取了一种超强势的、也是非均衡的门票价格政策。其基本思路是"抓大放小",门票优惠政策和销售奖励措施向战略合作旅行社大幅度倾斜。

比如,大型地接社全年团队接待人数超过5万人,就能享受逐级累进的门票优惠和销售奖励;中小旅行社全年团队接待人数低于5万人,就很少或不能享受门票优惠。这种把鸡蛋放在少数几个篮子里的做法,看似具有很大的市场风险,但却成就了《印象丽江》的市场成功。

2.渠道控制:如何选择渠道分销模式。

《印象丽江》在市场营销过程中,渠道模式是"有选择的分销"。所谓"有选择的",是指景区并不针对所有旅行社实行分销,而是抓住旅游分销链上的某些关键环节,跟少数旅游代理商合作,逐步建立多层次的分销渠道。

景区之所以这样做,是为了改变旅游市场的游戏规则,加强对客源市场的营销控制力。玉龙雪山景区的这种做法,并不是为了建立垂直分销的渠道体系,而是抓住旅游分销链上的关键环节,加强对客源市场的营销控制。

限于国内旅游市场的发展水平,景区目前还不具备建立垂直分销渠道系统的经营管理

能力和市场条件。

事实上,玉龙雪山景区也没有放弃水平分销的传统模式,但对原有的渠道模式做了修正,收窄了分销渠道的水平宽度,减少了代理商数量和分销层次,并通过直接促销客源地市场,开展与大型组团社和地接社的战略合作,加强了景区对旅游分销链的营销控制,进而延伸了渠道分销的纵向深度,使之具有了垂直分销的某些形态特征。

请问:

玉龙雪山与《印象丽江》是如何提高渠道控制力的?

任务1　管理分销渠道成员

5.1.1　渠道成员的选择

渠道成员的选择是指从为数众多的同类型的中间商中选择适合公司分销渠道结构设计的,能帮助公司完成其既定分销目标的合作伙伴的过程。

分销渠道成员的选择对于公司来说是十分重要的,除了采用直销的方式,其他分销方式都会涉及对分销渠道成员的选择。与渠道成员的合作,并不是只为了一笔交易或一时的合作。分销渠道各成员之间的关系将从交易关系发展到伙伴关系再发展到战略同盟。成员的选择将决定商品是否能及时、准确地转移到消费者手中,影响到分销的成本和提供服务质量。分销渠道是营销组合的重要部分,企业对渠道成员选择是否恰当,不仅关系到分销渠道是否畅通,而且关系到企业整体经营活动的成败。

1)选择渠道成员的原则

一般说来,选择分销渠道成员须遵循以下原则。

(1)进入目标市场原则

进入目标市场是建立销售渠道的目的之一,同时也是选择分销渠道成员的原则。根据这一原则,在选择成员时,应该选择其服务对象与自己企业的目标市场一致的,并且在目标市场中拥有销售网络、销售场所等。

(2)高效率原则

合作伙伴如果是零售商应该位于客流量较大的地段,批发商应有较好的运输及仓储条件,他们必须具备相应的知识、经验、技术,以及较强的服务能力。选择这样的成员与其合作,能建立一个高效率运行的分销体系。

(3)形象匹配原则

分销渠道成员的形象或多或少地代表着生产企业的形象,因此在选择分销渠道成员时要注意与企业的产品形象及企业形象相匹配,一流的产品就要有声誉卓著、代表着高品质和一流服务的中间商。尤其是在推介新产品时,还可以利用中间商的声誉来树立企业的品牌形象。海尔公司为了树立产品的良好形象,他们的产品在进入北京市场的初期阶段,只选择在消费者心目中知名度高、信誉好的四大商场作为销售渠道,使渠道有力地配合了企业营销目标的实现。

(4)愿望一致原则

一个分销渠道由渠道成员共同组成,高效运作的渠道系统必须依靠各成员之间的密切合作与共同利益来实现,在选择渠道成员时,要选择具有良好合作意愿及态度的中间商。

2)选择渠道成员的主要工作

选择渠道成员的主要工作包括以下 3 个方面。

(1)明确渠道系统中各类成员的地位和要求

明确所要组建的渠道系统中各类成员的角色分工要求,是选择渠道成员的基础。渠道主要配备什么样的成员和要配置多少成员,根本依据就是渠道的角色构成、角色分布和角色要求。渠道系统对不同的角色有不同的资源和能力要求。只有明确了角色分工,才有可能去选择适合要求的渠道成员。

(2)确定渠道成员的选择标准

渠道成员的选择,一般有以下主要的选择标准。

①财务状况。资金实力雄厚、财务状况良好的分销商,不仅能保证及时付款,还可以向制造商提供一些帮助,如分担一定的促销费用,扩大广告促销规模,提供部分预付款或者直接向消费者提供某些资金融通,如允许消费者分期付款等,从而吸引更多的消费者,使产品的分销更加顺利。反之,如果分销商的财务状况不佳,则会经常拖欠货款,影响企业的资金周转。

②销售能力。销售能力是大多数企业选择中间商的一个重要标准,特别是对一些批发商层面上的中间商来说,最常用的检测其销售能力的指标是销售人员的素质以及实际雇用的销售人员的数量。而对生产科技含量高的产品的制造商来说,则更注重中间商销售人员的技术能力。

③经营历史和联系能力。中间商的经营历史较长,意味着其具有丰富的经验、广泛的社会关系和商业联系,这些都有利于产品的分销;也有一些中间商有着极强的联系能力,拥有联系紧密的销售网络,能够有效地把产品销售给潜在的消费者。

④声誉。声誉主要指中间商信誉好坏、公共关系如何等。企业应避免选择经营劣迹、信誉不好的中间商作为渠道成员。一些企业把中间商的声誉作为其选择中间商最重要的标准。

企业在选择零售商时,应对其商店形象进行考察,对于零售商来说,商店形象是零售商整个声誉中最关键的部分,其形象要达到制造商产品定位形象的标准。让不合适的零售商来销售其产品对制造商本身的声誉会产生不良的影响。

⑤市场覆盖的范围。市场覆盖的范围是指中间商覆盖制造商预期的地理范围,在考虑中间商市场覆盖的范围是否足够广时,还要考虑潜在的中间商销售覆盖面是否太大,以至于可能会与目前的范围产生重叠。总之,制造商所要选择的是能够使其地理覆盖范围最大的中间商。

⑥未来销售增长潜力。制造商可以通过观察中间商目前的经营状况和销售状况,分析

其未来的发展潜力。对于那些有较大发展潜力的中间商,可以作为备选渠道成员。

⑦人员、装备和设施。中间商所雇用的人员、装备和设施也应当给予考虑。从事分销活动的人员的数量和质量如何,是否具有良好的公共关系以及分销商的设施与装备配置是否适当,都能够直接反映出中间商的经营能力。

⑧提供信息的能力。中间商比企业更直接地接触终端市场,更了解市场需求的变化和发展趋势,能够为企业提供更多的市场和竞争者的信息。一般而言,规模大、实力强、人员素质高的中间商在这方面的能力也更强一些。

⑨合作的意愿和态度。中间商的合作意愿和态度直接关系到分销渠道的效率进而影响到企业开拓市场的成效。如果中间商努力经营,友好合作,企业收效可能很大;反之,企业可能蒙受巨大的损失。

⑩规模。许多企业把规模作为选择中间商的一个重要标准。通常认为,中间商的组织越大和其销售的数量越大,就越有可能销售更多本企业的产品。相对小的中间商而言,大型的中间商具有更好的经营基础、更多的销售人员和更好的办公条件及人员配备,因而更有可能取得成功,其盈利的可能性也更大。

（3）渠道成员的角色定位

渠道成员的角色定位是指明确赋予渠道成员相应的角色地位、角色责任和角色权利。渠道管理者在选择合适的渠道成员之后,要进一步明确其角色地位和要求。这是渠道成员进行有效的沟通和交流联系的前提。否则,渠道成员的行为就有可能偏离渠道目标而引发渠道冲突。成员的角色定位一般可以采取以下两种方式。

①正式合约方式。正式合约方式规定和明确渠道成员的角色地位、角色功能和角色责任。正式合约不仅可以强化渠道成员的角色范围和规范渠道成员的角色行为,而且还可以有效地预防成员之间因目标保护一致所带来的冲突。

②非正式合约方式,即所谓"默契式合约"的形式。当渠道成员之间相互信任的程度较高及相互依赖程度大致相同时,渠道管理者则有可能采取非正式的合约即"默契式合约"来替代正式合约。非正式合约是双方对自身角色行为的一种承诺。但是,即使采取非正式合约形式,渠道管理者与其他渠道成员就他们的角色功能、角色责任等方面做好充分的沟通也是非常必要的。不然,各自的目标不同,理解不同,也会破坏这种难得的"默契"而产生摩擦。

[阅读资料5.1]　　　　Brendel 公司渠道成员的评选标准

早在20世纪50年代初,Brendel 就设计了一套渠道成员评选的问题表,用于综合考察和判断谁最适合做他的经销商。该问题表包括20个问题,后来成为人们设计渠道成员评选标准的基础。这20个问题如下所述。

（1）经销商是否真的对我们的产品感兴趣?

（2）它的实力如何?

（3）它在企业目标顾客群体中的声誉如何?

（4）它在供应商中的信誉怎样?

（5）它是否富于开拓精神?

（6）它同时经销哪些别的产品?

（7）它的财务状况如何?

（8）它经营某类产品的能力如何?

（9）它的规模如何？

（10）它要求货物清单必须准确清晰吗？

（11）它的消费群体有哪些？

（12）哪些人群对它所出售的商品从不过问？

（13）它认为价格需要保持稳定吗？

（14）它过去5年的销售业绩怎样？

（15）它的业务员管理的销售区域有多大？

（16）它的业务员经过培训吗？

（17）它的外勤人员有多少？

（18）它的内勤人员有多少？

（19）它的团队精神、销售培训及促销活动怎样？

（20）经销企业的产品，它能提供什么优惠条件？

3）选择分销渠道成员的策略

对渠道成员的选择是双向的，规模大的企业凭借其声誉、实力及在行业中的影响，就会有很多中间商愿意与其合作，因此在选择渠道成员时占主动；同时有一些实力弱的公司很难受到中间商的青睐。这说明在组建渠道的过程中，对制造商而言，是在选择中间商；对于中间商来说，他们又在选择制造商。结合实际情况，选择渠道成员的策略主要有以下3个方面。

（1）分两步走策略

这是刚进入某个行业的制造商或销售新产品时采用的一种较为灵活的策略。在选择渠道成员建立分销渠道时，无须一步到位，可以分步完成。首先，在渠道建立初期，可以略降低选择标准与一些低层次的分销渠道成员合作。这是因为，对于新企业或新产品而言，产品不为人知，购买者少，销售渠道狭窄，优秀的中间商不愿经销此类产品。在这一阶段可以暂时降低合作条件与其他成员合作。然后经过一段时期的运作，企业和产品逐渐成熟，知名度得到了提高，销售量增加，可以引起优秀中间商的注意，产生合作意愿，这时再与销售能力更强、规模更大的中间商合作。索芙特在1998年挺进日化行业时，其索芙特"木瓜白"系列产品在市场的销售也是采用这种策略。在对经销商的选择上，公司的策略是"一个原则，分两步走"。"一个原则"就是要求经销商信誉良好，有较强的实力，销售网络细密而畅通；"分两步走"是指企业推出新产品伊始，由于缺乏消费者和经销商的认同感，优秀的经销商门槛太高或对其品牌不予理睬，因而在这一阶段暂时降低选择经销商的标准。经过一段时间的市场推广，足以引起优秀经销商的兴趣时，公司适时更换网络更大、能力更强的经销商。这种策略使得索芙特"木瓜白"系列产品以通畅的渠道顺利进入市场，仅在投放市场第一年就达到了1.1亿元的销售额。

（2）步步紧跟策略

这种策略在选择成员时，以竞争者或行业领导者的行为为导向来选择分销渠道的成员。例如饮料行业的可口可乐和百事可乐，日化行业的宝洁和联合利华，快餐业中的肯德基和麦当劳。他们对分销成员的选择，通常是同行业企业效仿的对象。首先，这样可以把同类商品聚集到一起，同类商品齐聚的场景一方面是竞争的表现，另一方面可以组成一个热烈的销售现场,从另一个角度起到某些联合促销的效果。购物经验告诉我们,超市里有可口可乐就会有百事可乐,找到了肯德基那么麦当劳就不远了。其次,行业中的市场领导者通常也是销售渠道的领先者,他们在分销工作中有着丰富的经验和良好的分销能力。跟随行业领袖可以少走弯路,节约自己探索过程中花费的时间和金钱,降低相应的风险。

（3）逆向拉动策略

这是一种与传统的推动方式相反的选择方式,是一种"拉"的策略的表现,渠道的建立并不是从选择分销商下手,而是通过对消费者进行信息的刺激(例如广告),使其产生购买愿望并反映到分销成员那里,促使渠道成员主动与制造商联系,从而建立分销渠道。

5.1.2 渠道成员的激励

与企业一样,中间商具有独立性,而其经营行为又与企业有所不同,中间商有决定自己政策的权利和能力,有着自己独立的利益。企业有必要采取适当的措施,激发中间商的潜力。给予渠道中间商适当的鼓励,可以促使双方更好地合作,加深理解,融洽感情,在互惠互利中实现各自的目标。

激励中间商的形式多种多样,一般而言,可以分为间接激励和直接激励两大类。

1) 间接激励

间接激励是通过帮助中间商进行销售管理,以提高销售的效率和效果来激发中间商的积极性,从而提高销售绩效。间接激励的做法多种多样,常见的有以下几种。

①帮助中间商建立进销存报表,做安全库存数和先进先出库存管理。进销存报表的建立,可以帮助中间商核算某一周期的实际销货数量和利润;安全库存数的建立,可以帮助中间商合理安排进货;按照先进先出的原则进行库存管理,可以减少过期商品的出现。

②帮助中间商进行零售终端管理。通过定期拜访,帮助中间商整理货架,设计商品陈列的形式,在举办促销活动时,做一个漂亮的堆头和割箱陈列。

③帮助中间商管理其客户网来加强中间商的销售管理工作。帮助中间商建立客户档案,包括客户的姓名、地址、电话,并根据客户的销售量将他们划分等级,并据此告诉中间商对待不同等级的客户应采取不同的支持方式,从而更好地服务不同性质的客户,提高客户的忠诚度。

④合理安排企业与批发商、企业与零售商之间的合作。由于批发商与零售商执行的功能有所不同,因此,企业应具体情况具体分析,给予他们有针对性的支持,以发挥支持的最大效益。比如,合作广告补助、内部展示报酬是经常给予零售商和消费者的;而销售人员的培训计划大多应用于批发商,特别是在销售工业品的市场上。这些合作计划可以激励中间商,以获得更大利益。

2) 直接激励

直接激励是指通过给予物质或金钱奖励来肯定中间商在销售量和市场规范操作方面的成绩。直接激励方式有返利、价格折扣、开展促销活动等。

（1）返利

返利可以分为过程返利和销量返利两种。过程返利是一种直接管理销售过程的激励方式,其目的是通过考察市场运作的规范性以确保市场的健康发展。

返利是企业采用较多的一种形式。但在制订返利政策时一定要考虑到如下因素。

①返利的标准。一定要分清品种、数量、等级、返利额度。制订标准时,一要参考竞争对手的情况;二要考虑现实性;三要防止抛售、倒货等。

②返利的形式。是现价返,还是以货物返,还是二者结合,一定要注明;货物返能否作为下月任务数,也要注明。

③返利的时间。是实行月返、季返还是年返,应根据产品特性、货物流转周期而定。要在返利兑现的时间内完成返利的结算,否则时间一长,搞成一笔糊涂账,对双方都不利。

④返利的附属条件。为了能使返利这种形式促进销售,而不是相反(如倒货),一定要加上一些附属条件,比如严禁跨区域销售、擅自降价、拖欠货款等,一经发现,取消返利。

现实中会遇到这种情况,返利标准制订得比较宽松,失去返利刺激销售的作用,或者返利太大造成价格下滑或倒货等。因而在执行中,一是制订政策时就要考虑周全;二是执行起来要严格,不可拖泥带水。例如,某手机供应商对区域经销商和主要零售商制订了以完成销售任务为基础的奖励政策,以每月销售某种手机1 000台为基数,本月计划销售1 200台,预期比上个月增长20%。本月如果未完成计划,所有销售只享受正常的返利,每台50元,如果完成了计划,所有销售享受超额返利,每台70元。或者细划分阶段奖励,与上个月持平部分(1 000台)按照每台50元返利;超过1 000台,但在1 200台内的部分(比上月增加的部分),按照每台70元返利;1 200台以上,按照每台90元返利奖励。

（2）价格折扣

通常,价格折扣包括以下几种形式。

①数量折扣。经销数量越多、金额越大,折扣越丰厚。

②等级折扣。中间商依据自己在渠道中的等级,享受相应待遇。

③现金折扣。回款时间越早,折扣力度越大。

④季节折扣。在旺季转入淡季之际,可鼓励中间商多进货,减少制造商的仓储和保管压力;进入旺季之前,加快折扣的递增速度,促使渠道进货,达到一定的市场铺货率,以抢占热销先机。

⑤根据提货量给予一定的返点,返点频率可根据产品特征、市场销货等情况而定。

（3）开展促销活动

一般而言,制造商的促销措施会很受中间商的欢迎。促销费用一般可由制造商负担,也可要求中间商合理分担。制造商还应经常派人前往一些主要的中间商那里,协助安排商品陈列,举办产品展览和操作表演,培训推销人员,或根据中间商的推销业绩给予相应的激励。制造商开展促销活动时要注意如下几个问题:

①促销的目标。很多人认为促销是为了增加销售额,这样说太笼统,不便于执行、考核,一定要明确增加多少销售额、增加多少二级批发商、渗透多少终端店等。

②促销力度的设计。设计促销力度,一要考虑是否刺激经销商的兴趣;二要考虑促销结束后经销商的态度;三要考虑成本的承受能力。很多企业都是拿利润来促销,一经促销,销售额便上去,一旦撤销,销售额就下来,怎么做都无利润。

③促销内容。无论是搞赠品,还是抽奖,还是派送,甚至返利,促销内容一定要能吸引人。

④促销的时间。什么时间开始,什么时间结束,一定要设计好,并力求让所有的客户知道。

⑤促销考评。为了保证促销有始有终,一定要对促销效果进行考评。一来督促经销商认真执行;二来从中总结经验教训。促销考评结果要存档备案。

⑥促销费用申报。促销费用是很多企业滋生贪污腐败的温床,因而要严格申报。申报时一定要上报促销方案、实施情况、考评结果、标准发票、当事人意见,只有这样才能保证促销费用的有效使用。

⑦促销活动的管理。促销活动在正常营销工作中占有很重要的位置,无论是企业统一组织、统一实施,还是分区组织、分区实施,从提交方案、审批到实施、考评,都应当有一个程序,从而确保促销活动的顺利进行。

[阅读资料5.2]　　　　　　　汉斯啤酒渠道激励政策

一、对批发商的激励

批发商全年销售额达到120万箱,在年底结算货款时,厂家将给予实际销量的4%作为奖励;达到20万箱并全部结清货款,则给予实际销量的3%作为奖励。

对于完成全年规定销量的批发商,公司将提供1个境外旅游、考察名额。凡在规定时间内,达到销量目标并发展60个固定零售客户的批发商,公司将奖励价值3万元的奖品。

二、对零售商的激励

对于那些完成全年销量且能及时结清货款的零售商,公司年终将一次性给予实际销量的3%作为奖励。

三、对于饭店和饭店服务人员的激励

只要服务人员向消费者推销汉斯牌啤酒,可凭收集的瓶盖向公司按出厂价的3%兑换现金奖励。饭店服务人员累计兑换奖励达到1 000瓶时,公司将赠予饭店汉斯牌啤酒一箱。

通常情况下,制造商推出任何一项促销活动或政策,首先应该考虑的便是设计一套层次分明、分配合理的价差体系。在这里,就饮料、家电等产品而言,一般有三四个环节之间的利益分配。高价的产品如果没有诱人的价差分配,无法调动经销商的积极性,而低价产品如果控制得当,仍然可以以销量大而为经销商带来利润。有序地分配各级经销层次的利益空间,不但是制造商的责任,更是其控制市场的关键。当今很多企业在营销中,喜欢动辄以低价轰炸市场,以为只要我的价格比别人的低,肯定卖得比别人火,其实不然。因为没有考虑价差的低价,无疑让经销商无利可图,不把你的产品摆在柜台上,企业目标仍然无法达到。一般而言,低价策略在新产品进入一个成熟市场时会因其对原有市场价格体系的摧毁而达到出人意料的效果,可是在长效经营中却可能是一支副作用颇大的兴奋剂。

5.1.3　渠道成员的协调与合作

1) 渠道成员的协调与合作是创造渠道价值的重要基础

(1) 渠道合作的必要性

①传统渠道组织的局限性。传统渠道组织是由各个独立利益的松散组织组织起来的团队,各个成员是以交易为导向的。他们各自有独立的目标和运作方式,根据自身的条件做出决策并采取行动。渠道的链条常常发生脱节,渠道的整体竞争力并未形成。这种"超组织"的管理,难度很大,渠道的效率低,效益也十分有限。

②现代渠道合作关系的原始动力。现代渠道合作关系的发展是构建渠道战略与伙伴关系。渠道合作根源是渠道成员之间的互相依赖性,而相互依赖又是渠道成员功能专业化的结果。渠道功能专业化的原始动力,是通过专业化充分发挥自己的优势,获得在某一个功能上的规模经济。但是,功能专业化也将在生产过程中被割裂开来,使得任何一个企业都难以高效率地完成生产中所要求的每一个环节,这就产生了一个企业对其他企业的依赖。而它所依赖的企业处境与它相似,也要依赖别的企业才能完成其生产过程,所以渠道企业之间的依赖是相互的。相互依赖性就成为渠道中企业之间合作的基础或根源。一般而言,相互依赖性越强,合作的基础就越坚实,在其他情况相同时,合作的程度也就越高。相互依赖性消失了,合作的基础就没有了,合作也会随之消失。

③现代渠道合作的优势。在当今激烈的市场竞争中,渠道成员逐渐认识到:渠道价值链是由各个成员的价值链连接而成的垂直连接系统,在渠道内协调和共同优化,可降低成本,增强差异化,建立企业整体竞争优势,他们的个别行为效益与整个渠道的绩效密切相关。他们开始互相协调目标与行动计划,使职能分工专业化、规模化,各渠道成员也分别从中受益,创造出整体渠道的高效益,使他们身处的整个分销系统长期生存、发展,绩效不断提高。

(2) 建立渠道战略与伙伴关系的要求

建立渠道战略与伙伴关系,需要做到以下几点。①切实认识到渠道成员之间相互依赖;②渠道成员应紧密合作;③角色和职能的合理分工,使各渠道成员行使共同权利和责任;④渠道成员为共同目标协作努力;⑤渠道成员之间彼此信任,经常沟通。换句话说,渠道需要有效管理和系统协调。渠道管理需要的是协调渠道行为,以确保通过渠道获得整体高效分销。优质客户服务是整个渠道传递的"产品"。制造商与其他渠道成员协调的行为和方法,将在很大程度上决定渠道战略联盟和伙伴关系能否建立。

2) 渠道战略伙伴关系的发展趋势

渠道战略伙伴关系进一步发展的趋势就是建立无缝隙渠道组织。无缝隙渠道组织是指所有的部门共同合作为消费者服务,使组织内各个独立部门之间的组织界限变得模糊。无缝隙渠道消除了渠道成员之间的边界,使每一组织中的多重层次融洽合作,为消费者提供高质量的服务。伙伴关系有助于建立无缝隙渠道,因为它使渠道成员感到处于同一团队中,以往普遍存在的对手角色被建立在信任和合作基础上的角色代替。他们之间的紧密合作,使人们很难分清一个公司的业务从何而来,另一个公司的业务从何开始。

3) 渠道合作的主要形式

渠道合作的内容与形式很多,主要有联合促销、联合储运、提供专卖产品、信息共享、联合培训和地区保护等。

(1) 联合促销

这种合作形式包括联合广告活动(如制造商把中间商的名字列入产品或企业广告中)、联合产品展示活动(如制造商向批发商和零售商提供示范产品,批发商和零售商积极配合)、联合销售活动(如制造商加入批发商或零售商的销售活动中)、联合调研活动(如制造商提供价格折扣,让批发商和零售商帮助进行市场调查)、联合担保活动(如售出的产品如果发生质量问题既可以找中间商,也可以找制造商)等。另外,在价格竞争十分激烈时,为了让中间商更灵活地应对,制造商还常常向中间商提供价格补偿。

(2) 联合储运

联合储运包括制造商和中间商联合加入适时管理系统(just-in-time,JIT系统)、联合加入电子数据交换系统(EDI系统),制造商或批发商发起或参与对中间商的紧急货运活动,以及制造商帮助批发商和零售商筹措存货资金等。

(3) 提供专卖产品

制造商为渠道成员提供专门为它们设计的产品,以应对或减轻价格竞争对它们的影响。这是因为专卖产品设计独特,且只在指定的范围内销售,使消费者不太容易与类似的产品在价格上进行比较,从而产生缓解价格竞争压力的效应。

(4) 信息共享

信息共享包括制造商、批发商和零售商共同加入电子数据交换系统,方便、快捷地交换信息;制造商和中间商共同发起或加入销售商联合会,增加同业交流与沟通;渠道内成员分享渠道调研成果。

(5) 联合培训

联合培训包括批发商和零售商联合加入制造商的销售培训及产品培训项目。比如,一些制造商利用自己的教育基地(如海尔的海尔大学),对中间商的业务骨干进行培训。

(6) 地区保护

地区保护即制造商特许中间商的地区独家代理权。渠道合作会因为这种地区保护政策得到加强。

[案例与思考 5.1]　　　　　　**家电企业的联合促销**

2003年末,为了迎接"双节"销售旺季的来临,由格兰仕牵头,全国11家知名家电制造商加盟,在北京隆重推出了一项联合促销计划——《互动联合营销联盟公约》。按此公约,消费者购买联盟内任一企业的任一产品,均可获赠总值不超过5 000元的各式优惠券,消费者凭相应产品的优惠券到指定地点购买时,价格上可享受优惠券的同等面值折扣。比如,某消费者购买了格兰仕光波炉,便可得到随机附送的优惠礼包;如果他还想买一台市价1 498元的康宝消毒柜,他只需拿一张900元的优惠券,再加上598元就可以了。这是格兰仕筹划了半年多推出的一种促销方式。

代理分销模式

联合促销的最大优点,就在于它的叠加效应。在联盟内,各家的优惠券面值都有限度,如希贵提供160元面值的优惠券,康宝提供480元面值的优惠券,如果二者分开,单品让利额度对消费者吸引力都不大。联合促销就不同了,单品让利虽然不大,但多品合起来,却能给消费者总值很大的折扣。另外,消费者还能享受多重选择——消费者在得到5 000元的优惠礼包后,可以根据自己的需要任意组合,不必限于单品捆绑销售的局限。

通过联合促销,格兰仕企图进行一个跨行业的渠道大整合,构筑一个资源共享的终端网络。在其构想中,联盟企业可以借格兰仕遍及全国的两万多个销售终端搭售产品,同时联盟企业的销售终端也能为格兰仕所用。几十家战略盟友合力推广,就会有几十万、上百万个销售终端,这样势必会大幅降低产品的市场推广成本,进一步增强和巩固联盟企业的市场竞争优势。

请思考:格兰仕的联合促销活动有什么优点?取得了什么样的效果?

4) 渠道战略联盟

对付渠道冲突最有效的办法是让渠道成员建立产销渠道战略联盟,形成利益共同体。

(1)产销渠道战略联盟的特征

所谓产销战略联盟,又称为产销联盟,是指从长远发展的角度出发,"产"方与"销"方(制造商与中间商、代理商与中间商、上游中间商与下游中间商)之间通过签订协议,形成风险—利益联盟共同体,按照商定的营销策略和游戏规则,共同开发市场,共同承担市场责任和风险,共同管理和规范销售行为,并共同分享销售利润的一种战略联盟。产销联盟一般具有如下特征。

①产销联盟是一种关系营销。产销联盟强调与中间商之间的相互合作和相互信任,通过系统和完整的销售、服务和信息反馈,使双方建立良好的关系。产销联盟如同生活中良好的人际关系一样:共享利润、相互信任、相互理解、相互尊重、经常联系、诚实信用、密切配合、灵活多样、相互帮助。因此,西方有关营销管理的书籍将产销战略联盟称为伙伴营销(Partnership Marketing)。

②产销联盟具有长期性。产销联盟从长远的角度来协调供应商与中间商之间的关系,强调长期性的相互理解、相互联系、诚实反馈、荣辱与共、共同发展。

③产销联盟是一种约束力较强的契约行为。产销联盟的契约涉及面较宽,双方或多方在自愿的基础上进行多方面、多层次的合作,契约对大家的约束力较强。

④产销联盟方式灵活、合作层次多。产销联盟可以分为不同水平的营销层次,从而有多种多样、不同的产销联盟称谓,如俱乐部、特许专卖连锁、销售共同体、联营公司和企业集团等。

(2)产销战略联盟的实现形式

产销战略联盟可以分为不同水平的营销层次,由低层次的协作到高层次的联盟,由松散的合作到紧密的联盟等,因此其实现方式灵活多样。根据其联系的密切程度分为会员制、销售代理制(制造承包制)、联营公司等形式。

①会员制。会员制是产销战略联盟的初级联盟形式,大家通过协议组成一个俱乐部,参加俱乐部的成员称为会员,互相遵守游戏规则、互相协调、互相信任、互相帮助、共同发展。

这种形式主要分为4种情形:一是制造商与经销商(批发商)之间的联盟;二是批发商与零售商之间的联盟;三是制造商与零售商之间的联盟;四是零售商之间的联盟。一般来说,供方企业是俱乐部的核心,是组织者,负责制订游戏规则,而需方企业是会员,可参与游戏规则的制订。游戏规则则是双方的契约,对各方应享有的权利、应承担的义务、违反规则应负的责任都应当详细而具体地加以说明。当然,游戏规则的内容不得违反我国现行的宪法相关的和法律法规,规则一旦签署,供需双方均要遵守。根据企业之间的合作与管理制度,会员制可分为保证会员制与特许专营会员制两大类。

a.保证会员制。所谓保证会员制是指需方企业向供方企业缴纳一定数额的保证金或签订有较强约束力的保证协议而得到会员资格的形式,即保证金会员制和协议会员制。保证金会员制是指当供方企业的产品供不应求或在销售旺季时(如饮料、啤酒以及缺乏替代性产品的行业),往往会要求其分销渠道的成员缴纳一定数额的保证金来获得销售其产品的资格。协议会员制是指为了避免供方要求需方缴纳的保证金额度过大,而可能导致需方企业转向自己的竞争对手,以协议的形式来形成分销渠道中的联盟关系。在协议联盟中,双方的地位是平等的,会员无须向供应方缴纳保证金,但要受到协议的约束。

b.特许专营会员制。特许专营是指在供需双方企业中,供方企业将自己的产品制作技术、无形资产、管理方式、经营诀窍以及教育培训方式等特许传授给需方企业,准许需方企业按照双方协议规定从事供方企业的同类行业的一种制度。

从狭义上讲,特许专营主要是指零售商之间的联盟。但广义上,可以将特许专营扩大到批发商与零售商、制造商与零售商以及制造商与批发商之间的联盟。特许专营的供方称为授权人或特许人,需方称为接受人或受许人。被授予特许专营的需方企业在供方企业的指导下,从事经营与销售,形成供需双方的战略联盟,各受许人就相当于俱乐部会员。

②销售代理制与制造承包制。企业的分销渠道通常可采用经销或代理的方式。但作为产销联盟的一种销售代理制,与一般意义上的销售代理(非联盟代理)有着不同的含义和特点。与销售代理相对应的概念是制造承包制,这实际上是产销联盟的两个方面,比会员制的联盟更具有紧密结合性和长期战略性。实际上在签订销售代理制合同的同时,需要签订制造承包制合同,供方企业(制造商)利用的是需方企业(销售商)的营销网络的优势,而需方企业则利用的是供方企业的生产制造优势。

所谓制造承包制,是指专门从事制造业的企业,其产品的销售任务由产销战略联盟的销售商负责。中小企业由于力量有限,通过接受一个或数个大企业的长期固定的订货,而成为加工承包单位,这样就可为长期生存和发展提供一个可靠的基础,尤其是对于实力较弱、企业创办时间不长、有一定生产能力但尚未形成自己的销售网络的小企业来说,采用这种战略更是可以大大减少经营风险。

随着西方发达国家产业战略转移,依据产业生命周期理论,许多发达国家的制造业逐步向发展中国家转移,这些公司运用其产品品牌的无形价值进行市场营销,而把冠以其品牌的产品制造业务委托给发展中国家的工厂。这些工厂可能是东道国原有的企业,也可能是在东道国的合资或合作企业或外商独资企业。这些处于被委托加工地位的工厂,也就是"制造承包商"。

③联营公司。联营公司是供需双方企业在生产与销售合作方面的更高形式。所谓联营公司,是指双方企业利用各自优势以各种方式按照法律程序组成的联合经营体,这些方

式包括合资、合作和相互持股等。联营公司的供需双方企业在利益上更趋向一致性,更具备共担风险、共享利益的特性,从而合作的基础也更牢固。一般说来,联营公司有以下几种形式。

a.合资经营。由双方企业共同出资、共同经营、共同管理、共担风险、共享利润而形成的联营公司,通过合资方式双方可以将各自的优势资源投入到合资企业中,从而使其发挥单独一家企业所不能发挥的作用。目前境外企业在我国建立的合资企业,多数是看中了我国的潜在市场,想通过境内企业对国内市场的经验和分销渠道网络迅速占领市场。

b.合作经营。与合资按照双方的股份进行风险承担和利益分配不同,合作的形式是根据合作双方的合同约定,享受权利和承担义务。合作并不要求双方来共同管理,但双方的优势则同样是双方合作的前提。所以,从销售渠道来看,中外合作企业外方也同样是看中了中国的市场和中方企业原有的渠道管理。

c.相互持股。相互持股指的是供需双方企业为加强相互联系和合作而持有对方一定比例的股份,这种战略联盟中的双方关系相对更加紧密,双方可以进行更长期的、密切的合作,形成你中有我、我中有你的关系。与合资经营不同的是,双方资产、人员不必进行合并。

[案例与思考 5.2]　　　　　力帆与经销商的"厂商一体"

1992 年,尹明善携 20 万元人民币,带领 9 个员工开始了力帆最初的创业。到 2001 年,力帆的销售收入已经突破 40 亿元,出口创汇 1.17 亿美元。力帆的成功有很多原因,其中成功的渠道管理是一个重要原因。

力帆与经销商建立"厂商一体"的关系以求治本。力帆在渠道伙伴的甄选上,除了从规模、资金实力、财务状况、销售能力、销售额及增长速度、仓储能力、运输能力、社会关系和影响等多个方面考评,经销商的目标和价值观也是考评的一项重要内容。共同的目标和互相认同的价值观有助于力帆与中间商建立产销渠道战略联盟,形成利益共同体。

为了促进合作,提高经销商的获利能力,力帆建立了一支由公司资深管理人员和外聘专家组成的"特派队伍",专门针对经销商进行专业技术、销售能力、管理水平和财务分析能力等方面的培训,努力为经销商提供"造血机制"。反过来,经销商则将更多的精力放在销售力帆产品上,并不断地反馈销售和服务信息。就这样,力帆与中间商相互合作、相互信任,建立起良好的长期性战略合作关系,相互促进,共生共荣。

请思考:力帆与经销商的"厂商一体"有什么特点? 是松散型的联盟还是紧密型的联盟?

任务2　掌握分销渠道冲突管理实务

5.2.1　渠道冲突的概念

(1)渠道冲突的概念

渠道冲突是指渠道成员意识到另外一个成员正在损害、威胁其利益,或者以牺牲其利益为代价获取稀缺资源,从而引发他们之间的争执、敌对和报复的行为。对于分销渠道间的冲突来说,应该用中立的眼光来看待它,因为分销渠道中的冲突本质上不是消极的,某些冲突实际上还加强和改善了渠道。

冲突和竞争往往被混淆,实际上,冲突和竞争是有区别的。从渠道关系来看,当一个渠道成员需要跨越的障碍是另一个渠道成员而不是市场时,该成员就面临冲突。在分销渠道中,成员之间的适度竞争不仅不会产生消极影响,而且有可能使消费者获得更好的产品和服务,有利于整个渠道组织绩效的提高。如果竞争发展到竞争双方相互诋毁、不择手段时,竞争就变成冲突了。

(2)渠道冲突的层次

一般来说,渠道冲突是一个渐次发展的过程,分别表现在以下4个方面。

①潜在冲突阶段。这是冲突的早期潜伏阶段,表现为渠道成员之间目标的差异、角色不一致以及对现实认知差异和缺乏有效沟通等情形。在分销渠道中,潜在冲突最为典型。

②可察觉的冲突阶段。指当渠道成员意识到某种对立(如观点、感觉、情感、兴趣和意图等对立)存在时的冲突,它是一种认知上的对立,结果是各自的情绪并没有受到太大的影响。渠道成员不会把他们的关系描绘成冲突。

③感觉冲突阶段。这一阶段,渠道成员体验到了负面的情感:紧张、焦虑、愤怒、沮丧和敌意。渠道成员把他们的渠道描绘成冲突。当冲突到了这一层次,渠道成员开始将他们的分歧人格化。通常狂怒和不平的情绪达到一定程度后,渠道成员将放弃经济上的明智选择,以牺牲自己在组织的利益为代价,来"惩罚"渠道合作伙伴。

④显性冲突。这种对立是看得见的,因为它是用行动来表达的。显性冲突通常表现为相互阻止对方的发展并撤销支持。比如,一方对另一方采取破坏或复仇行为,达到从根本上阻止另一方的目的。

5.2.2　渠道冲突的类型

(1)水平渠道冲突

水平渠道冲突指在同一渠道模式中,同一层次中间商之间的冲突。产生水平冲突的原因大多是制造商没有对目标市场的中间商分管区域作出合理的规划,使中间商为各自的利益互相倾轧。这是因为在制造商开拓了一定的目标市场后,中间商为了获取更多的利益必然要争取更多的市场份额,在目标市场上展开"圈地运动"。例如,某一地区经营A企业产品的中间商,可能认为同一地区经营A企业产品的另一家中间商在定价、促销和售后服务等方面过于进取,抢了他们的市场。如果发生了这类矛盾,制造商应及时采取有效措施,缓和并协调这些矛盾,否则,就会影响渠道成员的合作及产品的销售。另外,制造商还应未雨绸缪,采取相应措施防止这些情况的出现。

(2)垂直渠道冲突

垂直渠道冲突指在同一渠道中不同层次企业之间的冲突,这种冲突较水平渠道冲突更常见。例如,某些批发商可能会抱怨制造商在价格方面控制太紧,留给自己的利润空间太小,而提供的服务(如广告、推销等)太少;零售商对批发商或制造商,可能也存在类似的不满。

　　垂直渠道冲突也称作渠道上下游冲突。一方面,越来越多的分销商从自身利益出发,采取直销与分销相结合的方式销售商品,这就不可避免要同下游经销商争夺客户,大大挫伤了下游渠道成员的积极性;另一方面,当下游经销商的实力增强以后,不甘心目前所处的地位,希望在渠道系统中有更大的权利,向上游渠道发起了挑战。在某些情况下,制造商为了推广自己的产品,越过一级销售商直接向二级经销商供货,使上下游渠道间产生矛盾。因此,制造商必须从全局着手,妥善解决垂直渠道冲突,促进渠道成员之间更好地合作。

　　(3)不同渠道间的冲突

　　随着细分市场和可利用的渠道不断增加,越来越多的企业采用多渠道营销系统,即运用渠道组合、整合。不同渠道间的冲突指的是制造商建立多渠道营销系统后,不同渠道服务于同一目标市场时所产生的冲突。例如,美国的李维斯(Levi's)牛仔裤原来通过特约经销店销售,当它决定将西尔斯百货公司和彭尼公司也纳为自己的经销伙伴时,特约经销店表示了强烈的不满。

　　不同渠道间的冲突在某一渠道降低价格(一般发生在大量购买的情况下),或降低毛利时,表现得尤为强烈。因此,制造商要重视引导渠道成员之间进行有序的竞争,防止过度竞争。

[案例与思考5.3] 正品身份假货命　京东施华洛世奇授权纷争

　　"施华洛世奇新品上市7折",在京东商城、当当网、亚马逊中国、1号店等购物网站上,施华洛世奇水晶饰品常年打折,比实体店便宜近四成。

　　近日,水晶制造巨头施华洛世奇终于"恼羞成怒",向这些电商"兴师问罪"。施华洛世奇(上海)贸易有限公司发布声明,"在中国地区内,没有授权京东商城、卓越亚马逊销售施华洛世奇的产品。同时,截至目前也没有在中国地区内授权任何网站销售施华洛世奇的产品"。并对京东商城提出了口头警告。

　　一时间奢侈品行业网上、网下的冲突再次被推到台前、推到公众的视线里。施华洛世奇的这则声明引发了多米诺效应,随后,LV、GUCCI、PRADA等多家奢侈品品牌相继表态,称并未授权国内电商销售自家产品。众多网友开始质疑,既然未获品牌方授权,那么这些奢侈品网站上所销售的产品是否"假货"?

　　面对线下品牌商的"发难"和众多质疑,京东商城强势回应,"京东商城网站及旗下360top网站上所销售的奢侈品均来自正规渠道,供应商及品牌厂商均具备合法资质,商品手续完备并带有正规商业发票"。曾有记者联系京东商城,希望了解其所说的"合法渠道"供应商的具体名称。但京东商城仅表示:"商品手续完备并带有正规商业发票,是符合中华人民共和国法律规定的正规商品。"然而对于供应商的具体名称,京东商城一直不肯提供。

　　对于京东商城所说的"合法渠道",施华洛世奇经过两个星期的调查,其相关负责人表示,仍未确认该"合法渠道"。记者了解到,目前施华洛世奇在中国内地的经营采用直营店及代理制度两种模式,在上海、广州、深圳、杭州等10多个城市采用的是自营店模式,该公司内部人士向记者透露,"目前公司在中国内地,两种模式的店铺占比各一半",并表示,"由于调查涉及面广,因此仍需继续调查确认"。

　　与此同时,施华洛世奇相关负责人宣布,施华洛世奇的中国产品保修只面向拥有产品保修卡和销售小票,并且是在实体店购买的产品。这意味着,在网上购买的施华洛世奇产品无法在实体店享受保修服务,而电商方面却丝毫不为所动。包括京东商城、淘宝在内的国内主流电商平台仍在打折销售施华洛世奇产品。

请思考:

1.京东商城和施华洛世奇之间的纠纷实质上属于什么纠纷?

2.产生这种纠纷的原因是什么?

3.你是否有好的解决办法来解决网店和实体店之间的矛盾?

5.2.3　渠道冲突产生的原因

(1)渠道冲突的根本原因

①产生渠道冲突的原因很多,购销业务中本来就存在矛盾。如供货商要以高价出售,并倾向于现金交易,而购买者则要支付低价,并要求优惠的商业信用。矛盾的一个主要原因是制造商与中间商有不同的目标,制造商希望占有更大的市场,获得更多的销售额及利润;但大多数零售商,尤其是小型零售商,希望在本地市场上维持一种舒适的地位,即当销售额及利润达到满意的水平时,就满足于安逸的生活;制造商希望中间商只销售自己的产品,但中间商只要有销路就不关心销售哪个品牌的产品;制造商希望中间商将折扣让给买方,而中间商却宁愿将折扣留给自己;制造商希望中间商为它的品牌做广告,中间商则要求制造商负担广告费用。同时,每一个渠道成员都希望自己的库存少一些,对方多保持一些库存。

②渠道成员的任务和权利不明确。例如,有些公司由自己的销售队伍向大客户供货,同时它的授权经销商也努力向大客户推销。地区边界、销售信贷等方面任务和权利的模糊和混乱会导致诸多冲突。冲突还可能来自渠道成员的市场知觉差异。例如,制造商预测近期经济前景良好,要求经销商的存货水平高一些,而经销商都可能认为经济前景不容乐观,不愿保留较多的存货。

③中间商对制造商的依赖程度过高。例如,汽车制造商的独家经销商的利益及发展前途直接受制造商产品设计和定价决策的影响,这也是产生冲突的隐患。所有这些都可能使渠道成员之间的关系因缺乏沟通而趋于紧张。

(2)渠道冲突的直接原因

①价格原因。各级批发价的价差常是渠道冲突的诱因。制造者常抱怨分销商的销售价格过高或过低,从而影响其产品形象与定位;而分销商则抱怨给其的折扣过低而无利可图。

②存货水平。制造商和分销商为了自身的经济效益,都希望把存货水平控制在最低。而存货水平过低又会导致分销商无法及时向用户提供产品而引起销售损失甚至使用户转向竞争对手。同时,分销商的低存货水平往往会导致制造商的高存货水平,从而影响制造商的经济效益。此外,存货过多还会产生产品积压和过时的风险。因此,存货水平也容易产生渠道冲突的问题。

③大客户原因。制造商与分销商之间存在着持续不断的矛盾的来源是制造商与最终用户建立直接购销关系,这些直接用户通常是大用户,是制造商宁愿直接交易而把余下的市场领域交给渠道中间商的客户(通常是因为其购买量大或有特殊的服务要求)。由于工业品市场需求的"二八规则"非常明显,分销商担心其大客户直接向制造商购买而威胁其生存。

④争占对方资金。制造商希望分销商先付款、再发货(如宝钢),而分销商则希望能先发货、后付款。尤其是在市场需求不确定的情况下,分销商希望采用代销等方式,即货卖出去后再付款。而这种方式增加了制造商的资金占用,加大了其财务费用支出。

⑤技术咨询与服务问题。分销商不能提供良好的技术咨询和服务,常被制造商作为采用直接销售方式的重要理由。对某些用户来说,甚至一些技术标准比较固定的产品,仍需要通过技术咨询来选择最适合其产品性能的产品以满足生产的需要。

⑥分销商经营竞争对手产品。一方面,制造商显然不希望他的分销商同时经营竞争企业同样的产品线。尤其在当前的工业品市场上,用户对品牌的忠诚度并不高,经营第二产品线会给制造商带来较大的竞争压力。另一方面,分销商常常希望经营第二甚至第三产品线,以扩大其经营规模,并免受制造商的控制。

5.2.4 渠道冲突解决办法

渠道冲突的解决办法多种多样,大致说来,主要有以下几种。

(1)目标管理

当企业面临对手竞争时,树立超级目标是团结渠道各成员的根本。超级目标是指渠道成员共同努力,以达到单个成员所不能实现的目标,其内容包括渠道生存、市场份额、高品质和顾客满意。从根本上讲,超级目标是单个公司不能承担,只能通过合作实现的目标。一般只有当渠道一直受到威胁时,共同实现超级目标才会有助于冲突的解决,才有建立超级目标的必要。

对于垂直性冲突,一种有效的处理方法是在两个或两个以上的渠道层次上实行人员互换。比如,让制造商的一些销售主管去部分经销商处工作一段时间,有些经销商负责人可以在制造商制订有关经销商政策的领域内工作。经过互换人员,可以提供一个设身处地为对方考虑问题的机会,便于在确定共同目标的基础上处理一些垂直性冲突。

(2)沟通

通过沟通来解决冲突其实就是在利用领导力。从本质上说,沟通是为存在冲突的渠道成员提供沟通机会,强调通过沟通来影响其行为而非信息共享,也是为了减少有关职能分工引起的冲突。既然大家已通过超级目标结成利益共同体,沟通可帮助成员解决有关各自的领域、功能和对消费者的不同理解的问题。沟通的重要性在于使各成员履行自己曾经作出的关于超级目标的承诺。

(3)协商谈判

协商谈判的目的是停止成员间的冲突。妥协也许会避免冲突爆发,但不能从根本上解决冲突。只要压力继续存在,终究会产生冲突。其实,协商谈判是渠道成员讨价还价的一个方法。在协商谈判过程中,每个成员会放弃一些东西,从而避免冲突发生,但利用协商谈判或劝说取决于成员的沟通能力。事实上,用上述方法解决冲突时,需要每一位成员形成一个独立的战略方法以确保能解决问题。

(4)诉讼

冲突有时要借助法律工具来解决,诉诸法律也是借助外力来解决问题的方法。对于这种方法的采用也意味着渠道中的领导力不起作用,即通过沟通、协商谈判等途径已没有效果。

（5）退出

解决冲突的最后一种方法就是退出该分销渠道。事实上，退出某一分销渠道是解决冲突的普遍方法。一个企图退出渠道的企业要么是为自己留了后路，要么是无法改变其根本不能实现的业务目标而选择退出该渠道。

若一个公司想继续从事原行业，必须有其他可供选择的渠道。对于该公司而言，可供选择的渠道成本至少不应比现在大，或者它愿意花更大的成本避免现有矛盾。当水平性或垂直性冲突处在不可调和的情况下时，退出是一种可取的办法。从现有渠道中退出可能意味着中断与某个或某些渠道成员的合同关系。

[案例与思考5.4]　　　国美、格力"激情碰撞"

2004年3月初，中国家电连锁业的龙头老大国美电器，向各地分公司下发了一份"关于清理格力空调库存的紧急通知"。通知表示，鉴于格力代理商模式、价格不能满足国美的市场经营需要，国美要求各地分公司将格力空调的库存及业务清理完毕。

在中国空调市场上，格力向来以老大自居，也是为数不多的敢于与国美相对抗的厂家。当时国美、苏宁等全国性连锁大卖场势力渐大，格力电器依然以自己的经销网点为主渠道，只是从2001年下半年开始进入国美、苏宁等大型家电卖场。但与其他家电企业完全依赖大卖场渠道不同的是，格力只是把这些卖场当作自己普通的经销网点，在供货价格上与其他众多经销商一视同仁。这是格力在全国的渠道模式，也是保障各级经销商利益的方式。

以北京地区为例，格力目前拥有1 200多家经销商，2003年度格力在北京的总销售额为3亿元，而通过国美等大卖场的销售额不足10%。格力认为，如果迎合了国美就会伤及上千家经销商，得不偿失。当然，格力也意识到，原来那种单纯依靠自己的经销网络的渠道策略已经不适应市场的发展，这也是其2001年进入大卖场的原因。不过，格力以自有分销渠道作为主体的渠道策略并没有改变。

面对国美的打压，格力总部也表示，如果国美不按照格力的规则处事，格力将把国美清除出自己的销售体系。国美、格力"激情碰撞"，如果双方互不相让，可能会引发空调市场的重新布局。就在双方相持不下之时，各空调厂家的销售机构纷纷向总部申请新的"价格政策"，意欲借国美、苏宁发动春季新攻势，抢夺格力的市场份额。

任务3　掌握分销渠道控制管理技术

5.3.1　分销渠道控制管理概述

1）分销渠道控制管理的类型

企业营销目标决定了企业的分销渠道目标，不同的分销渠道目标对分销渠道的设计、运作、控制有不同的要求。在市场上，经常会发现有很多企业面对相近的营销环境，拥有相近的资源条件，且产品差异性不大，而通过渠道营销产品的收益却大相径庭。这主要是因为不同的企业对分销渠道采取了不同的管理与控制措施。可见,分销渠道网络的建立仅仅是营销工作的开始,有效的管理与控制,充分发挥它的作用,把商品销售出去并不断提高销售量,才是最重要的。

通常而言,市场覆盖策略主要有3种:一是密集性分销渠道策略,即尽可能地寻找批发商、零售商,经销某一种或某一品牌的商品;二是选择性分销渠道策略,即在一个特定的区域、某一层次上只选用少量的中间商,经销某一种或某一品牌的商品;三是独家分销渠道策略,即在一定特定的区域、某一层次上只选择一家中间商,经销某一种或某一品牌的商品。以上3种市场覆盖策略,各有优缺点,企业应根据实际情况和现实需要,选择相应的渠道结构和控制类型。

相应地,分销渠道的控制类型包括密集性分销渠道的控制、选择性分销渠道的控制和独家分销渠道的控制。

(1) 密集性分销渠道的控制

密集性分销渠道是一种广泛、开放的营销方式。其目的是在短时间内迅速覆盖尽可能广的市场,提高市场渗透率,使产品的销售量尽可能大,迅速回笼资金。这种渠道方式意味着企业需要在某个地区与尽可能多的中间商打交道,需要较多的人力、物力和财力。此时,需要控制的主要内容有以下3种。

①渠道长度的控制。密集性分销渠道要求渠道长度越短越好,应当尽可能地减少中间环节,必要时可采用直销方式。如果密集性分销渠道方式的渠道长短不一,必然会使各类渠道冲突增加。

②成本控制。是在各地设立办事处,还是设立分公司?是租用物流周转仓库,还是自建或购买物流周转仓库?是采用中间商的运输工具,还是采用制造商自己的运输工具或是采用制造商、第三方或中间商联合的运输方式?这些都是企业要认真考虑,仔细核算的成本。

③人员控制。密集性分销渠道需要的人力资源较多,对销售人员的素质严格要求,不能因为需要的人多,就放松要求。对销售人员的招聘、培训、考核、激励、监控等管理工作,每一个环节都不能马虎。

(2) 选择性分销渠道的控制

选择性分销渠道通常用于对品质、品牌、服务有较高要求的选购品和特殊品的销售。它可以充分利用中间商的销售网络和人力、物力等资源,迅速提高市场占有率,快速占领市场。然而对这种渠道方式管理与控制比较复杂,渠道冲突也是最多的。对选择性分销渠道的控制主要有以下几个方面的工作。

①区域控制。被控制的中间商应该各自为政,遵守游戏规则,严格按照营销协议条款进行营销。出现跨区域营销时应该及时处理。

②价格控制。有的中间商为了争夺市场,往往采用低价销售的方式。这种方式一开始可能对中间商有利,如果大家纷纷效仿,价格就会一降再降,这种恶性竞争的结果最终将导致中间商无利可图,坚持不下去的中间商就会放弃这项业务,而另辟蹊径,寻找新的合作伙伴。结果最终受损失的还是制造商。

③物流控制。随着选择性分销渠道的发展,渠道的宽度会加大,每一渠道的销售流量也

会增加,物流的畅通、控制也会成为非常重要的内容。在进行物流控制时,首先需要考虑产品的运输,其次要考虑周转仓库的设置,再次要考虑设置产品配送中心,并与管理信息系统相配合。

(3)独家分销渠道的控制

一般来说,那些拥有专门技术、产品质量高、品牌名气大的制造商常采用独家分销渠道方式,对于销售网络不健全、销售人员不足的企业来说,这也是一种很好的销售模式。独家营销有利于减少选择性分销渠道的各种不利的冲突。企业对独家分销渠道要注意做好以下几个方面的控制工作。

①事先控制。由于独家分销渠道带有垄断性,对制造商有很大的反控作用,一旦选择失误,制造商不好更换新的中间商,因此,对独家中间商的选择要格外谨慎。通常而言,一方面需要经过仔细地调查和考核,考察被选择对象是否符合选择标准,看其经营能力是否达到制造商的要求。另一方面,在签订营销合同时需要对相关事项的合同条款加以明确规定,如销量的要求、人员的配备、场地仓库的配套、促销活动的投入、售前售中售后的服务等。

②合作关系控制。随着独家中间商的实力逐渐增大,与制造商讨价还价的谈判能力也会增大。双方保持良好的合作关系,对市场开拓和双方的利益至关重要。否则,独家中间商讨价还价能力的增大反而使双方冲突加剧,使企业的经营目标难以实现。

③二级网点控制。独家中间商通常具有良好的营销网络,其二级网点的规模和实力是制造商选择独家中间商的一项重要指标。制造商应对独家中间商的二级网络进行经常性地调研与考核,独家中间商要配合制造商对二级网络的检查与控制,应建立经常性的二级网点巡察制度。对于分销渠道较长的通道,不仅有二级网点,可能还有三级甚至多级网点。此时制造商对分销渠道的监控还必须扩展到多级网点。

[案例与思考5.5]   **昆仑山矿泉水的渠道遇危机**

2014年8月,记者在走访市场时发现,万达影城最火的"爆米花套餐"中饮用水品牌由此前的"昆仑山"更换为"阿尔山",阿尔山目前已经在全国范围内进入万达和星美两家影城,并与多家银行、酒店达成了合作,成为高端场所专供饮用水。

但昆仑山方面接受记者采访时则表示对于爆米花及瓶装水零售遭阿尔山接管并不知情。

昆仑山的渠道被代替或被提前占领,暴露出了昆仑山在渠道建设上的劣势,更暴露出昆仑山在创立之初借助了加多宝的营销团队和渠道网络造成的在竞争和发展中的劣势。刚开始,加多宝营销团队只是分出一部分王老吉的传播资源和渠道给昆仑山,没有为该品牌建立有针对性的营销体系和渠道网络,以至于昆仑山矿泉水销售不尽如人意,2011年的销售额只有1亿元。直到2012年,加多宝才在王老吉传统的商超渠道外,为昆仑山拓展了大客户、团购、美容健身、航空等特殊渠道,并加强了品牌的营销及推广力度。与王老吉相比,昆仑山的渠道宽度不够,在渠道的铺设中,主要聚焦在一线城市的大卖场,不仅在一线城市的渠道涉及面小,而且忽略了二、三线城市的商机,这就为其他企业提供了商机。在渠道管理上,一开始借助别人的渠道资源,的确能利用他人的长处,节省时间和金钱,但随着竞争加剧和业务的发展,没有建立一套行之有效的渠道管理体系。仅借助别人的渠道资源,而没有自己的渠道,对于企业的发展来说存在非常大的隐患。

2)分销渠道控制策略

(1)目标控制策略

①目标控制的含义。分销渠道管理的目标是达到消费者期望的服务水平,提高渠道服务产出。消费者期望的服务水平是一个动态指标体系,不同市场、不同产品会有不同标准。提高服务产出,要求在保证服务水平的同时,将整个渠道的费用降至最低。这种目标,也可表述为渠道效率。因此,渠道目标控制又可表述为渠道效率控制。

②目标控制的过程。分销渠道的效率控制最终表现为对分销渠道管理的具体目标的控制。渠道管理的具体目标主要有两大类:一是商品流量目标,如销售增长率目标、市场占有率目标、消费者忠诚度目标;二是现金流量目标,如销售额目标、销售费用目标、利润目标、销售利润率目标。对这些管理目标的控制主要涉及3个层面的内容:一是对渠道整体运作效率的控制;二是对各个渠道成员的努力程度的控制;三是对各种产品的渠道效率的控制。不管是对哪个层面的效率控制,一般都必须经过以下管理程序。

a.设计控制标准。控制标准是指管理者希望渠道系统达到的状态。控制标准一旦确定,就会作为衡量被控制系统运行效率的基础和依据。从渠道整体层面和各个产品层面来看,渠道的控制标准主要有销售增长率、市场占有率、消费者忠诚度和销售额、销售费用、销售利润率等几个大项;而从对各渠道成员的考核层面看,控制标准主要有销售业绩、仓储保持量、促销能力的发挥程度、合作态度、货款返还期限、同时经营的竞争性产品以及增长潜力等。

b.对分销渠道运行情况进行检测和评价。标准本身就是一种控制行为,但这只是控制过程的第一步。控制的目的是要求分销渠道运行结果符合预先设定的标准要求。因此,分销渠道目标控制不但要有标准控制,还要有过程控制和效果控制。为此,我们继续对渠道运行过程进行监控。

c.纠正偏差。对于不能容忍和不能接受的偏差,必须加以纠正。纠正行为可能表现为对标准的修订,也可能表现为改变渠道整体或个体的运作行为,以使其符合效率的原则和要求。在分销渠道管理中,纠正渠道成员的有关行为,可以用胁迫手段,也可以用非胁迫的方式。在一般情况下,非胁迫的方式更能奏效,而且有利于渠道关系的长期稳定和发展。

(2)覆盖面控制策略

①覆盖面控制策略的含义。覆盖面控制是指在区域市场上,公司为了实现一定的覆盖面而决定设置多少网点的一种管理活动。覆盖面控制策略具有3种不同的选择:一是广泛性分销策略(公司为某种产品或品牌铺设尽可能多的网点);二是选择性分销策略(公司在一特定的区域内选择少数网点对某种产品或品牌进行分销);三是独家分销策略(公司在特定区域只选择一个网点对某一产品或品牌进行分销)。

覆盖面控制策略对垂直整合渠道系统和非垂直整合渠道系统都适用。只是由于在垂直渠道分销系统下,广泛分销策略的实施需要供应商一起投入巨额的资金,这样会影响供应商对这一策略的选择,供应商缺乏更多的策略选择空间。因此一般来说,非垂直整合渠道系统对这3种策略的使用具有更大的选择余地。

②覆盖面控制策略的选择。覆盖面控制策略的选择,需要考虑多方面的因素,较为重要的因素有客户行为、产品特性、市场特性、网点特性等。对于人们经常购买而又不需要投入太多时间和精力的商品,如香烟、饮料、口香糖、感冒药、调味品等生活便利品和工业品所需维护、维修的产品(如润滑油、灯泡、光管等),广泛性分销策略无疑是最佳的选择。对于那些客户寻求购买、挑选性较大的产品,如家电、床上用品、化妆品、鞋服等,采用选择性分销策略较为合适。对于那些名贵的产品,如知名品牌的服装、高档的家具、金银首饰等特殊产品(这些是客户需要更多的服务要求和慎重购买的产品),独家分销策略较为合适。广泛性分销策略,一般较适用于选择便利店,而选择性分销策略一般适宜于选择百货公司、购物中心等大型零售商场;独家分销策略适宜于选择专门的店面作为网点。

(3)价格控制策略

分销渠道借助多种途径对定价和价格水平实施影响。前面介绍的覆盖面控制策略的目标之一是有效地减少品牌内竞争。也就是说,在能提高或维持现有覆盖率水平的前提下,渠道管理者应尽量减少品牌内竞争,以免发生渠道冲突。限制品牌内竞争,肯定会提高价格水平,间接导致较高的价格和毛利。这样,中间商就能够获得足够的利润来弥补成本,从而有效地维护渠道运作。为了有效地控制价格,渠道管理者还可能会采取以下两种渠道价格的控制政策。

①价格维持政策。价格维持政策是指供应商(或制造商)明确规定其他渠道成员不能以低于或高于其制定的价格来销售供应商供给的产品。这种政策也被称为"转卖价格维持政策"。

②价格差别化政策。价格差别化政策是指卖方对不同的买方制订不同的价格政策。如果卖方将产品卖给某一个买方时比卖给另一买方时收取的价格低,那么卖方实际上通过向以较低价格购买该产品的买方提供了货币回报,因此实现了消费者差别化。

对那些需求价格弹性不同、服务要求不同以及竞争对手提供服务难易程度不同的消费者实施价格差别化是非常明智的。对那些价格敏感度较高、服务成本较低而竞争对手较易为其提供良好服务的消费者,我们可以对他们制定较低的价格,从而增强价格竞争力;对于那些价格相对不敏感、对服务要求较高、竞争对手难以为其提供良好服务的消费者,我们可以制定较高的价格。

供应商还可以利用促销津贴和服务来实现价格差别化,也可用功能折扣的方式实现价格差别化。不管采用什么方式实施价格差别化的政策,都是为了增加需求、打击竞争对手、回报消费者以及补偿渠道成员支付的服务成本等。

(4)产品线控制策略

渠道管理者常常希望控制渠道成员经营其产品线的深度和宽度。这方面的控制策略有两种。

①独家交易策略。独家交易是指卖方(供应商)要求它的中间商只能经营其产品或品牌,或者最起码不能经营其直接竞争对手的产品和品牌的交易行为。独家交易使中间商更为依赖其供应商,供应商因此能获得中间商对其的忠诚。另外,这种交易也可以防止中间商利用其品牌的影响力和号召力来经营竞争对手的品牌,避免其他品牌的产品不需努力就分

享供应方促销和名牌效应所带来的市场需求。独家交易也可以防止提供的其他服务被其他的竞争品牌免费"搭车"(如店铺的专业陈列、技术培训、财务和其他有关经营方面的支持等)。

②捆绑销售策略。捆绑销售策略是供应商(卖方)要求经销商(买方)除了购买其需要的产品或服务(被捆绑的产品或服务),还要购买卖方的其他产品或服务(要捆绑的产品或服务),或者至少不能从其他人手中购买这种要捆绑的产品或服务的销售行为。如一家制造摄影器材(被捆绑的产品)的制造商要求经销商同时购买胶卷(要捆绑的产品)。实施捆绑销售策略能有力地维护本品牌销售,同时压制其他竞争品牌的销售。

(5)所有权控制策略

渠道管理者为了有效地控制市场,会通过控制所有权进行垂直整合。垂直整合可能是制造商实施的前向整合,也可能是零售商实施的后向整合,还有可能是批发商或者渠道中的后勤服务公司(如运输公司)实施的前向、后向甚至是双向的整合。实施垂直整合可以采取自己成立某些渠道功能的组织单位的方法(内部扩张方式)和通过收购某些渠道成员的方法(外部扩张方式)两种选择。无论是通过内部扩张还是外部扩张方式进行整合,都可以使渠道成本降低,提高渠道管理效率,而且还会对价格控制、产品线控制和市场覆盖控制产生更加有利的影响。

制造商(或供应商)还会通过控制所有权来达到多渠道分销的目的。多渠道分销是指制造商或者批发商为销售同类产品利用两条或者两条以上的渠道达到一个或者多个细分市场。多渠道分销还发生于制造商利用不同的渠道来经销冠以不同品牌的同一产品的情形。这种情况是由于细分市场的存在,或者经销商冠以自己的品牌来经销制造商的产品。

5.3.2　对渠道销售人员的控制管理

对渠道销售人员的控制包括三个方面的内容,即渠道销售队伍的建设、渠道销售人员的素质培训和渠道销售人员业绩的评估与报酬。

1)渠道销售队伍的建设

渠道销售人员是企业中与分销商接触最直接和最紧密的人。他们不仅要对分销商介绍产品知识和解释各项政策,还要代表企业与分销商签订合同,并帮助分销商履行合同。同时,企业对渠道的控制与管理,也是通过渠道销售人员的日常工作逐步实现的。由此可以看出,渠道销售人员对产品的营销成败具有重要的影响。因此,加强对渠道销售人员的控制与管理,是企业做好渠道控制工作的基础。

通常情况下,企业在进行渠道销售队伍的建设时,主要考虑以下4个方面。

(1)人员数量

一般来说,确定渠道销售人员数量可以采取以下方法。

①工作量法。

a.以一定时期内的销售量将客户划分等级。

　　b.根据过去的购买形式、营销经验和销售量等,计算每一级客户的数量及相应的拜访频率。

　　c.估计企业总的销售拜访次数。

　　d.分析客户的地理分布和集中性,每次拜访所需的时间等,确定渠道销售人员在一定时期内的平均拜访次数。

　　e.计算所需的渠道销售人员数量。

　　②定额法。

　　a.确定企业在一定时期内预计的总销售额。

　　b.估计渠道销售人员能完成的销售额。

　　c.计算所需的销售人员数量。

　　(2)人员结构

　　人员结构主要包括以下几方面内容。

　　①区域结构。每个渠道销售人员被指派到特定的销售区域,负责销售企业的全部产品。这种结构有利于明确工作权责,有效激发渠道销售人员的积极性,培养其独立工作能力,且易于考核业绩,同时还可节省交通费用。它适用于产品种类较少、市场结构简单,且客户分布较为集中的情况。

　　设计区域时,应考虑的主要因素有:销售区域管理的难易、出差时间或距离的长短、每个渠道销售人员的工作量与销售能力、区域的销售潜力等。

　　②产品结构。按产品线分配人力,每个渠道销售人员负责销售一种产品线。它适用于产品高度专业化,或产品数目繁多,或产品高度分散,产品之间完全没有关系的情况。

　　③客户结构。按客户的类型分配人力。分配的依据主要是:行业类型、客户规模、分销途径和特殊客户等。它的优点是能迎合特殊客户的需求,可针对不同类型的客户指派适当的销售人员。

　　④市场结构。企业常常按行业或客户类别来组织销售队伍,即企业对不同行业,甚至不同的客户安排不同的销售人员。这种市场专门化结构最明显的好处在于每个销售人员对客户的特定需求非常熟悉,其主要缺点是,如果各类客户遍布全国,那么企业的每个销售员都要花费很多的差旅开支。如 IBM 公司在纽约为金融界和经纪人客户分别设立了单独的销售处,在底特律为通用汽车公司设立另一个销售处,在附近的迪邦又为福特汽车公司设立另一销售处。

　　⑤组合式结构。当企业的产品种类繁多、客户类型不一,且销售区域广泛时,可将以上 4 种结构分别组合,即销售代表可以按"地区—产品""地区—客户""产品—客户"等进行分工,但要避免多头领导的出现。例如,摩托罗拉公司管理着 4 种销售队伍:一是直接市场销售队伍,主要由技术、应用和质量工程师及为大客户服务的人员组成;二是地区销售队伍,主要任务是访问在不同地区的成千上万个客户;三是分销队伍,主要是访问和指导摩托罗拉的分销商;四是内部销售队伍,主要是做电信营销和根据电话与传真接收订单。

　　(3)组织发展制度

　　渠道销售人员是销售业绩的保证,人员的发展与增长是业绩成长的主要因素。要想有长期稳定的业绩,就必须发展人力资源和建立专业团队。由于个人能力的局限性,增强销售的团队力量,是建立渠道销售队伍的重要任务之一。而团队力量来自长远的发展规划和完善的团队发展计划。

通常情况下,企业以设定业绩及人品的标准,再加上其他与销售活动有关的因素,作为整个考核及评估的标准。在销售人员个人业绩到达一定标准的情况下,考察其领导、训练和辅导他人的能力,并由此逐步建立金字塔式的团队结构形式,形成上下一体的全面发展格局。

对于某些主管为防止下属独立采取的排斥或压制下属发展的现象,应采取相应的"毕业制度"。即当下属成员中优秀者可以独挡一面时,企业让其成立另一个销售单位;对于培养下属"毕业"的主管,则安排进入更高层次的职位,并管理"毕业"出去的原下属销售单位。同时对于因此而收益减少的主管,可考虑适当的补偿。此时,企业应加强对全体员工的宣传教育,使企业内部形成共同发展、全面进步的企业文化。

(4)团队组合

渠道销售人员的工作年限、职务级别、业绩状况、年龄情况和事业发展阶段等,都与其工作表现有极大的关系。因此,销售主管应按重要程度确定这些因素与销售业绩的相关性,以确定渠道销售队伍的人员结构,形成有力的渠道销售团队。例如,分析工作年限与销售业绩的关系,按比例设置渠道销售队伍的结构。

销售主管在采用这一管理方法时,先要了解目前渠道销售团队的"人力结构"和相对应的销售贡献组合,并决定自己希望的人力结构和销售贡献组合,最后再考虑要采取哪些管理行动,以便达成人力结构的均衡及销售组合的健康发展。销售主管在引用新的管理或激励方法时,应注意企业的销售政策、产品的生命周期和竞争环境等。

2) 渠道销售人员的素质培训

一支优秀的渠道销售人员队伍,对企业的兴衰起着重大作用。建立这支队伍是一项十分艰巨的工作。企业应当从培养渠道销售人员的个体素质入手,提高推销队伍的整体素质。例如,在IBM公司,新的渠道销售代表要接受密集的入门培训,以后每年有15%的时间参加额外训练。

(1)渠道销售人员的基本素质

①热爱本职工作。这是一个渠道销售人员的首要条件,也是做好销售工作的坚实基础。渠道销售人员只有热爱销售工作,才能有强烈的敬业精神,吃苦耐劳、任劳任怨,才能想消费者之所想,急消费者之所急,做好销售工作。

②具有相应的文化水平和专业基础知识。这是一个渠道销售人员逐步向专业化、熟练化发展的必要条件。渠道销售人员要进行广泛的交易活动,应有相应的科学知识,如经济学、市场学、心理学、社会学、公共关系学等方面的知识。同时,还要具备一定的专业知识和技能。这样,才能善于掌握渠道销售商品的技巧,熟悉交易洽谈和签订合同的程序,才能应付各种环境的挑战,胜任渠道销售工作。

③具有一定的语言表达能力。语言表达能力是一个渠道销售人员直接与消费者交流、推广宣传商品的基本条件。在渠道商品销售活动中,言谈流利、风趣、语义确切、清楚、中肯可信、有感染力,渠道销售才有说服力。同时,渠道人员的举止对消费者也有重大影响。在交易过程中,要求着装整齐、仪表端庄、谈吐文雅、谦虚有礼、态度诚恳、平易近人。

④掌握渠道销售技巧。要能熟练地运用各种渠道销售方法和策略,与消费者建立良好的关系。

(2)渠道销售人员的训练

要从整体上提高渠道销售人员的素质,就必须进行岗位培训。实行完整而有效的人员培训,是企业经济效益的来源。强化业务人员的销售培训,一方面可以帮助企业获得最大的收益,渠道销售人员能力水平的提高,必将带来销售业绩的提升,从而增加企业的收益。另一方面可以减少人员的流动性。良好的训练教育,能使渠道人员具备积极的心态和正确的择业观、从业观和敬业观,从而增强企业的凝聚力。培训的主要内容有以下几方面。

①系统地学习经济理论和相关学科理论。如商业经济学、企业管理学、商品学、市场学、心理学、经济法规、公共关系学等,使渠道销售人员从基础理论上得以充实和提高,以便在错综复杂的市场环境中,把握发展趋势和规律。

②学习业务知识。包括企业、产品、用户、市场4个方面的知识。

a.企业知识。了解并遵循企业的基本方针和策略,熟悉企业的历史、经营条件和特点、生产能力,在同行业中的现有地位、交货方式、付款条件等。

b.产品知识。对产品的品种、规格、性能、用途、价格、技术以及产品适合特殊需要的可变性等都要了解。

c.用户知识。了解目标市场的需求,掌握消费者的购买心理和购买规律。

d.市场知识。了解市场环境,包括政治、经济、科技、法律等方面的知识,并能分析市场动向。

③学习渠道销售技术。要培养渠道销售人员掌握销售业务的各种技术和方法,懂得市场调查、预测方法,学习正确运用价格杠杆和渠道销售策略,善于利用公共关系来为企业营销服务。例如,在进行渠道销售技巧培训时,应重点培训如何利用实物说明、如何争取客户好感、如何应付反对意见、如何坚定销售信心、如何克服销售困难、如何更新销售知识、如何做好销售服务等。

[阅读资料5.3]　　　　董明珠——一个"营销高手"的故事

这是董明珠上门追讨42万元货款的故事。

董明珠刚到格力公司时,曾遇到了一笔催货款的业务,有一笔高达42万元的拖欠款项。债务人是一位被称为牛经理的经销商,他对待支付欠款的态度极其傲慢,甚至可以说是蛮横无理。当其他同事都不愿意接手这个棘手问题时,公司派董明珠前往市场处理这笔业务,牛经理给董明珠出了个难题,他说:让公司再发给他50万元的货,卖完一起结。董明珠灵机一动,道:行,先去仓库看看。谁知,到了仓库,董明珠的举动,却让牛经理气得大呼上当。

董明珠首先对这笔款项进行了详细的调查,了解清楚了所有的背景信息。然后,她开始制订策略,如何与牛经理进行沟通,如何说服他支付欠款。董明珠来到了约定的地点,见到了牛经理。牛经理的态度果然如她所料,对她不屑一顾,态度有些傲慢,董明珠并没有受他的胡搅蛮缠的行为影响,她始终保持着冷静和理性,谦逊有礼却又坚定地表达了自己的立场。董明珠认真地分析了牛经理的销售记录,试图从中找出问题的症结。董明珠发现牛经理最近的销售业绩出现了明显的下降,这让她不禁怀疑他可能陷入了经营的困境。为了验证这个猜测,董明珠决定暗中进行调查。

用了几天时间,董明珠还走访了附近的多家经销商,与他们进行了深入的询问和交流。通过对交谈的信息进行分析,仔细地研究,她了解到牛经理所在的商场确实正在进行大规模的装修,对正常营业产生影响,对商场的生意造成了巨大的冲击。面对牛经理的强势和威胁,她并不畏惧,相反,她采取了软硬兼施的策略,有理有据地进行谈判,在和牛经理谈判的过程中,她既表示对牛经理目前状况的理解和同情,又委婉地敦促牛经理尽快偿还欠款,并从长远合作关系的角度,向牛经理提出支持的预期方案。虽然董明珠用她的智慧和勇气逐步平息了牛经理的不满情绪,但牛经理并没有轻易认输,他试图推诿和拖延,不愿承认自己的错误。而董明珠则保持耐心的心态,不厌其烦地对牛经理进行说理说服,坚持要求牛经理必须先清仓付款,再谈后续支持的话题,才能考虑建立长久的合作关系。历过一个月的围追堵截,牛经理终于低头认输,按照董明珠的要求将42万元货品全部搬出,以实物抵债。为双方继续保持良好的合作关系铺平道路。经过董明珠的不懈努力,终于完成了此次讨债业务。这一做法既保护了公司的利益,也为公司的长远发展做好了维护大客户的工作。

董明珠的这段故事,让我们认识到作为一个优秀的销售人员必须要有责任担当,有坚持原则的意志,有不厌其烦的耐心,有分析市场的能力,有公关沟通的技巧,董明珠之所以能成为一个在业内公认的营销高手,从她的从业经历来看,她对公司利益和形象的维护、对工作的努力投入,对业务的刻苦钻研,做到了德能兼备。由于董明珠在公司内树立了顽强拼搏、敢作敢为的专业形象,对公司贡献大,她得到了高层的肯定,被调往总部,出任销售部经理一职。不久,她终于成长为格力的领导者,在她的带领下,格力销售业绩持续攀升,最终一举成为中国最大的空调制造商。

3) 渠道销售人员业绩评估与报酬

为了对渠道销售人员进行有效的管理,企业营销管理人员必须对渠道销售人员的工作业绩建立科学的评估、考核制度,以此作为分配报酬的依据。

(1) 对渠道销售人员的科学评估

① 要阅读和分析有关情报材料,包括渠道销售人员根据考核指标所撰写的定期报告。

② 要建立有效的评估标准,主要包括以下几个方面。

a.销售量。这是最常用的标准,衡量销售增长状况。

b.毛利率。这是衡量利润的潜量。

c.访问率。衡量渠道销售人员的努力程度,但不表示销售效果。

d.访问成功率。衡量渠道销售工作效率的标准。

e.平均订单数量。多数情况下与每日平均订单数量一起用来衡量。

f.销售费用与费用率。衡量每次访问的成本及销售费用占营业额的比例。

g.新客户。开辟新客户的衡量标准。

为了实现最佳评估,在评估标准方面应注意以下问题:一是销售区域的潜力以及区域形状的差异、地理分布状况、交通条件等对推销效果的影响;二是一些非数量性的标准很难求得平均值,例如:工作热情、判断力、责任感、合作性等。

③正式评估采用的方法。

a.横向比较法。比较不同渠道销售人员一定时期的销售量。但这种比较必须建立在各区域市场的销售潜力、工作量、竞争环境、企业促销组合大致相同的基础上。应当注意的是，销售量不是反映渠道销售人员全部工作成就的最佳指标，营销管理部门应对检查渠道销售人员工作效益的其他指标进行全面衡量。

b.纵向比较法。同一渠道销售人员现在和过去工作实绩的比较，包括销售额、毛利率、销售费用、新增客户数、丧失客户数、每个客户平均销售额、每个客户平均毛利等数量指标的分析、比较。这种评估方式有利于衡量渠道销售人员工作的改善状况。

④素质评估。除了对渠道销售人员的工作业绩进行评估，在有条件的情况下，也应对渠道销售人员的素质进行评估。素质评估包括对渠道销售人员的知识、人格和对工作的热忱、思想品质、奋发向上的性格的评价。

（2）渠道销售人员的报酬

渠道销售人员的报酬关系到渠道销售人员自身、企业和分销商三方的利益，企业能否合理地设定渠道销售人员的报酬，这是关系到产品销售的又一个关键因素。渠道销售人员往往希望获得较高的收入，企业则关心销售成本降低，而分销商则希望从渠道销售人员手中尽可能以较低的价格获得所需的产品。如果企业过分注重成本的高低，最终很可能会因小失大，流失大量的利润。但若一味以高提成确保忠诚度，又可能使产品的成本过高而失去竞争优势。现阶段，企业激励渠道销售人员的报酬制度主要有以下几种形式。

①纯薪水制度。无论渠道销售人员的销售量有多大，企业在一定工作时间内给予相同的报酬。其调整主要依据渠道销售人员的表现和成果。优点是计算简单、收入有保障、安全感强。缺点是缺乏鼓励作用，不利于提升销量；人员分界过于明显，不利于发展团队合作。此制度适用于需要集体努力的销售工作。

②薪水加佣金制度。以单位销货或总销货金额的较少百分率作佣金，每月连同薪水支付，或在年终时累计支付。其优点是既有稳定的收入，又可获得随销货额增加的佣金。缺点是佣金较少，激励效果不大。

③纯佣金制度。报酬的多少与一定工作时间内销售的成果或数量直接相关，即按比例给予佣金。其优点是富有激励作用，优秀的渠道销售人员可获得较高的报酬，易于控制销售成本。缺点是不适于销售波动情况，如季节性波动，收入不稳定，增加了管理难度。

④薪水奖金制度。渠道销售人员除了可按时收到一定薪水，还可获得许多奖金。奖金的支付是奖励渠道销售人员在宣传工作、推销新产品、增加新客户和降低推销费用等方面对企业的贡献。其优点是可鼓励渠道销售人员兼做一些涉及薪水管理的工作。缺点是不重视售量。

⑤薪水加佣金再加奖金制度。利用佣金及奖金，以促进工作的成效。其优点是不仅可以使销售人员获得稳定收入及额外的佣金与奖金，而且也可在管理方面有效地控制销售人员。缺点在于实行此制度需要较多的相关记录及报告，提高了管理费用。

⑥特别奖励制度。在规定报酬以外给予的额外奖励，可分为物质奖励和精神鼓励。它的多少是根据渠道销售人员超出配额的程度、控制渠道销售费用的效果或所获得新客户的数量等。优点在于鼓励的作用广泛有力，常常可促进滞销产品的销售。缺点是奖励的标准或基础不够可靠，容易引起渠道销售人员之间的不公平以及增加管理的难度。

从总体情况看,只有 1/4 的企业采取纯薪水制度和纯佣金制度,3/4 的企业采用两者的结合。除了报酬激励,一些企业也采用一些其他方法来刺激渠道销售人员,如定期组织销售会议、组织销售竞赛、奖励性旅游等。

5.3.3　渠道费用控制管理

由于受企业资源条件的限制,在渠道推广产品的过程中,企业必须研究费用的控制与管理。少花钱多办事,有效利用资金,降低成本,是产品营销成功的重要因素之一。在渠道运作中,控制费用支出是一个内容复杂、涉及面较广的问题。尤其在实际操作中,利用费用的运作来控制渠道,使其按照企业预定的目标发展,更是一门深奥的学问。它需要销售主管具备丰富的经验和技巧,同时又对市场和环境有相当深入的认识。通常,企业的渠道销售费用包括销售管理费用、市场推广费用和其他销售费用等。

1) 销售管理费用的控制

销售管理费用是指对整个销售过程进行管理时发生的费用。由于销售管理费用的支出是为了业务的拓展和管理,因此对销售管理费用的预算、使用和审核等,既要严格化、程序化和标准化,也要公平合理、简单易行。一般对销售费用的控制重点在人员的费用支出。

在对销售人员的费用进行控制的过程中,常常会遇到以下问题:一是费用审核权限过分向上集中;二是费用的审核缺乏明确的标准;三是费用的报销流程过于繁杂,给员工增加了一定困难;四是费用的报销、支出缺乏适当的管理,致使员工从费用的报销和支出中获取不法收益。针对这些情况,应采取有效的方法加强各项费用的控制。

(1) 费用控制的方法

①费用自行负担。适于纯佣金制度,销售主管在制订佣金比例时,将费用支出考虑在内。优点:处理简单,公平一致,保障企业的利润,尤其适用于费用无法监督的情况。缺点:不易控制人员的行动,某些支出由于业务不成功而无法收回,对销售人员比较不公平,业务性质不同,支出也不同,难以体现公平。

②限额报销法。

a.逐项限制法:对销售人员所有可能的开支逐项规定最高限额。

b.总额限制法:规定在一定时期内,销售人员报销费用总额的最高限额。

采取上述方法关键在于限额的确定,因为有些费用很难定出限额。对信用程度较高的销售人员易产生不信任感,但此法使用较为广泛。

③无限额报销法。

a.逐项报销法:允许销售人员就其支出的费用逐项列举,不限额度地予以报销。优点:灵活、有效;也可控制销售人员行动。缺点:费用控制程度较差。执行时,既要定期核查,又要注意对销售人员的筛选。

b.完全报销法:只要定期报告费用支出的总额,即可全额报销。可激发销售人员的责任感,但只限于能力和信用程度较高的销售人员。

(2) 费用控制的主要方面

①日常管理费用的控制。应根据需要按照不同的使用途径,编制每个项目的年度、月度

等预算方案,并建立独立的会计制度或预算控制制度。销售主管应对每个项目进行分析和研究,减少不必要的费用支出。在费用实际发生的过程中,应注意费用支出的审核和记录,定期检查费用的使用情况。费用控制也要适度,不可盲目追求降低成本,而影响正常的销售工作。

②机构设置费用控制。每一笔投资项目都要仔细评估,慎重分析。应详细探讨方案的可行性、收益性和风险性。销售分公司或办事处等机构的设置必须考虑:目前的市场规模、市场的发展潜力、企业的资金状况、竞争的激烈程度、机构的规模大小等。

③交通费用的控制。

a.使用公共交通工具。

实报实销法之一:企业负责一切修理费、保养费、税费、燃料费等,个人凭发票或油票核实报销。这是常用方法之一。

实报实销法之二:扣除自用,按估计的自用里程数,报销一定金额。

固定补贴法:定期发给固定金额的补贴。

b.使用私人交通工具。

固定补贴法:定期发给固定金额的补贴。补贴范围包括折旧、修理、维护、税费和燃料费等。

里程数补贴法:按实际使用的里程数给予补贴,补贴范围包括一切费用。可按实际需要采用固定比例、累进比例和累退比例等计算方法。

综合补贴法:定期给予固定的补贴,以贴补车辆的修理、保养、维护和税费等费用,燃料费用则采用实报实销法或按里程数给予补贴。

2) 市场推广费用的控制

市场推广费用是在整个推广过程中发生的费用。对分销商进行产品的营销推广,尤其要控制好费用支出,其重点是促销费用的管理。渠道促销是企业对分销商推销产品的有效方式,由于分销商出于自身利益的考虑,总是要求提供更多的实惠和支持,因此企业对推广费用的控制,应兼顾企业和分销商的共同利益,既要保证市场推广收到实效,又要减少不必要的开支。

(1)渠道促销费用的控制

①根据年度促销计划,安排每月的促销费用。

②合理设置促销活动预算,并保留一定的备用金。

③根据区域的不同性质合理分配促销活动经费。

④对于突发事件,需动用备用金时,应深入调查,并进行应急措施的可行性分析。

⑤对按计划实施的促销活动,应保证经费的连续性。

⑥各区域定期汇报经费的使用情况:项目、金额及其合理性。企业必须对经费的使用情况进行定期和不定期的检查和监督。

(2)广告宣传费用的控制

①制订年度计划,并按照具体的实施计划,安排每月的广告费用。

②对广告宣传费用的使用情况进行检查与监督。对出现的问题,应与有关媒体协商解决。

③对各区域的广告宣传,设置合理预算,并监督其使用情况,加强费用的申报审核。

(3)市场辅助工具的控制

①应根据区域的不同性质,分配适宜的市场辅助工具。

②按照市场情况,合理分配数量。

③各区域应设置专人检查市场辅助工具的使用情况及其实际收效。

3)其他销售费用的控制

在渠道运作中,销售费用除了管理费用,还有很大一部分是渠道折扣折让、销售设施及市场设备等的费用,这些费用也是企业控制的重点。折扣折让是企业与竞品争取分销商的有效武器,若控制不好,可能会造成企业资金的大量流失,甚至直接冲击企业辛辛苦苦建立的产品市场。而销售的设备设施及市场设备,投入一般较大,如果管理不善将会导致巨大的经济损失。

(1)折扣折让费用的控制

①在年度计划中,确定适度的折让范围,明确一定的折扣率所对应的销售条件。

②确定特殊折扣的适用条件及其申报程序。

③年终"返点"时的审查程序和具体的执行方案。

④强调折扣折让在一定时期内的连续性与时间限制,保证公平合理。

⑤利用费用运作时,应分析当前的市场状况、竞品的策略,尤其是要研究分销商的利益点和可能的不利行为,事先进行预控。

(2)销售及市场设备费用的控制

①项目方案的可行性研究与风险预测。

②所需资金的额度及来源。

③建设资金的使用情况检查与分析。

④维护资金的使用情况、监督与调整。

5.3.4　渠道窜货控制管理

经销商渠道窜货冲突

1)窜货的含义

窜货,又称倒货或冲货,是分销网络中的企业分支机构或中间商受到利益驱使,将所经销的产品跨地区销售,造成市场价格混乱,从而使其他经销商对产品失去信心,消费者对品牌失去信任的营销现象。窜货简单来说就是越区销售,它是现阶段中国绝大多数企业渠道管理中遇到最多的渠道冲突,也是最令企业感到棘手的问题。

毫无疑问,没有窜货的市场是不红火的市场。因为对于滞销的产品,是不会有经销商煞费苦心地进行窜货的。窜货现象本身从一个侧面反映出市场对产品的需求信号。但大量的窜货一定是危险的,很多畅销的产品因为企业对窜货的管制不力,最终造成市场混乱。因此,企业必须对窜货有一个清醒的认识,识别窜货的性质,并采取必要的措施。

2) 窜货形成原因

(1) 不现实的销售目标

当企业盲目向经销商增加销售指标时,也很容易诱导或逼迫经销商走上窜货的道路。很多企业对产品在某个区域的市场消费总量不进行科学预测和理性判断,单凭感觉和经验,盲目确定指标,导致经销商在完不成指标的情况下,只能向周边地区"开闸放水",甚至"泄洪"。其结果是引起周边地区的经销商也砸价窜货,推波助澜。

(2) 企业销售价格体系混乱

目前,许多企业在产品定价上仍然沿用老一套的"三级批发制",即总经销价(出厂价)、一批价、二批价、三批价,还有建议零售价。这种价格体系中的每一个阶梯都有一定的折扣。如果总经销商直接做终端,其中两个阶梯的价格折扣便成为相当丰厚的利润。如果经销商比较看重利,不太注意量的话,那么,这个价格体系所产生的空间差异就非常大,形成了让其他经销商越区销售的基础。

(3) 激励措施操作不当

在现阶段,企业都对经销商施行"年终奖励"等返利措施,企业与经销商在签订年度目标时,往往以完成销量的百分比来激励经销商,超额越多,年终奖励(或称返利)的折扣就越高。于是,原先确定的价格体系被这一年终折扣拉开了空间,导致那些以数量为根本、只赚取年终奖励的经销商为了博得这个百分比的差额,开始不择手段地向外"侵略"。

(4) 销售结算方面的便利

很多企业采取以银行承兑汇票为主的结算方式的销售策略,尤其在家电行业。从安全角度看,对企业来讲,银行承兑汇票是一种比较理想的结算方式。但是,使用银行承兑汇票或其他结算形式(如易货贸易),经销商已提前实现利润或成本压力较小,他们出于加速资金周转或侵占市场份额的考虑,以利润贴补价格,向周边市场低价窜货。

(5) 其他原因

合作中不愉快的经历,或企业不能兑现承诺,造成经销商采取报复性行为,形成恶意低价窜货。还有一个原因来自企业内部的销售人员。有些地区的销售代表或销售人员,由于缺乏职业道德,为了多拿奖金或嫉妒其他人的高奖金,不顾企业的销售政策,擅自改变资源配置方向,向其他地区抛售、洗货。这些都是由某些非常态因素引发的恶性窜货。

3) 渠道窜货控制方法

从以上分析可以看出,窜货的绝大部分原因是企业渠道管理上存在漏洞。因此,为维护市场秩序,堵住窜货源头,应从提高企业自身的渠道管理能力入手。以下是企业避免或将窜货发生率降低到最低程度的一些方法。

(1) 约束合同化

企业应与经销商之间达成契约,如有违反则追究责任。加强对本公司销售人员和企业内部办事处的监督和处罚。

例如,某经销商不经销甲厂产品,但该经销商在经过某个地区时顺路带甲厂产品回到本地区,导致偶然窜货。因为该经销商没有销售甲厂产品的网络,所以最简捷的方法是低价向该地区的甲厂经销网络销售,企业销售人员对自己所负责的客户是否具有窜货行为,是非常清楚的。但是,由于相当多的企业对销售人员采取按量提成的奖励政策,从而导致本公司销售人员站在经销商一边,因为只要他所负责地区的经销商的销量增加,自己的提成也就增加。因此,这种制度决定了生产企业销售人员对自己负责地区客户的窜货行为,不可能去认真监督防治。但是,可以通过签订不窜货协议,为加大处罚力度提供法律依据。在众多合同当中,尤以"总经销合同"最为重要,它是用来约束总经销商的市场行为的工具。一般在签订合同时应注意以下4个方面。

①在合同中明确加入"禁止跨区销售"的条款,将总经销商的销售活动严格限定在自己的市场区域之内。

②为使各地总经销商都能在同一价格水平上进货,应确定生产企业出货的总经销价格为最低统一价,所有在途运费由生产企业承担,以此来保证其各地总经销商具备相同的价格基准。

③在合同中载明级差价格体系,在全国执行基本统一的价格表,并严格禁止超限定范围浮动。

④将年终给各地总经销商的返利与是否发生跨区销售行为相结合,使返利不仅成为一种奖励手段,而且成为一种警示工具。同时,对所窜货物价值,可累计到被侵入地区的经销商的销售额中,作为奖励基数,并从窜货地区的销售人员和客户已完成的销售额中,扣减等值销售额。

(2)包装差别化

包装差别化即生产企业对相同的产品,采取不同地区不同包装的方式,可以在一定程度上控制窜货。主要措施如下所述。

①通过文字标识,在每种产品的外包装上,印刷"专供××地区销售"。可以在产品外包装箱上印刷,也可以在产品商标上加印。这种方法要求这种产品在该地区的达到一定销量,并且外包装无法回收利用才有效果。

②商标颜色差异化,即在不同地区将同种产品的商标,在保持其他标识不变的情况下,采用不同的颜色加以区分。该方法也要求这种产品在某地区的销量足够大时,企业才有必要采取该措施。但同样,只要达到一定销售量,成为该地区畅销的主导商品,窜货者就有可能制造假商标。

③外包装印刷条形码,不同地区印刷不同的条形码。首先,由于产品实行代码制,能对产品的去向进行准确无误的监控,避免经销商有恃无恐,使其不敢贸然采取窜货行动;其次,即使发生了窜货行为,也可以明白产品的来龙去脉,有真凭实据,处理起来相对容易,但有的经销商会将条形码撤掉。这样一来,企业必须给不同地区配备条形码识别器。采用代码制,就可使企业在处理窜货问题上掌握主动权。

这些措施都只能在一定程度上解决不同地区之间的窜货乱价问题,而无法解决本地区内不同经销商之间的价格竞争。

（3）货运监管制度化

在运货单上，标明发货时间、到达地点、接受客户、行走路线、签发负责人、公司负责销售人员等，并及时将该车的信息通知沿途不同地区的销售人员或经销商，以便进行监督。

（4）管理区域化

①划分经销商业务地区。依据经销商所在地区的行政地图，将所在地区根据道路、人口、经济水平、业务人员数量，划分成若干个分区；依据城市地图，按照街道分析，将终端零售店全部标记出来。根据两张地图，将自己所负责的业务地区，细分为若干个分区。然后，通过与竞争对手的比较分析，发挥自己的竞争优势，以此找准突破点，以点带面。

②客户档案管理。必须尽快建立客户档案，一是职能部门与新闻部门顾问档案。包括单位，姓名，职务，电话，家庭成员及其偏好，家庭主要成员如父母、配偶、子女等的生日；二是零售商与批发商档案，包括客户名称，地点，联系方式，品种，规模，经验，负责人及其信用，行为偏好，负责人家庭成员及其偏好，家庭主要成员如父母、配偶、子女等的生日，客户购买周期，每次购买量，客户的网络及其档案。

③价格管理。所有分区必须按照内部业务管理制度，实行统一价格。实际上对渠道销售成员来讲，保证或增加盈利的最重要的措施并不是价格高低，而是保持地区价格稳定。为了保持地区价格稳定，要在销售网络内部实行严格的级差价格体系。

级差价格体系，是在销售网络内经销商分为总经销商、二级批发商、三级零售商的基础上，由销售网络管理者制定的包括总经销价、出厂价、批发价、团体批发价和零售价在内的综合价格体系。它在确保销售网络内部各个层次、各个环节的经销商都能获得相应利润的前提下，根据经销商的出货对象规定严格的价格，以防止经销商跨越其中的某些环节，进行窜货活动。

在实际操作中应注意以下3点。

一是为保障总经销商的利润，企业应要求总经销商在各地按出厂价出货，而总经销商的利润应包含在出厂价当中；企业在各种场合可以公布出厂价，而对总经销价格应严格保密。

二是为保障二级批发商的利润，总经销商对外出价应实行四种价格，即对二级批发商实行出厂价，对零售商场实行批发价，对团体消费者实行团体批发价（高于正常商业单位的批发价），对个人消费者实行零售价。这样做的目的在于使二级批发商可以按相同的价格销给商场、团体和消费者，并确保应得利润水平。

三是为确保零售商场的利润，总经销商和二级批发商在对团体消费者和个人消费者销售时，要严格按照团体批发价和零售价销售，确保零售商场按相同的价格水平销售也有利可图。级差利润分配结构实际上就是产品从出厂直到消费者手中的级差价格体系。合理且相对稳定的价格体系方能保证网络中的各个环节都可得到相应利润，使整个网络得以正常运转。

④人员管理。加强销售人员管理，对销售人员建立奖惩制度，防控窜货发生。

（5）坚持以现款或短期承兑结算

从结算手段上控制经销商因利润提前实现或短期内缺少必要的成本压力而构成的窜货风险。根据每一经销商的市场组织能力、分销周期、商业信誉、支付习惯、经营趋势以及目标市场的实际容量、价格弹性程度、本品牌的市场份额等各项指标,建立严格有效的资金占用预警及调控机制。设立发出商品资金占用评价体系,使铺货的控制完全量化,将发出商品的资金占用维持在一个合理的水平,避免经销商形成窜货的恶性"势能"。

(6)科学、合理地运用激励和促销措施

从激励经销商的角度讲,销售奖励可以刺激经销商的进货力度。但涉及现金的返利措施容易引发砸价销售的恶果。因此,销售奖励应该采取多项指标进行综合考评,除了销售量,还要考虑其他一些因素,如价格控制、销售增长率、销售盈利率等。为了消除窜货现象,甚至可以把是否窜货也作为奖励的一个考核依据。同时,返利最好不用现金,而用货物或其他实物,促销费用也尽量控制在企业手中。

[阅读资料5.4]　　　　　　　　**渠道管理的8个误区**

1.把市场全部丢给经销商

渠道管理8个误区

相对制造商来说,经销商始终活跃在销售第一线,熟悉消费市场,所以,有些公司就把一切的营销活动都丢给经销商去做,将判断市场的决策权下放给经销商。放权管理表面看很轻松,其实带来了很大的隐患,因为经销商只是渠道营销的中间环节,它并不了解制造商的生产情况,而且经销商多以自己利益为重,按照实现既得利益来运营市场,一旦市场行情发生变化,或者经销商之间混战,渠道局面难以控制,而制造商因为对市场反应迟缓,也没有控制渠道局面的基础,整个渠道就会功亏一篑。

2.把减低供销价格当成提升经销商销量的唯一手段

制造商错误认为给到经销商足够的让利,只能用不断降低供货价格的方法来调动经销商的积极性。主动降低供货价的方法既损害了制造商的利益,也不一定能调动经销商的积极性。经销商销售业绩不好的原因是多方面的,可能是产品定价不合理,也可能是经销商营销策略有问题,有可能是经销商的管理失当等。因此,就算制造商做价格让利了,也很难保证经销商能提高销量,所以,制造商在做渠道管理时,要认真分析销售业绩不佳的原因,然后对症下药,不要只用降价的手段来解决问题。

3.过于顾及感情而不讲利益

制造商主管与经销商之间往往有着长期和睦合作的关系,甚至建立了很好的私交,如果因为只讲私情,不仅损害了合作方的利益,也损害了渠道成员的共同利益,偏离了合作共赢的目标,渠道成员长期合作也会掉链的。对于商业伙伴来说,感情联络和利益均衡,一个也不能少。

4.窜货

窜货是经销商不遵守商业协议与制造商产生利益冲突引起的。经销商跨地区或降价销售,这种做法虽然能提升经销商的业绩,但对制造商的利益造成了损害,严重时会导致渠道瓦解。制造商应该通过建立渠道管理制度,约束和规范经销商行为,防止窜货。对于恶意窜货行为,制造商应通过惩罚等经济手段严肃处理。

5.渠道建设过于分散

有些制造商为了分散风险,在各层级大量引入不同的经销商,以免资源集中到一家或几家主要的经销商。这样一来,反而导致公司渠道管理复杂化,大大增加运营成本。实际上,与其引入大量能力参差不齐的经销商,还不如选择几个实力雄厚的、优秀的经销商,建立完善的经销商管理制度,不仅合作高效,而且有利于制造商进行管理与监督。

6.以为市场需求大就不用投入渠道建设

有些制造商对于一些市场供不应求,发展潜力很大,竞争压力不大的市场,往往会忽略对渠道深耕细作的管理,降低市场开发力度。但随着市场的快速多变以及竞争对手的强有力的竞争,被竞争对手抢先一步占领市场,制造商不仅不能扩大市场占有率,还很容易丢失原有的市场。事实上当市场需求量很大时,才更需要制造商积极进取,在市场上占据有利地位,强化渠道建设,牢牢控制好渠道不丢失,占据渠道的制高点,才是制造商的上上策。

7.渠道定价一刀切

有些处在渠道上游的公司认为价格不统一会打乱市场秩序,导致产品整体销售业绩下滑。实际上,市场是变化的,渠道也是多元的。制造商产品在不同区域的价格应该有区别,对于不同区域和不同层次的渠道,选择符合当地市场情况的定价策略,是市场自然调节的结果。一刀切的渠道定价策略,不符合市场规律。

8.渠道策略不变

按照市场规律配置资源是不变的市场竞争法则。有部分制造商往往跟不上市场竞争的节奏,适应不了渠道的竞争变化,事实上渠道是由多环节、多成员合作构成的,渠道是多维度竞争的复合体,如果渠道策略一成不变,制造商难以适应复杂多变的渠道竞争,在竞争中处于劣势。所以,制造商应该科学合理制订有竞争力的渠道策略,保持渠道竞争的优势。

(资料来源:武永梅.销售就是做渠道[M].苏州:古吴轩出版社,2017.)

[案例与思考5.6]　　好佳企业《市场秩序管理公约》

按照年度《经销商协议书》,本着"确保经销商利益,加大市场管理力度,维护市场流通秩序,提高品牌形象"的原则,特定本市场管理政策,作为年度《经销商协议书》的附件。

一、总则

1.经销商同意好佳公司对市场违规行为的以下处理标准:甘愿接受行会会长的协调、处理、管理和监督;自愿接受公司监察的监督和处理。同意"如协调不成,再出现违规现象的2日之内,收购窜货产品,提出投诉申请,填写窜货投诉状",如出现以上违规情况,同意按市场收购价格,在通知下达的2日之内,从被窜货经销商中回购所窜货的产品,或补差价,并在违规事件处理完毕之前接受公司停货处理。接受公司"对所有违规行为的全省通告"的规定。

2.下述政策的任何变动或修改以公司的正式书面通知为准,任何口头承诺均不产生任何效力。

3.经销商同意及确认公司对下述政策具有解释权。

4.本销售政策为《经销商协议书》的附件,与《经销商协议书》具有同等法律效力。

二、市场管理的处罚政策

对于违反市场管理规定的经销商,必须按照市场管理处罚政策进行处理。

1.处罚方:公司市场监察部。

2.违规案件来源:经销商的投诉状、监察巡防。

3.低价销售的认定。

(1)低于公司出厂价出售。

(2)责任:违规经销商、违规经销商所属行业协会会长负完全责任。

4.处罚规定。

(1)凡出现市场违规事件,均全省通告。

(2)每通告一次,处罚表如下表所示。

成员	违规经销商	所属行会会长	业务员	销售主管
审货处罚标准	①取消市场管理奖励②按审货每件50元的标准处罚	①会长在经销商投诉状上签字不予扣罚②凡直接由督察处理的,或拒绝、不在规定时间内在投诉状上签字的,扣罚500元/次	100元/次	200元/次
低价销售处罚标准	取消市场管理奖励	扣罚500元/次	100元/次	200元/次

5.经销商投诉程序。

(1)经销商在发生审货事件后,由经销商行会会长协调处理,在协调不成的情况下,在2日之内,由经销商提供审货证据,并填写投诉状。

(2)投诉经销商行会会长在收到投诉状的2日之内,签上处理意见,并立即传真给公司市场监察部或另一行会会长。

(3)被投诉经销商行会会长收到对方行会会长传来投诉状2日之内,签上处理意见,并传真给公司市场监察部。

(4)公司市场监察部收到投诉状的2日之内处理完毕,并立即发放审货裁决书。

(5)审货方必须在审货裁决书发出后2日之内,按市场收购价回购所审货物,或者经双方协商,由审货方补偿被审货方回购审货产品的市场差价。否则,公司将停止供货,直到事件解决。

(6)公司每月将市场违规经销商名单进行全省通告。

6.监察巡防发现违规案件处理程序。

(1)发现审货案件。

(2)收购审货产品。

(3)在发生审货事件后的当日内通知审货经销商,并发放审货裁决书。

(4)审货方必须在审货裁决书发出后1日之内,按收购价回购所审货物,否则,公司将停止供货,直到事件解决。

(5)公司每月对市场违规的经销商进行全省通报,并计入市场违规档案。

7.低价销售处理程序。

(1)在批发市场上收购低价货物。

(2)如属审货,按审货程序处理。

(3)如属于区域内经销商的产品,二级批发商或经销商本人低价销售,则按"低价销售处理标准"进行处罚,并发放低价销售裁决书。

（4）销售商必须在低价销售裁决书发出后的当日内，按收购价回购所收购的低价销售的货物，否则，公司将停止供货，直到事件解决为止。

（5）公司每月对市场违规经销商进行全省通告，并计入市场违规档案。

　　　　　　　　　　　　　　经销商（签名）：

　　　　　　　　　　　　　　公司监察负责人（签名）：

　　　　　　　　　　　　　　　　　　　　　　××××年××月××日

请问：这份公约对渠道窜货的管理有什么意义？它对经销商职业道德规范建设有什么作用？

项目小结

在设计和选择了分销渠道后，就要开始分销渠道管理的流程运作，在运行中对销售渠道进行管理的核心问题是选择渠道成员、激励渠道成员及评估渠道成员。选择渠道成员应该做好三方面的管理工作：渠道系统的角色分工、渠道成员的选择标准和选定成员的角色定位。在渠道管理过程中，制造商可采用多种直接和间接的方式激励中间商，激发他们的潜力，促使双方更好地合作，在互惠互利中实现各自的目标。

分销渠道内同样存在着竞争。如果渠道成员利益矛盾激烈化，就会产生渠道冲突。通常情况下，渠道冲突是一个渐次发展的过程，根据不同的划分标准可分为多种类型，各种冲突产生的原因也各不相同。窜货是大多数企业渠道管理中遇到最多的一种渠道冲突，也是最令企业感到棘手的问题。窜货又称倒货或冲货，就是所经销的产品跨地区销售，造成市场价格混乱，危害巨大。加强分销渠道管理，加强营销队伍的建设与管理等措施都能有效地防范和控制窜货行为。

对付渠道冲突最有效的办法是让渠道销售成员建立产销渠道战略联盟，形成利益共同体，使矛盾双方成为一家人。从低层次的协作到高层次的联盟，由松散的合作到紧密的联盟等，产销战略联盟实现方式灵活多样，合作层次较多。根据其联系的密切程度可分为会员制、销售代理制（制造承包制）、联营公司等形式。渠道战略联盟是一种关系营销的形式，具有长期性。

分销渠道的设计与建立仅仅是营销工作的开始，有效的管理与控制，充分发挥它的作用，才是最重要的。一般来说，分销渠道的控制类型包括密集性分销渠道的控制、选择性分销渠道的控制和独家分销渠道的控制。控制的结果就是实现渠道成员的协调和共同优化，这是创造渠道价值的重要基础。

【练习题】

一、名词解释

1.渠道冲突

2.独家交易

3.覆盖面控制策略

4.窜货

二、选择题

1.在选择渠道成员时,(　　　)是适用于刚进入某个行业的制造商或销售新产品时的一种较为灵活变通的策略。

　　A.分两步走策略　　　　　　　　　　　B.步步紧跟策略

　　C.逆向拉动策略　　　　　　　　　　　D.顺向拉动策略

2.(　　　)属于激励中间商的间接激励方法。

　　A.返利　　　　　　　　　　　　　　　B.价格折扣

　　C.开展促销活动　　　　　　　　　　　D.帮助中间商建立进销存报表

3.(　　　)渠道冲突指在同一渠道模式中,同一层次中间商之间的冲突。

　　A.垂直　　　　　　B.平行　　　　　　C.水平　　　　　　D.交叉

4.(　　　)分销渠道是一种广泛、开放的营销方式,其目的是在短时间内迅速覆盖尽可能广的市场,提高市场渗透率,使产品的销售量尽可能大,迅速回笼资金。

　　A.密集性　　　　　　B.选择性　　　　　　C.独家　　　　　　D.垂直

三、简答题

1.选择分销渠道成员须遵循哪些原则?

2.渠道合作的主要形式有哪些?

3.渠道冲突包括哪些类型?

4.常见的渠道费用控制方法有哪些?

四、论述题

试分析窜货发生的原因,结合实际谈谈防范窜货的对策。

【实训题】

某食品企业分销渠道冲突化解实训

1.实操目的:了解企业是如何管理分销渠道成员的,以及企业现有渠道成员之间是如何进行协调和合作的,掌握企业是如何化解渠道矛盾和冲突的。

2.实操要求:以学习小组为单位开展调研,完成实训报告。

3.实操步骤：

（1）选择学校所在城市的某一个食品企业进行调研；

（2）通过实地调研、资料查阅、网络查询等方式，了解所选择的企业分销渠道成员管理的现状、企业现有渠道成员之间是如何进行协调和合作的；

（3）指出该企业的分销渠道冲突；

（4）针对渠道冲突，分析其产生的原因，提出具体的控制策略；

（5）形成书面调研报告。

【案例分析】

调味品行业调查：
调味品春节销售旺
季到来，渠道下沉
市场空间大

海天公司分销渠道管理中的冲突处理

海天公司是一家拥有 100 多年历史、以生产调味品（主要有酱油、味精、醋、调味酱等）为核心业务的大中型企业。目前拥有固定资产上亿元，年销售额超过 6 亿元，企业设备先进，技术领先，管理良好，职工凝聚力强。特别是近几年，海天公司导入 CIS 系统，采用了合理的广告策略、公关宣传攻势，一改过去陈旧落后、鲜为人知的企业形象，成功地树立了开放进取、质量上乘、服务良好的新形象。目前，市场占有率迅速扩大，成为国内调味品行业领头羊，海天酱油全国销量第一。

然而，调味品行业虽有一定的技术含量，但传统的生产方式仍使该行业处于劳动密集型状态。调味品是人们日常生活的必需品，这种与人们日常生活的密切相关性使得该产品难以采用高价策略。在调味品市场，一方面由于境外的品牌进入国内市场参与市场竞争、各地区的地方保护主义和人们长期以来形成的消费本地产品的习惯，使得调味品的市场竞争十分激烈，各分散的市场区域需要海天公司提供更多的销售人员，需要销售人员为分销商提供更多的服务；另一方面，分销商多为个体经营者，各分销商尚处于混战之中，公司的资金回收速度较慢，销售利润也十分薄。这无疑对公司在实行资本经营、扩大生产规模和向更高层次发展方面形成了阻碍。

为了改变这种状况，公司决定加大分销商（批发商）的开发，完善对分销商的管理和指导，采用了较宽的选择式分销策略，利用众多分销商的资源来加大市场开发的力度。另外，随着海天实力的增强和信誉的提高，公司改变了过去免费铺市和代理销售的做法，价格策略在对分销商的信贷支持方面降低了，力争采用现款现货的经销方式，以加快资金回笼速度。然而，新的政策导致了分销渠道在开发与管理过程中的冲突有增无减。

第一，公司营销部门人力资源供给和市场需求的冲突。市场的扩大和较宽的选择式分销策略的实施，需要公司提供一大批素质较高、经营较丰富、懂分销管理的营销人员。公司销售人员虽然具有丰富的推销经验，但在分销管理上尚缺乏系统的知识和丰富的经验。

第二，公司销售部门与分销商的冲突主要体现在两个方面。一是利益冲突。分销商开发市场希望海天能在当地多做些广告宣传，而同时又不希望将分销商的利益减少。作为成本开支，广告投入必然会造成公司让给分销商的利润下降，"名利难以两全"的矛盾十分突出。二是支付条件的冲突。公司的"现款现货"的政策在一些地区惹怒了不少分销商,他们说:"人家都能给我代销,你们为什么不行? 什么名牌? 名牌有什么了不起,我还是卖本地货算了!"

第三,分销商之间的冲突。这方面的冲突也主要体现在两个方面:一是不遵守游戏规则,分销商之间互相渗透,进行跨地区销售。二是不按公司规定的指导批发价,为抢占市场压价销售,形成一定程度的恶性竞争。

第四,分销商(批发商)与零售商之间的冲突。主要也体现在利益分配、结算方式等方面。为此,大型超市还要求进场费,也引起了冲突,而分销商往往会把这种冲突向后转移至公司,要求公司解决(如要求公司承担进场费)。

（资料来源:百度文库）

案例思考题

1.在以上情境中,分别列出哪些冲突是分销渠道的纵向冲突? 哪些是横向冲突? 哪些又是交叉冲突?。

2.针对这些冲突,你认为应该如何处理? 请给出处理办法或方案。

3.假设在某地区公司要求你开发6个以上的分销商,你经过艰辛的努力,寻找到了几十个有意向的分销商,可只有3家愿意按公司的"现款现货"的政策进行经销,其余的都要求代销。而这愿意经销的3家公司的实力非常一般,各自都无法成为海天公司的独家经销商。在这种情况下,为保证公司在该地区的销售额和利润率,完成分销商开发任务,你将如何处理这些冲突?

项目6
评估并完善分销渠道

【学习目标】

知识目标

◇理解评估分销渠道成员的要点和方法；

◇理解评估分销渠道运行状态和绩效的方法；

◇掌握调整和完善分销渠道的策略和方法。

能力目标

◇具备评估分销渠道成员绩效的能力；

◇具备评估分销渠道的运行状态的能力；

◇掌握调整和完善分销渠道的策略及方法。

素质目标

◇通过学习使学生在坚持社会主义核心价值观的前提下，初步掌握科学的分销渠道成员业绩的评价方法和评估体系。对渠道成员的评估不仅只有经济标准，还需要有符合渠道长远发展的商誉标准和科学评价观。

◇通过学习使学生初步掌握，如何按照社会主义市场经济规律要求，建设科学的评估分销渠道成员和评估分销渠道的运行状态的一系列方法和技术体系。

◇通过学习学生能初步具备，以提高企业渠道管理链整体效益为目标，指导企业科学调整和完善分销渠道的策略和技术。

【导入案例】

宝洁公司对经销商覆盖服务水平的评估

宝洁公司是一家著名的日化企业,它对区域总分销商的管理是通过一套成熟的、有效的绩效考核系统进行的,一般公司通常的做法是建立销售指标来考核,假如依据分销商的进货数目而查核,销售人员重视的是公司卖给了分销商的商品数量,销售人员不关心这些分销商和零售商等终端网点能否将商品最终送达顾客手中,造成销售人员和分销商为了利益而压货和窜货,这种销售业绩往往是虚的。单一的考核销售量,以及由此产生的市场不良竞争,从长远来看是不利于提升公司的市场竞争力的,也与公司的市场营销目标背道而驰。

宝洁公司作为一家在市场具有领导力的公司非常重视对分销商所覆盖的市场状况进行研究,以便能做好市场环境研究以及做好市场占有率分析、市场的预测等,因此,经销商覆盖市场服务的水平和能力,成为进一步提高企业科学应用营销策略的关键能力。

宝洁公司是如何来进行分销商覆盖服务水平评估考核的呢?

(一)设计对分销商覆盖服务水平的评估系统

目的:有效激励分销商实现对所覆盖商铺更好的客户服务,更优秀的店内表现,更高效的拜见;简化并标准化宝洁公司实地销售人员对分销商平时运作的管理。

绩效查核指标:覆盖服务水平(CPL)

主要评估项目包含分销商分销达标率、助销达标率、促销达标率、覆盖达标率、货款回款率、客户服务水平达标率、系统数据正确及覆盖人员劳动合同签署率、基本薪资发放率、国家法定福利上交率等。

覆盖服务水平将用标准分销商覆盖服务评估工具每个月评定一次。宝洁公司将用标准的分销商覆盖服务水平评估工具及标准的评估流程对分销商覆盖服务水平进行评估,并有相应的检查流程去保证全部评估项目的标准性,确保对每一位分销商都公正、公平、公开。

激励:覆盖服务费(CSF)

按分销商覆盖业绩来评定覆盖服务花费,分销商供给越好的覆盖服务,将会获取越高的覆盖服务费(CSF)。

分销商覆盖服务费=A%×分销商全部覆盖人员奖金基数总数×覆盖服务水平(CPL)

1.A%是一个固定比率,由宝洁公司依据每一个阶段的市场状况而定。

2.覆盖人员包含运作经理(OM)、销售主管(CO)、销售组长(TL)、销售代表(DSR)及电脑操作员(IDSS)。

3.CSF包含分销商供给覆盖服务所负担的全部花费,包含覆盖人员的薪资、奖金、福利、招聘、培训、辞退及其利润等。

(二)宝洁公司对经销商覆盖服务水平评估考核指标的特点

宝洁公司对经销商覆盖服务水平评估考核,采纳了全面考核的方式,除了考核分销数目,还考核促销、客服、数据、终端铺货、货款回笔状况、经销商对零售网点的出货状况、分销人员薪资福利落实等,销售指标不过作为此中的一部分。

宝洁公司作为市场统治者的强势公司,市场份额和销售金额达到一定程度后,进一步提高销量是特别困难的,这时候对于宝洁公司来说,最需要的是市场稳固,其次才是业绩增长。它需要保证的是良性的市场——良性的货物周转和准时回款,即公司分销政策的履行到位。因而可知,宝洁公司对分销商的覆盖服务水平考核指标都应服务于整个公司的市场营销战略,设计一套完好的覆盖服务水平的考核指标系统对公司的渠道分销长期建设具有重要的意义。

(三)分销商对经销商覆盖服务水平评估考核指标的内涵

分销商对经销商覆盖服务水平评估考核是用来全面权衡渠道分销商创建价值的能力,权衡经过各种渠道经营活动推进公司整体营销战略目标达成的能力。经销商覆盖服务水平评估考核的指标是用来权衡分销商作绩效表现的量化指标,它也是整个公司绩效计划的重要构成部分。对经销商覆盖服务水平评估考核的指标具备以下几个特点。

1.来自对公司战略目标的分解。对经销商覆盖服务水平评估考核的指标,这作为权衡分销商工作绩效的标准,要点绩效指标所表现的权衡内容最后取决于公司的市场战略目标。当对经销商覆盖服务水平评估构成公司战略目标的有效构成部分或支持系统时,它所权衡的分销商便以实现公司战略目标作为自己的主要职责。所以,分销商对经销商覆盖服务水平评估考核的指标来自对公司战略目标的分解。

2.对经销商覆盖服务水平评估考核的指标是对公司战略目标的进一步细化和发展。公司战略目标是长期的、指导性的、归纳性的,而对经销商覆盖服务水平评估的绩效指标内容丰富,针对渠道而设置,着眼于查核当年的渠道分销绩效、拥有可权衡性。所以,对经销商覆盖服务水平评估的指标是对真实驱动公司战略目标实现的详细要素的挖掘,是公司战略对分销渠道的绩效要求的详细表现。

3.对经销商覆盖服务水平评估的指标随公司战略目标的发展演变而调整。当公司战略重视点转移时,对经销商覆盖服务水平评估的指标一定及时修正以反映公司战略新的内容。

对经销商覆盖服务水平评估的指标所具备的特点,决定了其在公司分销渠道中举足轻重的作用。第一,作为公司战略目标的分解,对经销商覆盖服务水平评估的指标的拟订有力地推进了公司战略在分销渠道中的履行;第二,对经销商覆盖服务水平评估的指标明确了分销商的工作职责和绩效要求,为总公司级对其进行管理和考核提供了更精确和有效的保证,确保总公司与分销商努力方向的一致性;第三,对经销商覆盖服务水平评估的指标为渠道绩效管理供给了透明、客观、可权衡的基础;第四,对经销商覆盖服务水平评估的指标帮助各分销商集中精力办理对公司市场战略有最大驱动力;第五,经过按期计算和回首对经销商覆盖服务水平评估的指标履行结果,管理人员能清楚认识渠道领域中对经销商覆盖服务水平评估的指标参数,并实时诊断分销渠管理存在的问题和漏洞,予以及时改进。

(资料来源:百度文库——BTOB在线)

请问:宝洁公司是如何对经销商覆盖服务水平进行评估的? 评估指标体系有什么特点?

任务1 对分销渠道成员进行评估

制造商除了选择和激励分销渠道成员,还必须定期对他们进行评估。如果对某一成员的评估结果过分低于既定标准时,需找出主要原因,同时还应考虑补救措施。当放弃或更换此成员将会导致更坏的结果时,制造商只好容忍这种令人不满的局面。当不致出现更坏的结果时,制造商应要求成绩欠佳的渠道成员在一定时期内有所改进,否则,就要取消其资格。

6.1.1 渠道成员评估的程序

一般情况下,对渠道成员进行评估的程序是:制订评估标准→进行定期评估→提出合理建议。

1)制订评估标准

评估渠道成员绩效的标准很多,企业所采用的标准往往会因为具体的情况不同而不同。大多数制造商所采用的标准组合如下。

(1)绩效评估

①销售绩效

在评估渠道成员绩效时,分销渠道管理者最常用的指标便是相关渠道成员的销售数据,其评估过程通常如下。

a.把渠道成员的销售数据与历史数据进行纵向比较。

b.把某个渠道成员的销售数据与其他成员进行横向比较。

c.将渠道成员的销售额与目标销售额进行比较。

②库存水平

通常供销双方在签订合同时,会根据产品特点来制订一个合理的库存标准。制造商通常要求中间商能把库存控制在合同所规定的水平。然而,制造商对中间商的库存水平考核是有一定难度的。有的制造商只针对部分批发商进行考核,而有的制造商则有很多的批发商或零售商,这时企业则可以考虑寻求专门的市场研究公司,如借助信息资源公司、国家零售跟踪指数公司等的帮助,来为公司提供库存监控服务报告。

③分销能力

一般情况下,制造商可以通过了解渠道成员总的销售额来了解其分销能力,再对其销售人员进行评价,进而了解此渠道成员的分销能力(如表6.1处方药经销商资质量化评估表所示)。对渠道成员的分销能力进行评估时,制造商最佳的信息来源就是销售人员的个人销售记录,但制造商要获得这些信息有一定的难度。此外,还应注意下列几个因素。

a.渠道成员将企业产品线分配给其销售人员的数量。

b.销售人员的销售能力以及所掌握的销售技巧。

c.销售人员对所分销产品的兴趣。

表6.1　处方药经销商资质量化评估表

序号	考核项目	权重	5	4	3	2	1	得分
1	区域内医院终端覆盖率	20%	90%以上	80%以上	60%以上	50%以上	50%以下	
2	经营规模（销售额）	15%	≥1亿元	<1亿元,但≥8 000万元	<8 000万元,但≥5 000万元	<5 000万元,但≥2 000万元	<2 000万元	
3	经营实力(资金、运力、人力)	15%	当地前二名	当地前三名	当地前五名	二级分销商	非专业经销商	
4	资金实力（信用口碑）	10%	非常好	好	一般	较差	差	
5	公共关系能力	20%	有成功运作医保、招标、物价等经验	有成功运作招标、物价和进药等经验	有成功运作招标、进药经验	可较快进药	无力公关	
6	信息沟通	10%	免费提供进销存销售流向,对账顺利	较好	一般	很低	差	
7	合作意向	10%	很强	强	一般	不强	无	
	合计	100%						

（2）商誉评估

经济标准并不是对渠道成员的评估的唯一标准。在分销渠道评估管理中,企业不仅追求经济目标,还需要加强企业商誉建设,即站在企业长远发展的高度,科学制订对渠道成员评估的商誉标准。

首先,评估商誉的标准主要包括渠道成员从业遵纪守法记录、遵守企业规章制度的情况;渠道成员的诚信度、渠道成员对消费者提供超值服务。科学合理的商誉评估标准可以赢得品牌忠诚的消费者和吸引更多的潜在消费者。其次,要构建起渠道成员商誉的评价机制,主要包括经济目标与商誉目标结合、短期目标与中长期目标结合、行业标准与企业标准结合、量化与品质结合等,以及一系列实施商誉评估的流程、方法、制度。

2）进行定期评估

在制订出评估标准后,渠道管理者就可以据此对渠道成员进行绩效评估了。评估方法主要包括以下3个方面。

（1）独立的绩效评估

这是对所制订标准的一项或多项进行独立的评估,通常所采用的标准也就是上述标准中的一种或多种。其优点主要在于既简单又快捷,一旦搜集到有关渠道成员的数据,评估工作则非常简单。其缺点主要是当一个渠道成员的绩效在各个标准之间有较大差异时,不能进行综合绩效分析。

（2）非正式的多重标准组合评估

即将多项标准非正式地组合起来,对绩效进行定性的综合评估。从综合评估这一点来说,此法要比独立方法先进一些。其优点在于简单、灵活。然而,由于没有对每个绩效标准的度量确定出重要性或权重,因此,综合绩效的定量指数也无法计算。

（3）正式的多重标准组合评估

此法正式地把多重标准组合起来,对每个渠道成员的综合绩效进行定量评分,最后根据所得到的综合绩效分数来对渠道成员进行评估。其过程如下。

①制订标准。

②给每一个标准赋予权重。

③对每一个标准打分。

④求出各个标准的加权分数。

⑤求出综合绩效总分。

⑥进行评估。

此法的优点在于明确给出了各个标准的权重,并在此基础上得出了综合绩效的总分,这样,各个成员的绩效也就一目了然。其不足之处在于标准多,且每个标准又可能有多个可操作的度量,实际操作起来比较麻烦。然而,此法具有一定的合理性、较强的灵活性,因此仍有大多数企业采用此法。

3) 提出合理建议

通过评估,渠道管理者应给予那些绩效达不到最低标准的渠道成员一些合理的建议,来帮助他们提高其绩效。渠道管理者应对这些成员的低绩效原因加以分析和研究,找出问题的根源,再对症下药。如发现问题出在渠道成员自身,则可以为其提供一些可行性的建议;如问题出在制造商,制造商则应根据渠道成员的需求和问题为其提供相应的支持;如果双方均有一定的责任,制造商则应通过协调来改进彼此之间的关系,使双方互相帮助、互相监督,从而争取双赢的结果。

6.1.2　渠道成员评估的主要内容

一般来说,渠道成员评估的主要内容包括财务状况评估、销售绩效评估和对渠道运行的贡献评估。

1) 评估渠道成员的财务状况

对分销渠道成员的财务状况的评估主要通过一系列财务比率来进行。这些比率有偿债能力比率、效率比率和盈利能力比率。

（1）偿债能力比率

偿债能力比率用来衡量渠道成员履行债务的能力。低比率表示企业债务沉重，有可能无力清偿债务或由于信用等级低而无法充分利用可能出现的增长机会。供应商可以继续向这类渠道成员提供商品，但应限制其信用（赊款）总额或妥善安排其偿债方案。主要的偿债能力比率有以下3个。

①短期比率。短期比率等于现金与应收账款之和除以流动负债。流动负债包括应该在一年之内偿付的所有负债。短期比率越高，企业偿付短期负债的能力就越强。短期比率大于或等于1时视为满意。其公式为：

$$短期比率 = \frac{现金 + 应收账款}{流动负债} \times 100\%$$

②流动比率。流动比率等于企业的总流动资产（现金+应收账款+坏账准备+制造业存货+可变现证券）除以其流动负债。流动比率越高，企业偿债能力就越强。流动比率大于或等于2时视为适宜。

③总负债对净资产比率。总负债对净资产比率等于企业总债务除以其净资产。这一指标不仅考察企业的短期偿债能力，也考察其长期能力。一般情况下，企业总债务不应超过其净资产。其公式为：

$$总负债对净资产比率 = \frac{总负债}{净资产} \times 100\%$$

（2）效率比率

效率比率用来衡量企业利用资产的效率。通过对效率比率的测算，可以促使渠道成员加速存货周转，或减少经营不佳的分店等非高效资产。效率比率主要有以下3个。

①收账周期。收账周期指企业的应收账款金额除以年度销售额乘以365天。收账周期是衡量企业应收账款质量的综合指标。例如，全行业的信用条件为30天，那么40天的收账周期还基本适宜，而如果收账周期高达60天，则企业的应收账款的整体质量就较差。其公式为：

$$收账周期 = \frac{应收账款}{年度净销售额} \times 365（天）$$

②存货周转率。存货周转率等于企业年度净销售额除以其平均存货。存货周转率在企业内部可以依商品的不同分类而不同。低周转率说明企业存货中有相当部分周转缓慢或停滞。其公式为：

$$存货周转率 = \frac{年度净销售额}{平均存货} \times 100\%$$

③资产对销售比率。资产对销售比率等于企业总资产除以其年度净销售总额。这一指标表明实现每一单位的销售额所需要的资产数量水平。这一指标越低，表明实现销售所需的资产越少。其公式为：

$$资产对销售比率 = \frac{总资产}{年度净销售额} \times 100\%$$

（3）盈利能力比率

盈利能力比率是用来衡量企业的盈利能力和资产的回报率。盈利能力比率主要有以下3个。

①净利润边际。净利润边际是通过企业税后的净利润除以年度净销售额,来测算每一单位的销售所形成的利润。其公式为:

$$净利润边际 = \frac{税后利润}{年度净销售额}$$

②资产回报比率。资产回报比率是通过企业税后的净利润除以其总资产,来测算每一单位总资产可以获得的利润。其公式为:

$$资产回报比率 = \frac{税后利润}{总资产} \times 100\%$$

③净值回报比率。净值回报比率等于企业税后净利润除以其净资产。通常,大于或等于10%的净值回报比率被认为是可行的。其公式为:

$$净值回报比率 = \frac{税后利润}{企业净产值} \times 100\%$$

2) 评估渠道成员的绩效

评估分销渠道成员绩效的方法有两类:一类是以产出为基础的定量分析方法,如销售额、利润和存货周转率等;另一类是以行为为基础的定性分析方法,如服务部门工作质量、产品保证、消费者投诉处理能力等。

(1) 定量分析方法

定量分析方法是通过设立一些指标来测量评估分销渠道成员的绩效。测量的方法有以下两种。

①将每一成员的销售绩效与上期的绩效进行比较,并以整个群体的升降百分比作为评价标准。对低于整体水平的,要进一步作具体分析,因为可能会有一些客观原因导致了渠道成员的绩效不理想,如这些成员的销售地区经济不景气,骨干员工离职或退休等。由于这些非主观方面不努力造成的绩效不佳,生产商最好不要对其进行惩罚。

②将各成员的绩效与该地区基于销售潜量分析所设立的定额相比较。具体做法是,在一定的销售时期之后,根据渠道成员的实际销售额与其潜在销售额的比率,将各成员按先后名次进行排序。这样,企业的调整与激励措施可以集中用于那些未达既定销售额的成员。

在进行具体操作时,可以通过测算以下一些指标来评估渠道成员的绩效:销售总额、利润总额、利润率、商品的平均流通费用、商品的平均运输费用、商品的平均保管费用、商品脱销发生率、陈旧商品的库存率、销售预测的正确率、订货处理错误发生率、进入新市场的费用、破损商品发生率、新产品上市成功率、非经济订货发生率、消费者抱怨发生率、消费者投诉率等。

(2) 定性分析法

设计一些定性的问题,通过渠道成员对这些问题的回答来考核其绩效。常用进行绩效考核的问题有:分销渠道内部协调的程度、分销渠道内部冲突的程度、全体成员对最终目标的认可度、分销渠道领导者的能力状况、分销渠道成员承担义务的程度、促销情况、推销员及推销情况、广告关系、公司内部组织变动、与同行的接触情况、与消费者的沟通情况等。

3) 评估渠道成员对渠道运行的贡献

评估渠道成员对渠道运行的贡献目的在于,根据一定时期内各成员的贡献大小,对各成员进行先后名次的排序,再结合相应的奖惩措施,促使各渠道成员为了自己的荣誉而百尺竿头更进一步。

分销渠道成员对渠道运行的贡献有5种评估方法,分别是收益性分析法、战略利润模型法、潜在市场与实际成绩对比法、消费者的满足程度调查法、DEA数据分析法。

(1) 收益性分析法

收益性分析法是对各分销渠道成员进行损益计算,从其收益性(纯销售额与毛利的对比)的角度来评估各成员的活动成绩。具体的计算过程可以通过表6.2所示的形式进行。

表 6.2   分销渠道的收益表   单位:元

指　　标	企业全体	百货店成员	批发店成员	杂货店成员
纯销售额	40 000	12 000	10 000	18 000
出厂成本价	20 000	6 000	5 000	9 000
生产利润	20 000	6 000	5 000	9 000
销售费用	5 000	1 000	500	3 500
可直接收取的管理费	2 000	200	1 500	
毛利	13 000	300	4 300	4 000
不能直接收取的管理费	5 200	4 700		
固定费用	3 800			
纯利润	4 000			
毛利占纯销售额的比例/%	32.5	38.2	43.0	22.2

如果需要进行更详细的分析,可以采用以下的两种方法进行评估。

方法一:不是以毛利水平,而是以纯利润水平为依据,计算纯利润占纯销售额的比例分别为企业全体10.0%,百货店成员38.2%,批发店成员43.0%,杂货店成员22.2%,以此比例数值为标准对各渠道成员加以评估。

方法二:从生产利润中扣除销售费用,得出销售利润分别为企业全体15 000元,百货店成员5 000元,批发店成员4 500元,杂货店成员5 500元;计算销售利润占纯销售额的比例,对应值分别为37.5%、12.5%、11.25%、13.75%,以此比例数值为标准对各渠道成员进行评价。

如果销售利润是由A、B、C、D 4种产品的销售利润构成,可以按每一种产品的销售利润情况(表6.3),进一步详细地评估各渠道成员对不同产品的贡献大小。

表6.3　各产品的销售利润表　　　　　　　　　　　　　　单位:元

产　品	企业全体	百货店成员	批发店成员	杂货店成员
A	6 000	2 000	2 000	2 000
B	4 500	1 500	1 150	1 850
C	3 000	1 000	900	1 100
D	1 500	500	450	550
合　计	15 000	5 000	4 500	5 500

(2)战略利润模型法

按表6.3的项目算出各渠道成员的数值,调查相关数值的变化,其变化趋势如图6.1所示。根据这一变化情况,对成员相关活动进行检查分析。例如,利润提高了,原因何在;资产周转率提高了,是怎样提高的,据此来评价活动的成绩。

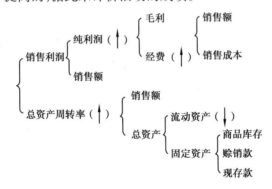

图6.1　渠道成员相关数值的变化方向

(3)潜在市场与实际成绩对比法

这一方法的具体评估过程可以通过表6.4来进行,分别计算各渠道成员的每一种产品的潜在市场大小和实际成绩,以及其在整体中所占的比例,再用这些比例的评估成绩,也就是用以下两个指标来进行评估:实际成绩/潜在市场;实际成绩所占比例/潜在市场规模所占比例。

表6.4　渠道成员各产品的评估表

产　品	潜在市场		实际成绩		成绩评价指标	
	规　模	所占比例	金　额	所占比例	渗透度	相对渗透度
A B C D	①	②	③	④	③÷①	④÷②

(4)消费者满足程度调查法

这种方法就是调查各分销渠道成员,在以下这些方面能够使消费者得到何种程度的满足:是否能够买到自己所需要的商品数量;在需要商品时,能否得到及时的供货;能否很容易地在市场上寻找到自己所需要的商品;商品的品种规格是否齐全;服务是否周到;对商品的印象如何。

(5)DEA 数据分析法

DEA 数据分析法是通过各种方法评估了各渠道成员各方面的贡献之后,评估各渠道成员绩效的各种因素,如销售额、销售增长、人均利润等,以及各渠道成员之间存在的技术、能力、竞争力等方面的差异,再比较各成员在类似品质或指标方面的情况,最后对所有的成员归类,可分别归为 4 类:明星绩效成员(效率最高、利润最高)、低盈利和低增长潜力的成员(效率高但盈利少)、次明星绩效成员(盈利高但效率潜力小)、劣绩效成员(盈利低且效率低),如图 6.2 所示。

图 6.2　DEA 组合

任务2　对分销渠道运行状态进行评估

分销渠道的效率和功能大小取决于渠道运行状态。所谓分销渠道的运行状态是指渠道成员的功能配合、衔接关系和积极性发挥等情况的综合。为了使分销渠道的运行效率尽可能保持在最佳状态,分销渠道管理人员必须对分销渠道的运行状态及其有关影响因素连续地、认真地进行监督和评估,及早发现问题,并设法解决。

6.2.1　渠道运行状态的评估标准

分销渠道运行状态的评估标准有 3 个,即经济性、控制性和适应性。

1)经济性

经济性标准要求企业的分销渠道能够为企业带来良好的经济效益。经济性是 3 个标准中最重要的标准,这是因为企业的根本目的是获取利润。分销渠道是否经济合理,可以通过比较进行判断。具体的比较包括本企业的分销渠道与其他企业同类产品的分销渠道之间的比较,企业内部各分销渠道之间的比较,同一分销渠道中不同成员之间的比较,以及现实分销渠道与备用分销渠道之间的比较。

2) 控制性

控制性是指企业对其分销渠道的控制能力。现有分销渠道优劣的表现之一就在于分销渠道成员是否朝着企业所设定的方向努力,因此企业对分销渠道是否拥有足够的控制能力,使之符合企业整体发展战略,就成为分销渠道评估的又一标准。

3) 适应性

企业的内外环境和条件在不断地发生着改变,因此一个有效的分销渠道不是一成不变的,应该随着条件的改变并适时地做出调整,即应该具备较强的适应性。

6.2.2　渠道运行状态评估

对分销渠道运行状态的评估主要是对功能的评估,包括渠道畅通性评估、渠道覆盖面评估、流通能力及其利用率评估、渠道冲突分析等几个方面。

1) 渠道畅通性评估

商品价值链的连续性要求商品的分销渠道应保持高度的畅通性,以使消费者需要的商品能从制造商顺利地转移到消费者手上。这一要求如同输水、输气管道一样,如果不畅通,就达不到预期的输送效果。分销渠道的畅通性要求商品所有权的转移、商品实体的流动、贷款的交结、信息的交流等都要畅通无阻。

分销渠道是由市场上一系列分销商组成的,它们是市场的经济主体,分别承担着不同的功能,只有各自努力工作并有机地连接起来,协调配合好,整个分销渠道才能持续地正常运营。对分销渠道畅通性的评估包括以下 4 个方面。

(1) 主体是否到位

在商品分销渠道中,各种渠道功能都必须由一定的主体来承担。不论有关主体有多少,也不论他们是谁,只要他们承担特定的功能,他们就一定要到位。如同流水线上任何工序都不能没有工人一样,分销渠道上各个环节的主体一定要明确落实。

(2) 功能配置是否合理

承担任何一种分销渠道功能都需要专用资源。例如,制造商应有商品的生产能力或生产条件,储运企业应该拥有一定的仓储设施和运输设施。有关的分销商如果不具有相应的资格和能力,就会对分销渠道的畅通性产生影响。

(3) 衔接是否到位

分销渠道前后环节之间,如果衔接不好或衔接不上,例如,商品在批发商手上出现了积压,或者商品在某个中间商仓库久久停留不能进入零售环节,整个渠道的畅通性就会受到影响甚至运营中断。这种衔接不到位通常是前后环节的成员存在目标差异、利益冲突、缺乏有效协作等造成的。例如,对于"柔性"垂直整合组织来说,维系分销渠道中各成员的渠道联结力主要靠成员之间的共同利益和相互信任。一旦这种共同利益和相互信任发生改变,衔接关系就可能出现危机,甚至无法维持。

（4）能否长期合作

分销渠道能否长期稳定地运作，取决于有关成员之间的联系是否密切，是否有长期的合约。合约型垂直整合渠道经常会面临一旦合同到期，而又没有再续签新的合同，双方之间的合作关系就会终止。相比之下，产权一体化的分销渠道有较强的稳定性。

2）渠道覆盖面评估

渠道覆盖面是指某个品牌的商品通过一定的分销渠道能够达到的最大销售区域。如果销售区域覆盖的范围越大，能够购买到该商品的消费者数量就越大。对渠道覆盖面的评估可以从以下3个方面来进行。

（1）渠道成员数量多少

分销渠道成员数量多少在一定程度上反映了该渠道的市场覆盖面。例如，在二阶分销渠道中，由于在生产厂商与消费者之间至少存在一个批发商和一组零售商，因此，该分销渠道的市场覆盖面就是这些零售商的商圈所构成的市场区域。当分销渠道的宽度较宽时，商品分销的地区范围就会很大。在三阶或更高阶次的分销渠道中，由于存在地区差别较大的多层批发商，因此分销渠道拥有的市场覆盖面更大。

（2）渠道成员分布区域如何

现代经济运行中出现了商品分销渠道扁平化的趋势。也就是说，商品分销渠道的环节数、阶次数越来越少，处于同一环节的中间商数量（阶次数）越来越多。同一渠道上中间商的地理分布非常重要，应当彼此拉开空间距离，不要出现商圈或销售区域的交叉、重叠，以避免出现自相竞争的情况。

（3）零售商的商圈大小

零售商的商圈是指在零售商周围，能够方便光顾零售商店铺的潜在消费者的分布范围。例如，对于一个日用杂货商店来说，能够方便前来光顾此店的潜在消费者一般居住在周围200 m 的范围。那么以该商店为中心、半径200 m 所划定的圆形区域，就是该日用百货店的商圈。零售商的商圈大小受经营规模、经营档次、交通条件、周围服务环境以及消费者购买行为习惯等因素的影响。

3）渠道流通能力及其利用率评估

分销渠道的流通能力是指平均在单位时间内经由该渠道从制造商转移到目标消费者的商品数量。流通能力也称为单位时间流通量，或简称为流速。对分销渠道流通能力进行评价，是对分销渠道本质功能的监测和估计，也是考察分销渠道是否有能力实现预期销售目标的主要内容。

对分销渠道流通能力的评估应当从纵向进行，并且主要取决于瓶颈环节的流通能力。例如，如果对于某种消费品，生产厂商月均供货量是800个单位，某个批发商月均批发能力可达600个单位，从该批发商处购买商品的3个零售商月均销售能力是700个单位，消费者的需求量是650个单位。那么，在分销渠道"制造商—批发商—零售商—消费者"这一价值链上，批发环节是瓶颈环节，受其制约，整个分销渠道的流通能力只有月均600个单位。瓶颈环节是整个分销渠道管理的关键，可以增加瓶颈环节的数量，增加人员，或者想方设法改进渠道结构,也可以抽调非瓶颈环节的人力、物力来支援瓶颈环节,尽可能使分销渠道中各环节的流通能力大致一样,避免渠道资源的闲置和浪费。

在设计分销渠道时,要特别重视评估分销渠道的流通能力;在渠道的运作过程中,渠道流通能力评估的重点是流通能力的利用率,即实际商品流通量与流通能力的比较。其计算公式是:

$$流通能力利用率 = \frac{商品实际流通量}{分销渠道的流通能力} \times 100\%$$

流通能力利用率在一定程度上可以说明分销渠道成员参与商品分销积极性的发挥程度。常用来考核流通能力利用率的指标有以下几个。

(1)平均发货批量

前后环节之间的发货(购货)批量是指根据后续环节的销售需要和送货通知,前一环节向后续环节发送一批货物的数量。例如,制造商每次向批发商、零售商的发货数量。平均发货批量大,说明制造商的供货能力大,批发商、零售商的销售量大,因而整个分销渠道的流通量也就大。一般来说,流通能力利用率与发货批量成正比,发货批量越大,通过分销渠道运送的货物就越多,因此流通能力的利用率也就越高。

(2)平均发货间隔期

发货间隔期是指在分销渠道中,前一环节向后一环节先后两次发送货物的时间间隔。这个指标说明了制造商向后续环节发送货物的频繁程度,也从另一方面表明制造商的供货能力。平均发货间隔期短,说明后续环节销售量大、速度快,也表明仓储、运输工作量大。

(3)日均零售(销售)数量

平均每天的零售(销售)数量反映零售商的销售努力程度,也反映制造商与批发商对零售商的服务、支持程度。这个指标数值越高,说明整个分销渠道中商品的流通能力越强,或者说流通能力利用率越高。

(4)平均商品流通时间

商品流通时间是商品从生产线下来或出产之日算起,一直到最后销售到消费者手上之日为止所经历的时间长度。这是商品在流通过程中,占用仓储设施和资金的时间长度。按照分销渠道中转移的全部商品来计算,平均商品流通时间越长,表明流通过程中商品占用的仓储设施和资金的时间越长,这个分销渠道的运转速度就越慢、效率就越低,经济效益自然也就不好。

4)渠道冲突分析

有效运转的分销渠道应当能够有效控制成员之间的冲突。渠道成员之间的冲突即渠道冲突,是指由于在分销渠道的功能分配、利益分配或权利分配上的某种安排,造成至少一个成员感觉到其他的某个或某些成员对它的权利存在不利的影响。渠道冲突是一种心理反应,在有些冲突下可能对提高分销效率起积极的作用,如相对较小的冲突,能够刺激人们进行创新,或限制过分强调独立、争当渠道领袖。但是,大多数人都认为,渠道成员对冲突有一个可忍受区间,当冲突超出他们忍受的临界水平时,他们就会做出反应,激烈的冲突可能导致成员之间关系恶化、法律争端和关系破裂。这使双方都要付出很高的调整成本才能消除冲突带来的不利影响。

6.2.3 渠道运行成效评价

分销渠道是企业营销的一个组成部分,它的成效必然会影响企业的总体效益,因此有必要对分销渠道的成效加以评价。分销管理人员可运用5种绩效评价工具对渠道运行的成效进行评价。这5种评价工具是销售分析、市场占有率分析、渠道费用分析、盈利能力分析和资产管理效率分析。

1)销售分析

销售分析主要用于衡量和评估企业制订的销售计划目标与实际销售情况之间的关系。这种关系的衡量和评价主要有以下两种方法。

(1)销售差异分析

销售差异分析用于决定各个不同的因素对销售绩效的不同作用。例如,假设年度计划要求第一季度销售4 000件产品,每件1元,即销售额4 000元。在该季度结束时,只销售了3 000件,每件0.80元,即实际销售额2 400元,那么这个销售绩效差异为1 600元,或预期销售额的40%。现在要研究的问题是,绩效的降低有多少归因于价格下降? 有多少归于销售数量的下降? 销售差异分析可以回答这个问题。具体的分析过程如下:

$$因价格下降带来的销售差异 = \frac{(1 - 0.80) \times 3\ 000}{1\ 600} \times 100\% = 37.5\%$$

$$因数量下降带来的销售差异 = \frac{1 \times (4\ 000 - 3\ 000)}{1\ 600} \times 100\% = 62.5\%$$

可见,约有2/3的销售差异归因于未能实现预期的销售数量,由于销售数量通常较价格容易控制,企业应该仔细检查不能达到预期销售数量的原因,再针对原因采取适当的措施来提高销售量。

(2)微观销售分析

微观销售分析用于决定不同的产品、地区对销售绩效的不同作用。例如,假设一个企业在3个地区销售其商品,其预期销售额分别为1 500元、500元和2 000元,总额为4 000元。实际销售额分别为1 400元、525元和1 075元。就预期而言,第一个地区有7%的未完成额,第二个地区有5%的超出额,第三个地区有46%的未完成额。显然,问题主要出在第三个地区。利用前面的销售差异分析方法,可以进一步找出造成第三个地区绩效不良的原因。

2)市场占有率分析

只分析企业的销售绩效不能说明相对于竞争对手而言其经营成果如何。比如说,企业销售额增加了,可能是其营销工作较之竞争者有相对改善,也可能是企业所处的整个经济环境发展了。市场占有率正式剔除了一般的环境影响来考察企业自身的经营状况。如果企业的市场占有率升高,表明它比竞争者的情况好;如果下降,则说明相对于竞争对手其绩效较差。市场占有率分析有以下4种方法。

（1）全部市场占有率

全部市场占有率是指企业的销售额占全行业销售额的百分比。使用这一指标时,通常需弄清楚两个前提:第一,是以销售量还是以销售额来计算;第二,要明确界定行业的范围,即在计算时应该包含的产品和市场范围。

（2）可达市场占有率

可达市场占有率是指企业认定的可达市场上的销售额占企业所服务市场的百分比。可达市场是指企业计划进入的重要目标市场。企业所服务市场是指有愿意并能够购买本企业产品的市场。企业的可达市场占有率往往要小于其全部市场占有率。

（3）相对市场占有率(相对于3个最大的竞争对手)

这一指标是用企业销售额相对最大的3个竞争对手的销售额总和的百分比表示。如企业有30%的市场占有率,其最大的3个竞争对手的市场占有率分别为20%、10%、10%,则该企业的相对市场占有率是75%(30/40)。一般情况下,相对市场占有率高于33%,即被认为企业处于强势地位。

（4）相对市场占有率(相对于市场领袖竞争对手)

这一指标是用企业销售额相对市场领袖竞争对手的销售额的百分比表示。如果相对市场占有率大于100%,表明企业是市场领袖者;相对市场占有率等于100%,表明企业与所考虑的竞争对手同为市场领袖;相对市场占有率增加表明企业正在接近市场领袖竞争对手。

[阅读资料6.1]　　　　　　　**农村市场渠道发展趋势**

随着家电下乡政策实施,大大提升了农村消费者购买和使用家电的积极性,扩大了农村家用电器的消费规模,使长期以来农村市场消费比例偏低的局面得到根本性的转变,并在2012年初步实现和城市市场平分市场,未来将超过城市市场。

十八大报告对"城镇化"的着墨显著增加,进一步对家电行业未来值得深耕的领域进行了强化。新型城镇化建设的兴起,将在农村家电市场已经实现家用电器初步普及的基础上,为家电企业带来持续的动力。

2010—2015年农村彩电市场销售量规模(单位:万台)

3) 渠道费用分析

评价分销渠道的经济效益,必须考察在分销渠道中发生的各种费用。这些费用的总和称为分销渠道费用,一般指零售总成本与制造成本之差。它由如下项目构成。

①直接人员费用。包括制造商的直销人员、流通企业的销售人员、促销人员、销售服务人员的工资、奖金、差旅费、培训费、交际费等。

②促销费用。包括广告媒体成本、赠奖费用、展览会费用、促销方案设计与执行管理费等。

③仓储费用。包括租金、维护费、折旧、保险、存货成本等。

④运输费用。包括托运费用等。如果是自有运输工具,则要计算折旧、维护费、燃料费、牌照税、保险费、司机工资等。

⑤包装与品牌管理费用。包括包装费、产品说明书费用、品牌制造费、品牌管理费用等。

⑥其他营销费用。包括营销管理人员工资、办公费用等。

评价分销渠道费用的原则:一是费用多少与功能大小成正比,重要的、难度大的分销功能应当配备较多的费用;二是费用增长与销售增长同步。

4) 盈利能力分析

盈利是分销渠道最重要的目标之一,也是渠道建设和运转的动力。盈利能力评价主要是通过若干重要指标来进行,有以下4个指标。

(1)销售利润率

销售利润率用于说明渠道运转带来的销售额中包含了多少利润,用税后利润与商品销售额的比率表示。其计算公式为:

$$销售利润率 = \frac{税后利润}{销售额} \times 100\%$$

就分销渠道整体而言,"销售额"应当是指最后环节的销售额,即零售额;"税后利润"是指渠道中各个主体的税后利润之和,其计算公式为:

$$渠道销售利润率 = \frac{各个主体税后利润之和}{零售总额} \times 100\%$$

(2)费用利润率

有效运转的分销渠道能够节约成本费用,带来较高的销售利润。费用利润率用于说明渠道在运行中各种费用支出带来了多少利润,用税后利润与费用总和的比率表示。其计算公式为:

$$费用利润率 = \frac{税后利润}{费用总额} \times 100\%$$

(3)资产收益率

资产收益率是指企业所创造的税后利润与企业全部资产的比率。其计算公式为:

$$资产收益率 = \frac{税后利润}{资产总额} \times 100\%$$

资产收益率是企业利用资本总量进行经营所获得的报酬。如果企业是利用贷款或者借债来经营的,那么只有在资产收益率高于平均负债率的情况下,才可以认为分销渠道的运转是有效的。

(4)净资产收益率

净资产收益率是指税后利润与企业净资产的比率。净资产是指总资产减去负债总额后的净值。这是衡量企业偿债后的剩余资产的收益率。其计算公式为:

$$净资产收益率 = \frac{税后利润}{净资产额} \times 100\%$$

5)资产管理效率分析

资产管理效率分析主要反映渠道资产(如资金、货物等)管理的效率高低。评价指标主要有资金周转率和存货周转率。

(1)资金周转率

分销渠道的运转不仅是有关商品的流通销售过程,也是资金循环过程。资金周转率,或称资金周转速度,反映分销渠道中资金被循环使用的次数。该指标是以分销渠道中的资产占用总额去除产品销售收入而得到的,其计算公式为:

$$资金周转率 = \frac{产品销售收入}{资产占用额} \times 100\%$$

例如,在某商品的分销渠道中,2002年度实现零售额15 000万元,制造商平均占用资金500万元,批发商平均占用资金600万元,零售商平均占用资金300万元。那么该商品分销渠道的资金周转次数的计算公式为:

$$资金周转次数 = \frac{15\ 000}{500 + 600 + 300} = 10.7\ 次$$

(2)存货周转率

在分销渠道中,资金绝大多数是以存货形式存在的,通常称为"存货余额"。存货周转率是指产品销售收入与存货平均余额之比。其计算公式为:

$$存货周转率 = \frac{产品销售收入}{存货平均余额} \times 100\%$$

这一指标说明某一时期内存货的周转次数,反映存货的流动性。一般来说,存货周转次数越高越好。

任务3　如何调整和完善分销渠道

6.3.1　分销渠道调整的原因及步骤

分销渠道管理人员在设计完分销渠道后,不能放任其自由运行。因为一切都在变化,企业要想生存和发展,就必须适应不断变化的市场环境,即使外部环境变化不大,营销工作本身也不是做得完美无缺的,也需要不断改进。对分销渠道的调整与改进,一般是在对其评估的基础上来实施的。

1) 调整分销渠道的原因

(1) 现有分销渠道未达到发展的总体要求

企业发展战略的实现必须借助分销的力量,如果现有分销渠道在设计上有误,中间商选择不当,管理不足,均会促使企业对其进行调整。

(2) 客观经济条件发生了变化

当初设计的分销渠道对当时环境而言很科学,但现在各个因素发生了某些重大变化,从而产生了调整分销渠道的必要。因此,企业需要定期地或经常地对影响分销渠道的各种因素进行检测、检查、分析。另外,企业若能准确预测和把握某些影响分销渠道因素的变化,则应提前对分销渠道进行调整。

(3) 企业的发展战略发生变化

任何分销渠道的设计均围绕着企业的发展战略,企业的发展战略发生变化,也会要求企业调整分销渠道。

2) 调整分销渠道的步骤

第一,分析分销渠道调整的原因,这些原因是否是产生分销渠道调整的必然要求。

第二,在对分销渠道选择的限制因素进行研究的基础上重新界定分销渠道目标。

第三,对现有分销渠道进行评估。如果通过加强管理能够达到分销渠道目标,则无须建立新分销渠道;反之,应考虑建立新分销渠道并分析建立成本与收益。

第四,制订针对新的分销渠道开发的方案、计划等。

6.3.2 分销渠道调整与完善

1) 渠道结构调整

首先,涉及增加或剔除某种特定的分销渠道的问题,就是对渠道的长度结构的调整,即对企业一个或几个层次的中间商进行增减的调整。为了提高渠道效益,"渠道的扁平化"就是企业进行渠道调整通常选择的营销策略。例如,联想针对中小企业市场,提出了"商用行销模式",就是建立发现新客户、积累老客户的信息和数据的机制,建立起本公司的客户数据库,建立本公司负责中小企业市场的销售队伍,对中小企业客户实施精准营销。分销渠道结构的调整,其就会涉及整体市场营销策略的调整。

其次,渠道结构的调整还涉及渠道管理的宽和窄的问题,渠道的宽度是由在同一层次的分销成员的数量多少和提供服务价值的多少决定的。为了优化渠道效能,尤其是经营消费品的企业会选择密集分销的渠道策略,并通过渠道成员对市场实施"深度分销"的营销策略,覆盖更广阔的终端市场,扩大市场占有率,营销效益显著。

2) 对分销渠道成员的调整

分销渠道调整的最低层次是对渠道成员的调整,内容包括 3 个方面。一是功能调整,即重新分配分销渠道成员应执行的功能,使之能最大限度地发挥自身潜力,从而提高整个分销渠道的效率。二是素质调整,即通过提高分销渠道成员的素质和能力来提高分销渠道的效率。素质调整可以用培训的方法提高分销渠道成员的素质水平,也可以采用帮助的方法提高分销渠道成员的素质水平。三是数量调整,即增减分销渠道成员的数量以提高分销渠道的效率。

在涉及增加或减少某些分销渠道成员时,通常需要进行直接增量分析,通过分析弄清楚增加或减少某些渠道成员后,企业利润将如何变化。但是在个别分销渠道成员对同一渠道其他成员有间接影响时,直接增量分析方法就不再使用了。因此,在实际业务中,还不能单纯依据增量分析的结果采取具体行动。如果管理人员确实需要对该系统进行定量化分析,最好的办法是使用整体系统模拟来测量某一决策对整个分销渠道的影响。

6.3.3　对个别渠道的调整

制造商常常要考虑所使用的所有分销渠道能否一直有效地适用于产品目标市场。这是因为,企业分销渠道静止不变时,某一重要地区的购买类型、市场形势往往正处于迅速变化中,可针对这种情况,借助损益平衡分析与投资收益率分析,确定增加或减少某些分销渠道。这是分销渠道调整的较高层次。具体可采用两种方法:一是对某个分销渠道的目标市场重新定位。现有分销渠道不能将企业产品有效送至目标市场时,首先考虑的不是将这个分销渠道剔除,而是考虑能否将之用于其他目标市场。二是对某个目标市场的分销渠道重新选定。在目前已有的分销渠道不能很好地联结目标市场时,应考虑重新选择新的分销渠道占领目标市场。

[案例与思考6.1]　　半年拓展,颗粒无收——四川 KPP 饮品渠道规整诊断纪实

四川 KPP 饮品企业,开发了一种具有保健功能的饮料,其中主要成分取自大自然中的果汁原料,长期饮用可以强身健体。企业的设备全部是进口的,整个生产线非常先进,产品的研发力量较强,该项目获得省级科技成果金奖。

在产品上市之前,企业进行了口味测试,大多数消费者认为口感上乘;在设计和核心卖点的提炼上,也较多地倾听了消费者的声音;产品的定价采用跟随策略,比同种类型的知名品牌的价格略低;在目标定位上,企业第一年主要立足省内,占领较有优势的市场。

在经济形势较好情况下,产品进入了市场,原本打算采用直营和稳扎稳打的企业渠道策略,因为经销商的热情而发生了改变。因为产品上市初期较大的宣传力度和饮料不错的口碑,经销商开始主动向企业要货,并作出了一些承诺。

在这样的情况下,企业考虑要迅速打开市场在第一年将销售额提高一倍,必须依赖经销商的帮助。于是,企业很快和经销商签订了协议,并提高了产量。

在当地,企业共开发 5 个一级批发商,其中,一个是饮品批发商,两个是酒类经营批发商,两个是糖酒批发商。

在省内其他两个大城市,企业分别开发两家一级经销商,其中有两家是主要经营奶制品的经销商。

同时,企业在邻省的省会城市开发了一家经销商。渠道的全面打开使企业一厢情愿地认为,销量必然会成倍增长,企业只需要进行持续的宣传来支持经销商。然而,在经过了产品上市初期的宣传攻势后,消费者对产品失去了新鲜感,销量已经开始渐渐稳定,而产品生产数量的激增导致大量货物积压在经销商的仓库里。

进入9月,距产品上市不到半年,盲目的渠道开发和疏于管理的病症开始全面爆发。

首先是本地市场的乱价现象,经销商的零售价开始低于企业直营终端的零售价,一级批发商放弃利润,把货物压向二批,等着企业的年终返利,二批的价格几乎接近进价,价格出现全面"穿底"。

在省内其他两个主要市场,广告促销费用已经远远超支,由于企业承诺支付促销费用的80%,结果最后算下来,卖出去的产品连成本都没收回来(至于当地经销商打了多少广告、用了多少费用也无从考证),而大量的产品仍然积压在经销商的仓库里。

在邻省城市,由于企业完全采用"一脚踢"的方式,当地经销商完全依赖产品"静销力",没有任何广告宣传,结果在半年时间里,产品仅卖了二百多箱,还有几千箱的货积压在仓库里。

饮品销售就要进入淡季,由于乱价、低价,甚至窜货现象发生,企业已经遭受了巨大的损失,对渠道的调整已经是迫在眉睫。

诊断:好大喜功、盲目无序的渠道开发

在对企业的问题进行综合梳理后,我们发现,企业的主要问题就出现在渠道的开发和管控上。

1.由于对经销商没有任何筛选,因此开发的多数经销商和饮品经销商并不完全重合,比如糖酒经销商、奶制品经销商的有些终端从未经营过饮料。

2.在渠道政策上没有统一的标准,体现在促销费用的管理没有标准、针对经销商的价格不统一等。

3.在渠道的管理上没有严格执行管理规定,表现为终端零售价的混乱等。

因此,企业的分销通路已经完全混乱。

渠道,作为产品从企业到消费者手中的通路,其顺畅与否,关系到企业的存亡。到底应该怎样进行渠道开发,对分销渠道的管理应该注意哪些问题? 这些都应该是每个企业必须解决的问题。

药方:集中资源,强力管理

在对企业的资源重新进行整盘后,我们组织了较为周密的市场调研,确定了如下的渠道策略。

在企业所在地,由于企业的资源和人力足以应对整个市场,因此采用间接直营的方式,即不设一级经销商或批发商,直接发展二分商,且对二分商进行全面深度的帮控,使其仅仅变成企业的物流和资金流中心。

应对外埠市场—省内两大中心城市,同样不设置独家代理,主要开发饮品经销商,确立短渠道销售模式,厂家—经销商—终端,采用步步为营、稳扎稳打的方针进行市场拓展。对于邻省的省会城市市场,暂时不予开发。

针对现有经销商存在的问题,企业采用了较为缓和的办法,即于10月份推出一个大型促销活动,主要目的是帮助所有的经销商把存货销售完毕,企业将统一给予广告和促销支持。同时,建立了一套完整的经销商管理制度,并进行系统的培训。

成效:通过10月份的强刺激促销活动,经销商的存货大多销售一空。利用活动的机会,企业对政策重新进行了调整,取缔了一些老经销商,选择了一些新经销商。在渠道上,由于管控合理及时,企业的分销通路顺畅起来。

请思考:

1.四川KPP饮品分销渠道存在的主要问题与原因是什么?

2.该公司采取哪些措施调整和完善渠道管理,强化了渠道的分销能力?

6.3.4　整体分销渠道系统调整

对制造商来讲,最困难的渠道调整决策是修正和改进整个分销渠道系统。这也是分销渠道调整的最高层次。由于营销策略组合因素相互影响,因而对整个分销渠道系统的调整必将影响整个营销系统。例如,汽车制造商打算设立企业分公司或办事处取代独立中间商,通常由企业决策层作这些决策。这些决策不仅会改变分销渠道系统,还将迫使制造商改变市场营销组合和市场营销政策。这些决策比较复杂,任何与其有关的数量模型只能帮助管理人员求出最佳估计值而已。

[案例与思考6.2]　　　西蒙电气电子商务渠道整合策略

西蒙电气自1999年进入中国以来一直依托零售实体,随着近年来中国电子商务的迅速崛起,西蒙电气越来越重视线上销售渠道的搭建。随着线上销售额的逐年增加,西蒙电气逐步把更多的资源投放到了电子商务之中;随着线上渠道销量的增加以及线上销售客户数量的增加,西蒙电气也开始逐步对线上销售渠道进行管理以及整合。西蒙电气电子商务渠道正向着低成本、高效率的方向不断发展。

在这个时间段中,中国电子商务技术不断成熟,从原有的概念阶段逐步跨入了实际运作阶段。中国电子商务自2007年开始进入爆发式增长模式,截至2011年,我国电子商务以年均24%的增速增长,带动中国GDP稳固发展。而家居电气行业在电子商务领域中的发展刚刚起步。在B2C平台中,西蒙电气电子商务在这个阶段主要依托淘宝网、齐家网,在线下零售客户的主导下逐步增长。由于这个阶段厂家未进行有效引导,西蒙电气电子商务的发展还比较缓慢,总体销售体量偏小。

2010年后,房地产调控政策使家居建材卖场人工成本和租金成本攀升,全国各大电商平台迅速发展。这种情况的出现,加速了家居建材行业在电子商务领域中的发展。西蒙电气公司高层在这个阶段充分认识到了电子商务对企业未来发展的重要性,2012年西蒙电气在淘宝网开设了西蒙电气官方旗舰店,随后一批淘宝商城店陆续开设。在淘宝网店搭建的同时,公司又在京东、苏宁易购、1号店、唯品会、亚马逊等B2C网站相继开设了官方旗舰店,并鼓励线下客户开设相应专卖店,西蒙电气电子商务在这个时间段得到了快速的发展。

家居电气类产品由于其自身的高标准化程度、低物流成本、低售后服务成本,非常适合在电子商务渠道中发展。2016年，在家居建材电子商务的2 050亿元的销售额中，家居电气产品销售占比为6%左右。

西蒙电气电子商务在近几年中国电商发展的浪潮中稳固前进，但随之而来也产生价格混乱、客户违规销售、电商团队业务水平不高、电商渠道单一等问题。西蒙电气需要加强电子商务渠道管理，其电子商务渠道营销必须以消费者需求为中心，西蒙电气电子商务渠道功能需要由物流功能转向多方位的服务功能。由产品及营销推动型模式转向客户需求型模式，以上便是西蒙电气电子商务渠道整合的主要思路。

西蒙电气电子商务传统的渠道模式为公司自营B2C平台和中间商经营B2C平台。随着市场竞争越发激烈，日益增多的新进入者导致供过于求，在这样的外部市场环境下，传统的电子商务渠道便存在诸多不可避免的缺点：首先，单一的电子商务渠道不能最大化地抓取目标客户；其次，厂家对中间商无法有效把控。中国电子商务市场每年都呈现出高速发展的态势，整个电子商务市场也不断出现经营良好的B2C平台，如京东、唯品会、1号店等，以及国外的优秀B2C平台：亚马逊等。西蒙电气需要调整传统的单一化渠道，多渠道发展，最大化抓取目标客户，提升产品知名度以及销量。

西蒙电气电子商务与渠道中间商之间的关系还停留在交易型关系上，虽然西蒙电气电子商务与渠道中间商之间存有一定的合作伙伴关系，但是还没有形成高效的战略合作伙伴关系。西蒙电气电子商务渠道中的各个中间商独自经营，他们都以追求利益最大化为经营目标，这使得厂家无法有效控制他们。因此，随着B2C平台、O2O平台以及电商垂直平台数量日益增多，中间商之间的过度竞争给西蒙电气电子商务渠道带来了严重的挑战。

为了彻底改变中间商的经营思路使他们以长远利益为出发点，西蒙电气在改善其经营体制的前提下与中间商、电商经销商一同组成战略联盟，形成一个高效的统一体。通过厂家对中间商有效把控，使得分散经营的中间商能够形成一个整体，共同盈利、共同抵御竞争者的威胁、共同发展，有效达到双赢的目标。

（1）优化营销渠道流程

西蒙电气电子商务渠道需要严格把控供应链，除差选优、保留最重要的环节，使得整个供应链转向价值链，这对厂家、中间商的发展至关重要。在优化供应链的过程中，西蒙电气需要将产品、电子商务渠道、物流、终端服务等高效、统一地结合在一起，通过意见反馈形成闭环，使得整合供应链成本最优、反应最快。

（2）加强渠道中间商运营能力

西蒙电气电子商务的发展离不开中间商，有效的中间商数量越多，西蒙电气线上业务范围就会越宽。在销售公式中：销量＝流量×客单价×转化率，中间商的运营能力决定了转化率。中间商的运营能力包括：美工能力、线上活动策划能力、促销执行能力、产品知识熟知力等。通过中间商高水准的运营，使传统的线上售卖转向简单、创意的店铺产品展示；丰富的线上活动以及产品促销等转变，增加中间商对流量的转化率，从而提高产品的销量。

（3）整合营销渠道信息网络体系

随着我国电子商务的高速发展，电子商务营销已经从简单的交易模式转向关系经营模式。这种模式的转变给企业、中间商、消费者带来了营销过程中的互动，信息互联成为目前电子商务发展的关键所在。信息互联给企业在电子商务领域中的营销提出了更多的要求，信息互联也为生产厂家带来了市场扩展、多渠道的有效运营、渠道内部的高效运行等方面的提升。因此,西蒙电气电子商务渠道整合时需要利益信息网络体系理论将其供应链系统、客户关系系统、企业后台以及企业商业数据库有机地结合在一起,相互高效运行。例如,当客户需要反馈信息时,客户可以通过电子商务平台由企业客户关系管理系统反馈至相关部门,相关部门可以快速、有效地反馈至供应链系统、企业后台或者企业商业数据库,在问题经过改善后由客户关系系统经电子商务平台反馈至客户。

（资料来源:马跃亮.西蒙电气电子商务渠道整合策略研究[D].南京:东南大学,2017.）

请思考:

1.西蒙电气电子商务分销渠道存在的主要问题与原因是什么?

2.该公司采取哪些措施调整和完善渠道管理,强化了渠道的分销能力?

6.3.5 "优化与创新"是分销渠道调整和完善的基本原则

分销渠道的调整和完善需要遵循"优化和创新"的基本原则。首先,分销渠道的优化是指以提高渠道管理效能和渠道经济效益为前提,对原有渠道的深度、广度和密度的结构进行优化调整,也是从渠道"短、平、快、好"的角度对营销组合因素进行优化组合。主要包括对渠道成员的优选、渠道层级结构和渠道分布密度、供应商对渠道管理的控制程度等方面的优化调整。其次,分销渠道的调整和完善中的创新是指以创新思维,在现代信息新技术及应用的驱动下,对分销渠道营销管理模式的创新,如自从 20 世纪 90 年代末起,在我国兴起的电子商务渠道,已经涌现了多种新兴渠道模式和新业态,从早期的阿里巴巴到现在的抖音、快手,都是围绕着"快速到达终端"的目标进行分销渠道模式的创新。创新是分销渠道不断发展的动力源,分销渠道变革正沿着线上与线下融合、直营渠道与多元渠道结合、新业态与传统业态兼容、全渠道整合协同等新兴渠道模式方向创新发展。

[小思考 6.1] "城市展厅"汽车新兴的渠道模式

近几年,我国汽车市场出现了不同于传统汽车 4S 店的汽车展示模式。以往汽车的销售主要由独立设置 4S 店完成,汽车品牌从销售体验、汽车交易、汽车保养、零配件、维修服务等都在这些 4S 二级店完成,因此,这些店面需要较大的场地,为了降低成本,这些 4S 店所选择的地点一般都在城市周边地带,离城市中心较远。但是,近年来在一部分大中城市,出现了一种叫作"汽车展示厅"的汽车营销模式,"汽车展厅"通常设在交通方便、人流较密集城市中心地带或者是综合的商业体内。目前,城市展厅主要有两种,一种是城市展厅设在一些综合商业体内,这样的汽车城市展厅窗口,一般不承担 4S 店的维修服务、零配件、各种售后服务等,它们专职承担了新车展示宣传和汽车体验、节庆促销活动的功能,展销合一,由于方便消费者选择和体验,往往收到很好的促销效果。特别是那些新能源汽车的新品牌最喜欢选择城市展厅进行促销。另一种是"城市展厅"4S 店模式,也选择在城市中心,交通便利的地方建设汽车城市展厅,这种展厅不仅仅是对汽车的形象展示宣传,主要以承担 4S 店功能的形式出现,如"奥迪"在全国建设的城市展厅,打造的就是一种全球统一高标准的 4S 店模式。同样具备了汽车展示、汽车体验、汽车销售、汽车保养、汽车美容、汽车零配件、汽车维修、汽车档案等一整套高标准的 4S 店服务功能。许多品牌厂商也在通过城市展厅 4S 店的

车市快播 | 城市展厅越来越多,会不会取代4S店,成为主流?

建设,取得了不俗的经济效益。

（资料来源:《汽车观察家》）

请思考:城市汽车展厅的渠道模式与传统的4S店销售模式有什么异同?

项目小结

企业在建立了分销渠道之后,要有效地利用它,还必须重视其在运行过程中的运行状态和效率,即要加强对分销渠道运行状态和分销渠道成员的监督和评估,并适时地进行必要的调整和完善。

在分销渠道成员评估中,首先,进行财务状况评估,通常是通过一系列财务比率来进行,即偿债能力比率、效率比率和盈利能力比率;其次,进行渠道成员的绩效评估,包括以产出为基础的定量测算方法和以行为为基础的定性分析方法;最后,评价渠道成员对渠道运行的贡献情况,评价方法有5种,分别为收益分析法、战略利润模型法、潜在市场与实际成绩对比法、消费者的满足程度调查法、DEA数据分析法。

掌握和应用分销渠道运行状态评估中的3个标准,即经济性、控制性和适应性。

对分销渠道运行状态评估主要包括渠道畅通性、渠道覆盖面、流通能力及其利用率、渠道冲突等方面。对分销渠道运行成效的评价,从销售分析、市场占有率分析、渠道费用分析、盈利能力分析和资产管理效率分析等方面进行。

把握分销渠道进行调整的3个主要原因,现有分销渠道未达到发展的总体要求、客观经济条件发生了变化、企业的发展战略发生变化。

分销渠道的调整具体有3种形式,一是对分销渠道成员的调整,二是对个别渠道的调整,三是对整体分销渠道系统调整。

分销渠道的调整和完善需要遵循"优化和创新"的基本原则。

【练习题】

一、名词解释

1.收益性分析法

2.DEA数据分析法

3.渠道覆盖面

4.分销渠道流通能力

二、选择题

1.一般情况下,对渠道成员进行评估程序的第一步是(   )。

　　A.进行定期评估　　　　　　　　　B.制订评估标准

　　C.提出合理建议　　　　　　　　　D.进行独立的绩效评估

2.净值回报比率等于企业税后净利润除以其净资产,通常,大于或等于(   )的净值回报比率被认为是可行的。

A.5%   B.8%   C.10%   D.20%

3.分销渠道运行状态的评估标准有 3 个,即(   )、控制性和适应性。

A.经济性   B.理论性   C.实践性   D.价值性

4.(   )是商品从生产线下来或出产之日算起,一直到最后销售到消费者手上之日为止所经历的时间长度。

A.商品流通时间   B.平均发货间隔期

C.流通能力利用率   D.平均发货批量

三、简答题

1.如何评估渠道成员的分销能力?

2.评估分销渠道成员的财务状况通常设置哪些财务指标?

3.对分销渠道畅通性评估应该包括哪些内容?

4.如何对分销渠道的运行绩效进行评估?

四、论述题

请论述如何调整和完善分销渠道。

【实训题】

某日用品生产企业分销渠道的评估实训

1.实操目的:熟悉评估分销渠道成员的要点和方法,掌握评估分销渠道的运行状态和绩效方法。

2.实操要求:以学习小组为单位开展调研,完成实训报告。

3.实操步骤:

(1)选择某一个熟悉的日用品生产企业进行调研;

(2)对该企业的分销渠道成员进行模拟评估;

(3)对该企业的分销渠道运行状态进行模拟评估;

(4)根据模拟评估的结果,提出具体的调整措施;

(5)形成书面实训报告。

海澜之家

【案例分析】

影响 ZS 电气公司分销渠道绩效问题

作为华北地区的一家电气产品生产制造企业,在 2003 年创立的 ZS 电气公司,主打产品是低压电器和相关检测设备,公司经过二十多年的发展,已经形成一定规模,其产品质量稳定,价格相对偏低,但是用户容量巨大,用户范围广、较分散。ZS 电气公司的中间环节与竞争企业相比没有竞争力,某个销售区域的中间商有多个层次,十分繁复。整个分销渠道中的中间商是实现交易效率和占有地理优势、加强市场竞争力的中坚力量。合作的中间渠道成员多达 500 多家,海外市场涉及东南亚多个国家。由于多种因素影响,ZS 电气公司线上渠道相对薄弱,线上渠道模式过于保守,依赖传统线下营销方式。

依据 ZS 电气公司的分销渠道的情况和数据分析,发现影响 ZS 电气公司的渠道绩效的问题主要有应收账款周转率低、渠道费用成本高、售后服务较差等。

1.赊账问题严重

依据模糊综合评价的分析,分销渠道的应收账款周转率得分较低,影响了分销渠道的整体绩效。根据 ZS 电气公司的内部财务资料,近几年随着销售量的增加,应收账款也在增加。其增长速度也逐步赶上销售量的增长速度,2018 年 ZS 电气公司依据原始财务数据统计出应收账款占比达到 31.25%。

赊账属于企业经营中的普遍现象,是一件比较无奈的事情。随着市场竞争的不断增加,大多数企业选择要求赊账。为进一步抢占市场份额,增加销售渠道,不得不进行销货。有把握的赊销,会对企业的销量提供帮助,提高收益。但是对于信用差的商户,或者部分销售商以低于进价的价格销售,造成经济损失。企业资金的回笼慢,会对下批生产和技术升级带来不利影响,进一步降低企业渠道绩效。因此在实际营销中,设立合理的赊销政策至关重要,参照设立合作企业的信用期限。

2.渠道费用管理不善

由于分销渠道中的各成员数量的增加,每开拓一个新的渠道和维护该渠道就会造成成本费用增加。随着 ZS 电气公司业务的发展和规模的增大,分销渠道遍布全国和部分东南亚市场。其中的初始投资成本、运营成本、相关销售费用、对渠道成员的培训费、宣传费、办公费等均有增加。渠道费用的总体增加、投入价值不高,使得利润受到一定的影响,影响整体分销渠道的绩效,所以需要控制渠道费用的增长范围,提升渠道费用的使用效果。

3.渠道成员业务有冲突

ZS 电气公司渠道成员产生冲突,主要是由窜货引起的。窜货引起的冲突是分销渠道中一种常见的行为,但是在营销管理书籍中没有确切的定义。在没有供应商代表的事前许可和记录时,未经允许将产品销售到非所属区域,称为跨地区营销,也就是说某地区的经销商将产品销售到未经许可的地区。其中经查发现因销售区域的不同,市场不同,有中间商之间的窜货,还有少数销售假冒 ZS 品牌的产品,给公司造成不良影响。窜货行为对渠道发展有很严重的负面影响,经销商利润下降,产生窜货问题主要是由于 ZS 电气公司的管理不善、中间商的利益驱使。

4.售后服务有待提高

销售是重点,但是售后的服务质量也关系到客户对企业的进一步认同。客户对售后服务的评价高,客户对企业产品的忠诚度会受到积极影响,反作用于产品销量的提高。但是,ZS 电气公司的售后服务满意度评价不高,主要表现在售后人员的素质水平有待提高、返修机器等待时间部分过长,各环节配合的默契度有待加强等。

对于 ZS 电气公司,产品质量虽然是竞争的重要因素,但是还应做好售后服务,以便提高客户满意度,增强产品的品牌影响力,赢得客户对品牌的忠诚,从而有利于增加销售量。

5.渠道建设的不完善

(1)竞争机制管理不当

大多数管理者同意竞争机制在渠道发展中的重要作用,竞争机制的存在可以有效地增加工作压力,提升各成员的工作效率和销售量,竞争机制是促进成员完成公司目标的一种措施,对于整体渠道效率的提高有利。然而,渠道是中间商和制造商之间的关系网,拥有不同的利益目标,成员之间的竞争往往会出现分歧,不能提高成员间的效率。相反,渠道成员之间的竞争会引起整体效率的下降。

ZS 电气公司在同一区域内经常不只一家分销商,于是 ZS 电气公司的同一区域间的不同分销商之间会存在竞争矛盾,为了使得整体系统可以有效运行,科学合理的渠道管理变得更加重要。但是对于关系到各方的利益纽带——竞争机制,ZS 电气公司存在一些不足之处,特别是,经销商在争夺相同大客户时,为了自身的利益会存在不同程度的恶性竞争。经销商之间会互相倾轧,打价格战,恶性竞争不仅影响产品的品牌形象,也影响了渠道成员之间的关系,最终对制造商产生直接的负面影响,不利于区域渠道稳健发展。

(2)网络分销渠道不健全

随着互联网市场的快速发展,ZS 电气公司大部分的销售依赖于线下销售,同时造成了渠道成本费用的不断增加,不利于提高中间环节的效率。同时需建立专业的营销网络,培训专业网络人员,加强公司管理层的思想意识。

(资料来源:尹卓.ZS 电气公司分销渠道绩效评估研究[D].石家庄:河北大学,2019.)

案例思考题

1.渠道绩效包括哪些内容?

2.如何利用财务指标分析渠道绩效?

项目7
分销渠道的物流管理

【学习目标】

知识目标

◇掌握分销渠道中物流系统的含义、构成和主要职能；

◇了解运输决策和仓储决策的主要内容；

◇了解科学的智能物流在分销渠道物流管理的应用技术。

能力目标

◇具备设计和选择物流运输方案的能力；

◇能够根据企业实际状况确定其经济进货批量。

素质目标

◇通过学习深刻理解党的二十大提出的科技强国发展战略的重要意义是企业物流管理现代化的指导思想，促进企业运用智能物流、数字化物流、物联网等科技力量，加快推进现代物流与分销渠道管理链的融合与创新。

◇通过学习分享本土物流企业在促进分销渠道管理科学化和渠道业态创新中发挥重要作用的案例，充分了解在成熟的、快速多变的市场竞争中，有相当的一部分本土物流企业还很难适应竞争性的分销渠道策略。所以，以智能物流、数字物流、物联网为代表的现代信息技术来改造传统的物流企业，强化渠道管理效率的迫切性和必要性。

【导入案例】

TCL 销售网络的物流改革

TCL 即 The Creative Life 三个英文单词首字母的缩写,意为创意感动生活。

TCL 集团股份有限公司创立于 1981 年,是中国最大的、全球性规模经营的消费类电子企业集团之一。1999 年,公司开始了国际化经营的探索,开拓新兴市场推广自主品牌,在欧美市场并购成熟品牌,成为中国企业国际化进程中的领头羊。2013 年 TCL 全球营业收入853.2 亿元,同比增长 22.9%,5 万多名员工遍布亚洲、美洲、欧洲、大洋洲等。在全球 40 多个国家和地区设有销售机构,销售旗下 TCL、Thomson、RCA 等品牌彩电及 TCL、Alcatel 品牌手机。作为业绩主要增长动力的华星光电,在 2013 年保持满产满销,销售液晶面板及模组产品2 162.8 万片,成为全球第五大液晶电视面板供应商,实现销售收入 155.3 亿元,增长高达 6 倍。尽管 2013 年全球彩电需求增长放缓,TCL 多媒体业务盈利能力亦受到了影响,但公司依然实现了 2013 年 LCD(Liquid Crystal Display,液晶显示屏)电视机销量 1 718.4 万台,同比增长 10.7%,高于市场增幅。

过去,一台 TCL 王牌彩电从生产线下来以后,在抵达最终卖场之前,往往要"旅行"大半个中国,在好几个仓库之间倒腾。如何在产品物流配送得到保障的前提下,同时提高运作效率,成为 TCL 最头痛的问题之一。因为彩电行业的利润率甚至不及 4%,而物流开支是仅次于原材料费用的巨大负担,必须从物流成本中压榨利润。

要避免重复运输,减少中间环节,减少彩电的旅行时间及成本,需要的是建立一个反应迅速、经济实用、触角遍布各地的物流网络。TCL 集团曾经计划投入 5 亿元人民币,把覆盖全国的 2 万多家家电销售网点,改造成网络化的专业物流配送系统。按计划,先通过系统配送 TCL 的产品,以后再送各个厂家的各种产品,最终建成一个连接互联网和传统商业的社会公用平台。

事实上,以销售网络著称的 TCL 拥有目前国内最具分销能力的家电销售网络。其自建的销售渠道作为 TCL 彩电销售的主力军,销量占到了总体的 80% 以上。TCL 的相关人士坦言,一旦价格战军情紧急,通过周密发达、运转灵便的网络,只需 2~3 天,TCL 便可完成补货。这也使得 TCL 有可能通过改造其庞大的销售网络,使之承担起物流体系的功能。

然而,使一个如此庞大的网络有效运作起来绝不是件简单的事情,在各环节必然耗费大量的资源,其中自然也包括流通环节的物流成本。在压力与日俱增的市场环境下,渠道扁平化也就成为不可阻挡的趋势。对于 TCL 而言,传统的物流管理分散在不同的部门,根据职能划分,采取的是分段式管理。因此,物流革新势在必行。回顾 TCL 的物流发展历程,可谓经历了一番尝试和比较。

TCL 庞大的销售网络既是自身最大的竞争优势,却也成为它最大的负担之一,因为如何对这些机构进行有效的物流管理和财务监控确实是个不小的问题。

自 1998 年开始,TCL 开始对企业销售网络的物流体系进行改造,通过引入一套比较完整的 ERP 系统,对货物的进、销、存系统实行一体化管理,然而在实际的操作中,由于各级管理人员的水平和原有管理信息系统的局限性,这个 ERP 系统没有得到有效运行。于是 TCL

只能先上物流管理系统(即进、销、存管理系统),再上财务系统。这样一来,也能够做到对销售网络及整个销售动态和市场动态做出实时的反应。

虽然这个系统并不能做到严格意义上的实时更新,但是至少每天10:00以前,公司就能了解前一天全国市场的销售情况、库存情况、主要竞争对手的销售情况、财务情况,从而使得决策层对整个市场的情况能够做出相对实时而准确的判断,而资金流转的速度也比同行快2~4倍。

正是由于货物的流向实现了信息化管理,在物流供求的两端就只剩下相对简单的运输问题,这也使得TCL有可能将这一切委托给第三方物流公司办理。TCL与南方物流公司的合作一直令人满意。虽然发运点成倍增加,发运量数急剧增长,但TCL物流的人员数量保持不变,而且其运费创历史新低,为TCL节约了大量的物流成本和费用。

在目前的家电行业中,只有TCL和海尔建立了全国性的、直接配送到门店的物流体系。在TCL"以速度打击规模"的信条下,甚至在某些区域保证了先销售后进货的物流水平。速度已经成为TCL物流模式的最大特点和优势。

未来十年,TCL将继续构建融设计力、品质力、营销力及消费者洞察系统为一体的"三力一系统",坚持不懈地提升核心能力,提高经营效率,将TCL打造成中国最具创造力的品牌。

(资料来源:百度文库——物流技术)

请问:

1.TCL的销售网络改造的过程和成果怎么样?

2.当前TCL物流模式的特点和优势是什么?

任务1 分销渠道物流管理入门

7.1.1 物流的概念

分销管理中的物流可以有狭义和广义的两种含义。狭义的物流是指商品实体的空间位移,即商品实体从生产地点到消费使用地点的转移过程,在这个过程中,分销渠道的基本职能是运输和仓储。广义的物流是指与商品实体有关的全部流通活动,除了商品运输和仓储活动,还包括流通加工、包装、库存控制以及与之相联系的物流信息等流程,其构成如图7.1所示。

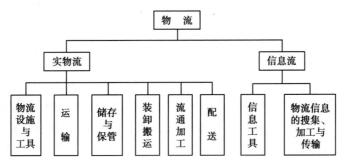

图7.1 物流的构成

1) 商品运输

商品运输的任务就是实现商品实体的空间移动,解决商品的生产和消费之间的地点差异问题,创造商品的空间效用,满足消费需要。商品运输需要通过一定的运输工具,沿着一定的运输路线和流动进程来完成。

2) 商品包装

为保证产品完好地运送到消费者手中,一般都需要不同方式、不同程度的商品包装。从营销的角度讲,包装分为运输包装和销售包装。运输包装的作用主要是便于运输和防止运输中途的损坏,销售包装则是为了便于消费者购买、使用,便于零售商销售,并能鲜明地显示商品的特点,起到商品广告宣传作用,以吸引消费者注意和使其产生偏爱,扩大产品销售。包装可以在生产过程中完成,也可以是在流通过程中完成。

3) 商品储存与保管

商品从生产地点到消费者使用地点的转移过程中,由于运输力量的限制、运输工具转换、等待销售或者其他某种原因,需要在一个或数个仓库中发生短暂的停留,这就是"储存"。有些储存可以创造商品的时间效用,即被保存到消费者最需要的时间销售,可以卖出非常有利的价格。但有些储存可能引起交货延迟、商品变质、资金积压等负面效果。保管是物流的一个重要环节,包括在商品运输、储存和流通加工过程中的放置、编号、记录、保养、维护等活动。其主要作用是维护商品品质,防止损坏和变质。

4) 装卸搬运

装卸搬运是对商品运输、保管、包装、流通加工等物流活动进行衔接的中间环节,包括装卸、堆垛、入库、出库以及连接以上各项动作的短程搬运。装卸搬运是随运输和保管产生的必要的物流活动,在物流活动的全过程中频繁发生,因而,如何改进商品包装和运输工具,以减少商品损坏是该流程的一项重要任务。

5) 流通加工

流通加工就是发生在流通领域的生产过程,也可以说是生产过程在流通领域的延伸。流通加工的主要作用是直接为流通,特别是为销售服务。所以流通加工的方式也是多种多样,有零部件的组合,也有商品形体上的分割,还有商品各种标识的制作。

6) 配送

根据《物流术语》(GB/T 18354—2021),配送是指在经济合理区域范围内,根据用户的要求,对物品进行拣选、加工、包装、分割、组配等作业,并按时送达指定地点的物流活动。从配送的功能角度来看,配送描述了经济区域内一系列的物流活动,它是从物流节点至消费使用地的一种送货形式,是"中转"型送货,它是以消费者为驱动源:消费者需要什么就送什么,以实现共同受益为目的。

7）物流信息

物流信息包括发货信息、商品在途运输信息、库存信息、包装和加工信息，是市场信息的一个非常重要的组成部分。现代的企业营销活动已越来越普遍地重视信息。掌握和运用物流信息可以为企业降低成本、提高效益、赢得竞争优势提供有力的依据。因此，企业要重视物流信息的搜集、整理、分析和应用，加强信息网络建设，推广和应用现代信息设施和手段，促进物流信息"快速、准确、全面、灵敏"地传输和交流。

[阅读资料 7.1]　　　　　　　　**戴尔的 JIT**

戴尔（Dell）公司每天通过互联网实现 600 万美元的计算机销售，长期以来一直是适时制造制度的一个典范。戴尔公司通常是在收到订单后，才开始调配元部件并装配计算机。戴尔公司的大多数供应商储存的元部件送到戴尔公司的工厂仅需几分钟的时间。但值得一提的是，JIT 所蕴含的哲学思想同样也适用于供应商、装配商和分销商。例如，一份星期一早上 9 点发出的客户订单，在星期二晚上 9 点就能够将货品装上送货卡车，然而 JIT 原则不仅仅运用在生产阶段。戴尔公司还能够在 24 小时内将日常的销售转化为现金，这一迅速的转化给戴尔公司带来了其竞争对手所无法匹敌的巨大利益，如康柏公司（要花费 35 天）和盖特威公司（要花费 16.4 天）。

7.1.2　物流系统的构成

在现代市场经济条件下，能够高效运作、重视满足消费者需要的专业性物流企业或运输、仓储机构得到了充分的发展，形成了相对完善的物流专业服务体系，这种条件使越来越多的生产和商业企业在组织商品实体分配时，已不再只是依靠企业自身的力量来进行，而是趋向寻求与相关专业性公司合作，以提高效率，节省费用。在这样的条件下，企业产品分销中的物流活动往往通过企业物流管理部门的统筹组织或委托专业储运公司、保险公司、经销商等内外部门和机构共同参与完成。这些部门机构一起构成了产品分销的物流系统。

1）企业物流管理部门

企业物流管理部门是物流活动的统筹组织、实施和监控者，是企业物流活动的中枢。物流活动的各环节能否顺利、高效、成功地实施，主要取决于企业物流管理部门的筹划、组织和管理是否有效。它不但要负责物流计划的制订、存货的管理、物流系统的规划建设等"内部"管理工作，还力求使各部门、各机构密切合作。它的具体工作包括选择和联系储运公司、发货、选择险别、投保等。不过，在物流部门实施具体的管理职能时，渠道管理人员要较深地介入。一般情况下，物流部门的计划是根据营销计划和渠道计划制订的，要与营销计划和渠道计划相衔接。物流管理活动的效果，也要根据它完成渠道任务的情况来评价。

2）中间商

中间商是企业分销渠道的主要成员。中间商的数量、位置、销售效率和所承担的渠道功能，都与物流活动密切相关。因此，企业物流管理部门常常需要与中间商保持密切互动，相互协调,保证物流的顺畅,完成产品从生产领域向消费领域的转移。渠道管理人员常常需要在企业的物流管理部门和中间商之间牵线搭桥,有时还要调解它们之间的矛盾。

3) 储运公司

储运公司是承办商品运输和仓储业务的专业机构。有些规模较大、物流业务量也比较大的企业,为了增加对物流活动的控制,往往会设立企业自己的储运部门,承担物流活动储运环节的职能。不过,大多数企业在发货给中间商和消费者时,需要通过专业储运公司来完成。

储运公司的作用在于为企业的产品创造时空效用。专业化承担储运功能,往往比企业自己组织物流活动更有效率。将主要的物流活动委托给储运公司来做,有利于企业按照商品实体运动的客观规律实行专业化管理,降低企业在物流方面的投资和减轻物流管理方面的负担。

4) 金融机构和保险公司

金融机构和保险公司是提供资金融通和保险服务的专业机构。大多数企业在开展物流活动时,都要与金融机构、保险公司建立联系,进行一定的业务往来,如需要金融机构提供资金融通,以支付管理、包装、装卸运输、储存保管、保险等费用;需要各种保险服务,以避免或减轻物流过程中可能的不可预测事件给企业带来的经济损失。

[阅读资料7.2]　　　　怡亚通:供应链企业的渠道下沉红利

2007年,怡亚通上市,成为国内第一家进入资本市场的供应链企业。上市后不久,怡亚通就开始琢磨新的供应链思路。2008年,怡亚通果断开始了向深度分销领域的尝试。

而这一切,源于2007年分销业发生了有趣的生态级变化。

从2007年开始,很多国际大牌公司发现,中国的一、二线城市生意竞争更激烈了,利润率开始大幅下降。用美国供应链管理专业协会中国首席代表王国文的话说:"全球快消品世界500强企业不约而同地去开发中国三线城市及以下的市场,尤以食品、饮料、日化最为明显。"

据统计,宝洁近3年来70%的增长都来自于小城镇。另外,联合利华、欧莱雅、可口可乐、百事可乐、红牛等都清晰地认识到中国未来的新的消费增长点在小城镇。"下沉运动"如火如荼。

"下沉过程"是一个高成本过程,因为在三线以下城市铺设渠道比在一、二线城市的成本要高得多。一、二线城市已经形成很成熟的物流网络体系,但小城镇没有,资源匮乏,甚至很多偏远的地方顺丰、圆通、中通、UPS都没有覆盖。

怡亚通380集群总裁严俊表示,中国是一个差异性很高的大市场,多达七级分销体系的多层级销售系统,流转成本太高,传统大公司自己的销售体系在中心城市做得还可以,能覆盖到地级市已经很棒,再往下沉就勉为其难。

可不可以用一种"平台式解决方案"来化解这一问题? 实际上,怡亚通的确发掘出一种聪明的方法:建立一个平台,将三线以下原有的、已经存在的当地渠道整合进这个平台里面,这样,怡亚通就有可能用最经济的投入、最快的速度以及最可靠的方式实现分销渠道网络的建设。

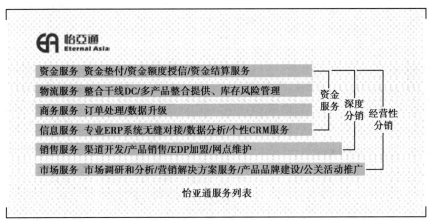

简单地说,怡亚通从上游厂商那里收取订单,然后通过平台按照订单进行货物的销售、市场的覆盖,其中有部分工作会借助整合的当地渠道商完成,这样,怡亚通变成一个平台枢纽,调动和整合了上上下下的资源。

怡亚通在 2009 年推出"380 平台计划",该计划将建立覆盖中国 226 个地级市和长三角、珠三角、环渤海 150 余个经济发达的县级市(总计约 380 个城市,故称 380 平台)的深度业务平台,宝洁、联合利华、达能多美滋、雀巢、强生、百事可乐、沃尔玛、家乐福、乐购、麦德龙、华联、人人乐等都是平台业务伙伴。更为雄心的是,怡亚通继续推进这一平台,力求最短时间内覆盖中国 10 亿消费人口。

在整合地方分销渠道的下游方面,怡亚通创造了"EDP 模式",也就是在地方销售市场会筛选出一些优秀的渠道伙伴,通过培训以及文化融合,由怡亚通负责厂商在当地的生意覆盖、市场培育,而一些配送、收款等工作就"外包"给渠道伙伴去做。"EDP 模式"首先尊重当地渠道的生态系统,规避了所谓的"地头蛇冲突",更为重要的是还将原来的渠道转化为自己供应链平台的优势。当然,怡亚通也会通过自建或者"收编"(合资控股)当地经销商等方式来进行渠道体系建设。

新思维下的"380 平台"推动了"深度供应链业务",按照海通证券的估算,2013 年全年业务量有望突破 50 亿元,将基本实现盈亏平衡,2014 年将有很大概率贡献较多利润,未来 3 年复合增长将超 60%。

(资料来源:费戈.怡亚通的"下次"红利[J].21 世纪商业评论,2013(18):64-65.)

7.1.3　物流管理

1)物流管理的任务

所谓物流管理,是指为满足消费者需求而对商品实体从生产地点向消费使用地点的转移过程所进行的决策、计划、实施和控制活动。由于物流包括运输、储存、包装、装卸、交货等多方面的活动内容,不但需要企业内各个部门的密切配合,而且涉及企业外部很多机构(如运输公司、仓储公司、经销商、保险公司等)的合作,因此,需要物流管理部门把各方面的力量组织和协调起来,使物流活动合理化、系统化,以最少的时间、最好的服务、最少的投入量、最多的产出量,完成产品从生产点向使用点的安全转移。具体而言,主要包括以下5个方面。

(1)促进物流系统的合作

物流工作由多个机构和部门分担,企业必须认识到物流系统是一个整体,系统中每个成员的行为对物流目标的实现都会产生很大的影响。因此,企业应全面统筹安排,加强各部门、机构的组织、激励、协调与管理,促进合作,发挥各职能部门、机构的使用,使各部门、机构协同运作,及时处理矛盾和问题,确保产、销、存、运等环节紧密衔接。

(2)确定物流系统的规模

对物流系统进行投资建设时,首先要确定其规模的大小,使之与企业的营销总目标相匹配。为此,企业对其所处的地理位置、周围环境、服务对象,特别是物流量的多少,包括货物品种、数量、流向以及流通中心的分布、设置等都要详细调查和预测,综合分析研究,以确定物流系统的规模。

(3)确保运送及时与便利

运输是否及时与便利是衡量物流质量的重要指标。开展物流活动时,企业必须综合考虑运输配送的功能,如运输工具的配合,运输路线的选择,运输环节的安排等,以便能按消费者要求的时间及时运达。运送便利性,主要是指提供给货主自行选择运输工具及运输形式的便利。

(4)保持合理的库存量

库存是否合理不仅影响物流成本,而且影响企业的经济效益和信誉。不适当的库存,会带来产品积压或短缺的问题,由此影响企业的产品销售及信誉。因此,保持适量的库存,以争取扩大市场,是物流管理的重要任务之一。

(5)节省费用,提高效益

进行物流管理必须把提高经济效益放在首位,以最低的物流成本实现企业的营销目标。不少企业的实践证明,物流活动创造的附加值是创造企业利润的一个有机组成部分。高效率的物流管理节省的物流成本和提高的物流绩效,可转换成相当大的附加值,可提高企业的市场竞争优势。因此,企业应重视和加强物流管理。

2)物流管理职能

物流管理活动包括对商品流动数量、时间、方式与途径的计划、组织与控制活动。具体活动包括以下6个方面。

(1)预测销售量

预测销售量是物流管理的基础工作。预测销售量要根据历史的销售数据、企业营销目标、市场需求变化等因素,分析和预测目标期内可以达到的销售数量,以此作为企业制订分销计划和确定存货水平的依据。

(2)分销计划

企业的物流管理开始于企业的分销计划。企业的分销计划是在企业产品销售预测的基础上,由渠道管理人员根据企业的渠道目标和渠道策略制订的分销行动方案,内容涉及什么时间、在哪里(市场区域)、销售什么、销售多少,以及由谁去做和需要多少费用等。企业的物流管理要与企业的渠道计划相衔接。

（3）订单处理

订单处理指从接受订货到发运交货的全过程,主要包括订单的接受、审核,将联运单分送至各有关部门,按单配货,安排运输,开出收据,收进货款等。这一过程要求迅速、准确、周全。在电子网络环境下,企业物流活动中的订单处理越来越多地应用电子网络技术,大大提高了订单处理效率。

（4）存货管理

存货管理的一项中心内容是确定存货水平。存货水平决策的结果,既会影响消费者的满意程度和商品销售的顺畅与否,也会影响企业的储存成本。一般来讲,销售部门希望企业的存货充足,以便接到订单便可立即为消费者供货。但是,存货量的增加,会增大仓储费用和资金占用,从而提高企业的储存成本。物流管理部门要在存货量和存货成本之间作出权衡,既不能出现断货,也不能存货太多,占压太多的资金,因此要确定一个合理的存货水平,并根据销售状况及时予以调整。

（5）运输管理

运输计划是物流管理部门依据企业的分销计划、贸易合同、销售状况等对物流中的商品运输工作制订的行动计划。其内容包括统筹安排、确定运输工具、路线、商品品种和运量、装运时间、起运地、目的地以及每项活动的执行者和所需费用等,以使商品运输工作有计划有目的地进行,确保商品能在规定时间、地点由生产点转移到使用点。

（6）终端售点管理

物流管理过程的最后一个环节是终端售点管理,如在零售商卖场内的物流管理活动,包括商品的搬运、分拆、上架,以及其他一些售前、售中和售后服务。到了终端售点,物流管理过程就完成了一个轮回。下一个轮回,由终端售点下新的订单开始。

[阅读资料7.3]　　　　　　　　　和路雪冷链物流管理分析

和路雪拥有可爱多、梦龙、百乐宝、蔓登琳等多个品牌,深受消费者喜爱。和路雪的宗旨是不断创新,为中国消费者带来全新的冰淇淋体验,成为中国冰淇淋市场的领导品牌。

中国海运

和路雪会取得这么大的成功,与其在生产管理和物流渠道等方面下足功夫分不开的。

和路雪目前有分销和直营两种销售模式。与其他同行企业将物流外包给多家服务商的做法不一样,和路雪在整个北方地区的物流外包是交给北京华日飞天物流有限公司独家运营。这样,该物流公司对和路雪企业的忠诚度就非常高,对和路雪产品及变化规律也越来越熟悉。同时他们也会严格按照和路雪公司的要求操作,按照路雪公司的思路去改变他们自己的组织结构和管理方式。

严格的流程化管理,是和路雪对物流服务商提出的一项新要求。目前,和路雪对操作规范的要求越来越细化了,甚至具体到每一个步骤。比如,进厂区后须限速,停车的步骤和具体位置,多少分钟内装完车,甚至是司机的穿着。

和路雪的销售旺季是每年的1—9月,通常从1月就开始铺设网点、建库存。和路雪在冷饮市场多年巩固下来的地位,使其终端网点的数量比较固定。在每年的销售旺季结束时,物流部门就开始作出下一年的物流计划,并发给合作的物流企业。

物流计划一般都是以公司下一年的生产和销售预测为基础的,而销售预测主要是依据上一年的销售情况和市场部的新产品计划。尽管和路雪方面称其产品销售具有一定的规律性,在没有新产品冲击的情况下月销量基本固定,浮动也会在公司的控制范围内,但冷饮消费具有明显的季节性和随机性,预测有时也会失灵。比如在旺季销售期间,某一天,分销商突然集中订货,公司没想到会卖得这么好,于是某款产品断货了。

在这种情况出现后,和路雪通常的做法是首先稳定客户,同时制订紧急方案,加快生产,临时调用更多车辆增加运力,分区配货等一系列应对措施。这时更需要物流企业的紧密配合。所以可以说,与物流企业协调与否,对于企业的市场应急至关重要。

据了解,在物流环节,和路雪目前在中国市场上是唯一一家采用铲板式运作的企业。这是一种国际化标准的铲板式包装,能使单个冷藏车的满载量减少2/3,成本相应高出20%左右。但是,和路雪的优势是能够保证质量,产品破损少,并且装卸快,明显提高了配送效率。这体现着物流制胜不光指成本优势,还包括物流的及时性,和路雪非常看重及时有效。在这方面,他们花费的物流成本比别的公司多得多,当然这也成了和路雪的一个竞争优势。

2007年第一季度的市场报告显示,这家在中国冷饮市场占据龙头的企业的销售额的增长持续高于整个冰淇淋行业平均水平。在过去的一年,和路雪的销售额增长率达到了两位数,在其母公司联合利华2006年在华总销售额70多亿元中占12%左右。

任务2　了解商品运输管理

运输管理是商品分销中物流管理的主要内容,它关系到消费者需要的商品能否及时、安全、低成本地转移到消费者手上。运输管理的主要职能是选择合适的运输方式和运输方案,并安排和执行运输计划。

7.2.1　商品运输的参与者

商品运输的参与者主要有托运人、承运人和收货人三方。

托运人一般指被托运货物的卖方,如生产制造商;收货人则是被托运货物的买方,如零售商或生产资料的用户。托运人和收货人的共同目的,是要在规定时间内将货物安全、准确地从起始地转移到目的地。托运人和收货人有可能是同一方,如生产制造商向自己设在某地的仓库发货,零售商自己组织运输从厂家进货。

承运人是商品运输的实际承担者,期望以最低的成本完成商品运输工作,获得尽可能大的收益。当然,承运人有可能由托运人或收货人承担,如生产制造商通过自己的车队向零售商直接发货,或者零售商直接从厂家提货。

运输方案一般由商品运输的承运人设计,可以是"第三方",也可以是卖方或买方,关键看谁是承运人。根据合同的约定,由参与者的一方或多方讨论决定最终的运输方案。

7.2.2 运输工具的选择

运输决策的一个重要内容是根据商品对运输时间与运输条件的具体要求,选择适当的运输方式和运输工具,使企业能用最少的时间、走最短的路线、花最少的费用、安全地把商品从产地运送到销售地。

1)运输工具及其特点

(1)铁路运输

铁路运输方式的优点,一是运量大,每列车的平均载重量达 2 000 吨;二是连续性强,不受气候和季节的影响,日夜不停;三是运输成本低。铁路运输适用于运输运距长、批量大、单位价值较低的笨重货物,如煤、矿石、砂、农产品和木材等。但是,铁路运输时间较长,商品费用率比较复杂,如满载起运的收费很低,而零担起运的收费却较高。

(2)公路运输

公路运输比较适合短途运输,具有机动、灵活、适应性强、受自然条件影响不大等特点。同其他运输方式比较,公路运输的技术性较低,汽车的驾驶和维修人员的培训也比较容易。公路运输可与铁路和水路运输相配合,实现"门到门"的直达运输。与铁路相比,公路运输费用较高。

公路运输的主要优点,决定了它适宜于中小批量商品近距离运输。一般来讲,如果批量较大并需要长途运输的货物,铁路运输比公路运输便宜;而批量较小,只需短途运输的货物,采用公路运输要比铁路运输费用低。

(3)水路运输

水路运输包括内河运输和海运,它是以天然河流及广阔的海域为水道的一种运输方式,突出特点是成本低和载运量大。船舶的载重量随科学技术的进步不断增大,特别是海运,万吨至 10 万吨的货轮已十分普遍。不过,水路运输在很大程度上受自然条件的限制,比如河流的宽度、长度、通航季节、自然流向等都不能人为地选择或任意改变。另外,水路运输很慢,受气候条件的影响很大。水路运输适合于运送一些笨重的超大型货物,如煤、粮食、石油和金属矿石等体积大、价值低、不易腐坏的产品。

(4)航空运输

航空运输的优点是速度快,不受地形的限制,能够深入到其他运输方式难以抵达的地区,但运输能力小、燃料消耗大、运费高。一般只适宜于运送急需且价值高的商品(如珠宝)、易腐商品(如鲜花)或精密仪器(如高精仪器设备、电子产品)。

(5)管道运输

管道运输主要适用于液体货物和气体货物的运输,如石油、天然气、煤气等。它的优点是基建投资和运输成本较低、运送途中损耗小。另外,输油管道可以埋在冻土层以下,不受气候限制,不占用空间走廊,对环境和生态也没有太大的影响。管道运输的不足之处是运输量的变化范围小,输送品种单一,而且只能向一个方向输送,输送的地区覆盖面较小。此外,还需要水、电的配合,只有在水、电都具备的情况下才能运输。

(6)集装箱运输

集装箱运输是现代运输业的一项重要技术改革,具有装卸效率高,加速车船周转,货损货差小,包装费用省,简化货运手续,降低货运成本,劳动强度低等优点,是目前发展迅速,并在商品运输中占有重要地位的一种运输方式。集装箱运输的重要作用还在于它是发展多式联运的基础。多式联运是按照多式联运合同,以至少两种不同的运输方式,由多式联运经营人负责完成整个货运过程,将货物从发货地运到交货地的一种运输方式。这种在集装箱运输基础上发展起来的综合、连贯的新型运输方式目前在国际货物运输中发展很快,占的比例也越来越大。

2)选择运输方式应考虑的因素

运输工具各有优点和缺点,因此企业应该结合自己的经营特点、商品性能、市场需求,在综合考虑运输工具的运载能力、速度、频率、可靠性及成本等因素的基础上,选择运输方式。

(1)商品性能

商品性能是影响企业选择运输工具的重要因素。一般来讲,粮食、煤炭等大宗货物适宜水路和铁路运输;鲜花、电子产品、宝石以及季节性很强的商品或贵重且体积小的商品等适宜航空运输;石油、天然气等适宜管道运输。

(2)运输速度和路程

运输速度的快慢、运输路程的远近,决定了货物运送时间的长短,也决定了在途商品资金占用的大小。因此,运输时间和路程的长短对能否及时满足销售需要,减少资金占用有重要影响。通常运输运距长、速度要求不高的商品,适合海路或铁路运输;运输运距长、速度要求高的商品,适合航空运输;而运输距离短的商品,适合公路或内河运输。

(3)运输能力和密度

运输能力一般以能够应付某一时期的最大业务量为标准。运输能力的大小对企业分销渠道影响比较大,特别是一些季节性商品,在旺季时销售量大,运输会达到高峰状态。如果运输能力不足,不能合理、高效率地安排运输,不能按时运往销地,一方面会造成商品积压,另一方面还会使企业错失销售良机。

运输密度指各种运输工具的班次(如车、船、飞机)以及各班次的间隔时间。运输密度对于商品能否按需要的时间运送到消费者手中,及时满足消费者需要非常重要。因此,企业在选择运输工具时,必须了解和规划各种运输工具的运输密度,尽量缩短商品的待运时间,加快商品运输速度。

(4)运输费用

进行商品运输,必然会支出一定的人力、物力和财力,尤其是需要支付一定的运输费用。

企业进行运输决策时,要根据其经济实力以及各种运输方式所需的运输费用来选择运输方式。

(5)市场需求的缓急程度

市场需求的缓急程度也会影响企业选择运输工具。市场急需的商品,需要选择速度快的运输工具,如航空运输或汽车直达运输;反之,则可选择成本较低、速度较慢的运输工具,如铁路运输或水运。

7.2.3　商品运输方案

商品运输是指商品的物流实体借助各种运输工具,实现其空间位置的转移。在组织商品运输的活动中,要达到安全、快捷、准确、价廉的效果,企业就必须对涉及运输的相关问题进行决策。这一决策的内容主要包括制订运输方案,选择运输工具,决定发运的批量、时间和行走路线,以及是依靠自己的力量自行组织商品运输,还是委托运输公司运输等。

企业的运输决策,首先面对的问题是要制订合理的运输方案。而运输方案的确定要受到影响运输决策的因素和企业营销系统的制约。

一般来讲,企业的营销系统有如下几种:一是单一工厂/单一市场,即企业仅有一个制造厂,并仅在一个市场中进行营销活动;二是单一工厂/多个市场,即企业仅有一个制造厂,但在几个市场内开展营销活动;三是多个工厂/多个市场,即企业设有多个制造厂以及分销系统,并在多个市场中进行营销活动。企业的营销系统不同,其运输方案就可能有所不同。

1)单一工厂/单一市场

企业仅在单一市场上开展营销活动,一般是按照近产近销的原则,在当地生产,直达运输,这样运输工作量将会大大减少。尽管如此,如何尽快地、经济地给消费者送货,仍然是必须认真研究的问题。

可以把单一工厂/单一市场的方案简化为企业为一个消费者运送货物的情况。在选择运输方案之前,必须分析有关送货的可行工具、路线的确切长度、各种运输工具的费用、在途消耗时间,研究企业有多大的选择余地和有多少可行的替代方案。一般来说,保证及时交货是企业首先要考虑的因素,因为它是保证企业信誉、避免延期索赔损失的重要条件。如果没有多少时间运输供货物,那么就只有选择速度快的方案,即使费用较高也不能吝啬。如果距交货期限的时间较充裕的话,就要着重考虑如何节约费用的运输方案。陆运、海运通常要花费较长的时间,但是运费低廉,是值得考虑的。

在陆运方面,铁路、公路四通八达,企业有多个运输方案供选择。可以采用一一比较法,看看哪个方案的费用最低,费用最低的方案就是企业所要选择的最优运输方案。

在需要多次转运、运输路线分段衔接的情况,人们常用图上分析法来寻找最优方案。图上分析法,又称最短路线法,是把每个转运环节当作一个节点,把每段运输路程看作一个箭线,用一个平面图把这些节点和箭线连接起来,构成一个网络图,运用网络计算法,就可以找到最短路线。

2) 单一工厂/多个市场

在现代营销活动中,企业的市场范围越来越大,企业在多个市场中开展营销活动的情况较为普遍。当企业在多个市场开展营销活动时,仍有几种运输方案可供选择:一是采取零担运输方式把产品从工厂直接运往各地市场;二是将制成的零配件运到各个市场装配;三是运用整车货运方式将产品运送到某个靠近各个市场的中心仓库(流通中心),再由中心仓库分销转运到各地市场。前两种运输方案的运输决策方法可参照上述"单一工厂/单一市场"的运输决策方法。在第三种运输方案中,企业的一个重要决策是选择中心仓库的具体位置。这一决策不仅对商品流转速度和流通费用产生直接影响,而且关系到企业对消费者的服务水平和服务质量,最终影响企业的销售量和盈利水平。确定仓库位置的方法可以从以下几个方面考虑。

(1)根据运量确定仓库位置

商品运输量是影响运输费用的主要因素之一。由于各个市场销售商品的数量不同,所需运输的数量也就不同。一般的经验是,使仓库尽可能接近运量较大的市场,从而使较大的商品运量走相对短的路程。该法就是求出本地区实际商品运量的重心所在位置,故也称为"重心法"。其计算公式为:

$$X = \frac{\sum_{i=1}^{n} X_i T_i}{\sum_{i=1}^{n} T_i} \qquad Y = \frac{\sum_{i=1}^{n} Y_i T_i}{\sum_{i=1}^{n} T_i}$$

式中,n 为网点的数目;X_i,Y_i 为各点的位置坐标;T_i 为第 i 个地点的运输量;X,Y 为仓库位置坐标。

该法通过求出仓库地点的 X 和 Y 坐标,就可获得仓库地点的具体位置。但该法对于用地的现实性和候选位置缺乏全面考虑,例如,当最适合的选址为车站、公园、河道或其他建筑物时,选址就难以实现。故遇到这种情况时,可在这些最合适地点的最近区域内选择仓库位置。

(2)根据运距确定仓库位置

该法是通过合理选择仓库位置,使这一地区内仓库到各地点的总距离最短,故又叫"最小运距法"。其计算公式为:

$$X = \frac{\sum_{i=1}^{n} X_i}{n} \qquad X = \frac{\sum_{i=1}^{n} Y_i}{n}$$

式中,n 为网点的数目;X_i,Y_i 为各点的位置坐标;X,Y 为仓库位置坐标。

(3)根据运输费用确定仓库位置

运输费用是由全部运输量乘以运输里程和单位运价所确定的。用该法确定仓库位置,是将商品运量、运输距离、单位商品运价综合起来考虑,使总的运输费用最少。其计算公式为:

$$X = \frac{\sum_{i=1}^{n} C_i X_i T_i / d_i}{\sum_{i=1}^{n} C_i T_i / d_i} \qquad Y = \frac{\sum_{i=1}^{n} C_i Y_i T_i / d_i}{\sum_{i=1}^{n} C_i T_i / d_i}$$

式中,C 为仓库到各点的单位商品运价;X_i,Y_i 为各点的位置坐标;T_i 为各点的商品运量;X,Y 为仓库位置坐标。

在计算中,需先设一仓库的初始位置,在此基础上不断反复计算,直到仓库位置最佳为止。

3) 多个工厂/多个市场

为了适应消费分散的特点,节约运费,生产应尽可能在消费地进行。于是出现了多家工厂为多个消费市场提供产品的情况。如何把每家工厂生产的产品用最短的运输路线、最少的运输费用送到消费者手上则是需要决策的问题。通常规划合理的运输方案所用的方法有以下4种。

①表上作业法。表上作业法是根据运筹学原理,采用"线性规划"方法,根据商品从生产地到销售地之间的单位运价,运用表格进行作业,选择商品运行路线,确定运费最少的运输方案。

②综合比算法。这是对可能选择的运输工具、方式及运转环节进行分析、综合比较,从中选出最优运输路线的方法。

③距离差比较法。它是对从产地到销地的运输距离进行比较,制订商品运输总里程最短的运输方案的方法。

④五比法,即从比里程、比环节、比时间、比费用、比安全等方面,确定运输方案的方法。

上述方法各有特色和利弊,企业无论采用何种方法都应综合考虑多种因素,制订出最佳方案。

任务3 了解仓储管理

商品储存是指商品在流动过程中出现的"停滞"。它不但能够在很大的程度上化解商品运输过程中的矛盾,也能够通过调解供求之间在时间上的矛盾,创造出商品的时间效用。这是需要仓储管理的积极理由。但是,如果商品库存过大,则会引起资金占压和商品贬值,使物流成本加大,企业效益下降,这是需要仓储管理的消极理由。因此,企业必须对商品储存进行科学的管理,使商品储存在数量、品种结构、地理分布和时间长度等各方面能适应消费者的需求,保证分销渠道的畅通。仓储管理的内容主要有以下4个方面。

①仓库的管理,涉及确定仓库的类型、仓库规模和数量、仓库的位置等。

②商品储存定额的管理,即有关最高储存量、最低储存量、进货批量定额的制订与执行管理。

③库存的管理,指订货组织、仓库日常管理。

④商品养护,对在库商品进行的经常性保养和维护。

7.3.1 仓库管理

商品储存的基础是仓库。对于储存时间稍长的商品,都必须放进仓库,以防止风吹雨打、日晒夜露带来的自然损失以及可能发生的被盗损失。努力使仓库的种类、规模、选址适合商品特点,这对保障分销渠道的顺畅和正常运转,具有十分重要的作用。仓库管理涉及以下3个方面。

1) 确定仓库的类型

应用现代科学技术条件发展起来的仓库有许多类型,它们分别适用于不同的商品和不同的经营情况。企业应根据自己的经济实力、营销战略及市场的特点,对仓库进行选择。按不同的标准可将仓库划分为不同的类型。

(1) 按是否拥有仓库的所有权划分

按是否拥有仓库的所有权划分,仓库可分为营业仓库和自有仓库。

①营业仓库是指仓储企业投资建设和经营的,货主单位需要付费、取得其使用权才能使用的仓库。一般来说,营业仓库拥有以下优点。

a.需要保管商品时,保证有场所;不需要保管商品时,仓库场地不浪费。

b.有专业人员保管商品和进行出入库管理。

c.不需要建立仓库的资金,减少资金占用。

d.可以根据市场的变化及时改变仓库布局,比较灵活。

但是营业仓库需要较大的商品储存费用,而且功能相对单一,不便于企业增设其他某种辅助设备和服务功能。

②自有仓库是货主单位自己投资建设和管理的仓库,其有以下优点。

a.可以设置本企业所需的特有设施。

b.为消费者能提供周到的服务。

c.依靠机械化,能做到节省劳力。

d.能综合处理收货、保管、出货,能作为流通仓库使用。但是,建立自有仓库需要投入较大的建设资金,还要培训和管理有关的仓库人员。

使用自有仓库还是营业仓库应考虑企业的业务范围、产品的特点及使用仓库的方法、使用频率等方面。

(2) 以仓库作用为标准划分

以仓库作用为标准划分,可分为保管仓库和流通仓库。企业在选择仓库类型时,应注意流通仓库(能够兼做代理销售、销售服务、组织运输、商品配销等方面的工作)的发展。

①保管仓库只对货物进行一般的储存、保管。

②相对保管仓库而言,流通仓库能实现货物的迅速发送。流通仓库是面对厂商的仓库,是集中消费者需求进行经营的仓库。它具有以下优点。

a.建立迅速发送机制,加强企业销售。

b.能适应生产上大量原材料的输送,使工厂到流通仓库之间进行大量定型的计划发送成为可能,可以降低输送费用。

　　c.具有先进的信息网,能迅速准确地掌握流通过程中的库存情况,防止库存过剩或存货不均情况。

　　d.流动仓库作为销售据点,确立了生产厂商直接销售体制,省略了中间流通过程,有利于成本管理。

　　为了节约仓库用地,同时也是为了提高仓库利用率,一些新型的仓库纷纷问世。例如,高空间、多层架构的立体仓库,采用升降机存取货物,并配备电脑进行自动化管理,大大提高了单位用地面积的仓库使用率;配送中心式仓库除了提供商品储存功能,还进行商品分类、加工、包装、配销和送货等活动,为零售商店提供方便;货仓式商店,既做仓库,又做商店,不仅降低了仓储成本,同时也以低价格赢得了零售商和消费者的欢迎。

2) 确定仓库规模

　　仓库规模是指仓库能够容纳的货物的最大数量或总体积(总面积)。仓库规模的大小,主要受商品储存量和商品储存时间或商品周转速度的影响。一般来说,商品储存量越大,仓库的规模应越大;商品储存量越小,仓库的规模也越小。在商品储存量一定的条件下,商品周转速度越慢,所需仓库规模就越大;反之,所需仓库规模就越小。

3) 确定仓库的位置

　　确定仓库的位置,除了考虑商品运量、运输距离、单位商品运价等因素(见7.2.3 商品运输方案),在选择仓库位置时,还需要考虑如下因素。

　　①客户条件,即客户的地理分布,客户的需求变化及未来发展趋势,如果客户比较集中分布于其周围地区,在那里设立仓库就能够达到理想的效果。

　　②用地条件,即能否以合理的价格得到建立仓库所需要的土地。

　　③运输条件,即各种运输方式、运输工具的适用状况,以及装运和卸载服务的成本大小。

　　④自然地理条件,即水文、地质、气候等自然条件是否适合建仓库。

　　⑤法律条件,即在某地建仓库是否符合法律的规定等。

　　[阅读资料 7.4]　　　　　　**德邦物流仓库选址的评价**

　　德邦物流是国家 AAAA 级综合服务型物流企业,专业从事国内公路运输和航空运输代理。公司总部设在广州,在全国 25 个省、自治区、直辖市设营业网点 282 家(截至 2008 年 4 月 10 日),拥有运输车辆 600 余台、员工5 600 多人,服务网络遍及国内 400 多个城市和地区。从 2001 年 5 月 1 日北京新发地营业部成立,到 2002 年 5 月 19 日上海虹梅南营业部成立,再到

中国船舶

2005 年 6 月成都武侯营业部成立,德邦以华南为基地,陆续在华北、华东、西部等大区进行服务网点的铺设。迄今为止,公司设立了广州、深圳、东莞、华东、华北、西南等城市和区域,拥有 270 家直属分公司及营业部,卡车、航班通达 50 个城市,普通长途专线通达 60 个城市,员工 6 000 多名,总资产逾亿元。德邦已有这么多个网点,这些网点密切配合,支持着德邦为客户提供高效的服务,然而德邦为什么要把总部和最大仓库、配送中心设在广州呢?

　　首先要确定该地点建立的是工厂还是配送中心。在不同的城市,运输涉及的问题相对固定。如果你通过铁路车载货物和卡车来接收你的货物,那么铁路和公路因素将是主要的

考虑因素;如果你接收的货物仅为一卡车或者还没有一卡车的容量,作为包裹运输又嫌太重,或者要求特定的到达时间时,空运就成为我们依赖的方式,这种情况下我们的考虑重点又不同了。

其次需要考虑成本问题,德邦物流公司作了大量有关仓储业发展的实地调查,并形成一份关于这50个顶级城市内仓储配送中心运营成本比较分析的报告。如常人所料,建设一个仓储或配送中心费用最低的前10个城市均集中在西北部地区,而成本高昂的地区是东部和东南部地区。在所有50个城市里,上海的建设费用是最高的。为了构造成本模型,他们假定一个占地350 000平方尺(1平方尺=0.111 1平方米)和有150名配套劳动力的仓库,通过公路为全国市场运输货物。工人的种类从秘书到叉车司机一共约16种,这就构成了运作一个配送中心的基本薪水账册,德邦在研究中将该方法运用到这50个城市中,并作出了充分的比较。其他的基本成本还包括能源、供热和空气条件,以及运输成本。建筑物比较包括分期贷款成本和财产所得税。成本因素也是形成这种趋势的原因之一。同时,公司发现他们可以将很多管理职能从办公室转移到生产一线。简单地比较,仓库内每平方尺的费用为40元,而在写字楼里,同样的面积需要160元。"在一个现代化的仓库里面,你不仅会见到叉车司机,也会发现软件工程师和原本入驻公司总部的其他合作企业的驻司代表。大量的人员需求和技术需求使得这里的员工成本分析成为决定仓库选址的因素之一。"然而,仓库的最基本功能仍旧是运输和接收货物。为了突出这一点,德邦在模型中假定了一个外运成本来区别各类始发—终到类型。德邦的外运模型包括了作为目的地的10个城市,这些城市都具有"可以很好地服务于整个美国范围内的消费者市场"。在模型中,广州、上海、北京、深圳、青岛仍然是运输成本最高的城市。同样的,大陆中心城市,如武汉、长沙甚至郑州在全国范围内的运输成本方面有着强劲的优势。

有一点需要指出的是,当我们确定一个仓库位置的时候,没有一个单一的工具可以给出完善的发展蓝图,库址周围业务量的膨胀会使建筑物的规模、构造以及劳动力的需求产生相应的增长。当我们把眼光从物流场地选址,咨询人员提供的考虑全面的基本方案过渡到基于各种现实成本因素而提供的方案时,我们就又接近了目标。

综上讨论和研究后德邦最终选址在广州,纵观21世纪90年代末到21世纪初德邦的发展历程,就可以看到德邦仓库选址的优点所在,我们相信德邦的未来将会跟国际其他物流公司一样飞向世界,也会伴随我国物流行业的腾飞。

(资料来源:蒋长兵,王珊珊.企业物流战略规划与运营[M].北京:中国物资出版社,2009.)

7.3.2　储存定额的管理

在商品储存过程中,储存量过小,就会导致市场商品脱销,不能及时满足消费者的需求;储存量过大,又造成库存商品积压,影响企业资金周转,增加仓储费用。商品储存定额就是为了解决这一问题,根据商品供应能力、运输条件和市场需求而制订的商品储存数量或者时间标准。

1)商品储存定额的主要指标

①最高储存定额,指商品储存数量允许达到的最高水平。确定这个定额的主要目的是

防止仓库储存量过多。

②最低储存定额,指商品储存数量允许达到的最低水平。确定这个定额主要是考虑到商品销售具有连续性,而供货具有间断性,为了防止在组织商品进货的过程中出现脱销,必须设定最低储存定额的商品数量。

③保险储存定额,指为了防止由于商品需求非正常变动造成商品脱销,保证市场不间断销售而建立的商品储存定额。商品需求的非正常变动主要包括自然灾害(如旱涝灾害造成的对某种商品需求的突然增加)和社会因素(如政治或社会性突发事件对商品需求带来的影响)引起的需求增加等。

④平均储存定额,指平均库存量,其计算公式为:
$$平均储存定额 = (经常储存量 \div 2) + 保险储存量$$

⑤周转储存定额,指为了满足日常销售或生产需要的商品储存量,也称为经常储存定额。

⑥进货批量定额,指每次订购的商品数量。

⑦进货间隔期定额,指两次订货之间的商品储存定额,其公式计算为:
$$进货间隔期定额 = 每批货物的销售周期 \times 日均销量$$

⑧订货提前期,也称为订货周期,指在商品周转储存定额未用完之前,提前采取订货行为的提前时间。因为订货单发出后,对方供货需要一段时间,为了保证平均储存定额,需要分析消费者需求的连续性、日均销售量以及从发出订单到收到货物所需要的时间确定订货周期。

运用这些商品储存定额对企业的商品库存进行管理,能够在很大程度上避免商品储存严重过量或严重不足,从而减少企业商品积压或降低商品脱销的概率。

2) 确定经济进货批量

经济进货批量是指既能满足市场需求,保证企业销路顺畅,又能使商品储存费用最低的每次商品订购和入库的数量。制订经济进货批量有许多方法,其中最为普及也最为重要的一种方法是经济批量法,即通过综合考虑储存费用和订货成本费用来确定能够使有关总成本达到最低的进货数量。

(1)商品储存费用

商品储存费用是企业自建仓库或租用仓库进行商品的储存而支付的费用。这种费用主要包括仓储费用、资金成本、商品损失、保险费与税金。

①仓储费用。无论是自建仓库或租用仓库,都需要支付仓储费用。如果是租用仓库,则需要向专业的仓储企业支付"商品储存费",即"仓库租金"或者"保管费"。企业自建仓库,仓储费用就是发生的业务支出及业务备租费,具体包括以下内容:工资,燃料、润滑剂等费用,水电费,修理费,大修理提存费,低值易耗品消耗,企业管理费(包括折旧和由管理活动引起的各类开支),其他直接费用等。

②资金成本。商品储存需要占用资金,必然带来资金成本(即占压资金支付的利息)。

③商品损失。储存中的商品经常面临一些损失风险,如自然损耗(包括风、火、水、地震等及商品的变质、霉烂、破损和有生命商品的死亡)和责任事故(包括有关人员的贪污、盗窃

和破坏)造成的损失。这些损失也是商品储存的成本。

④保险费与税金。保险费是企业支付给保险公司的各种费用。包括3个方面:一是为库存商品向保险公司投保而支付的保险费;二是为仓库的固定资产和流动资产向保险公司投保而支付的保险费;三是为非生产性固定资产和流动资产向保险公司投保而支付的保险费等。税金是指按国家有关规定向税务部门缴纳的各种款项金额。

一般来说,储存费与商品采购量、商品储存时间成正比,即商品采购量越大、储存时间越长,储存费就越高。商品储存费的计算公式为:

$$商品储存费 = 平均储存量 \times 年均储存费率$$

或者

$$F = (K + Q/2)pi$$

式中,F 为商品储存费;K 为保险储存量;Q 为一次订货的批量;p 为单位商品进价;i 为平均年储存费率(元/单位库存价值)。

(2)订货成本

订购和组织进货需要花费一定的费用,如订货手续费,谈判与签约活动费,执行收货、验收、入库及货款发付手续所需要的费用等。这些费用称为订货成本。在一定的时期内(通常为一年),订货成本与商品采购量成反比,与采购次数成正比,即一次采购量越大,订货成本越低;采购次数越多,订货成本越高。订购成本计算公式为:

$$订货成本 = 全年订货次数 \times 每次订货费用$$

或者

$$C = AD/Q$$

式中,C 为订货成本;A 为一次订货的费用;D 为一定时期商品销售总量;Q 为一次订货的批量。

(3)经济进货批量

企业在订货时,为了减少订货费用就要增加每次的订货批量,但是储存大量货物又要增加储存费;为了减少储存费用就需要减少每次的订货批量,而这样做又会增加订货次数,增加订货成本。因此,在决定进货批量时,必须对订货成本和储存费用进行综合的分析比较。

订货成本与储存费用都随着进货批量的大小而发生变化。订货成本随着订货批量的增加而降低,储存费用随着订货批量的增加而增加,如图7.2所示。

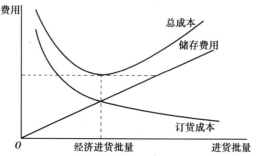

图7.2 经济进货批量的确定

在图 7.2 中，两条曲线垂直相加，即得总成本曲线。从总成本曲线的最低点作垂直于横轴的直线，与横轴相交点就是经济进货批量，或经济订货量。

经济进货批量可以用公式计算出来。因为一定时期总的储存成本 T，为储存费用 F 与订货成本 C 之和，所以其计算公式为：

$$T = (K + Q/2)pi + AD/Q$$

因为 K 为常数，所以求极值得经济订货批量 EOQ（Economical Order Quantity）为：

$$EOQ = \sqrt{\frac{2AD}{pi}}$$

[小思考 7.1] 　　　　　　　　DMK 公司的经济订货批量

DMK 公司每年销售 3 600 只手表，手表进货价为每只 50 元，订货费用每次是 100 元，平均储存费用为 20%。问经济订货批量应是多少？

已知：$p = 50, i = 20\%, A = 100, D = 3\ 600$

代入公式，得：

$$EOQ = \sqrt{\frac{2AD}{pi}} = \sqrt{\frac{2 \times 100 \times 3\ 600}{50 \times 0.20}} \approx 268(只)$$

因此，经济进货批量应为 268 只。

相应地有：平均库存水平为 134 只，进货次数约为每年 13 次，进货间隔天数为 28 天。

7.3.3　库存商品管理

库存商品管理是非常细致和复杂的工作。建立库存管理制度的主要目的就是通过具体的规章、制度，统一和协调各个方面的计划和实施工作，以加强对商品的储存管理。

1) 储存量控制

控制商品储存量的目的是以最低的成本建立满足生产和销售需要的库存。常用的储存量控制方法有定量库存控制法、定期库存控制法及 ABC 分类库存控制法。

(1) 定量库存控制法

这是以商品经济进货批量和安全订货量为基础的储存量控制方法。具体操作方法是，当库存量降低到订货点水平时，按经济进货批量开始订购商品，补充库存。每次订货数量相同，而订货时间不确定，由库存量的变化来确定。

定量库存控制法首先要确定商品经济进货批量（订货量）和订货点储存量。订货点储存量包括进货前周转储备量和保险储备量。进货前周转储备量是指发出订单后在新的一批商品可供应销售之前，维护正常销售所需的商品储备量。其数量等于日均销售量与订货周期的乘积，计算公式为：

进货前周转储备量 = 日均销售量 × 订货周期

订货周期 = 对方确认订单时间 + 发货准备时间 +

运输时间 + 验收入库时间 + 销售前整理时间

同时，为了防止商品脱销，避免商业资源浪费，还需要确定一个保险储存量。定量库存

控制法所确定的订货点商品储存额的计算公式为:

$$订货点储备量 = 订货周期 \times 日均销售量 + 保险储存量$$

(2)定期库存控制法

这是以销售周期为基础的库存控制方法,进货周期和进货时间预先确定,商品储存的数量要根据库存情况临时确定。在定期进货控制中,要在规定的日期,通过实际盘点计算库存量,然后根据具体库存情况,发出订单。定期库存控制法对每种商品都规定了最高库存定额。在事先确定的检查时间检查库存,只要低于最高库存定额就发出订货单,补充库存。平均每批货物的销售周期,即任意相邻的两次订货之间的时间间隔,是固定的。但每次订货的数量是变化的,订货的数量取决于最高库存定额与现有库存定额之差。计算公式为:

$$商品订购数量 = 最高库存定额 - 现有库存量 + 订货周期 \times 日均销售量$$
$$最高订购定额 = 销售周期 \times 日均销售量$$

在定期库存控制中,最重要的是确定最高库存定额和销售周期。最高库存定额可以按上面的公式计算来确定。销售周期则可以参考经济进货批量求得的进货间隔期,并根据每一商品的经营特点和货源情况,适当延长或缩短。

定期库存控制与定量库存控制相比,缺点是一般库存水平较高,在确定保险库存量时需要考虑整个检查期的需求变动情况。

(3)ABC 分类库存控制法

企业的仓储种类繁多,数目巨大,如果对每一类储存品都重点管理就失去了管理重点,势必难以管理储存品,而且会占用大量的人、财、物,影响企业的营销活动。为了避免这种现象的出现,应区别对待储存商品,进行分类管理。

一般根据储存品的价值及重要性,将储存品分为 3 大类:A 类储存品,占库存数的 10% ~ 15%,但所占价值为 75% ~ 80%,品种较少;B 类储存品,占库存数的 20% ~ 25%,所占价值为 20% ~ 25%;C 类储存品,占库存数的 60% ~ 65%,但所占价值仅为 5% ~ 10%,而且种类繁多。A 类储存品是库存管理的重点,要随时核对库存状况,采用定量库存控制法,减少安全储存量,加强资金管理;B 类储存品要适当地控制;C 类储存品是一般储存品,常采用定期库存控制和保持较高的安全储存量。

这样分类进行储存品的管理,可以简化库存管理,便于仓储管理人员抓住重点,提高库存管理的效率。

2)日常仓库管理

库存管理工作是经常性的管理工作,涉及面广,一般由专门的职能部门负责统一、协调和管理。日常库存的管理工作主要包括以下几个方面。

①统一和协调商品采购、销售、储存和运输计划。

②监督供货合同执行情况,了解商品进货进度,分析和调查不正常的进货情况,督促供货企业及时执行和完成供货合同。

③加强商品运输组织工作和商品验收入库等管理工作。

④调查、了解市场需求动态,分析销售规律,统计日常销售情况,研究销售的变化和商品销售的发展趋势。

⑤疏通各业务环节的信息传递,搜集各有关方面的数据资料,汇总分析,并及时总结和处理。

⑥监督库存动态,随时提供正确的库存商品情况。以便根据市场变化,及时作出库存调整的决定,如迅速补充库存,及时组织对滞销商品的推销以及处理积压商品等。

⑦分析和掌握商品储存定额的执行情况,在需要时修订储存定额。

3)仓储信息管理

现代的仓储管理中,信息管理是核心部分。储存商品信息管理是对商品储存所涉及的各业务环节的信息(包括储存量,出入库状况,商品的折旧、损失等)运用电子计算机等现代的信息处理手段进行管理,以便迅速、准确地掌握流通过程中的库存情况。

一般地,对储存商品进行信息管理要建立电子计算机系统,利用电子计算机系统储存、传递、处理信息。

①电子计算机信息系统的建立需要满足以下3个基本条件。

a.建立中心电子计算机与网络电子计算机或终端机。

b.建立通用的软件系统。

c.建立信息传输系统决定信息传输方式。

②库存信息系统主要有以下几个目的。

a.掌握分数地点的库存量及生产企业库存量。

b.针对某一仓库进行储存管理。

c.在高层货架仓库建立库存情报分系统等。

③储存商品信息管理的主要内容有以下几个方面。

a.储存商品的品种、数量及编号。

b.储存商品的出入库状况。

c.储存商品的流通状况(周转时间及速度)。

d.储存商品的损耗。

e.订货、发货提示信息管理。

此外,储存商品的信息管理,需从大量的物流信息中选择关键性内容,对大量的信息进行搜集、整理、分类、存储、分析;需要有专门的信息人才进行专业的管理。

4)出入库管理

商品入库、出库作业是商品进出仓库的两个关键环节。前者是仓储作业的开始,是商品保管工作的基础;后者是仓储作业的结束,是商品保管工作的实现和完成。

①商品入库、出库作业的内容有所不同,但它们的基本任务如下。

a.审查凭证、核验出入库的商品。

b.移动、搬运出入库的商品。

c.办理出入库商品的入账、销账手续。

②为了保证仓储作业的顺利进行和比较好地完成商品储存任务,对入库、出库作业有以下4项基本要求。

a.对出库和入库的单据、商品审核无误。

　　b.出库和入库作业及时、迅速。

　　c.商品出库和入库的账目清楚准确。

　　d.商品的装卸搬运轻稳安全。

7.3.4　商品养护

　　商品养护是对在库商品进行的经常性保养和维护工作,目的是保证商品在储存期间质量完好,使用价值不受损害。商品养护包括养护技术和养护管理两个方面。

　　养护技术的重点是考虑影响商品质量的各种因素,掌握商品质量的变化规律,研究适用于各种商品的科学养护方法。养护管理的重点是在工作制度上保证养护措施的贯彻执行。

　　商品储存期间,质量会发生一些变化。导致商品质量变化的有内外两种因素。内部因素源于商品本身的自然属性——随着时间的推移,商品会发生一些质量变化。外部因素源于自然条件——自然条件会影响商品在储存期间发生物理、化学或生物学的变化,或遭受虫、鼠的侵害。商品养护,要做好以下几个方面的工作。

　　①严格入库商品验收。商品入库验收是商品养护工作的第一步,只有严格把住商品入库验收关,才能防止有问题的商品进入仓库。

　　②安排适宜的保管场所。商品入库之后,应从商品的养护需要出发,根据入库商品特点安排保管场所。在安排保管场所时,考虑与同库的商品在性能上是否互相抵触,消防、养护措施是否一致,是否会挥发化学性气体污染其他商品,商品和包装的含水量是否会对同库商品造成影响等。若不相适应,要及时调整。

　　③科学堆码。为维护商品质量,必须根据商品性能、包装、仓储设施条件及季节气候等,进行科学、合理的堆码。

　　④及时调整库房温度和湿度。商品储存是否安全,与仓库温度和湿度关系十分密切。仓库温度和湿度管理,是商品养护管理中一项基础性工作,也是确保储存商品安全的关键。

　　⑤做好在库商品的质量检查。对在库商品定期或不定期地进行质量检查,对维护商品质量起着重要作用。质量检查的方式主要有通过盘点,对账进行定期检查;通过发货业务,在拆垛开箱的同时进行经常性检查;在梅雨、汛期、台风、暴雨、大雪等极端天气发生变化前后,进行临时性检查。

　　⑥保持仓库干净卫生。藏污纳垢的处所是细菌和害虫滋生繁殖的温床,如不及时清除,则会导致商品霉烂变质、虫蛀鼠咬。因此,仓库应该经常进行清洁工作。除了每日清洁,还要定期进行大扫除,确保储存商品的安全。

任务4　智能物流技术与现代分销渠道管理

智能物流:重塑未来供应链的革命性力量

7.4.1　智能物流概述

　　智能物流就是将条形码、射频识别、传感器、全球定位系统等先进的技术,通过信息处理和网络通信技术平台,广泛应用于物流业运输、仓储、配送、包装、装卸等环节,实现货物管理过程的自动化运作和高效率优化管理,提高物流行业的服务水平,降低成本,降低自然资源和社会资源消耗。

物联网为物流业将传统物流技术与智能化系统运作管理相结合提供了一个很好的平台,进而能够更好、更快地实现智能物流的信息化、智能化、自动化、透明化和系统化的运作模式。智能物流在实施的过程中强调的是物流过程数据智慧化、网络协同化和决策智慧化。智能物流在功能上要实现6个"正确",即正确的货物、正确的数量、正确的地点、正确的质量、正确的时间、正确的价格;在技术上要实现物品识别、地点跟踪、物品溯源、物品监控、实时响应。

智能物流的未来发展将会体现出4个特点,即智能化、一体化与层次化、柔性化、社会化。在物流作业过程中大量运筹与决策智能化;以物流管理为核心,实现物流过程中运输、存储、包装、装卸等环节的一体化与智能物流系统的层次化;智能物流的发展会更加突出"以顾客为中心"的理念,根据消费者需求变化来灵活调节生产;智能物流的发展将会促进区域经济的发展和世界资源优化配置,实现社会化。

因此,将智能仓储、智能运输、智能配送等智能物流技术植入渠道物流管理,将极大提高供应链的协同管理和新零售配送水平,构建起与新业态、新渠道相匹配的现代物流体系。

7.4.2 智能仓储与供应链协同

仓储管理在物流管理中占有重要地位。进入新零售时代,在线上分销渠道、线下分销渠道同时加速前进的过程中,全渠道、分布式、拉动式需求模式对传统的分销渠道、供应链管理产生了极大的影响。"以顾客需求为导向"的"逆向构建分销渠道"策略的应用,既给供应商实现供需平衡带来优势,同时货物调拨与产品管控将面临极大的挑战。比如,通过科学精准的仓储布局,使供应商可减少仓储投资,缩短货运距离,加快响应速度。随着制造环境的变化,产品制造周期缩短,生产模式多样化,对库存限制的要求越来越高。因此,建立智能仓储管理控制系统,实施智能仓库管理,将供应商、制造商和客户紧密结合起来,分担库存风险,运用智能终端、人工智能、检测传感技术、网络技术、高端装备技术和信息软件及系统技术、自动化控制技术等先进技术,使设备具有独立分析判断、决策任务的能力,实现了物流仓库"由人取货"至"从货到人"的转变,如使用新型智能仓储机器人、智能仓库管理系统、自动立体化仓库等,能大大提高物流分拣的速度,从而加快物品在分销渠道的流通速率,提高运作效率和准确率。据此,供应商完全可以借助智能仓储技术和新零售的赛道,重新构建自身供应链协同的分销渠道体系。

[阅读资料7.5] 中国电信携手华为打造智能仓储物流方案

中国电信广东公司携手华为,使用创新的5G确定型网络解决方案,为深圳市今天国际物流技术股份有限公司打造5G智能仓储物流解决方案。广东电信打造的5G确定型网络解决方案,匹配工信部5G全连接工厂的指导原则,实用性强。项目从工业制造中通用的仓储物流切入,率先实现PLC南向生产核心环节全5G化,打通了5G产业链,同时兼容业主网络,并支持

京东集团

在运控、行车等场景快速复制。

智能仓储和智能物流是供应链物流的核心,主要通过自动化的电控系统技术实现企业生产过程的自动化、信息化和智能化,用于专业化的高密度仓库物料全流程运输管理。2022年我国智能仓储物流市场规模约 1 357 亿元,2026 年预计达 2 665 亿元。华安证券张帆认为,智能仓储物流行业在高端制造的发展趋势下前景广阔,建议关注两类企业,一类是原软件研发实力较强的智能仓储物流厂商,另一类是原擅长仓储物流硬件设备,后逐步成长为智能系统解决方案提供商的企业。

公司方面,新宁物流持续致力于以创新推进智能物流产业发展,以智能仓储为发展方向,实现对汽车业、家电业等行业赋能,创造各行业运作新标杆;音飞储存是仓储设备供应商和系统集成商,为客户提供智能物流仓储解决方案,公司为华为技术、华为机器、华为数字能源技术、华为数字技术、海思半导体等企业提供仓储设备和服务,汽车行业客户包括一汽、特斯拉、上汽、大众、宝马、马自达、本田等;畅联股份目前已形成以信息技术为核心的"智慧物流"业务模式,并已基本实现四个智慧化应用目标,包括物流过程可视化管理,产品智能可追溯管理,智能化仓储与配送管理,智慧供应链协调管理。

(资料来源:财联社,2022 年 12 月 14 日)

7.4.3 智能配送与网络电商渠道

经过 20 多年的发展,电商行业日趋成熟,电子商务的出现,在最大程度上方便了消费者,但如果所购的商品迟迟不能送到,那消费者自然不会选择网上购物。在整个线上分销渠道运行过程中,只有商品真正转移到消费者手中,商务活动才告以终结,这就需要解决物流即时配送的问题。线上分销渠道的畅通需要加强商流与物流的黏合度,才能更好地实现"以顾客为中心"的理念。网络购物渠道成为越来越多的消费者购物的首选模式,随之而来的是购物交易量的激增。在巨大的交易量之后,考量的就是物流的配送服务能力,成功的电商平台在发展中无一例外地都遇到过物流配送的瓶颈,最后都通过强化物流配送管理,加大提高物流效率的投入力度,成功地自建物流配送体系的途径,解决了物流配送的难题。如顺丰、京东物流等物流配送公司,它们自建的物流配送服务公司,专职完成与各自平台商流业务黏合的物流配送业务。同时,为了提高物流管理的效率,近年来,这些头部物流公司还加大投入力度,引入智能物流技术,覆盖了智能信息反应系统、智能快递柜、智慧配送站、无人机、智能配送机器人、菜鸟语音助手等,提高配送管理的效率,从而加快分销渠道配送的运转率,提高客户的满意度。

项目小结

物流包括与实体运动有关的全部流动活动,如运输、仓储、流通加工、包装、保管和物流信息管理等。其中,商品运输和商品储存是物流的两种核心活动,其他的活动都是围绕着这两种活动进行的。

物流的内容构成除了商品运输和商品储存,还有很多与商品运输和商品储存活动相伴的辅助活动,包括商品包装、商品保管、商品的装卸和搬运、流通加工,以及物流信息的搜集、处理和传送等。

物流涉及的内容很多,需要企业内许多部门和企业外部许多机构的配合才能很好地运行起来。企业的物流系统由企业物流管理部门、中间商、储运公司、金融机构和保险公司等构成。

所谓物流管理,是指为满足消费者需求而对商品实体从生产地点向消费使用地点的转移过程所进行的决策、计划、实施和控制活动。其基本任务是建立组织和激励各个部门共同承担和执行物流职能的系统机制,联系与协调各有关单位的活动,使实体分配过程更加合理化。以最少的时间和投入、最好的服务、最高的工作质量来完成物流活动。基本要求是:促进合作、规模适当化、运送及时、库存合理化、节省费用。物流管理的主要职能是:预测销售量、分销计划、订单处理、存货管理、运输管理、终端售点管理等。

运输管理是物流管理的主要内容,它关系到商品能否及时地、安全地、低成本地转移到消费者手上,其主要职能是选择合适的运输方式和运输方案,并安排和执行运输计划。当今企业在组织物流时,常用的运输方式是铁路运输、公路运输、水路运输、管道运输、航空运输和集装箱运输等。由于不同方案的成本、运量、速度和可达性不一样,因此,企业要根据商品特征、运输费用、市场需求的轻重缓急程度来加以选择。商品运输方案与生产组织方式有关,一般有单一工厂/单一市场、单一工厂/多个市场、多个工厂/多个市场3种方式可供选择。

商品库存能够为消费者创造时间效用。然而不合理的库存则会占用大量资金、占用仓库设施和空间、需要投入人力和物力加以保管。因此要加强仓储管理。仓储管理的内容包括仓库建设、储存标准制订、出入库管理、信息管理、日常保管和商品养护。

智能物流技术引入渠道物流管理中,智能仓储、智能运输、智能配送等技术的应用,将极大提高供应链的协同管理和新零售配送水平,构建起与新业态、新渠道相匹配的现代物流体系。

【练习题】

一、名词解释

1.物流

2.经济进货批量

3.运输密度

4.表上作业法

5.智能物流

二、选择题

1.商品运输的参与者主要有托运人、承运人和(　　　)三方。

   A.保管人   B.分销商   C.收货人   D.零售商

2.(　　　)运输可与其他运输方式相配合,实现"门到门"的服务。

   A.公路   B.铁路   C.水路   D.航空

3.(　　　)是指仓储企业投资建设和经营的,货主单位需要付费、取得其使用权才能使用的仓库。

A.自有仓库　　　　B.保管仓库　　　　C.流通仓库　　　　D.营业仓库

4.常用的储存量控制方法有定量库存控制法、定期库存控制法及(　　)控制法。

A.计划库存　　　　B.ABC 分类库存　　　　C.销售库存　　　　D.成品库存

三、简答题

1.物流管理的职能是什么?

2.仓储管理的内容主要包括哪些?

3.自有仓库有什么优点?

4.商品养护需要做好哪几个方面的工作?

5.简述智能物流的特点。

四、论述题

如何选择不同的运输工具,在选择运输方式时应考虑哪些因素? 请加以说明。

【实训题】

某电子商务平台物流配送调研

1.实操目的:通过本次实训使学生了解电子商务网站的交易流程,并运用所学知识分析该网站物流配送的特点、存在的问题以及改进建议。

2.实操要求:以学习小组为单位,每组自行选择某一个电子商务网站进行实训,由组长分配任务,各组员协作完成实训。

3.实操步骤:

(1)登录某电子商务网站进行虚拟交易,了解该网站的在线交易流程;

(2)对该网站物流配送进行调研,分析其特点;

(3)指出该网站物流配送存在的问题,并提出改进建议;

(4)撰写调研报告。

【案例分析】

邮政物流与戴尔的联动发展分析

戴尔(DELL)是全球 500 强企业,总部位于美国德克萨斯州,产品涉及电脑、服务器、数据储存设备、网络设备、PDA、软件、打印机等,并提供相关的 IT 服务。1998 年,DELL 落户厦门,并开设了中国客户中心(CCC),员工总数约 6 000 人。截至 2010 年,DELL 在厦门火炬高新区的两家工厂的年产值达 348.6 亿元,是戴尔全球三大生产基地之一,产能达到其全球产量的 8%~10%。

DELL 以营销为主导,采取直销模式,即通过互联网和企业内部网进行销售。在进行订单处理后,再按订单组织生产,制造的大部分环节采取外包方式,竞争优势在于低成本。其中,采购环节是根据预测来进行的,同时根据库存补货,而生产环节是按订单装配,按订单发运,实行零库存作业。零库存的实现,有赖于其采用的电子商务化物流,将物流全部外包给第三方物流企业,并与第三方物流进行信息的高度共享。DELL 的大部分客户集中在二、三级城市,对运输安全的要求较高。

这样一家对供应链与物流管理要求极高的跨国企业,在进入中国之后,积极寻求物流外包。这对邮政物流来说,既是机遇,又是挑战。

与 DELL 进行接触时,邮政的企业化改革还未完全到位,物流业务的谈判和运作仍由当地的邮政局来组织实施。在双方实现合作前后,作为源头项目所在地的厦门市邮政局牵头做了大量工作,合作初期 DELL 项目由厦门邮政物流公司运作,2003 年开始转由实体化改革后的福建中邮物流有限责任公司继续进行。

福建中邮物流有限公司(以下简称"邮政物流"),隶属于中国邮政速递物流股份有限公司。邮政物流与戴尔的合作始于 2001 年,在这之前,双方经历了锲而不舍、艰苦卓绝的七轮谈判才最终取得成功。如今,双方的合作已经走过了十个年头。在这一过程中,邮政物流与 DELL 的业务合作的广度与深度持续扩大。

一、谈判攻坚战

寻找谈判切入点,并积极进行准备。DELL 在供应链与物流管理方面极为出色,对物流供应商的选择标准也极为严格。在双方进行谈判之前,为了能够对自身有个准确的评估,理解 DELL 在业务谈判和项目运作过程中所采取的策略,以及如何将邮政物流的资源能力与 DELL 的物流需求紧密结合,从而扬长避短,通过分析模型可以看出,邮政物流在资源实力、全国运输配送网络等方面具有明显的优势,在谈判甚至后续的运作过程中邮政物流也应突出利用这些优势。

谈判初期,DELL 中国总部管理层对邮政物流的国企体制、信息管理系统能力、项目管理经验等并不了解,且抱有不信任的态度。在这种情况下,邮政物流方面迅速成立了以国家邮政局、福建省邮政局、厦门市邮政局相关领导为主要成员的谈判小组,同时转变谈判策略,不再先谈价格与合作模式,而是通过翔实地介绍邮政物流的资源能力和运作经验,来充分展现其与 DELL 合作的诚意和信心,取得了突破。

进入实质性谈判阶段,邮政物流在充分了解 DELL 物流需求的情况下,为其制订了个性化的项目服务方案,获得了 DELL 谈判成员的认可。另外,为提供有竞争力的报价,邮政物流对 DELL 项目流程进行了详细的研究,对社会运输资源进行了充分的调研,同时结合自身情况,多次对价格进行调整,顺利完成了报价工作。

随后,DELL 对邮政物流的分拨中心、仓储中心进行实地考察,对软硬件设施均感到满意,最终双方签订了合同。2001 年 2 月 26 日,邮政物流开始为 DELL 提供福建省整机物流配送服务,成为继嘉里大通公司之后 DELL 的第二个物流供应商。

为 DELL 这样一个跨国公司提供物流服务,对于邮政物流是个全新的尝试。为确保项目顺利运作,邮政物流集中了人力、财力、物力,严格按照客户标准,提供优质高效的物流配送服务。

二、建立良好的客户关系管理机制,实现共同成长

在实现与 DELL 的物流业务合作后,邮政物流项目团队也采取各种有效措施,来加强客

户关系管理。

首先,邮政物流制订了严格的 SOP(标准作业流程),对首发、中转、投递、配送等操作环节均有明确的规定,以保证服务质量和服务水平,多年来 KPI 完成情况良好。同时,邮政物流也在对 DELL 的 End User(终端客户)进行满意度调查的基础上,结合对客户的需求结构包括核心服务、延伸服务、服务承诺兑现、服务感性认知等进行的充分了解,建立了一套科学的客户满意度管理程序,对 DELL 的物流主管部门、操作现场、项目 KPI 运行等多个方面的指标进行综合评估,因此,客户满意度一直保持较高水平。

其次,DELL 不断根据市场的需要调整经营结构,新的物流需求不断出现,邮政物流通过制订快速决策和快速反应机制,及时增加仓储、运输、配送、包装、装卸、流通加工、信息处理等服务项目,以及其他的一些增值服务,来满足 DELL 的需求。

此外,还有一些做法也会对客户关系管理起到一定的促进作用。比如,一旦出现异常事故,邮政物流会及时与 DELL 进行沟通,制订处理方案,并保证方案得到有效执行和进行跟踪反馈,形成整个事件管理的 PDCA(Plan, Do, Check, Action,指计划、执行、检查、行动)循环;与 DELL 定期或不定期地召开业务分析会议,并形成分析报告共同分享,使 DELL 方面对项目的运作情况有更直观的了解,同时也能感受到邮政物流提供的特殊服务;中国邮政集团作为 DELL 公司的长期合作伙伴,多年来一直采购 DELL 产品,采购额逐年增长,这也在一定程度上加深了邮政物流与 DELL 的合作关系。

总之,邮政物流在 DELL 项目的拓展上,通过切入其供应链,一方面增加了自己的市场份额,另一方面也增加了与客户甚至整个 PC 行业的黏合度,成为其产业链发展过程中不可或缺的一个物流贴身管家。

在进行良好客户关系管理的基础上,邮政物流伴随 DELL 公司业务的不断扩大,迅速将服务范围扩大到中国区的成品物流配送,配送范围覆盖全国 18 个省市。

随着 PC 业竞争的加剧,DELL 的生产模式和销售模式逐渐发生转变。DELL 在昆山、成都分别设立工厂,引入国美、神码、紫光、讯宜等扩展销售渠道,同时也大力发展体验中心,扩大其在中国中小城市的覆盖范围。邮政物流在获悉这些信息后,积极整合运输、仓储等相关资源,做了充分的准备,顺利中标 DELL 在昆山、成都的物流业务。

此外,双方还达成了香港和澳门的成品物流配送合作,不断地向国际化方向发展。

如今,邮政物流为 DELL 提供的服务内容已经涵盖了销售物流、生产支持性物流和市场支持性物流的各个环节,项目物流业务收入也从最初的每年 100 万元上升到目前的 1 亿多元。可以说,邮政物流与 DELL 的合作历程是一个共同成长的过程。

三、成为 DELL 供应链的供应商

目前,邮政物流与 DELL 分销商的合作除运输配送外,尚未将业务延伸至仓储租赁、库内作业及增值服务等方面,合作的深度与广度仍有待提高。下一阶段,邮政物流将与 DELL 分销商共同探讨将业务延伸至其生产作业环节、订货环节、下游环节,形成 DELL 整条供应链的全方位服务。

另外,DELL 只与全国级的分销商合作,而与二、三级分销商合作较少,因为这些分销商资金实力较弱,无法满足 DELL 先款后货的要求。随着市场渗透率的提高,DELL 分销商对资金的需求不断增加,而中国邮政具备物流、资金流、信息流"三流合一"的优势,这就为形成 DELL、DELL 分销商、邮储银行、邮政物流多方共赢的供应链金融合作提供了契机。2011 年

4 月,邮政物流联合邮储银行与 DELL 进行谈判,正式启动供应链金融业务,现已与 DELL 的多个分销商建立了合作。

随着海西规划建设步伐的加快,区域的辐射能力不断增强,两岸合作更加紧密,邮政物流也抓住这一契机,积极与 DELL 探讨台湾业务合作的可行性。

可以说,双方的合作前景非常广阔。

四、运营过程的联动发展分析

有效整合资源,保证项目运作的顺利进行。DELL 项目在运作初期面临着严峻的挑战,主要有两方面的原因:首先,DELL 项目是中国邮政第一个真正意义上的一体化现代物流项目,如果能满足像 DELL 这类大型跨国企业对物流的需求和要求,意味着中国邮政同样有能力为广大企业客户提供现代物流服务;其次,邮政物流是传统的通信企业,能否实现业务转型,为客户提供个性化、高效率的物流服务,其管理体系、网络运行、作业组织等均面临着较大的调整压力。因此,DELL 项目能否成功运作,关系着邮政能否成功进入现代物流领域,能否在中国物流市场站稳脚跟。

基于以上考虑,邮政物流充分整合内外部资源来保证项目的顺利运营(项目运作流程见下图)。

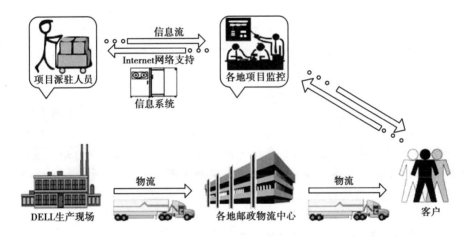

DELL 实行零库存作业,运作初期邮政物流无法预测生产流量,需围绕生产现场来完成现场的拣货、核对、装车、发货及信息处理等工作。2001 年 2 月,邮政物流成立了 DELL 项目组进驻 DELL 公司,提供 24 小时的派驻服务。项目组的日常工作是:对 DELL 邮件的接收、运输、仓库作业、配送等进行监控;采取措施对异常事故进行纠正和预防;正确处理 DELL 终端客户的投诉;提供整改报告;为 DELL 物流管理部门提供完善的售后服务,并对其提出的特殊服务需求作出及时响应。项目组在经验不足、人手不够(初期只有 4 人)的情况下,通过不断地摸索,同时加班加点,经受住了工作压力大和运作难度高的考验。值得一提的是,为提高物流服务效率和配送过程的可视化程度,邮政物流成功地开发出了配送跟踪查询系统,并通过与 DELL 公司的系统进行对接,实现了信息的实时交互与共享。这些努力为双方的进一步合作打下了坚实的基础。

此外,为满足 DELL 在时限、成本、安全等方面的高要求,实现物流运营效益的最大化,邮政物流充分整合社会运输资源,形成了社会运输、邮政运输交叉以及陆路、铁路、航空的立体运输体系,同时,邮政物流也建立了一套完整的社会运输资源管理制度,来加强对社会运输商的管控。DELL 项目 80% 左右的干线运输业务就是利用社会运输资源,这较好地解决了大型物流项目运输资源配置的问题,有效地控制了运输成本,也弥补了邮政运输网络运能不够、灵活性欠缺、成本太高、返程无货等不足,在物流的虚拟运营、过程控制、资源整合中逐渐积累了一定的经验。

经过不懈努力,邮政物流达到了 DELL 公司的服务质量和服务要求,并随着合作的顺利进行,从 2001 年 12 月开始,邮政物流为 DELL 的配送范围逐步扩大至全国的 18 个省区市。

建立完善的保障体系,满足客户不断变化的服务要求。DELL 在业务快速发展过程中,受到许多来自外部因素的影响,比如 2008 年的"5·12"大地震、南方雪灾、北京奥运会期间的机动车辆限行等,业务量产生较大的波动,也给邮政物流的配送、投递带来很大的压力。为保证在 DELL 规定的时限内完成投递,邮政物流迅速制订了应急预案,并保持与 DELL 公司顺畅沟通,最终克服了困难,这说明邮政物流的保障体系发挥了积极的作用。

此外,在后危机时代,整个 PC 行业格局发生了较大的变革,竞争对手如惠普、联想、宏基等的冲击力度加大。在业务量面临下滑风险的情况下,DELL 及时转变了运营模式,邮政物流也随之调整项目管理体系,进行流程优化,以及构建其他的保障体系。正因为建立了较为完善的保障体系,邮政物流开始主动与 DELL 探讨将其销售渠道向三、四级城市渗透的策略和运作模式。

目前,邮政物流已建立的保障体系主要有:三位一体的项目管理体系,即项目业务拓展、项目运营管理和项目客户服务三方紧密协作,可以同时利用管理层面和操作层面的信息沟通渠道,实现快速反应与快速决策;严密的安全管理制度,如车辆设施管理、安全作业管理、应急预案管理、运输品质管理及考核培训制度等;专业化的客户服务平台,包括 7×24 小时的查询跟踪服务、单一服务界面、客户定制化报表、系统信息反馈、客户满意度调查等;此外,还建立了严格的 KPI 考核管理体系,以保证物流服务的优质高效。正是因为有了这些机制的保障,邮政物流才能够满足 DELL 不断变化的服务要求,实现项目管理的动态管理、过程管理和可视化管理,使双方在供应链与物流管理的联动上更加紧密。

项目运作多年来,邮政物流获得了 DELL 的好评,并被授予"杰出物流服务商"荣誉称号。

积极采取有效措施,应对可能存在的各种运营风险。DELL 项目合作以来,双方均采取了积极有效的措施,来共同应对运营过程中可能存在的各种风险。比如,近年来燃油成本的上升,使邮政物流的运营成本承受了很大的压力,一般来说,燃油成本大概占物流企业总运输成本的 35%~40%,一旦油价发生明显的波动,对运输成本的影响是显而易见的。另外,物流业属于劳动密集型行业,人力成本的上涨也对物流企业的操作成本带来了压力。

面对这些不利影响,邮政物流一方面重新梳理作业流程,提高资源利用效率,节约成本开支;另一方面也在积极探讨与客户建立联动机制,以规避或降低因社会整体工资水平上涨过快或油价剧烈波动带来的运营管理风险。

此外,DELL 生产布局的不断调整,也给邮政物流的项目运营带来很大的挑战,邮政物流通过积极整合工厂所在地的社会资源、派驻项目组等各种有效手段,加以应对。

总之,面对未来经营管理上存在的各种不确定性,邮政物流与 DELL 是本着相互理解、互惠互利的方式共同前进的。

五、目标:多方共赢

邮政物流与 DELL 的联动发展,对厦门市、DELL 公司和邮政物流来说均有着积极的意义。

厦门市作为海西中心城市,处于长三角、珠三角和台湾海峡经济带这个"黄金三角"区域的中心,拥有海、陆、空交通便利的优势,并被列为国家物流节点城市。这样良好的区位优势和投资环境,使 DELL 不断加大在厦门的投资。

2010 年,厦门市两家工厂的高产值,帮助 DELL 继续在 PC 业务同行中名列前茅,其 IT 服务(如咨询、税务、IT 解决方案等)也实现了同比增长 24%,今后 DELL 将继续扩大在中国的业务版图。预计未来 3~5 年,DELL 中国的服务部门的产值将占到其总产值的 25%,规模将达到 100 亿~150 亿元人民币,这将成为厦门市服务业发展的一个重要里程碑。作为一个标杆企业,DELL 加大在厦门市的投资,对厦门市 PC 业和 IT 业发展、软件园区建设、招商引资、财政税收、劳动就业等方面将产生积极的影响。

总之,作为大型制造企业的 DELL,与作为大型现代物流企业的邮政物流的联动发展,对于厦门乃至海西物流经济的发展起到了积极的促进作用。

与邮政物流的合作,对 DELL 的经营管理是非常有帮助的,主要体现在以下几个方面。

①通过物流外包,DELL 可以减少在仓库、车辆、人员等方面的投入,同时将主要资源集中于核心业务,资源配置得到进一步的优化,可以有效提升核心竞争力;

②邮政物流作为第三方物流企业,在物流业务上实行规模化、专业化经营,可以为 DELL 降低较多的成本,并使其简化管理工作,提高企业运作效率;

③DELL 实行零库存作业,与第三方物流进行合作,产品可以实现快速周转,极大地提高了资金利用效率,降低了企业的经营风险;

④邮政物流经过多年的发展已经快速成长,其专业化、标准化的物流配送服务,可以为 DELL 的企业形象产生一定的正面效应;

⑤此外,邮政物流通过采取直配取代自提,为 DELL 分销商缩短时限、节约成本、降低货损产生了立竿见影的效果。结合供应链金融业务的开展,更多分销商的资金压力将得以缓解,DELL 可以进一步将销售渠道下沉至三、四级市场,有效控制终端。

对邮政物流来说,DELL 项目所带来的积极影响也是非常明显的。

①邮政物流从 DELL 项目中获得了一定的经济效益,目前的年物流收入达 1 亿多元,随着双方业务合作规模的不断扩大,未来的物流收入规模可能还将不断增长;

②与 DELL 合作所带来的系列示范效应,使邮政物流的核心竞争力得到提升,业务得以不断拓展,并顺利与柯达、TDK、友达光电、冠捷等国内外知名企业建立了物流合作;

③DELL 项目所提供的平台,使邮政物流的项目团队得到了充分的锻炼和成长。现在项目团队的成员大部分已成长为公司的骨干,继续努力为邮政物流的项目管理和业务拓展作出积极的贡献。

展望未来,前景依然看好,虽然目前的经济形势仍然不明朗,政策调整存在不确定性,企业的商业模式也可能面临变革,但是邮政物流仍将继续与 DELL 联动发展。

(案例来源:许长江.邮政物流与戴尔的联动发展分析[J].物流工程与管理,2012,34(6):12-15.)

案例思考题

1.你怎样评价 DELL 的物流体系? 有什么优势? 又有什么劣势?

2.从 DELL 与邮政物流的成功合作中,你认为一个优秀企业的物流管理应当具备哪些特征? 你从中得到了哪些启示?

项目8
信息系统管理分销渠道

【学习目标】

知识目标

◇掌握分销渠道信息系统的含义、主要特征和构成要素；

◇了解分销渠道信息系统的运行模式和业务程序；

◇了解渠道信息系统对渠道运行产生的影响。

能力目标

◇初步掌握"以顾客为导向"设计扁平、柔性、快速反应的交互式分销渠道信息系统的技术；

◇初步掌握构建渠道信息系统的业务流程及应用技术。

素质目标

◇通过学习认识信息技术现代化是中国经济社会高质量发展重要支撑。信息技术也正在全面地影响和覆盖企业渠道管理，企业为了科学的渠道管理，必须要用现代信息技术，科学构建全员、全过程、全方位的高效的分销渠道管理系统，进而构建全渠道价值链体系。

◇通过学习初步掌握企业运用信息工具管理分销渠道的基本知识点和应用技术要领，通过研究本土企业应用信息技术管理分销渠道的成功与失败的案例，了解多数的本土企业应用信息技术管理分销渠道水平普遍较低的现状，提高学生对渠道管理信息化的意识，重视对分销渠道信息管理技术的学习。

纷享销客营销通助
力营销推广

【导入案例】

纷享销客助力倍舒特实现经销商数字化经营

销售与企业的业绩紧密相关,如何让销售变得更有效? 这几乎是所有的企业经营管理者都想厘清楚的问题。近日,在倍舒特科技召开的"倍舒特科技 2019 年度年终总结会"上,倍舒特合作伙伴纷享销客从经销商视角出发,针对经销商在经营管理过程中遇到的痛难点作了重点剖析与解答。

(1)深耕渠道,向精细化管理要效益

倍舒特科技是一家致力于一次性卫生护理用品研发、生产和销售的企业,至今已有 30 年的历史,在卫生护理用品行业占据着重要地位,其中经销商是倍舒特的重点营销渠道之一。

实现"百亿目标"是倍舒特近年来的重大战略,在倍舒特看来,要达成目标,就要建设数字营销中台,为渠道数字化赋能,整体提升经销商的经营管理水平与双方的协作效率;同时在全渠道进行数字化精耕,获取并利用全渠道经营数据实时洞察经营动态,面向全渠道进行 PDCA 高效闭环管理,从根本上实现营销破局。

因此,倍舒特与纷享销客携手,搭建了从厂商、经销商到终端门店的"1+N+n"全渠道营销体系,并利用纷享销客连接型 CRM 系统所赋予的强大系统能力和业务能力,不断优化产品铺市率、新品上架率、终端动销、终端促销等影响渠道销售业绩的因子,向精细化管理要效益,并借助渠道的力量持续强化精耕渠道。

(2)销售管理中的三大苦恼

在实际的销售管理中,经销商往往遇到不少苦恼,主要可分为资源、管理、账务三个方面。

首先,资源方面,主要针对的是客户资源,终端客户资源的数量和地域分布、高价值客户如何区分、业务员离职后怎么做良好的交接,这都是经销商迫切想深入了解和亟待解决的问题。

其次,管理,人员的管理一直是销售管理中的"重头戏",在业务员拜访客户过程中,业务员是否按时拜访、按时出车,每天的行车路线是否合理,在拜访过程中是否出现挑店、跳店等情况,拜访客户的动作是否规范等问题直接影响着销售业绩。

最后,账务管理,利润是衡量销售状况的最终指标,销量分析、产品进销存及毛利等信息的获取,与年利润息息相关。

在核心应用层面,纷享销客助力倍舒特经销商重点规划了客户管理、外勤访销、经销商车销、车销作业、回车作业、出入库管理、KA-Link 商超数据管理等核心应用。

(3)科学化客户管理

为规范对数量众多的客户进行管理,通过纷享销客 CRM 系统可实现对客户的统一管理。纷享销客 CRM 系统与工商局查询系统相连通,系统可以自动完善客户信息,构建完整的客户档案管理体系。

同时，能对客户进行分类、分级管理，通过对客户画像和数量的精准分析，以及地图查询客户分布，可以精确地了解销售人员现有客户分布情况。

另外，客户档案、拜访情况、客户服务等相关流程信息都能在系统中完整地保存、沉淀下来，数据可追溯，有迹可循，即便是相关员工离职，新员工接手后也能迅速了解客户的拜访、跟进"历史"，从而在短时间内快速接手项目，避免因新老员工的交替造成客户跟进迟滞或服务不到位等问题产生。

(4)优化业务员的一天

一般来说，业务员每天拜访门店数量为15~20个，在系统中可根据客户所属区域为业务员提前预设好拜访路线，避免挑店、跳店等问题发生。

外勤路线创建后，将自动在拜访日期当天生成路线外勤计划，业务员也可维护自己的外勤路线，有计划性地开展工作，不断优化工作，提高工作效率。

业务员每天早上装车前，进入系统，点击"装车"便可查看建议装车量，而装车量可根据当日拜访路线、门店数量、车辆库存等预估出来。

按照建议装车量装车后，系统中已经预先为每个车销业务员配置、添加了对应的仓库，因此，从总仓库到车仓，系统可实时记录货物调拨情况，随时了解每个仓库的库存状况。

接着，业务员到达拜访门店时，可对门头进行拍照，并利用定位功能进行实时考外勤，销售管理人员也能更好地对业务员进行行为管理。

在车销作业中，整理货架，摆放陈列完商品后，可实时拍照上传至系统，并对库存进行盘点，记录下库存，对缺货情况登记。

遇到新货铺货的情况，还能实时沟通活动价格及实施政策；门店现场订货的话，现场便能完成开单、蓝牙打印小票、收款等一系列完整交易动作。最后，当业务员一天的工作结束后，可在系统中签退，记录下班时间。

(5)管理不再是一本"糊涂账"

经销商通过纷享销客CRM系统，经营管理不再是一本"糊涂账"，通过销售管理驾驶舱可实现对库存、人员绩效、客户分析、利润分析等经营管理数据的实时把控。

不仅能够及时明确总仓及车仓库存，还能在第一时间核定人员绩效，业务员拜访门店数量、铺货情况、拜访成功并下单的门店数量都能随时掌控。

同时，能够对客户进行深入细致分析，如每个门店的经营状况、活跃门店是哪些、销量排行、利润等。

与此同时，纷享销客CRM系统中还配备有周报日报、企信IM即时通讯、考勤管理、审批管理、积分激励等多样化办公小助手，帮助经销商不断优化各项流程管理，实现办公高效、便捷。

(6)经销商老板充实、高效的一天

使用纷享销客CRM系统后，经销商老板一天的工作充实而高效。

比如，经销商李总一早打开纷享App便可查看当天的员工拜访路线、库存信息，以及本月的销售排名。

在街上路过一家商户时，通过纷享App即可搜索附近的门店信息，随时可抽查门店的情况，并通过外勤功能查看下属业务员的所有门店拜访过程。

下午临近下班时间,便可在纷享 App 中查看当日业务员的销售状况、总销量、积分情况等。

晚上,李总打开 PC 页面,就能对最近一个月的经营情况进行总结,对各门店的销量、销售趋势以及畅销单品一目了然,从而有针对性地制订下阶段经营策略。

(7)更多支持实现营销破局

倍舒特厂商也将为经销商提供更多的服务支持,如经销商可在系统内自助订货,厂商的价格政策也会在内部实时同步。当库存不足或超额时会智能预警,并针对订货给予科学的建议订货量。

另外,在 CRM 系统中,费用核销周期大大缩短,经销商的资金垫付压力大幅减少,极大提升了费用核销效率。对于销售表现优秀的经销商,也将提供更多的活动费用补贴。

目前,倍舒特在经销商管理过程中,数字化经营日益深化,致力于"让经销商轻轻松松赚钱"。我们相信,在未来的企业发展中,倍舒特与纷享销客的携手将全面赋能经销商,深耕渠道,实现营销破局。

(资料来源:中国信息通信技术领域的网络社区和门户网站-CIT 论坛,2020 年 1 月 20 日)

请问:倍舒特与纷享销客合作后,企业渠道信息管理发生了哪些改变?

任务1　认识分销渠道信息系统

8.1.1　分销渠道信息系统的概念

世界上的任何事物都是一个系统,都存在输入和输出过程,输入输出的内容不外乎物质和信息两个方面。信息流是对物质流的反映,人们对事物的管理可以通过对信息流的认识和掌握来控制物质流,从而实现对事物的利用。一个组织及其各职能部门要充分有效地进行工作,就必须充分利用信息。组织的全部活动中存在各式各样的信息流,若几个信息流联合在一起,服务于同类控制和管理,就形成信息流的网络,称为信息系统。

企业销售人员和分销渠道成员处于销售活动的最前沿,直接面对消费者和纷繁复杂的大市场,是企业的耳目,能够搜集到各个方面的市场信息。利用分销渠道得到的信息具有全面、具体、生动而且廉价的特点,是企业搜集市场信息和分销渠道成员信息的最佳途径。搜集的原始信息经过加工整理,编成研究报告,可为企业的各项管理活动提供帮助。

分销渠道信息系统内容涵盖十分广泛,包括消费者信息、产品信息、价格信息、技术信息、环境信息、供应商信息、中间商信息、竞争者信息、企业自身信息、金融信息、成本信息、效益信息、政府信息等,既有企业内部微观环境信息又有企业外部宏观环境信息。分销渠道信息系统就是对以上信息内容进行搜集、整理、分析、评价、传输,由人、机器和程序组成的人工交互系统,以用于分销渠道管理者的营销决策、执行和控制。

8.1.2　分销渠道信息系统的特征

渠道信息化可大大提高企业的经营管理水平、市场竞争力和经济效益,是企业应对激烈竞争的必然选择。在总结以往成果的基础上，分销渠道信息系统的设计思想和方法不断创新，努力实现为消费者创造价值，为渠道成员创造机会，为企业创造效益的终极目标。总的说来，在以知识经济为先导的信息时代，渠道信息系统表现出以下几个方面的新特点。

1) 顾客导向

分销渠道信息系统最显著的特征就是以消费者的需要为导向。顾客导向是指从明确的目标市场需求出发，以消费者的需要为中心，以此来指导渠道设计的经营思想。这是一种有别于传统的以企业生产、销售为导向的渠道信息设计指导思想，它的实质是企业营销观念的转变。

随着买方市场的形成，企业以市场营销观念作为经营哲学来指导一切经营活动。而市场营销观念的核心就是以消费者为中心，全心全意满足消费者需求。这样就必然要求企业在产品、定价、分销渠道和促销等诸多环节中都以市场需求为着眼点，以满足消费者的需要、使消费者满意为中心。因此，企业在设计渠道信息系统的过程中，应努力实现以下几点。

①尽可能快地了解目标消费者(包括潜在消费者)在什么地方，有什么需求。

②比竞争对手更快捷地向目标消费者传递相关商业信息，并在适当的时间、适当的地点，提供适当的产品。

③充分尊重消费者对产品的消费体验，搜集整理消费者的反馈信息。

④将消费者的反馈信息体现在产品的研发、设计与生产中。

在现实中，很多企业在分销活动中已经非常重视消费者的需求。如"我们为您才这样做"(西尔斯公司)、"只有您满意，我们才满意"(通用电器公司)等生动的说法就是这种观念的表现。因此，在设计渠道信息系统的过程中，也要体现此种经营理念，处处为消费者着想，使消费者能够通过多种途径获得丰富的企业和产品信息，并对消费者的需求作出快速响应，比竞争对手更迅速、更有效地满足消费者。把产品销售出去并不是营销活动结束，企业营销人员还要通过信息系统广泛搜集消费者的各种反馈意见，然后整理这些信息，并在以后的营销活动中加以改进，从而通过消费者广泛、重复地购买来获得长远的利益。

2) 交互式

分销渠道信息系统是一种基于企业营销信息管理和交换的基础设施的信息共享平台。在这个平台上，渠道成员不再是单向地接受信息，而是通过多种途径共享、交流信息。消费者使用的交互式多媒体则包括了电视、电话、信息传送等诸多功能电子技术。交互式多媒体能将信息(文本类、图像类和音像类)转变为计算机语言，因此能够通过一种简单的沟通管道(如电话线、光纤、同心电缆等)传送到经过调整的电视接收机或个人电脑上。通过这样的信息系统，企业能更好地实现对分销渠道动态、实时地监控管理。

在现实中，渠道成员间通过分销渠道信息系统实现信息资源共享，把供应链上的合作成员联系起来，从而促进实现企业、中间商以及消费者联合完成其共同目标的交互合作网络。这种交互式信息系统通过计算机网络和通信技术的结合，将规范化、格式化的数据和信息在渠道成员之间进行交流，提供多种信息服务，且不受时间和空间的限制。因此，应用这种分销渠道信息系统可以大大减少信息处理的差错、失真，不仅提高了渠道分销效率，而且还极大地增强了对市场的响应能力。

3) 扁平化

"扁平化"特征是指在设计分销渠道信息系统时尽量减少流通环节,使渠道缩短。相对于较多中间环节的渠道而言,它的优点是:由于流通环节的减少,产品可以迅速到达消费者手中,生产者能够及时、全面地了解消费者的需求变化,搜集相关信息,并及时调整企业的生产经营决策。另外,由于渠道系统中间环节少,能使渠道运行成本和费用开支减少,进而使得产品价格低,便于开展价格竞争,提高产品的竞争能力。

当然,这种设计思想也有不足之处:流通环节的减少,无法利用更多环节上的各个中间商,使产品的扩大化销售受到影响。在行业利润摊薄和商业资本兴起的背景下,制造商庞大的分销系统逐渐变成了企业沉重的包袱。渠道系统扁平化是对渠道结构和渠道成员资源的一种整合,它实际上是在制造商、经销商、用户间构筑一个完整、有机和高效的体系。以"扁平化"观念来设计分销渠道信息系统,实际上就是要实现以下4个转变。

①渠道设计观念转变——直接面向消费者。
②渠道行为转变——贴近最终用户,提高服务和运营能力。
③渠道效益转变——提高赢利水平。
④渠道控制力转变——注意提高管理技术和信息技术水平,扩大品牌影响力。

4) 柔性化

由于所有的商务网络都是以市场机会为主导,因此为了更好地适应环境的变化,这些商务网络在保持相对稳定性的前提下,必须具备一定的柔性和组织性。从这一理论出发,如果企业利用商务网络的理论来指导信息系统的设计与建设,必然要求渠道信息系统也具有充分的柔性。只有这样,企业才能在瞬息万变的外部市场环境下,实现对物流、信息流、资金流的合理调度与管理,进而在分销链中优化运行。由于具有柔性,那么企业渠道信息系统就能以不断创新的动态组织结构来适应各种变化,同时也提高流程间信息的流转速度,提高流程之间的协调程度,从而最终节约成本。

5) 快速反应

随着全球化信息网络的形成和市场全球化进程的加快,越来越多的企业面临着缩短交货期、降低成本和改进服务等一系列挑战。一个企业要想立足于快速变化的市场营销环境中,就必须能够快速地作出反应、快速地捕捉市场信息、快速地制订产品的分销策略、快速地开展分销活动,这就是要求企业的渠道信息系统必须具有快速反应的能力。另外,在市场竞争日趋激烈、用户需求不断趋向多样化以及全球经济信息化进程加速的今天,信息和资本、劳动力、原材料、设备等已成为企业不可缺少的生产经营资源。一旦建立具有快速反应能力的分销渠道信息系统,企业就可以通过信息系统,随时准备为渠道成员和消费者提供快捷高效的服务。

渠道信息系统的设计必须以能方便满足目标市场的需求为出发点。即要求设计出让目标消费者能够及时获得商业信息,并在购物的时间、地点、方式和有关购物的其他方面都满意的渠道系统。快速反应则强调了在满足消费者需求的速度快的特点。

①处理消费者询问、投诉、建议的专注和快捷。

②消费者在获得帮助、询问的答案及对问题的注意前等待的时间上减少。

③为消费者提供其所需要服务准确性和柔性。

快速反应的渠道信息系统作为联结企业与消费者、企业与渠道成员之间的纽带,对企业的内外部信息沟通和决策等经济活动起着重要的支持作用。由于企业内部过程要求速度和快捷的标准与消费者对速度和快捷的要求有很大差异,因此,为了实现信息系统的快速反应,企业必须站在消费者的角度来审视渠道信息传递及满足消费者需求的过程,不断加强渠道信息流功能,为各渠道成员提供准确及时的信息,使企业以最短的交货期和最低的成本赢得市场竞争。

[阅读资料8.1]　　　　　　　　**ZARA——快速响应时尚**

面临全球采购、订单交期缩短和季节性波动等一系列挑战,被称为"时装界的Dell"的ZARA一如既往地引领着全球时尚品牌潮流,在全球50多个国家和地区共开设门店900余家。

信息和通信技术是ZARA供应链运作模式的核心,IT系统的应用将ZARA的产品设计、生产、配送和销售迅速融为一体,让ZARA的供应链"转"得更快。正是因为在信息应用方面表现卓越,才使得ZARA拥有如此惊人的速度。它的卓越性主要表现在以下4个方面。

在新产品设计过程中,密切关注潮流和消费者的购买行为,搜集消费者需求的信息并汇总到西班牙总部的信息库,为设计师设计新款式提供依据,以快速响应市场需求。关于时尚潮流趋势的各种信息每天源源不断地从各个ZARA专卖店进入总部办公室的数据库。设计师们一边核对当天的发货数量和每天的销售数量,一边利用新信息来产生新的想法以及改进现有的服装款式,再与生产、运营团队一起决定,一个具体的款式用什么布料、如何剪裁以及如何定价时,设计师必须首先访问数据库中的实时信息。

在信息搜集过程中,ZARA的信息系统更强调服装信息的标准化,为新产品设计和生产提供决策支持。对一个典型的服装零售商来讲,不同的或不完全的尺寸规格,不同产品的有效信息通常需要几个星期,才能被添加到它们的产品设计和批准程序中。但是在ZARA的仓库中,产品信息都是通用的、标准化的,这使得ZARA能快速、准确地准备设计,对裁剪给出清晰的生产指令。

在ZARA的供应链上,借助ZARA自主开发的信息系统对产品信息和库存信息进行管理,控制原材料的库存,并为产品设计提供决策信息。卓越的产品信息和库存管理系统,使得ZARA的团队能够管理布料、各种规格的装饰品、设计清单和库存商品。ZARA的团队也能通过这个系统提供的信息,以现有的库存即可设计一款服装,而不必去订购原料再等待它的到来。

值得一提的是,ZARA信息系统对分销过程中的物流配送进行跟踪管理。ZARA的分销设施非常先进,运行时需要的人数非常少。大约20千米的地下传送带将商品从ZARA的工厂运到位于西班牙ZARA总部的货物配送中心。为了确保每一笔订单准时到达目的地,ZARA没有采取浪费时间的人工分拣方法而是借用了光学读取工具,这种工具每小时能挑选并分拣超过60 000件的衣服。在ZARA总部还设有双车道的高速公路直通配送中心。由于其快速、高效的运作,这个货物配送中心实际上只是一个服装的周转地,而不仅是仓库。

8.1.3 分销渠道信息系统的构成要素

分销渠道信息系统要有信息及一套搜集、存储和利用信息的机制,这里着重阐述分销渠道信息系统的两个主要构成部分,即构成信息系统技术机体的硬件和网络、信息数据库。

1) 硬件和网络

硬件和网络是指能够保证用电子处理方式使信息在分销渠道成员之间进行流转的计算机系统、软件和连接技术的总和。

组成计算机的基本部件有运算器、存储器、输入输出设备等。由运算器、控制器和包括基本容量的存储器组成的部分叫中央处理机或主机。这是计算机系统的核心部分,在任何计算机系统中都是必备的。其他存储器、输入输出设备可由用户根据需要自行选择,这些部件通过系统总线连接形成一个计算机系统。计算机硬件配备后如何运行和使用就决定于软件了。广义地讲,程序、文档和使用说明统称为软件。计算机网络是一种结构化的多机系统。它使某地的一个数据处理用户能够使用位于另一个地方的计算机系统中的数据或服务。下面具体介绍几种具体的硬件和网络。

(1) 制造商的硬件和网络

在制造行业中,"快速反应系统"意味着制造商、产品设计人员和零售商都能共享产品设计、订购、回款及其他方面的信息。快速反应系统需要以下几类支持技术。

①EDI(电子数据交换技术),使得原来的传统单据转变为电子单据,诸如采购单、运输单和发票。EDI减少了这些单据的差错发生率,并且大大提高了单据处理效率。

②运输货柜标记(SCM),是指在运输包装箱上用标识码作标记以利于识别每个包装箱里的货品,在标记中可以记录货品的销售者、订单编号以及货品运输目的地等内容。这样,零售商就可以直接将包装箱运到商场而无须打开包装箱和对货品进行分类。

③标识码(Bar-coding),在现场销售(POS)中,可以改善存货控制管理和减少定价及销售中的差错。EDI技术的应用不仅可以降低制造商的成本,而且可以降低其他渠道成员的经营成本。

(2) 分销商的硬件和网络

分销商利用计算机网络和硬件来加强总部和商场之间的沟通。英国的大型连锁零售商Sainsbury公司和马狮集团投入巨资建立"定期联系"(Fixed-link)网络,将下属商场与集团总部的中央计算机连接起来。在中型和大型百货公司,通常用电话和网络软件连接商场的计算机。每天商场的POS数据会被发送到集团总部的计算机,有些甚至要求一天发送几次数据。集团可以利用这些数据降低脱销情况的发生率,改善会计核算或者下载价格清单。由于商场经常调整某些商品(如保鲜食品、奶制品和冰冻食品)的定价,这种调整一则很困难,二则成本很高。计算机系统也被用来为货架上的商品标价,当货架上的商品价格变动时,由于计算机代替了手工工作,所以可以大大节省劳动力成本。例如,Von公司加利福尼亚的超级市场由于安装了类似的系统,使每个商场节省了15 000个工时,相当于节省了12.5万美元。

（3）交互式多媒体

交互式多媒体能将信息（文本类、图像类和音像类）转变为计算机语言，因此能够通过一种简单的沟通管道（如电话线、光纤、同心电缆等）传送到经过调整的电视接收机或个人电脑上。它还区别于标准的音频或视频技术，因为信息接收器对传送来的信息能够作出反应。

多媒体的技术和市场不断发展。电话、有线电视和计算机3个行业为多媒体的发展注入核心技术，这3个行业内的企业相互兼并行为预示着多媒体技术商用时代即将来临。

2）信息数据库

数据库是信息的存储器。信息数据库本质上是一种计算机网络，具有信息数据结构化、数据共享、减少数据冗余等重要特征，作为整个信息系统的一部分发挥着重要作用。它可以搜集和管理大量的信息，以便企业进行市场分析，确定营销决策，进行销售管理，是协助整体营销计划及控制、衡量营销活动的有力工具。作为综合信息源的数据库，具体企业不同，数据库的构成也不同，但都要求有足够的灵活性，能适应营销的需要，如及时补充新的信息及调整数据库结构。数据库的价值高低，完全取决于建立数据库的目的及其内容的好坏和功能的高低，另外也与厂商产品的特性及分销渠道的特点有关。

不断地获得利润是每一个企业竭尽全力追求的目标。一个内容丰富的市场营销数据库能使企业了解消费者需求，选定潜在消费者，回报忠诚消费者，使分销渠道运行良好。企业对消费者的基本资料分别加以搜集、筛选、测试、整理、编辑及充实以后，妥善储存、保管，等到企业进行各种营销活动之际，依特定的目的，迅速且完整地提供相关资料。

数据库也能够用来改善对消费者的服务。例如，惠而浦公司将售出的每一台洗衣机的情况都输入数据库中。当它发现新设计推出的一台洗衣机型号存在缺陷时，可以联系购买了该型号洗衣机的消费者，并迅速进行修理。通过利用这些信息，惠而浦公司不仅保证了消费者的满意度，而且可以降低它的备件存货量。另外，掌握了何种部件周转周期最短和供应最为可靠的信息，也可以使惠而浦公司在与部件供应商的谈判中处于更有利的地位。而奥托斯电梯公司通过它的 Otis line 服务中心来集中处理消费者的服务工作。这个中心每年要处理120万个电话，其中一半的电话是要求事先并未预约的维修服务。通过追踪这些电话，公司的工程师可以明白产品存在的问题，并根据这些信息不断完善甚至重新设计电梯维护程序，甚至应用于电梯的重新设计。

任务 2　了解分销渠道信息系统的构成

8.2.1　渠道信息系统的概念

从概念上看，渠道信息系统由4大部件组成，即信息源、信息处理器、信息用户和信息管理者，如图8.1所示。

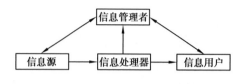

图 8.1   渠道信息系统结构

1) 信息源

信息源是信息的来源,即信息所表达事件的发生地和行为主体。分销渠道一般包括以下几个方面的信息。

(1) 市场信息

市场信息主要包括社会需求变化,用户对产品品质、价格、交货期的反馈信息,以及竞争对手情况、消费趋势等方面的信息。在市场竞争日益激烈的今天,企业应注意搜集以下5个方面的市场信息。

①竞争信息。指相关市场上的竞争产品和竞争者的信息。主要内容有:与本企业生产同类产品的厂家数量增减和实力变化情况,其中哪些是对自己构成威胁最大的企业;各类竞争项目的市场状况,如产品内在质量、外观形态、装饰色泽、价格、档次、销售服务等各方面的竞争表现;市场上对竞争力强的产品予以综合评价;替代产品竞争情况,了解市场上有哪些类型的产品与自己产品用途相同。

②消费者需求信息。指消费者对产品的要求和售后评价。主要包括消费者使用产品的目标和条件,了解产品有无过剩功能或有害功能,有无被忽略的功能;产品对消费者的适用性;消费者对产品各个方面的具体要求,如在性能、精度、功能、款式、价格、交货期、付款方式、技术服务等方面的心理预期;用户敏感点,即消费者对产品哪个方面的内容最为敏感。

③产品开发信息。指有关未来产品变化方向的信息。主要包括与本企业产品有关的新技术发展动向、新产品创意的搜集、新产品对市场需求的刺激状况、消费者拒绝接受哪些新产品,其原因是什么;新产品投入市场后对老产品产生的影响;产品市场寿命周期的变化情况等。

④市场开发信息。指与企业未来目标市场的发展与扩大有关的信息。如企业现有产品是否可向原来没有需求或需求甚少而未来会产生需求或需求增多的市场迈进;潜在市场的需求动向;市场上还有哪些未满足的需求;原有市场的变化趋势;市场占有率和产品覆盖率的变化情况等。

⑤行情信息。指市场价格走势、商品销售速度或增长速度、整个市场物价水平、供求关系信息等。

(2) 消费者档案信息

消费者档案信息指有关消费者私人背景的一些信息。如消费者的国籍、性别、年龄、宗教信仰、职业、收入、家庭住址等方面的信息。搜集消费者档案信息有可能涉及消费者的隐私,所以需把握分寸并征得消费者的同意,防止对消费者造成伤害。

[阅读资料 8.2]   **信息系统数据库的妙用**

北京的新潮快餐公司"正午 DE 盘子(以下简称盘子)"一年之间就开了 10 家分店,很多

IT 公司的白领都成为盘子的忠实粉丝。这家快餐公司就盒饭本身而言,跟其他快餐没有本质区别。它的独特之处在于,主要通过 MSN 订餐(也可以电话订餐,但拒绝 QQ 订餐),目标客户锁定那些终日与 MSN 为伴无暇下楼享受午餐的年轻白领们。"MSN 卖盒饭"看起来跟其他网络订餐没什么两样,但秘密就在于订单的生成、处理、配送全都在 MSN 上完成。

盘子实际上是一个 MSN 机器人程序,从你的第一份订单开始,它已经自动为你建立了个人档案。第二次订餐时,你已经成为"盘子"的老友,不用输入任何信息它就能准确地把盒饭送到你的手上。它的背后是一个庞大的客户数据库,能对客户的地址、喜好、积分等进行分析。它还扮演着"午餐秘书"的角色,可以陪你聊天解闷。

盘子成功的奥秘在于抓住了服务型企业最核心——以客户为中心,并且把这种理念较好地融入到由 MSN 机器人、订餐配送平台等组成的 IT 系统,从而形成了一个很实用的 CRM 系统,为特定目标客户提供方便快捷、个性化的服务,再加以 MSN 文化的强大感染力和盘子文化的病毒式传播,"正午 DE 盘子"得以在海量的小型快餐企业中脱颖而出。

(资料来源:《新营销》,2007 年 11 月)

(3)营销网络成员的信息

营销网络成员既是信息的提供者,也是企业考察的对象,有关营销网络成员的信息也可以通过营销网络自身搜集到。营销网络成员的信息主要包括营业实力和营业特征两个方面,具体包括成员的销售业绩、银行信用、竞争地位、资信声誉、营业面积、服务能力、消费者评价及与当地政府的关系等。营销网络成员的信息也可通过其他商业机构(如银行、咨询公司等)得到,但主要还是通过营销网络搜集。

2)信息处理器

信息处理器是指担负信息搜集、加工、传输、保存、更新等职能的承担者,由人和机器两大部分组成。负责搜集信息的人包括企业的销售人员、渠道成员和市场调研人员,负责信息加工的人主要是指信息分析人员和研究人员,此外还有资料传输人员、保管人员等。位于信息处理器中的机器主要包括计算机网络的各种软硬件,除此之外,还有市场调研中的仪器设备、收发信函情报的仪器设备等。

3)信息用户

信息用户是信息的使用者,他们利用信息制订决策。在商品分销系统中,制造商、经销商、代理商、辅助商以及消费者等共同来完成商品分销职能,把产品从制造商手上转移到消费者手上,满足消费者需要。在渠道信息系统中,他们也是信息使用者。信息用户可分为外部使用者和内部使用者。其中,内部使用者主要是指生产企业中的各级管理者;外部使用者主要指各级经销商、代理商、辅助商以及消费者等。

(1)制造商

作为分销系统所销售商品的来源,制造商在分销系统中占据不可替代的基础地位。一方面,制造商要根据中间商的要求,及时、保质、保量地供应商品;另一方面,要努力与消费者建立良好的分销关系,在建立和维护分销系统方面发挥主动作用。要有效地发挥这些作用,制造商就要充分利用好渠道信息系统。一般来说,渠道信息系统的主要服务对象和受惠者是制造商。

（2）中间商

中间商包括批发商、零售商、进出口商、代理商,是在商品流通领域专门从事商品买卖或帮助实现交易的那些商业机构和个人。他们在分销系统中通常占据主体地位,中间商的分销能力及其发挥程度、中间商的组合状况以及与制造商之间的关系等因素,对分销系统的整体效率具有决定性的影响。它们能否作出正确的决策,在于它们是否有效地利用渠道信息系统,获得所需信息。

（3）辅助商

这里所说的辅助商是指运输公司、仓储公司、保险公司、银行、市场营销研究公司、咨询公司、广告公司等。辅助商与中间商都是独立于制造商的市场经营主体,在分销系统中起着帮助把制造商出产的产品销售给消费者的作用。两类主体之间的区别在于,中间商要直接参与或帮助商品所有权转移,而辅助商则不直接参与商品所有权的转移,只是为商品交换提供便利,或为提高商品交换的效率提供帮助。

（4）消费者或用户

任何分销系统都必须包括商品的消费者或用户。这是因为他们是分销的目标,也是商品价值和使用价值的实现者。消费者或用户对分销系统起着导向作用,整个系统的运作最终要根据消费者或用户的需求来组织。只有消费者或用户的需要才对制造商、中间商和辅助商具有真正的吸引力,通过这种吸引,各个市场经营主体得以联合起来,构成一个有机的分销系统。

随着计算机和网络通信技术的发展,电子商务的兴起,制造商正逐步与其中间商、辅助商建立起战略伙伴关系,通过共享渠道信息系统,以增加合作伙伴的整体竞争力。同样,消费者也越来越在渠道信息系统中起着导向作用,参与到渠道信息系统中。

4)信息管理者

信息管理者负责信息系统的设计实现。在实现以后,由以下人员负责信息系统的运行和协调:系统分析员、程序设计员、开发人员、网络管理人员、操作人员等。

8.2.2　渠道信息系统的功能结构

一个渠道信息系统从使用者的角度看,它总是有一个目标,具有多种功能,各种功能之间又有各种信息联系,构成一个有机结合的整体,形成一个功能结构。

渠道信息系统的基本功能是为企业有效地组织商品分销、实体分配以及为整体市场营销活动提供现实的和历史的真实、可靠、充分的情报资料。为履行这一功能,渠道信息系统就要承担市场情报搜集、行情预测、接受和管理消费者订单、编制分销计划与实体分配计划、绩效分析与评估、文件输送等职能。并且要建立能够有效执行这些职能的子系统(或称为模块或工作部门)。一般来说,在渠道信息系统中要建立预测、需求计划、库存管理、销售订单处理、销售分析、采购订单处理、分销资源计划、仓库管理、电子数据交换(EDI)等模块,如图8.2所示。

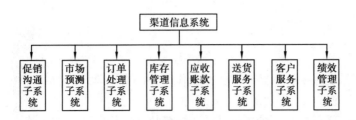

图 8.2　渠道信息系统功能结构图

各个职能子系统的简要职能如下所述。

1)促销沟通子系统

促销沟通子系统主要用于促销方案设计、评估、风险提示、成本分析及有关事务列表等管理和控制活动。当企业采用促销策略提高品牌知名度,或是作为一种提高市场占有率的武器,促销子系统都可为专业管理人员提供重要信息和分析、监控其业务的帮助。

促销子系统与订单处理、票据处理、应收账、总账和销售分析子系统集成一体,为企业经营全过程提供支持。

2)市场预测子系统

市场预测子系统有众多可供选用的资料分析和数学计算模型,能够让使用者运用系统已有的或者临时输入的有关行情资料,利用一定的分析和计算模型,推算出有关行情未来变化的预测数据。绝大多数市场预测子系统采用人机对话方式进行,将原始数据的调查与加工整理、预测模型的选择和预测信息传输结合起来一同进行。

3)订单处理子系统

订单处理子系统具有解答消费者查询、生成报价表、接收消费者订单、分析订单可接收性和订单编号、信息传送等功能,能够帮助使用者迅速、正确地处理和分发订单,从而提高服务质量。它与应收账款模块、存货管理模块联合使用,能够快捷地完成订单处理的所有详细的工作。

4)库存管理子系统

库存管理子系统能够保证存货的准确性、通知组织进货和存货的合理水平,并且跟踪货物的流向。该模块通过销货和生产数量的记录分析来管理位于各个仓库的货物(包括订单项中的货物)。通过库存分析产生订货建议报告和制作购货单,并能够在管理人员的指令下发送有关信号,从而避免缺货情况的发生并且降低库存量,使管理者对库存成品、原料、采购品、半成品作出更好的规划及控制。同时能提供精确、详细的统计资料给财务、统计及其他管理部门。

5)送货服务子系统

送货服务子系统用于制作送货任务清单、优化配送方案、行车路线、消费者收货凭证以及销售服务通知、收款通知等,使公司能够从距离消费者最近的仓库或工厂提取货物,正确、及时、安全、低成本地送交货物。

6) 客户服务子系统

客户服务子系统主要提示客户服务并制作服务任务清单,包括客户的基本资料管理,信用管理,客户的售前、售中、售后的服务管理等。

以上介绍的是渠道信息系统中的几个主要模块。它们和其他的支持性技术模块相互作用,相互影响,共同构成了渠道信息系统。

[阅读资料 8.3]　　　深圳首个"盒马村"快来了

无人机、无人值守果园机器人、数据传感器……这些高科技设备在上海首家"盒马村"——崇明岛华西村的一个农业基地里处处可见。盒马方面 14 日向记者表示,像这样的"盒马村",也有望复制到深圳坪山的杨梅基地。

深圳坪山和横岗的杨梅园区今年预计产量达到 100 吨。负责人刘子金表示,这些杨梅都被盒马包销了,他和基地员工只需要专注于农产品种植、提高品质,不用操心物流、销售、市场运营。这里也有望成为广东第一个"盒马村"。

"今年的杨梅我们以'日日鲜'的形式销售",盒马采购经理李纯海介绍,每一盒杨梅只在货架上销售一天。前一天,盒马的自动补货系统根据商品陈列位、价格、天气、节假日等因素,将采购订单自动发送杨梅基地。工人们按照当天订单量采摘,送到盒马加工中心,预冷、打包,次日清晨送上货架,全程冷链运输。依靠严谨的自动订货系统控制损耗,让农业数字化指日可期。

近日高调亮相的崇明岛华西村就是上海首家"盒马村",这里是崇明区首家阿里数字农业基地:无人机、无人值守果园机器人、水肥一体化灌溉设施、数据传感器……高科技设备达几十种。果园还建立了溯源系统、农事管理系统、物联网云平台。

（资料来源：深圳商报,2020 年 5 月 15 日 A06 版）

任务3　了解分销渠道信息系统的运行

8.3.1　分销渠道信息系统运行的基本框架

分销渠道信息系统,是一个由人、计算机和程序构成的相互作用的复合体,企业借以搜集、挑选、分析、评价和配置适当的、及时的和准确的信息,为分销管理人员改进分销计划、执行计划和控制工作提供依据。如图 8.3 所示,各种市场营销数据由环境流向企业分销渠道信息系统。分销渠道信息系统则将数据加以分类、转换、分析、综合,并通过分销信息流程传导给管理人员。管理人员再根据这些数据制订各种计划、方案,由此形成的各种数据又通过分销沟通流程。

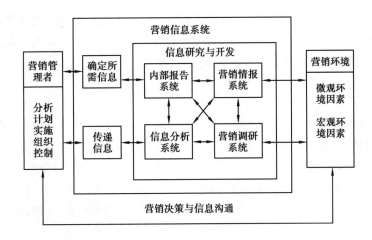

图 8.3 分销渠道信息系统流程图

8.3.2 分销渠道信息系统的业务程序

虽然各种信息系统在具体内容上有所不同,但其基本功能均可归纳为信息的搜集、存储、加工、传递和提供 5 个方面。

1)信息的搜集

任何信息系统如果没有信息来源,那么它理论上的功能再强大也无法产生实用价值。为使分销渠道信息系统发挥作用,不仅要搜集市场信息,而且还要搜集一些有关分销渠道成员的信息。

(1)市场信息

市场信息主要包括社会需求变化,消费者或工业用户对产品质量、品种规格、价格、交货期的反馈信息,以及竞争对手情况、消费变动趋势等。在市场竞争日益激烈的今天,企业应注意搜集竞争信息、消费者需求信息、产品开发信息、市场开发信息和分销渠道成员的信息 5 个方面的市场信息。

(2)分销渠道成员的信息

分销渠道成员既是信息的提供者,也是企业的管理对象,有关分销渠道成员的信息可以通过分销渠道自身加以搜集。分销渠道成员的信息主要包括成员的销售业绩、银行信用、竞争地位、资信状况、营业面积、服务能力、消费者评价及与当地政府的关系等。分销渠道成员的信息也可通过其他商业机构,如银行、咨询公司获得。

2)信息的存储

信息系统必须具有某种存储信息的功能,否则无法突破时间与空间的限制,发挥提供信息、支持决策的作用。即使以信息传递为主要功能的通信系统,也要有一定的记忆装置,否则就无法管理复杂的通信线路。

无论哪一种信息系统,在涉及信息的存储时,都要考虑存储量、信息格式、存储方式、使用方式、存储时间、安全保密等问题。简单地说,信息系统的存储功能就是保证已得到的信息不丢失、不失真、不外泄,整理得当,随时可用。为了满足这些要求,人们在逻辑组织与技术上都做了大量的工作,取得了显著的成效。

3) 信息的加工

企业通过各种途径搜集到的信息往往是分散的、零星的、杂乱无章的,需要加工处理,使之系统化、条理化,才会发挥作用。

信息加工的种类很多,从加工本身来看,可以分为数值运算和非数值处理两大类。数值运算包括简单的算术与代数运算、数理统计中的各种统计量的计算及各种检验,运筹学中的各种最优化算法以及模拟预测方法等。非数值数据处理包括排序、归类、合并、分类以及平常文字处理的各项工作。

一般情况下信息经过加工后,更加集中、更加精练、更加反映本质。但是应当指出,加工提炼过程本身是一个人为的过程,人们总会带着"有色眼镜"观察问题,当时认为没用的信息,也许正是最有价值的信息。

4) 信息的传递

信息的一个重要特点是时效性。由于营销信息反映了千变万化的市场状况,其时效性就更为明显。上述信息开发系统输出的结果如果不能及时地传送到有关人士手中,就会失去价值。因此,高速、有效、合理的信息传送手段是有效信息系统必不可少的。同时,信息系统的管理者还应充分考虑所传递信息的种类、数量、频率、可靠性等要求。

信息传递与信息的存储常常是联系在一起的。当信息分散存储在若干个地点,信息的传递量可以减少,但由于分散存储带来的存储管理上的一系列问题,如安全性、一致性等,就会变得难以解决。如果信息集中存储在同一个地点,信息传递的工作量会增加。因此对这二者要加以权衡、比较,再合理选择。

目前,网络技术和数据库技术的发展,使企业在数据传送方面完全不受时间和空间的限制,而信息高速公路的应用又使信息传送的容量极大增加。即便是所属机构遍布世界各地的大型跨国公司的管理者,也可以便捷地在自己的计算机上通过本公司的内部网络查询、检索有关数据。

5) 信息的提供

通过分销渠道搜集到的第一手信息,经过加工后,变成有价值的再生信息,可供企业参考使用。分销渠道信息的利用主要包括以下3个方面。

(1) 用于管理分销渠道实体分配

实体分配的各个方面,包括存货、订货、运输等管理都离不开分销渠道信息的指导。通过分销渠道提供的销售信息,企业可以了解实体分配各方面存在的漏洞和错误,然后采取有针对性地措施,加以改进。一些大型企业都不惜投入巨资建立自己的信息处理中心,配备专门工作人员汇总、分析各分销网点发来的信息。通过这些信息,企业能够掌握各分销渠道成员的存货情况、销售情况和服务情况,做好下一步销售、发货和运输的准备工作。先进的信息系统减少了物流环节,有的零售商可以通过分销渠道直接向企业订货和付款,很多商品不用再经过批发企业就能直接进入零售商店,甚至可以直接送到用户手中。既降低了订货、转运等成本,又提高了分销效率。

（2）用于评估分销渠道成员

企业应对分销渠道成员能及时作出评估,该奖励的奖励,该处罚的处罚,以充分调动各成员的积极性。所作出的评价要客观、公正才有说服力。为此,企业需要有关分销渠道成员的各种信息,包括分销渠道成员档案、产品销售业绩、促销服务等种种信息。

（3）用于非分销渠道管理方面

分销渠道信息不仅可以指导分销渠道管理方面,还可用于企业的产品研发决策、定价决策、促销决策和服务决策等各方面,甚至可用于交流和转让,以充分发挥信息的价值。

[阅读资料8.4]　　　**看良品铺子如何用大数据玩转新零售**

良品铺子大数据应用

数字新生代是一个全新的社群,他们身上有远超父辈的互动性与参与性。良品铺子的第四件要务是坚持自建全渠道终端和供应链体系,把生产端和消费端有机整合,将顾客体验与黏性牢牢抓在手上。

从传统门店起家,进军电商、转战社交平台、布局O2O……良品铺子一步一步搭建了目前休闲零食行业最完善的全渠道系统,它为新零售提供了丰富的应用场景。高效的物流和客服体系,也在不断优化消费者的购物体验。

值得一提的是,早在2008年良品铺子就开始了信息化布局,董事长杨红春一次性拿出1 000万元(当年利润也只有300万元)上线了门店信息化管理系统。有了强大的信息化系统支撑,才能高效地管理库存、调度智能物流、打通会员体系,更支持良品铺子在未来几何式的增长。

举个例子,2014年3月阿里首次举办支付宝线下业务应用全国活动(现在支付宝双十二的前身),当年在全国有50家O2O战略合作伙伴,良品铺子一加入就获得支付规模笔数全国第一,这都得益于前期打下的强大的全渠道信息化基础。

业内总结说,新零售重新定义了人、货、场,人成为了中心。

的确,传统的供应链体系是"货—场—人",先有产品,再想怎么卖,卖完之后再研究消费者数据,这是面对传统时代的消费者。

然而流量红利期已过,消费领域需要从流量经营向用户经营转变,通过数字化及用户体验倒逼全流程的变革,重塑消费者驱动的商业运营模式。因此,未来的模式应当是"人—货—场":先考虑产品卖给谁,再细分消费场景,根据不同消费场景需求生产不同的货品,根据社群消费习惯确定销售渠道。

在这场变革中,良品铺子有了一些成功的尝试。例如,良品铺子每月抓取超过200万条消费者评论,通过反馈数据来洞察消费者的行为和偏好研发新产品,下午茶系列和孕妇零食等产品就是这样诞生的。然而探索还远远不够,在这方面,良品铺子还在孜孜汲取同行业和跨行业的经验。

2017年,良品铺子专注追求一件事,就是让消费者满意。

2016年良品铺子全渠道入店客流量超过3.5亿人次,平均每天接近一百万人次或者UV

（线上是"UV"，线下是"人次"）。基于海量客流，2016年全年产生了近亿份订单，全域消费者声量数据共计2 225万人，全网评价数据2 199万条，包括投诉、咨询、各大电商平台的评价以及微博论坛等社交平台发布的所有信息。

对于良品铺子来说，这些信息不仅只是统计，更是重要的分析和驱动企业运行的关键数据。

前两年，良品铺子做了一个消费者体验全程管理体系，希望从消费者反馈中汲取有价值的信息，将其视为改善产品和服务的机会。基于这一数据良品铺子做了内部的"消费者心声"系统，应用场景之一就是通过消费者投诉追溯定责，寻找和分析根因，建立"从抱怨到价值"的发现、分析和圆满解决的闭环管理系统。

举例来说，2017年良品铺子挖掘超过1 000万条消费者评价数据，对15个单品的包装规格与10个单品的口味进行了针对性改进。改进后，18个单品的销售得到提升，平均销售提升率为62%。这个数据说明，通过消费者心声来改进产品是非常有价值的解决方案，成功率在八成以上。

目前，良品铺子已经把这样的运营模式和流程推广到了物流、服务、营销活动等各个板块，良品铺子认为它将产生不可估量的价值。

（资料来源：《中欧商业评论》，2018年5月15日）

8.3.3 分销渠道信息系统的流程分析

1) 信息流程概述

渠道信息系统业务流程图(图8.4)不仅直观地说明了渠道信息系统的构成，也可用于说明各功能子系统之间是怎样联系和运作的。它们好像是企业渠道管理过程的一个缩影。整个流程自左至右展开，企业进行促销、需求预测等活动以后，客户就通过电话、信件、电子邮件、电商平台等方式发生订货行为，销售订货子系统处理客户的各种订货请求，同时启动企业的库存控制系统，检查是否有存货满足客户需要或者是通知生产；然后通过送货子系统把产品送到客户手中。其中，货款的收回发生在订单处理或送货子系统中。由于客户服务活动贯穿在产品的售前、售中、售后整个过程，因此客户服务子系统作用于整个渠道信息系统的过程中。

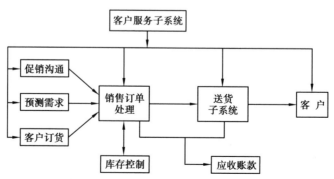

图8.4 渠道信息系统业务流程图

2) 信息流程分析的意义

①信息流程分析是信息系统设计的基础。为了设计合理的分销渠道信息系统,有效地组织信息搜集、加工和整理,首先要认真分析分销管理及整个企业的市场营销管理过程中有哪些决策以及它们需要哪些信息。通过这些分析,可以明确渠道信息系统搜集整理和传送信息的具体任务。信息系统设计人员应当询问渠道信息系统使用者,尤其是那些主要的使用者,了解他们的决策任务和信息需求,征询其对信息系统功能模块设计的意见。各个层次的信息使用者也应当主动地参与信息流程分析活动,明确地提出本部门、本职工作对有效信息的要求。

②尽力优化信息流程是信息流程分析的重点。所谓优化,就是从各种可行的信息搜集、加工、处理、解释说明和传送的流程组织方案中,根据企业的现实条件、可能出现的变化以及提高决策质量的要求,选择实用性最强、操作最方便、费用最低、效果最好的流程方案。大多数情况下可通过比较分析相同信息的不同流程图来作出选择。当然,优化工作的前提是能够列举出多种可行的信息流程方案或流程图,并且有合适的评价标准和评估方法体系。

③由于信息来源和信息使用方式对不同信息而言存在差别,因此,信息流程分析需要逐条信息地进行。例如,市场价格信息流程与消费者需求信息流程就存在多个不同环节,因此,应当分开进行分析,不能用一个流程图来代表两个信息流动过程。

3) 信息流程分析的过程

(1) 促销信息流程分析

促销信息流程是企业为进行广告、宣传、销售促进等促销决策和对有关促销活动效果进行监控,对所需信息的搜集、整理和传送的过程。具体来说,应当包括以下 3 方面的具体的信息流程。

①促销方案制作信息流程。例如广告创作信息流程、宣传方案和销售促进(或营业推广)方案设计信息流程等。促销方案制作活动中,通常需要获得促销对象(如广告受众)的信息、媒体信息、创意构思、投入产出资料以及测试、评估结果资料等,搜集、加工和整理有关资料就构成了促销方案制作中的信息流程。

②促销活动计划与组织信息流程。包括广告发布信息流程、宣传活动计划信息流程、销售促进方案实施计划信息流程。不论是发布广告,还是组织公共宣传或是促销活动,都必须有计划、有组织、有准备地进行。尤其在分销渠道中组织促销活动,通常需要多个渠道成员共同配合,因此,有关促销活动的计划、组织者以及成员分工、过程控制方式等方面的信息,必须及时传递给各个渠道成员。

③促销效果反馈信息流程。例如广告反应信息流程、宣传反响信息流程和销售促进效果反馈信息流程等。有关促销活动开展以后,客户有什么反应?竞争对手有什么反应?舆论界是否有说法?政府或有关社会团体持什么态度?渠道成员有什么意见?这些问题的答案本身就是信息,搜集、整理和传送这些信息就构成了促销效果反馈信息流程。

一般来说,促销信息流程图大体如图 8.5 所示。

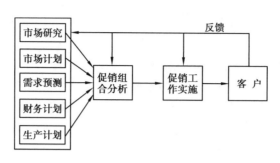

图 8.5 促销信息流程图

由图 8.5 可以看出,促销信息流程是封闭的流程。企业根据市场调研资料、销售态势信息、财务计划、分销策略和生产发展计划,进行促销组合分析,在此基础上制作促销方案,然后组织实施。应当说,促销信息流程并没有结束,它还要继续从市场上和客户那里获得促销效果信息,反馈到促销组织部门、方案设计部门和分销管理部门,以便对促销过程进行密切的监控,并有利于改进今后的促销方案设计和组织管理。

(2)市场预测信息流程分析

分销管理中经常涉及寻找多少零售商、给它们制订多大销售配额、如何组织实体分配等问题。解决这些问题的关键就是要进行市场预测,尤其是进行客户需求预测。通过分析客户的地区分布以及他们的消费特点,推断和估计他们在近期可能发生的需求,进而判断企业如何组织商品分销、如何进行实体分配便能达到满足客户需要的目的。为了正确作出市场预测,分销渠道信息系统就要合理组织市场预测信息流程。

市场预测信息流程承担着为有效进行未来市场需求、价格走势和市场占有率分布等方面的预测提供可靠资料和信息的职能。根据信息用途的差异,可以认为市场预测信息流程包括市场需求预测、销售增长趋势预测、供求关系预测、价格走势预测以及市场占有率变动趋势预测等几个信息流程部分。就过程来说,市场预测信息流程如图 8.6 所示。

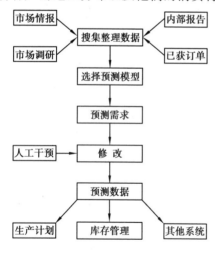

图 8.6 市场预测信息流程图

从市场预测信息流程图可以看出,市场预测信息流程包括搜集整理数据、选择预测模型、预测和估算、评估与修正等若干环节,因此发生大量的信息流。

①搜集和整理数据,滤除不合理数据。数据的来源主要有企业内部报告、已获订单、市场调研以及有关企业外部的市场情报。在搜集和整理数据时,要求系统提供很强的编辑功能,比如某时期缺少一个原始数据,就要用前后时期的平均值代替。

②选择拟合度最高的预测模型,以准确表达需求行为,从而改善预测精度。因为市场预测信息子系统应该是一个自组织系统,所以不仅要建立初始预测模型,而且当得到一个新的数据后能自动调整模型,使之适应新的情况。要做到自动调整,必须对预测有严密的监控,这种监控要依靠各种跟踪信息。

③人工干预,是指为了增加预测的准确性和精度,根据指标的设定,对有关的数据进行修改和调整。

④将修正和调整后的预测数据传给生产计划部、库存部门及其他相关部门。在实际预测组织中,通常综合采用多种方法,例如销售人员预测法、专家意见预测法(德尔菲法),采用各种方式来对同一对象进行预测,搜集不同单位的预测结果,分析预测误差,以便改进预测的精度。由于不同的预测方法需要使用不同的数据资料,因此,在预测信息流子系统中,应当有为各个预测者提供必要资料的能力,这样就增加了该子系统中的信息流通量。

[小思考8.1]　　　　　　惠普公司的市场预测信息系统

年销售额1 000亿美元的惠普公司非常重视企业分销渠道信息系统的作用,尤其重视营销预测系统。公司总部设立的市场预测与研究中心专门处理营销信息,它分享全世界的分销渠道及其他的信息资源。惠普的各部门及渠道成员每年与它签订合同以获取信息和文库资源。

市场预测与研究中心的研究过程包括搜集情报、项目测试和追踪结果。搜集情报用以确定市场机会和激发新的创意,测试是对公司产品性能、价格变化的预测和研究。该中心为惠普公司赢利作出了贡献,它帮助惠普公司成功预测和识别市场机会,改进了产品设计和生产,提出了合理的价格建议,提高了分销渠道的运行质量。

请思考:惠普公司的市场预测信息系统主要承担了什么营销功能?

(3)订货处理信息流程分析

企业的商品销售不外乎两种方式:一是根据市场预测来组织货源和进行销售;二是根据客户购货订单来组织货源,进行销售。一般来说,第二种方式的销路可靠,企业没有经营风险,因此成为众多企业的主要选择。正是由于这个原因,分销管理部门最为关心的是客户订货信息管理问题。在分销渠道信息系统中,订货处理信息流程占有非常重要的地位,尽管其过程并不复杂,如图8.7所示。

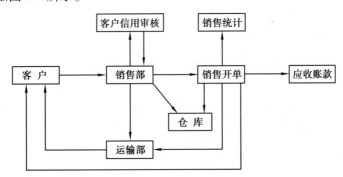

图8.7　订货处理信息流程图

订货处理信息作业流程应该是一个封闭流程,从客户发出订单开始,到运输部门把商品送达客户手上、财务部门收回货款为止。就图8.7所示的流程而言,订货信息流程包括下列交易处理步骤。

①客户订货。客户可以通过电话、邮件、网络订货或上门洽谈订货。通常可能发生客户索取报价、要求咨询的情况,在接受订货模块中就要设置回答客户的问题、提供客户所需的

报价资料和其他参考资料的功能。在客户正式提出订货单以后,公司销售部门要登记客户情况和订单,并作初步评估。如果客户订单是明显不能满足的,或者某些交易条件是明显不能接受的,应当与客户及时联系,请其修改订单。如果没有相应问题,就认为是可接受的订单。

②审核客户信用状况。销售部门收到可接受订单以后,必须马上进行客户信用审核,以便判明交易是否存在风险。审核客户信用一般由金融财务部门负责,通过搜集客户代表资格的证明材料和客户过去的交易记录、付款记录以及现行财务状况等资料,判明拜访者即客户代表是否能够真实地代表所声称的客户,分析客户是否真正存在需要、是否具有支付能力、是否会及时付清货款。只有通过了信用审核的客户订单,才能够正式接受,销售部门才能授权下属机构进行销货交易。

③授权进行交易。正式接受客户订单以后,销售部门要根据客户订单制作多联式提货单,并把多联式提货单和其他交易资料分送仓储、运输和开单等部门。仓储部门根据提货单和有关资料,快速清查库存货物,组织包装。如果发现存货量不足以满足客户需要,就要通知销售部门,让其与生产部门直接联系,以便提前备齐客户所需货物。

④运输。运输部门根据已授权提货单安排运输工具从仓库或者从工厂取货,编制运输路线,并把发运清单转送开单部门。

⑤开单。开单部门核对提货单与发运清单,依据企业的产品价格目录资料开出账单寄送给客户(列明销售物品品种与数量、价格、运费、税项、销售折扣、付款方式等),然后把账单副联转送财务部门、销售部门和仓储部门。

⑥结账。财务部门将有关销售账单信息登记到客户往来明细分类账,进行应收账款登录,并组织有关单位收回销售货款。仓储部门依据销售账单登录存货记录,反映库存存货的减少。

上述分析中可以看出,订货处理信息流程是所有权转移流程、商品实物转移流程、货款转移流程三者的集中反映,在此过程中,还有大量的管理信息的流动。由于信息重要而且流程相互交叉,合理安排有关信息流程、优化订货处理,对于提高服务质量、及时满足客户需求、有效防范交易风险以及加强经营控制,具有重要意义。

(4)送货信息流程分析

送货信息流程是订单处理信息流中的一个重要组成部分,与实体分配管理密切相关。基本流程如图8.8所示。

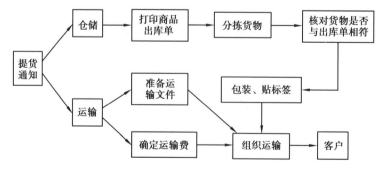

图8.8　送货信息流程图

①销售部门在对客户订单进行初步评估和信用审核之后,要根据合格的订单制作提货

单(或称为提货通知),分别发往仓储部门和运输部门。

②仓储部门根据提货单,制作商品出库单,指示仓库职员对客户所需货物进行清点和分拣,核对货物是否与出库单相符。"货""单"相符,"单""单"相符,仓储部门就在提货单上签字,表明拣货作业的完成和货物等待运输。此外,还要对货物进行包装、贴上标签,通知运输部门。

③运输部门根据销售部门的提货单和仓储部门的运输通知,制作装货单,组织运输工具装载货物,在核实物品品种、数量、随送资料和其他物品后,完成正式的装货单,指示运输人员向客户送货。

当商品数量多、运输距离较远时,运输任务通常委托给专业运输商,由后者从仓库直接提取货物,制作装货单。装货单有3个重要作用:一是作为货物实体转移到运输商手上的证明;二是企业向客户开出售货发票、收取货款的依据;三是企业向运输商支付运费、向保险公司对货物投保的依据。

[阅读资料 8.5]　　　洗发水的故事　联合利华供应链内幕

你从超市货架上取走一瓶清扬洗发水时意味着什么?对联合利华中国来说,答案是1 500家供应商、25.3万平方米的生产基地、9个区域分仓、300个超商和经销商都因此而受到牵动。

这是构成这家公司供应链体系的一些基本节点。如果让它的全貌更明晰一些,你将会看到它的一头连接着来自全球的1 500家供应商,另一头则是包括沃尔玛、乐购、屈臣氏和麦德龙等在内的总共约300个商超与经销商所提供的超过8万个销售终端。但仅凭这条单一的纵贯线,还不足以支撑起它复杂和庞大的体系,另外两个维度的填充物是:清扬洗发水、力士香皂、中华牙膏、奥妙洗衣粉等16个品牌将近3 000多种规格(SKU)的产品,以及这家公司在中国超过100亿元人民币的年销售额。

和家电、汽车等耐用消费品能够比较容易预测消费的趋势和周期性不同,快消行业的预测有点复杂,因为消费者的购买频次更高,消费结构也更为复杂,同时还充满许多不确定性。如果让一个联合利华的销售人员列举他最头疼的情况,大客户采购一定是其中之一,因为超市的现有库存可能顷刻间被耗尽,货架上随即贴出明黄色的"暂时无货"标签会在一堆价签牌中发出一个不和谐的信号,告知推着购物车前来的消费者无须靠近,而他手头的工作内容会立即变为去修复这个棘手的问题。

为了避免类似的手忙脚乱,或者说得更商业一些:如果不想产生多余的库存,继而带来更多的成本,也不想丢掉生意,联合利华需要准确地预测未来的销售情况。

每一天,分散在全国各地的联合利华销售人员在巡店后会将数据输入一个类似手机的手持终端,源源不断地把销售情况汇总到公司数据库中心,再加上直接对接着的诸如沃尔玛POS机系统和经销商的库存系统等,联合利华的管理人员不管是在上海的中国总部办公室还是在伦敦的全球总部办公室里,都可以了解到在中国超过1万家零售门店任何一天内的销售情况。其余还有7万多个销售终端,以周为单位更新数据。

联合利华按照16个品牌的产品形态划分为四大业务类别,每个品类都有这么一组团队来预测产品的销售情况。只有通过他们,诸如从超市货架上取走一瓶清扬洗发水的这一小行为,才得以进一步影响采购生产环节的实际运作。

在超市,当洗发水成品按瓶为单位被销售出去时,联合利华的采购部门得到的信息则是原材料 A 和包装材料 B 又将会有新的需求。在采购人员的计算机里,一瓶清扬洗发水会被分解成 40 多种原材料,在材料清单表(Bill of Material)上化身为许多个普通人不太熟悉的专业词汇。

按照联合利华实行的全球化范围的采购与生产体系,消费者购买行为对采购生产的影响甚至全球性的。

目前,联合利华公司旗下 400 多个品牌的产品在六大洲 270 个生产基地生产,所有涉及原料和包装材料的采购问题,包括采购地和供应商的选择,以及采购规模及频次的安排,都由全球统一调配。这种全球化的操作将在成本集约上体现出规模效应,但也对公司的供应商管理水平提出了挑战。

随着中国加入 WTO,2002 年,联合利华在上海成立了全球采购中心,在世界最大原材料生产地之一的中国向全球出口原料及成品。它在合肥的生产基地就是在这之后建立起来的,这里生产的牙膏最远要销售智利。目前,针对联合利华中国的供应商总数规模在 1 500 家左右。而公司的采购、质量管理和研发部门将共同承担对供应商的管理工作。

一些能够同时提高双方效率的合作会在这里开展:一些在内部被评定为 A 级的供应商被视作公司的战略合作伙伴,它们会为联合利华生产定制化的材料,而联合利华的设计人员、研发人员往往也会对供应商的设备、流程等很熟悉,双方会针对一款新产品在很早期就开始合作,联合利华会从技术方面对供应商提供指导。

但这样的合作是有前提的,联合利华对供应商有一套全球共同执行的标准。公司一个跨部门的管理团队每年会对这些 A 级供应商到场审计两次,除了技术水平、产品质量、资金规模等常规方面外,还包括检查污水处理装置这类有关环保、用工条件等社会责任方面的原则。供应商如果在其中哪个方面没能达到要求,就将面临从联合利华的采购名单里消失的风险。

接下来,生产部门也将和计划部门对接,对这瓶从货架上被你拿走的清扬洗发水作出响应。

根据你所购买那款洗发水,生产计划经理将作出决策。他必须通过采购团队掌握所有供应商的交货能力,通过工厂负责人了解目前生产线上的实际产能,通过需求计划经理们得到销售预测,它来自于这家公司对你最初那个购买行为的灵敏捕捉。之后,他将这三类信息汇聚在一起,统筹出下一段时期内(例如十三周至一年)的产能供应水平。

根据你所购买那款洗发水,最终的生产安排将被制订出,去指挥一个年产值为 140 亿元的生产基地具体在每一周、每一天里如何动用它的每一家工厂、每一条生产线。例如按照速度和专长不同,十来条洗发水生产线该如何安排,去生产联合利华旗下 300 多个规格(SKU)的洗发水,以尽可能达到产能最大化,让那些分散在全国各地甚至世界其他地区不断增长的购买需求得到满足。

至于消费者打算在何时何地购买这瓶清扬洗发水,将给联合利华的分销资源计划员(Distribution Resource Planner)带来一道复杂的统筹学问题。

联合利华在全国设有 9 个销售大区,合肥生产基地制造的成品将首先从总仓发往上海、广州、北京、沈阳、成都等城市的区域分仓。为了保证这瓶洗发水能够准时到达超市的货架上，这位分销资源计划员既要规划路线，又要考虑库存成本和各条运输线上波动的运输能力。

比如，春节是联合利华产品的销售旺季，而临近春节时开往中西部的铁路线会很拥挤，公路运输也比较忙，这还没算上很多会在路上突发的状况。联合利华的分销资源计划部门就要和业务部门、生产部门、物流部门等沟通，规划如何在西区提前建立库存。

最终，这瓶洗发水在从工厂出发的路途上经历诸如交付和收货的环节后，它被联合利华的供应链团队移交给了超商或经销商的供应链团队，到达超市货架。

然而，联合利华还得努力确保消费者在货架前取下的那瓶洗发水恰好来自于自己，而不是竞争对手——那些和自己做着类似的广告、把产品摆进类似超市的其他品牌供应商。这又取决于品牌影响力、市场营销策略，那是这瓶洗发水另一个版本的故事。

这家公司庞大的供应链条还会为你在货架前那个小小的行为做些什么？

事实上，联合利华并不直接和超市货架前的你产生联系，普通消费者和联合利华的中间隔着诸如乐购、沃尔玛这样的大型连锁企业。因此，为了让客户更愿意帮助自己卖出产品，联合利华的做法是把供应链一直延伸到货架前，站在客户的角度提供服务。

货架上的缺货标签代表着供应链的某个环节出现了偏差，而缺货将导致一堆合作伙伴的生意受到影响。当很多供应商都把改善缺货问题的努力集中在满足订单这个环节时，联合利华则走得稍微靠前一些，它为自己设置了一个"货架有货率"（On-Shelf Availability，OSA）的指标。这之后，联合利华客服团队的俞晓琦和浣婷婷成为对乐购货架的直接负责人，她们可不是促销员，前者是 OSA 专家，后者是对乐购客服小组的组长。

她们进入一个个乐购门店的后仓察看，追踪所有联合利华产品在那里的入库、上架及销售数据，分析导致一瓶清扬洗发水在货架上缺货的真正原因：到底是门店方面没有及时下单，还是系统虚库存，又或者是因为库存堆放问题，让负责货架的促销小姐总是不能及时在后仓找到商品……之后，她们通过示范和建立流程，例如给乐购门店的仓储管理人员做培训，帮助他们建立起一个更好的库存整理模式。

这让她们的角色看上去更像是那种提供建议和解决方案的商业顾问。在大约三年前，联合利华 100 多人规模的客服团队还在以处理订单问题为工作重心，比如响应客户投诉、反馈物流情况等，整天和电话、邮件、表格和报告打交道。2010 年，联合利华通过改造由计算机系统来处理此类工作，客服们被解放出来，"去做一些更有意思的事"。联合利华中国物流与客服总监陈沛彬说，这在联合利华被称为客户增值服务，作为供应链服务的一种延伸。

这番努力的结果是，联合利华的产品在乐购上海重点门店的货架满足率提高到了 98%。通俗说来，就是理应出现在货架上的 100 种商品实际出现 98 种，而之前的这一水平一直停留在 90% 左右。对于联合利华和乐购来说，数字指标提升的背后是销量的切实增长。以整个联合利华全球在重点客户门店实行 OSA 项目的经验来看，货架有货率每提高 3%，就会带动产品销量提高 1%。

在联合利华内部，这种对客户提供增值服务的理念最早要追溯到 2005 年。当时，联合利华被一些大客户批评服务水平低下。在尼尔森 2004 年针对国际连锁零售商所做的一项调研中，联合利华作为供应商所受到的综合评价排在了 20 名以外。

为了改变留给客户的这种印象，联合利华的销售部、市场部、财务部、物流部、客服部在一起研究后,在公司内部建立了一个名为"Winning With Customer"的项目,很多改进都出现在那之后。

这一过程中,整个公司层面为之也投入了相应的支持,例如升级信息系统,进行人员培训,从总部借鉴好的做法和经验等,并且公司管理层开会时也总是会花大量时间琢磨如何进一步提高效率和客户的投资回报率。2011年时联合利华的这一排名上升至第二名,第一名是宝洁公司。而前者在食品类的排名为第一名。

在2011年联合利华和乐购供应链部门的商业合作计划(Joint Business Plan)里,双方启动了回程车项目(Backhaul),在联合利华合肥总仓、乐购嘉善总仓、乐购合肥门店之间,把双方的取货、发货和运输线路放在一起进行设计,减少返程时的空车率。陈沛彬告诉《第一财经周刊》,回程车项目可以节约10%的物流成本,同时也在完成公司降低碳排放的要求。类似的合作还在双方的冷链车上进行。

当联合利华的客户服务团队在通过诸如OSA这样的项目想办法把更多的产品摆上货架时,客户发展团队(即销售团队)则在想办法帮助乐购利用同样的货架空间卖出更多的产品。这时候,关于一款清扬洗发水该如何在乐购超市货架上陈列就可能会在一个270°的大屏幕前展开讨论。

这个屏幕是联合利华客户洞察力及创新中心(Customer Insight & Innovation Center)的一部分,它以实景模拟的方式显示着消费者在货架前的行为,从走路的路线到目光的移转。

当联合利华的消费者研究专家得到一些结论后,这些研究经验也会很快被分享给零售商。例如在给麦德龙运送货物的物流车里,你将会看到同样的清扬洗发水被放进一种印制了特别颜色和图案的包装箱——考虑到麦德龙的消费者以批量采购为主,更经常直接成箱购买,联合利华使用了可以直接放上货架的运送包装。而其他一些出自消费者研究室的经验则通过联合利华客户发展团队被传递给一线的门店促销人员。

现在,联合利华的客服人员已经被编入一个个小组,直接对应某一个特定的连锁零售商。过去,他们只需要待在上海联合利华总部,如今这些团队则分散在深圳、广州、北京等不同的城市,与客户发展团队一起驻扎在对方中国总部所在地,方便进行更多面对面的拜访、会议,其中的一些人甚至成为在场客服,每周有两天到客户的办公室去上班。在组织结构调整后,客服人员受到的考核,也不再是简单地在什么岗位该完成什么,而是在多大程度上全面协助那些零售商在采购、库存、物流等方面提高效率,对双方的业务带来帮助。

6月的一个周末下午,乐购上海光新门店的联合利华促销员刚刚在当天定时开仓的时间段里取到了清扬洗发水,"为货架补齐了门牙"。

在此之前的两天里,这瓶洗发水经历了一次旅行。无论是颇具大工业生产的魅力,追求有序、精确和高效的采购生产体系,还是直接在为客户的生意操心、把供应链服务一直延伸到超市货架前的客户服务与发展团队,联合利华这些庞大的组织体系里所有环节的存在,都是在对你购买一瓶清扬洗发水的行为作出回应。

(资料来源:百度文库)

案例思考题

请尝试绘制联合利华的信息流程图。

（5）客户服务信息流程分析

客户服务贯穿在商品分销全过程,服务信息流程也贯穿在整个渠道信息系统之中,从为客户提供咨询信息的售前服务开始,到最后保证客户满意消费的售后服务,信息流和服务活动紧密联系,如图 8.9 所示。

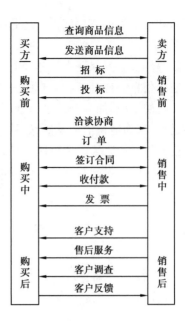

图 8.9 客户服务信息流程图

分销活动是与客户服务紧密结合的活动,能否让客户满意、能否培养客户的忠诚、能否树立企业形象,取决于服务质量的高低。分销实践中经常发生服务质量让客户不满意的现象,例如,不少销售人员缺乏商品知识,对客户的询问不能正确回答;接受客户订单后不能及时交货,或者因为缺货让客户空手而归;售前服务不到位,商品销售到客户手上后发现不能使用;从客户那里收到货款以后,就不再提供销售服务;向客户提供的销售服务有"缩水"问题,与企业宣传的不一样。有些销售人员粗暴对待客户,奉行"货物出门,概不负责"等落后的经营理念,更是让客户反感。为了避免发生这类不愉快的事件,分销管理部门必须加强客户服务质量管理。图 8.10 直观地介绍了服务控制过程。

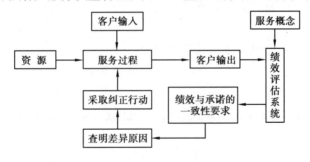

图 8.10 服务过程控制图

项目小结

企业的分销活动中存在着各式各样的信息流,若几个信息流联合在一起,服务于渠道管理,就形成渠道信息流的网,这就是分销渠道信息系统。该系统涉及的信息十分广泛、全面、具体而生动,是企业进行渠道管理与决策的依据。其构成要素包括两方面,一是硬件和网络,即能够保证用电子处理方式,使信息在分销渠道成员之间进行流转的计算机系统、软件和连接技术的总和;二是信息数据库,要求有足够的灵活性,能适应营销环境的变化。

本项目主要介绍了分销渠道信息系统的主要流程,包括促销信息流程、市场预测信息流程、订货处理信息流程、送货信息流程和客户服务信息流程分析。促销信息流程包括促销方案制作信息流程、促销活动计划与组织信息流程和促销效果反馈信息流程 3 个部分,三者构成一个封闭的信息循环;市场预测信息流程则包括搜集整理数据、选择预测模型、预测估算、评估和修正等环节。订货管理是分销管理中非常重要的内容,因此订货信息流程在渠道信息系统中占有重要的地位,主要包括接受订单、审核客户信用、授权交易、开单、运输和收取货款等环节。为保证将商品及时、安全、准确地送到消费者手上,做好销售服务工作,还要加强送货信息流程管理和客户服务流程管理。

总的来说,加强分销渠道管理的重要条件是要有一个高效运转的渠道信息系统,以便能够迅速、准确地将消费者信息、环境信息以及企业内部信息搜集起来,整理成恰当形式,并及时报告给分销渠道各个层次的使用者和管理者。在复杂多变的当今市场背景下,做好渠道信息系统的建设和管理工作是提高企业市场适应力的重要保障。

【练习题】

一、名词解释
1.分销渠道信息系统
2.扁平化
3.运输货柜标记

二、选择题
1.分销渠道信息系统最显著的特征就是以(　　)的需求为导向。
 A.制造商   B.顾客   C.分销商   D.批发商
2.用户需求信息是属于分销渠道信息源中的(　　)。
 A.市场信息   B.消费者档案信息
 C.营销网络成员的信息   D.市场开发信息
3.(　　)子系统具有解答消费者查询、生成报价表、接收消费者订单、分析订单可接收性和订单编号、信息传送等功能。
 A.促销沟通 B.市场预测 C.订单处理 D.库存管理
4.EDI 是指(　　)。
 A.条形码 B.标识码 C.射频识别技术 D.电子数据交换技术

三、简答题
1.分销渠道信息系统的主要特征有哪些?
2.设计分销渠道信息系统的扁平化需要实现哪些方面的转变?
3.分销渠道信息系统的构成要素有哪些?
4.简述分销渠道信息系统的业务程序。

四、论述题
请论述:在渠道信息系统的功能结构中,各个职能子系统是如何履行其职能提高分销渠道信息系统的效率的。

【实训题】

运用信息系统管理分销渠道实训

1.实操目的:通过实训,让学生进一步掌握分销渠道信息系统的运行模式和业务程序,提高解决实际问题的能力。

2.实操要求:以学习小组为单位开展调研,完成实训报告。

3.实操步骤:

(1)选择某企业,针对其信息系统管理进行调研(如戴尔公司商务直销管理系统、上海通用汽车公司的 CRM 系统);

(2)了解该企业信息系统的各构成部分的职能以及业务程序(画出示意图);

(3)分析渠道信息系统对该公司的渠道运行产生了什么影响;

(4)根据搜集的资料,指出该企业信息系统管理存在的缺陷,并提出优化措施;

(5)形成书面实训报告。

【案例分析】

海尔婴儿家电大数据营销的实践

根据这几年的实际效果看,海尔集团基于新媒体和大数据的营销策略是成功的,各个产品的营销费用成本得到控制而效果不减,营销业绩仍然良好。海尔集团营销策略转变成功最为重要的支撑手段就是运用了互联网思维,借助大数据技术和方法把这种创新营销思维落地,用基于大数据的关联分析达成有的放矢的营销,进行广告精准推送。

在大数据时代,企业营销由市场驱动向数据驱动,需要企业营销者在海量的数据中,找到那些因兴趣或者共同的需求而重新聚集起来的数据信息,能捕捉到这种真实的潜在的消费者,找到精确的目标客户群体,与自身产品特性结合,实现高耦合度的营销推送,在传统硬性平面广告营销中,则很难覆盖和精确找到真实的潜在消费者,往往是大范围的行业或区域覆盖,但借助于"大数据",则很容易实现这个过程,大数据对企业营销转型的支撑发挥至关重要的作用。

1.确立大数据营销战略思维

2012 年底,海尔集团正式推出整套婴儿家电解决方案,以满足各阶段婴幼儿成长所需,以个性化的按需定制为 80 后新生代母婴人群提供更健康安全的解决方案。该系列产品推出后,海尔集团有关部门决定组建婴儿家电数据营销团队,采用大数据营销战略进行推介。

2.整合内部和外部大数据资源

海尔集团婴儿家电数据营销团队首先对海尔集团庞大的消费者数据库进行梳理,把老客户按照年龄、区域、职业、性别和购买产品等进行聚类分析,比如客户年龄在22~35岁(潜在80后消费者)之间和50~60岁(潜在80后消费者的父母)之间,最好是女性,购买了电视、空调、洗衣机等与婴儿家电有一定相关性的产品的客户群体。同时,海尔集团还专门建立和开设了"优知妈咪汇"网站,该网站充分考虑了80后热衷网络互动分享的特点,为他们搭建了公共社区平台,打造互联网时代全方位倡导科学育儿的母婴家电互动社区"优知妈咪汇",该网站拥有大量的潜在消费者流量数据,这个网站所有注册的数据信息同样被海尔集团婴儿家电数据营销部门获得,"优知妈咪汇"的数据及海尔集团商城的其他所有访问数据,和老客户数据一起构成了海尔集团婴儿家数据营销中的内部大数据源。

海尔集团婴儿家电数据营销部门大范围地采集了外部数据,尤其是其他有关婴幼儿的相关论坛信息,如中国婴幼儿教育论坛、幼婴护理论坛等,相关专业家电论坛信息,如小家电论坛、妇幼家电论坛等,以及社会上的社交网络信息,如微信、微博、博客和QQ空间等,采用Python技术,按照以家电、婴儿、幼儿、喂养等为关键词,搜索海尔集团外部所有的有关婴儿家电潜在消费者的信息。这些海量的内部和外部数据就构成了海尔集团婴儿家电大数据营销的基础层:大数据源。

3.清洗和处理大数据

有了大数据源基础后,海尔集团婴儿家电营销团队的数据分析工程师把这些海量的内部和外部数据采用ETL(Extract-Transfrom-Load)工具进行结构化处理。ETL是用来描述将数据从来源端经过萃取、转置、加载的过程。同时对数据进行清洗、集成、整合和处理,为后续建模做好基础准备。ETL功能是大数据的支撑技术。

4.建立大数据营销模型

海尔集团婴儿家电营销部门借助数据服务器群,把上述这些内部和外部大数据进行ETL处理后,由数据分析工程师建立大量与婴儿家电需求特征相关的数据模型,这些数据模型涵盖了潜在消费者的消费特征和交互信息。潜在消费者的消费特征数据信息包括姓名或网名、年龄、性别、搜索敏感词、品牌、价格、职业、区域等,潜在消费者的交互信息通常包括了电话号码、IP地址、QQ号码、电子邮箱、微信号、微博账号、博客账号。这部分就是大数据营销中的核心部分,也是最有价值的部分,即建立大数据营销模型。

5.多维交叉分析大数据并应用于营销推送

大数据营销模型建立以后,就可以实现大数据营销的应用。通过把潜在消费者的消费特征数据与海尔集团婴儿家电产品特征数据信息做关联分析,基于消费者细分与产品的聚类分析、基于消费者的消费习惯与产品价格的敏感性分析,甚至还可以把产品品牌、消费者职业、区域和消费时间与季节等做关联分析,真正实现产品供给与潜在消费者需求两者特征的相互耦合,借助于获得潜在消费者的交互信息,如IP地址、电子邮箱、电话号码、微信号、微博账号、博客账号等数据,实现通过信件、电子邮件、电话、短信、社交网络信息交互如微信、微博、博客互动甚至App应用等方式达到精确推送、高效营销。这就是大数据营销的应用结果部分。

6.延伸大数据营销边界

海尔集团婴儿家电营销部门还大大延伸了大数据营销的范围,在大数据分析基础上,该部门给潜在消费者推送一些知识性或趣味性的信息,将自己丰富多彩的专业家电知识发布于社交网络,为潜在消费者量身定制广告推介服务,可按潜在消费者不同的特性,实施"组装"不同的产品营销信息并使之呈现出来。比如通过横幅广告、手机广告以及视频来介绍婴儿健康和教育专业知识,实现推送海尔集团产品营销信息等。除了按受众的兴趣以及上网地点来发送有针对性的婴儿家电产品信息和婴儿家电专业知识,还通过不同的定向条件,如人口属性、上网时间、当地天气等,整理出不同的海尔集团婴儿家电产品信息,做更有针对性的大数据营销。

海尔集团婴儿家电营销部门推送营销信息后,将所获得的潜在消费者所需产品的商机信息,借助于大数据技术,进行结果的可视化展示,并把实现了的商机订单转入海尔集团商城或优知妈咪汇网站或线下门店执行,实现了O2O的无缝对接。线上营销线上购买带动线下门店经营和线下消费。

海尔集团婴儿家电使用大数据进行营销产生的效果非常明显。据统计,与以前同样的一个新产品推广来比较,同样的时间区域内,所花费成本不到传统营销费用的三分之一,但所带来的产品销售数量几乎是传统营销的2倍,销售收入增长非常可观。

从海尔集团婴儿家电大数据营销实践中,我们可以得到启示:大数据营销更能实现低成本、高效率、高精确度的营销,也必然是企业营销的发展方向。但是企业要真正实现大数据营销,必须要转变营销思维方式,建立互联网的思维逻辑,在营销指导的思想上重视大数据营销战略。有了这个指导之后,企业还必须有真实的大数据。没有数据,巧妇难为无米之炊。这些大数据必须包括企业内部和外部的海量数据。有了大数据之后,企业还必须有大数据技术(即软件系统支撑),有会大数据分析和处理的人才(大数据工程师),才能通过大数据分析得出正确的结论,才能开展有针对性的营销活动。

(摘自:百度文库,2023年12月)

案例思考题

请尝试绘制海尔对婴儿家电的大数据营销的流程图。

项目9
网络分销渠道

【学习目标】

知识目标

◇掌握网络分销渠道的含义、类型和主要策略；

◇掌握网络分销渠道设计与建设的相关知识；

◇理解网络分销渠道与传统分销渠道的区别与联系；

◇了解网络分销渠道的发展趋势；

◇了解新媒体背景下分销渠道的特点及技术应用。

能力目标

◇懂得如何通过 Internet 为某企业传播产品和服务信息；

◇初步掌握为企业选择和应用 B2B 或 B2C 电子商务网站，拓展网络分销渠道的能力；

◇初步了解如何应用新媒体营销技术创新分销渠道模式。

素质目标

◇培养学生具有追踪在网络技术快速发展的条件下，对新业态、新渠道、新策略选择的营销决策能力；

◇通过学习让学生了解，在电子商务虚拟的网络空间里，分销渠道环境的不确定风险增加，需要营销者能熟悉网络电子商务相关法律法规以及行业规则，能提前预判风险，并规避渠道竞争的风险等。

【导入案例】

李宁数字化营销,实现全域增长的秘密

疫情大考下,李宁又交出了一份令人满意的答卷。2021年,李宁营收225.72亿元,同比增长56.1%,在疫情期间连续三年逆势增长。2017年至今,营业额增长近3倍,利润增长超过10倍。

2008年奥运会,李宁品牌创始人李宁在鸟巢点燃了奥运火炬,也点燃了人们心中对国产运动品牌的热情。但随着奥运热度逐渐退去,李宁经历了长达十年的至暗时刻,一度徘徊在生死边缘。转折从2017年开始,李宁加大了数字化改革的力度,持续在数字化转型方面加大投入。仅2021年,李宁在品牌、IT系统建设费用占全部所得款项的20%。其中重要的一环,就是以私域为核心的全域经营策略。拆解李宁的全域经营策略有以下几个方面。

1.在李宁的数字化转型战略中,私域建设是非常重要的一环。2018年,李宁开始进行PC版品牌官网的转型,重点投入微信小程序。截至2022年5月,定位于"品牌官网"的李宁官方旗舰店小程序,用户已经突破2 000万个,GMV占到了线上直营电商的近10%。

2.以微信小程序为核心的私域体系,是李宁提高全域经营效率的基石。微信小程序不是一个单打独斗的阵地,需要连通公众号、门店会员等,做全方位的用户触达。

3.李宁建设私域的最终目标是通过盘活私域用户数字化资产,让私域反哺公域,从而更好地做到线上与线下、品牌与渠道的融合。

李宁在数字化领域的改革,则赋予了它内部深度变革和创新,这是品牌长红的真正原因。

李宁的转型就是对品牌进行"单品牌、多品类、多渠道"渠道的再定位。重点发展电商,全面进入线上渠道,建立全新的营销体系。现在的品牌的消费者,尤其是年轻群体,需要从品牌中获得更多情感和文化认同。私域离消费者更近,是消费者直接触达品牌最快捷的渠道。2018年之前,李宁一直运营品牌独立官网和App。尽管那时候还没有"私域"的概念,但官网和App实际上已经承载了品牌和用户直接沟通的作用。2018年,李宁发现微信连接和自主性这两大优势,决定重点布局微信私域。微信既连接了品牌和消费者,也连接线上和线下。在微信小程序,品牌可以根据自身特点,自主定制专属的购物体验和服务模块。把整个品牌的商品、内容、会员服务都放在微信上展示,就能更高效地让消费者全方位感知品牌,能够和消费者产生长期有效的触达,以培养忠诚度,力求帮助品牌和用户建立长期关系。

搭建微信小程序官网的第一步是调整组织架构。将私域部门作为一级部门,统管全渠道和会员业务,负责人直接向CEO汇报,并挑选出懂产品、懂用户、懂运营、懂营销的复合型人才组成团队。随后,李宁与腾讯智慧零售团队合作,加速探索以微信小程序为品牌官网的私域玩法。

通过微信小程序更多地用一些场景和产品体验、品牌事件、会员服务等去吸引消费者。让对李宁有一定兴趣和忠诚度的消费者,及时知道与品牌代表的科技,文化等新潮流相关的产品。因此,李宁微信小程序货品的丰富度,是所有线上平台中最好的。此外,还选择一些新款、IP 款和限量款商品在私域首发,消费者可在微信小程序上预约,再通过微信小程序或门店购买。

同时,李宁还把微信小程序和微信生态当作消费者分析和洞察的平台,快速地了解消费者是谁,在哪里,喜好是什么。做到这一点要有足够的流量沉淀到私域。因此,就需要探索更多引流方式。从私域到公域,全方位打开流量入口。对于李宁这样的成熟型品牌而言,已经在线下占据渠道优势,拥有大型经销网络。过去,品牌和会员之间只能靠一个手机号联系,除了短信通知,会员离店后基本就处于"失联"状态。但现在,消费者的行为路径贯穿了线下和线上,面对不同渠道,通过微信小程序和微信的窗口,看到用户在线上以及线下的行为路径,分析用户购物习惯,打通全链路,从公域吸引流量到私域,再通过私域的精细化运营,最终反哺公域。这将会是成熟企业数字化转型的一大突破。数字化平台众多,但对于李宁而言,离用户更近的微信私域,可能是最适合做深度运营,培养忠诚用户的阵地。

2018 年底,李宁联名红旗推出"小程序独家联名限定款"服饰,首次尝试社交裂变玩法。在这场线上新品发布活动中,李宁采取头部激励策略,通过好友助力的形式激活粉丝,带动社交裂变。活动当日,微信小程序UV 便突破10 万。初尝甜头之后,李宁不断优化社交裂变玩法。2019 年初,李宁联合体育明星韦德,发起"寻找韦德生日锦鲤"主题活动,引导用户邀请好友"祝福韦德生日",并用礼包激励形式刺激购买。最终,这场活动的转化率达6%,首发IP 商品售罄率达80%。两次成功案例之后,李宁将社交裂变作为常态化运营手段,采用点亮券、砍价、拼团等玩法,平均每场带动超过20%用户参与。这样一来,用户便如滚雪球一般,源源不断为私域注入活水。2021 年,李宁广告及市场推广开支达到17.79 亿元,较前一年的12.795 亿元,增长近5 亿元。过去,李宁的营销方式主要以电视广告、赛事赞助为主。现在逐渐转向社交媒体、明星代言、联名和事件营销。营销方式变化背后,体现了消费市场从"品牌主导"向"消费者主导"的转变。只有"以人为本",与消费者产生深度互动与共鸣,才是品牌长红之道。因此,李宁紧跟年轻人喜爱的潮流,其中就包括时下热门的NFT。2022年4 月,李宁与NFT 头像IP 无聊猿合作,将#4102 号无聊猿头像印在T 恤、帽子等产品上,并在微信小程序上售卖。同时,李宁将无聊猿塑造成俱乐部主理人,在线上建立对NFT 感兴趣的人群的社交场,使品牌的"运动潮流"属性深入人心。目前,李宁品牌已经出现在最新版本的QQ 秀上。除了NFT,李宁还基于年轻群体推崇的文化不断推出系列产品。比如推出致敬音乐节文化的夏日派对系列,并举办"夏日派对"主题音乐活动。

李宁数据化营销的目标消费者是所谓的Z 世代人群。让品牌理念和价值以更加多元的方式呈现,将这部分消费者引入私域,通过进一步互动,能够强化品牌认同感。利用数字化工具离"人"更近的特性,即更好地识别人、经营人。搭建微信小程序之前,李宁各个渠道会员系统相互独立运营,会员数据较分散,很难全面了解消费者的画像和行为路径。导致用户标签不够准确,无法实现个性化的沟通和千人千面的商品推荐。李宁采用了腾讯的营销云解决方案,更好地识别人、洞察人、沟通人。即借助营销云的客户数据中心(CDP),腾讯智慧零售帮助李宁打通了线上线下全渠道会员,有效解决了以往数据分散的问题,实现更精准的身份识别。目前,李宁微信小程序用户已突破2 000 万个,复购率明显高于其他平台。过去一年,从微信小程序引流到线下门店的GMV 已经过亿。提升全域经营效率的关键是打通线下消费场景。以前线上线下相对人群相对封闭,可以独立运营,随着零售行业的发展,促进线上线下融合的全域经营才是主流趋势。如何打通商品、体验、服务、会员,是新的挑战。

　　李宁没有把私域当成一个独立平台,而是全域经营的基石。无论是来自公域的付费流量还是自然流量,都会由私域承接。通过私域,更好地了解忠诚用户的偏好,持续在公域中找到适合的创新点,吸引自然流量。基于这两点要求,李宁选择了腾讯智慧零售及其数字化工具,以更快搭建私域体系。李宁的会员量大、活动多,产品线十分丰富,对应的消费人群也较复杂,需要强有力的技术架构做支持。同时,通过合作方能从运营角度给出建议和提出解决方案,做到有效的人群识别、洞察,实现千人千面推荐,为目标消费者提供更好的全域服务。同时,在用户订单信息的基础上,李宁通过腾讯数据平台与搜索引擎优化工具(REC),对消费者形成全面认知,人群属性标签纬度主要有性别、地域、行为等;行为标签则包括是否关注公众号、参与过抽奖、有无加购未支付订单等;动态的标签管理和灵活的自助打标,并进一步形成品牌独有的标签体系,是实现精准营销的前提。

　　李宁还借助腾讯云 Mall 升级微信小程序。实现了全渠道官网商城的重构,解决了高并发下访问效率与支付成功率的问题,为多样化的营销提供更多空间。微信小程序不仅可以做到千人千面的个性化展示,还可以实现陌生访客识别,以有效区分人群,还能给不同的用户推荐不同的内容和商品,使用户运营更加精细。李宁以官方微信小程序、官方微信公众号为核心阵地,联通线下门店、朋友圈广告、商品广告等触点,实现全域流通。在2021年5月的一次发售活动中,面对数百万的并发访问人次,李宁依然能够保障用户良好的购物流程和体验。

　　从私域到全域,李宁在私域用户池中建立并维护与用户的深度关系,盘活用户数据。一方面,用私域反哺公域,让老用户成为活水,为线下门店引流。另一方面,在线下不断通过营销活动,与目标人群保持频繁沟通和深度连接,不断地将公域流量转化为私域,实现重复、低成本甚至免费的用户触达和运营。让全域经营成为品牌发展的长期动力。品牌建设私域的目的不在私域,利用私域帮助品牌,将线上线下的全渠道流量沉淀为品牌资产,再通过运营与数据分析,提升消费洞察和投放效果,强化品牌与用户长期关系,立足于品牌的长远发展,着眼于全域增效,才是做私域的真正意义。

(资料来源:亿邦动力网,2022年7月4日)

请问:

1.李宁用什么新渠道、新业态能使销售业绩实现逆增长?

2.李宁是如何实现从私域到公域融通、线上与线下互动的全域增长的?

任务1　认识网络分销渠道

　　随着 Internet 的发展,网络给企业提供一种全新的渠道——网络分销渠道。它突破了传统渠道的地域限制,把企业和消费者连在一起。这种渠道不仅简化了传统营销中的多种渠道的层级构成,而且集售前、售中、售后服务于一体,因此具有很大的优势。

9.1.1　网络分销渠道的含义

　　网络分销渠道是指借助 Internet 的销售平台向消费者提供商品信息和服务,以促成商品的价值转移和信息的双向流通,从而帮助企业实现营销目标的一整套相互依存的中间环节。

9.1.2　网络分销渠道的效用

1) 强化分销渠道的效用

简单地说,分销渠道就是商品和服务从生产者向消费者转移过程的具体通道或路径。分销渠道在商品流通过程中创造了以下3种效用。

①时间效用。即分销渠道能够解决商品产需在时间上不一致的矛盾,满足了消费者的需求。

②地点效用。即分销渠道能够解决商品产需在空间上不一致的矛盾。

③所有权效用。即分销渠道能够实现商品所有权的转移。

网络市场使分销渠道的3种效用得到了进一步的加强。在时间和地点上,它使产需不一致的矛盾得到了有效解决,消费者能距离家最近的地点,以较快的时间获得所需的商品。商家也能在较短的时间内,根据消费者的个性化需要进行生产、进货,并在最近的地点将货物送到消费者手中。

2) 相对竞争优势效用

与传统分销渠道相比,网络分销渠道具有更多的竞争优势。

①利用 Internet 的交互特性,网络分销渠道将过去单向信息沟通变成双向直接信息沟通,增强了制造商与消费者的直接联系。一方面,企业可以在 Internet 上直接发布有关产品的价格、性能、使用方法等信息;另一方面,消费者也可以直接通过 Internet 访问了解产品信息,进而作出合理的购买决策,同时制造商还可以直接了解消费者对产品购买和使用的反馈意见。

②网络分销渠道可以提供更加便捷的服务。一是制造商可以通过 Internet 提供支付服务,消费者可以直接在网上订货和付款,然后就等着送货上门,这一切大大方便了消费者。二是制造商可以通过网络分销渠道为消费者提供售后服务和技术支持,特别是对于一些技术性比较强的行业,提供网上远程技术支持和培训服务,既方便消费者,同时制造商也可以降低制造商的服务成本。

③网络分销渠道的高效性,可以大大减少传统分销渠道中的流通环节,有效降低成本。对于网络直销渠道,制造商可以根据消费者的订单按需生产,实现零库存管理。同时,网上直接销售还可以减少推销员上门推销的销售费用,最大限度地控制营销成本。对于网络间接分销渠道,通过信息化的网络营销中间商,制造商可以进一步扩大规模,实现更大的规模经济,提高专业化水平。网络营销中间商通过与制造商的网络连接,则可以提高信息透明度,最大限度控制库存,实现高效的物流运转,从而大大降低成本。

[阅读资料9.1]　　　　一次成功的网络营销策划
——2023 年"天猫双十一惊喜节"

"2023 年天猫双十一惊喜夜"活动,由湖南卫视、芒果 TV 出品,并联合淘宝,三个平台同步现场直播。在 2023 年 11 月 3 日,天猫就宣布,2023 的天猫双十一节为"天猫双 11 狂欢购物节为天猫惊喜节",这个名为"大屏小屏穿屏互动"的网络互动狂欢节,为全球观众打造一场贯穿全程的"精彩+惊喜"沉淀式互动晚会。晚会邀请了众多当红明星参与,晚会现场热闹纷呈,不仅载歌载舞欢天喜地,同时也伴随着众多品牌商家的超级红包抽奖促销活动,将促销活动推向一波又一波的高潮。根据星图数据,从 11 月 1 日零点至 11 月 12 日零点,2023年双十一期间交易情况如下。

1.天猫的累计销售额为 9 235 亿元。

2.用户规模突破 3 200 万个。

3.品牌表现:共有 402 个品牌成交,其中 248 个是国货品牌;220 万个中小商家的成交量同比增加超过 100%。

4.物流数据:从 11 月 1 日至 11 日,全国快递企业共揽收包裹 52.64 亿件,同比增加23.22%,其中 11 月 11 日当天共揽收快递包裹 6.39 亿件。

天猫的双十一网络促销活动是从 2009 年的双十一开始的,至今已走过了 15 年,从传统电商到新媒体电商(新零售营销),回顾历年的天猫双十一购物节,其商业业绩呈现的是几何级增长。2009 年双十一当天,淘宝销售额仅为 1 亿元;2010 年的同一天,销售额达 9.36 亿元;2011 年的同一天,淘宝销售额就升至 52 亿元;2023 年的同一天,淘宝购物节销售额飙升至 9 235 亿元,可以说,天猫购物节它创造了一个举世瞩目的日销售额的神话。

回顾天猫双十一购物节创新发展的成功之处,与传统的电商购物相比,首先,从业态看,新媒体电商成为购物节的主流形式;其次,也从单一的降价促销方式变成了将文化综艺品牌与企业品牌牵手,将明星和品牌一起融入了消费者的消费生活。天猫双十一活动证明中国市场消费者不缺乏消费能力,而是需要更多的新业态、新营销手段来撬动它,既助力几百万,甚至上千万中小企业或网店店主自主创业,也带动如物流配送业、包装业、智能电子业等多个行业快速发展。

(资料来源:百度文库 2024 年 1 月 14 日)

9.1.3　网络分销渠道与传统分销渠道的比较

相比传统分销渠道,网络分销渠道在作用、结构、费用等方面有较大不同。

1) 作用不同

传统分销渠道是指某种产品或劳务从生产者向消费者转移时所经过的流通途径。对于传统分销渠道,除了制造商和消费者,一般情况下还有很多独立的中间商和代理商。在这种情况下,产品或服务通过分销渠道完成了所有权的转移,也完成了产品实体或服务的转移。传统分销渠道的作用是单一的,它只是产品从制造商向消费者转移的一个通道。从广告或其他媒体获得商品信息的消费者,通过渠道得到自己所需要的商品,除此以外,消费者很难从渠道中得到其他的服务。这种分销渠道的畅通,一方面,靠的是产品自身的品质;另一方面,则主要依赖广告宣传和资金流转的情况。相比之下,网络分销渠道的作用表现为以下几个方面。

①网络分销渠道是销售产品、提供服务的快捷途径。消费者可以从网上直接选购自己

需要的商品,并通过网络方便地支付款项,完成交易。

②网络分销渠道有利于信息发布。企业概况与产品的种类、规格、质量、价格、使用条件等,都可以通过这一渠道告知消费者。网络渠道在发布商品和服务信息的同时,还可以提供各类其他增值的信息服务。

③网络分销渠道通过商品信息和服务与实体的有效分离,有效杜绝了人为差价、窜货、信息黑洞等传统分销渠道的管理难题。

④网络分销渠道通过与物流公司、银行机构的合作,真正实现了商流、物流、信息流、资金流的四流合一,大大提高了企业营销活动的效率。

⑤网络分销渠道既是企业间洽谈业务、开展商务活动的虚拟场地,也是对消费者进行技术培训和售后服务的理想园地。所以,企业是否开展电子商务,不仅仅标志着它的信息化和现代化水平,更重要的是电子商务能够给企业带来实实在在的好处。比如,电子商务具有市场规模大、信息传递快、商品品种多、可靠性强、流通环节少、交易成本低等特点,能使企业在瞬息万变的环境中,灵活敏捷地抓住机遇,迅速作出反应,从而最有效地把产品及时提供给消费者,同时也有利于加速物资和资金的流转速度,降低企业营销费用。

[小思考9.1]　　　　　　　　沃尔玛布局移动端购物

沃尔玛于2015年7月开始在深圳试水O2O业务,全面推出大卖场O2O服务平台"速购"。消费者可在速购平台选购商品,这些商品与沃尔玛线下门店的商品完全相同。还可选择商品配送方式,送货到家或自提。沃尔玛的这一业务率先在深圳落地,深圳23家大卖场同时推行该业务,除盐田区与大鹏新区外,该项业务的服务覆盖了整个深圳。

沃尔玛推出的速购平台有一个很大的特点,就是只适用于移动端。该平台的推出完全符合中国市场的特点:中国消费者的线上购物渠道已从PC端转移到了手机端、移动端,所以沃尔玛将O2O的重点放在了移动端。沃尔玛提供的数据显示,在中国,通过移动端购物的消费者在总消费者中占比已超过55%,而在美国,通过移动端购物的消费者在总消费者中的占比仅为19%。

(王先庆,彭雷清,曹富生.全渠道零售:新时代零售的渠道跨界与融合[M].北京:中国经济出版社,2018.)

请思考:你认为传统的分销渠道会完全被以电商为代表的现代分销渠道取代了吗? 为什么?

2) 结构不同

传统直销渠道是指由制造商直接把产品提供给消费者的分销渠道。与之相对的是间接分销渠道,它至少包括一个以上的中间商。根据中间商数量的多少,可以把分销渠道分为若干级别。直销渠道没有中间商,称为零级分销渠道。传统间接分销渠道则包括一级、二级、三级,甚至级数更多的渠道,如图9.1所示。网络分销渠道也分为直销渠道和间接分销渠道。但与传统的分销渠道相比,网络分销渠道的结构要简单得多,如图9.2所示。网络直销渠道和传统直销渠道都是零级分销渠道,在此方面并无太大区别;而对于间接分销渠道而言,电子商务的网络营销中只有一级分销渠道,即只有一个信息中介商(商务中心)来沟通买卖双方的信息,而不存在多个批发商和零售商的情况,所以也就不存在多级分销渠道。

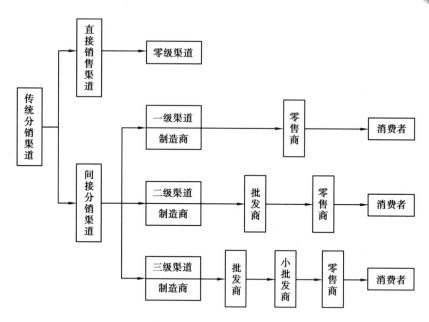

图 9.1　传统分销渠道结构图

　　网络间接分销渠道完全克服了传统间接分销渠道的缺点。网络商品交易中心通过
Internet 强大的信息传递功能,完全承载着信息中介的作用,同时利用其在各地的分支机构
承担起批发商和零售商的作用。网络商品交易中心把中介机构的数目减少到一个,从而使
商品流通的费用降到最低。

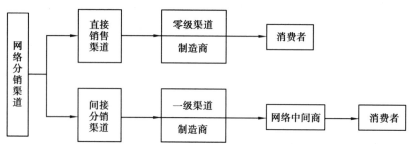

图 9.2　网络分销渠道结构图

3) 费用支出不同

　　在网络环境下的营销活动,无论是直销渠道还是间接分销渠道,都较传统分销渠道在结
构上大大减少了中间流通环节,因而有效地降低了流通成本,具有很强的成本优势。

　　①通过网络直销渠道销售产品,企业的网络营销人员可以从 Internet 上直接受理来自世
界各地的订单,然后根据订单直接把货物寄(送)给消费者。这种方法所需的费用仅仅是网
络操作人员的薪酬和较低的网络维护费用,因而大大节省了营销人员的出差费用和外地仓
库的租赁费用等。同时,制造商也可以通过网络为消费者直接提供售后服务和技术支持,从
而降低了服务成本。

　　②网络间接分销渠道完全克服了传统间接分销渠道的缺点。网络商品交易中心凭借
Internet 强大的信息传递功能,通过提高信息透明度、控制库存,实现高效的物流运转,来降

低物流运转成本。同时,这种网络商品交易中心将中介机构的数目减至一个,使商品流通的费用降至最低,从而使企业的产品在成本和价格上能保持较高的市场竞争力。

[案例与思考9.1]　　　七匹狼电商如何培养网络经销商

传统渠道进军电商,电商渠道开始加紧综合化路线,并积极拉拢传统品牌商入驻。在这样的电商大潮中,传统品牌如何将电子商务纳入自己的渠道战略中是许多传统品牌的老板们思考的问题。是依托自身另起炉灶,还是利用现有电商渠道做好网络分销? 传统服装品牌七匹狼的做法是"先放水养鱼,再对大经销商进行招安扶持",这样的实践未必是一个最好的模式,但或许能给意欲进军电商新渠道的传统企业带来一些启发。

一、渠道策略:招安"五虎上将"

从2008年开始,七匹狼的产品已经开始在淘宝上销售了。那时候,大多数传统品牌商还没有对电商渠道引起重视。当时,网络上销售的主要是库存货或者窜货来的商品。七匹狼的策略是"扶良除假。"当时七匹狼自己还没有涉足网络销售,也没有经验。因此,对于网上销售七匹狼产品的网店,只要其不卖假货,价格、拿货渠道等公司都不加干涉。与此同时,七匹狼电商也在淘宝平台开设了旗舰店,目的是了解这个市场的规则,只有在市场中运营,才能知道谁做得最好。经过渠道乱战,2010年淘宝平台就发展起来5个大的经销商,其平均一年的回款量在3 000万元,营业额差不多在5 000多万元,七匹狼将其称为"五虎上将"。在2010年后,七匹狼电商开始以网络渠道经销授权的方式,对渠道进行梳理规范,同时对"五虎上将"进行"招安"。

七匹狼的网络渠道授权分为3个层次:第一层是基础授权,回款达到500万元就可获得基础授权,中级授权是回款量达到1 000万元,高级授权是回款量达到3 000万元。实际上,无论是"五虎上将"还是其他层次的授权,这些网店起家都经历过窜货、低价竞争等问题。"而在拿到授权后,经销商若再有窜货、卖假等行为,就会'杀无赦'"。对于网络经销商的管理,并不仅仅是简单的授权。以"五虎上将"为例,最初,这几个大经销商同在淘宝平台,时常会打价格战。此后,七匹狼电商部门开始挖掘他们各自的优势,帮助他们找到自己的差异化,这些大经销商有的擅长休闲类产品,有的擅长商务类产品,有的擅长用户数据分析。找到这些经销商各自的优势之后,对这些经销商进行了有针对性的引导。比如某家经销商擅长卖裤装,那么他的任务就是盯住市场上销售业绩最好的对手,跟随对方的变化。如果该经销商的裤装品类超出了最初的预期销售额,七匹狼电商就对这个单品单独给其返点。而另一家大经销商的长处是做库存,那么七匹狼电商就针对其特点加以扶持,库存来了之后优先分给他。七匹狼还有类似于线下加盟店的"大店扶持计划",即单独返点。在线下,某些大区的经销商会在当地做一些品牌推广活动,总部会承担30%的运营费。线上的"五虎上将"也被视为大店,七匹狼会对他们的优势进行挖掘,有针对性地进行扶持,这样他们就愿意一致对外了。

二、产品策略:不做网络专供款

很多传统线下品牌为了解决线上线下渠道冲突,采取了线上创立新品牌或者线上生产网络专供款的策略,而七匹狼并不这么做。对那些线上线下冲突比较严重的传统品牌,因为线下经销商库存压力比较大,而线上旗舰店在线下经销商有大量库存压力的情形下,已开始卖新品或是折扣比线下要低许多,这就会引发线下不满,从而引起线上线下的冲突。七匹狼的线上线下冲突不明显,这与七匹狼的线下模式有关。据了解,七匹狼依托加盟店扩张,按照其政策,加盟店如果3年不赚钱,总部就要收归直营,第二年不赚钱就要被监管。因此,七匹狼的线下店全国只有1 000多家。在这种情况下,线下经销商往往不愿意囤货,如果能卖掉150件,往往只进100件,这样会避免因库存压力带来损失。而线下库存压力小,对于线上的折扣销售就没有那么敏感。七匹狼的电商部门也并不专门地针对网络设计生产网络专供款。在传统线下渠道,经销商会根据不同的区域消费特点进行选货。钟涛指出,在互联网平台,每个渠道的用户都有差异性,不同的经销商也有各自擅长的品类。而七匹狼整个集团的SKU足够多,每个线上经销商也会根据平台特点和所长来选货。网络空间虽然是无限的,但经过测算,淘宝平台上一个店面最优的款式是200~270款。因此,不同经销商选出来的款式还是有很大差别。

另外,线上有些款,线下店面是没有的,这并非专门生产的网络专供款。这种款型产生的途径有两个:一是某些款可能有太另类等原因,线下销售并不好,而线上的聚合效应却能把喜欢这款产品的消费者聚合起来,将这一款式变成线上专卖款;二是大经销商发现竞争对手或者网络品牌某款产品销售较好,便可提出将这个款式吸收为七匹狼线上专有的款式。

三、管理战略:从"独立团"到"文工团"

在天猫平台上可以看到,七匹狼电商也开设了自己的官方旗舰店。从页面设计和产品配置上看,这家店不仅承担了销售任务,更多地承担了品牌宣传的任务。"我们要把官方旗舰店的销售额控制在30%以内"。要搭建互联网上的可控分销体系,必须形成一个金字塔式的销售体系。位于塔尖的是旗舰店,但是塔基应该是由业绩成长性良好的授权店组成,中间是"五虎上将"这样的大经销商。如果旗舰店的销售量增长过快,而使其他店铺增长缓慢,就会形成一个柱状体系,虽然旗舰店业绩可观,但品牌在整个互联网市场中所占的份额就有限。很多品牌企业为了扶持自己的电商渠道,往往是自己亲力亲为,不仅是自己开设官方旗舰店,包括其他各个平台上的销售都由电商部门一力完成。这种方式属于"重"模式。一个品牌的电商部门不能做成重模式,而是要将分销体系搭建好并进行管理。但电商部门也会先有所尝试,比如七匹狼在天猫开设旗舰店,同时也在京东、1号店等各个平台开店或者为平台供货。只有自己先去尝试,才知道该平台的用户特点、规则、销售增长情况等。在实践中了解每个平台之后,对经销商就容易管理了。在许多传统企业中,电商部门不是全新的事业部,就是独立的公司。传统品牌的电商部门角色一定要随着渠道的规模进行转变,"最初是'独立团',自己成立团队,老板供货、给政策,自己杀出来做成规模;第二步应该是'保安团',要对市场上的渠道进行规范,变身为一个执法者;第三步是'文工团',即先把方向定好,然后树典型,做表彰,拉动权益分配"。因此,电商部门要做网络渠道的管理者,自己需要先确定战略,然后让每个授权经销商执行自己的战术。

(资料来源:百度文库)

请思考:七匹狼电商系统建设是否完全靠建设好"七匹狼官网"就万事大吉了?

任务 2　对网络分销渠道进行分类

如上所述,传统的分销渠道有两种形式:一种是直销渠道;另一种是由独立的中间商建立的分销渠道,为生产者销售产品和服务,我们称之为中间商渠道或中介渠道。与传统渠道类似,网络分销渠道的类型也分直销渠道和中间商渠道两种。

9.2.1　网络直销渠道

1) 网络直销渠道的含义

网络直销渠道是指企业通过网络直接把产品服务销售给消费者。目前常见的做法主要有两种:一种是企业在 Internet 上建立自己的站点,申请域名,制作销售主页,由网络营销人员专门处理有关产品的销售事务;另一种是委托信息服务商发布信息,企业利用有关信息与消费者联系。网络直销渠道是实现企业与消费者一对一沟通的有效途径。网络直销渠道模式如图 9.3 所示。

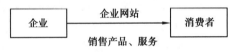

图 9.3　网络直销渠道模式

与传统直销渠道一样,网络直销渠道没有中间商,都具有订货功能、支付功能和配送功能。与传统直销渠道不一样的是,网络直销渠道中的制造商可以建设网站,消费者可以从网站订货。与一些电子商务服务机构如网上银行合作后,可以通过网站直接提供支付结算服务,解决资金流转问题。对于配送方面,网络直销可以利用 Internet 技术构造有效的物流系统,也可以通过 Internet 与一些专业物流公司进行合作,建立有效的物流体系。

网络直销渠道的主要类型是企业网站。专业的企业网站能直接为消费者提供全面、详细、有专业深度的信息服务,给消费者提供一个便捷的购物平台,从而加快推动消费者的购买进程,同时也有利于现有消费者和潜在消费者购买决策过程的连续性。即网站首先吸引网上冲浪者,然后与其中感兴趣者保持联系,最后将一部分转变为企业的消费者并维系他们,从而完成潜在消费者向现实消费者的转变。

2) 网络直销渠道的优势与劣势

传统的直销方式主要有邮购、电话营销和人员直接营销等方式,必须花费大量的消费者接触成本和营销操作成本,并且在时效上也相对滞后。相比之下,网络直销渠道则具有以下优势。

①对消费者而言,直销渠道能调动 Internet 的技术手段(如多媒体技术等)充分展示企业商品的特点,消费者能够快速得到有关商品的充足资讯,并能真正实现定制消费和享受个性化服务。

②对企业而言,直销渠道可带来以下好处:有利于企业广泛地搜集消费者的意见,并及时给予反馈,加强企业的关系营销力度,及时调整竞争战略,合理安排生产,保持动态竞争优势;能够建立属于企业自己的消费者数据库,为企业开展数据库营销以及各类网上促销活动提供有力的支持;能使企业大大降低营销成本,在市场竞争中享有低成本领先的优势。同时,消费者也能够以较低的价格购买所需的商品。

当然,网络直销也有自身的缺点,由于越来越多的企业在 Internet 上建立网站,使消费者处于无所适从的尴尬境地。面对大量分散的域名,网络访问者很难有耐心一个个地访问一般的企业主页。特别是对于一些不知名的中小企业,大部分网络漫游者不愿意在此浪费时间,或者只是在"路过"时走马观花地看一眼。因此企业做好网络直销必须尽快建设好具有高水平专门服务于商务活动的网络信息服务点,重视公共关系,重视消费者需求的差异性,在网页和信息创新上狠下功夫,树立企业良好的形象,增加访问量。

[小思考 9.2] 　　　　　　　　　　**小米成功的分销模式**

小米手机在分销上无疑模仿了苹果在美国的渠道政策,主要采取了电子渠道加物流公司合作的分销模式。其渠道以直接渠道、短渠道,以及窄渠道为主,由厂家直接供货。小米手机目前的销售,全部依靠小米科技旗下电子商务网站小米网的网络直销,规避了与实体店和分销商的利润分割,避免了网络诈骗和多余成本,杜绝了假冒商品,又很有时尚感,很能吸引年轻消费者,同时更强化了自身的品牌影响力。在库存和物流上,小米科技充分利用其天使投资旗下的凡客等诸多互联网公司的支持,将小米手机与这些公司进行服务对接,突出其低成本,高效率,快整合,双向推动的优势。小米科技与中国联通联手推出小米手机联通合约机,合约计划推出预存话费送手机和购机入网送话费两种方式,现已签订百万台的订单合同。此举又为小米手机的分销增加了新的渠道。同时,小米科技又增加代工厂,以保证货源。

请思考:小米分销模式主要在哪些方面表现出强大的竞争优势?

9.2.2　网络中间商渠道

为了克服网络直销渠道的缺点,网络中间商应运而生。中间商成为连接买卖双方的枢纽,使网络间接销售成为可能。网络间接销售是指企业通过融入了 Internet 技术后的网络中间商把产品销售给消费者。在这种交易过程中,网络商品交易利用 Internet 把商品生产者、消费者和银行紧密联系起来,为消费者提供市场信息、商品交易、贷款结算和物流配送等全方位的服务。

1) 网络中间商渠道存在的必要性

网络中间商的功能与传统中间商相似,但又略有不同。从经济学角度分析,网络中间商的存在之所以成为必然,有以下 4 个基本原因。

(1) 简化了市场交易过程

在没有网络中间商的情况下,每个生产者和每个消费者都要利用网络直销建立联系,这样交易的次数就很多。如果在生产者和消费者之间增加一个中间商,发挥其集中、平衡和扩散三大功能,则每个生产者只需通过一个途径(网络中间商)与消费者进行交易,每个消费者也只需通过同一个途径与生产者进行交易。这样必将大大减少交易的次数,简化了交易过程。

（2）简化了市场信息搜集过程

传统的交易中,买卖双方都被卷入一个双向的信息搜集过程。这种信息搜寻既要付出成本,又要承担一定的风险。信息来源的局限性使得制造商不能确定消费者的需要,消费者则无法找到他们所需要的产品。网络中间商的出现改变了这种状况,为信息搜寻过程提供了极大的便利。由于网络中间商汇集了大量的产品信息,消费者进入一个网站（网络中间商）就可以获得不同制造商的同类产品的信息,制造商也只需通过一个中间环节就可以和消费者进行交易,这大大简化了交易过程,加快了交易速度,匹配了供给意愿和需求意愿。

（3）有利于平均订货量的规模化

对生产者而言,大工业的规模化生产性质决定了他们必须追求平均订货规模的扩大。而我国现有的商品分销渠道很难适应生产者的这种要求,这必将造成商品流通成本加大。作为连接制造商和消费者的一种新型纽带,网络中间商可以有效地克服传统商业渠道的弊端。一方面,他们能够通过这种短的渠道销售商品,满足消费者对商品价格的要求;另一方面,他能够通过这种新型纽带,组织商品的批量订货,满足制造商对规模经济的要求,为其批量订货与销货创造了先决条件。

（4）有利于交易活动常规化

在传统交易活动中,影响交易的因素很多,如价格、数量、运输方式、交货时间、支付方式等,任何一个环节出现问题都可能导致整个交易失败。在网络间接销售中,由于是虚拟市场,网络中间商可以一天 24 小时,一年 365 天不停地运转,避免了时间上的限制;买卖双方的意愿通过固定的交易表格统一地、规范地表达,避免了相互之间的纠纷;网络中间商所属的配送中心分散在全国各地,可以最大限度地减少运输费用;网络交易严密的支付程序,使得买卖双方彼此增加了安全感。可见,由于网络中间商的规范化运作,减少了交易过程中大量不确定因素,降低了交易成本,提高了交易成功率。

2）网络中间商

在传统分销渠道中,商品需要经过多个环节才能送到消费者手中,要依靠中间商的营销和传递作用才能得以实现。这些中间环节必然要耗费大量的物资资源和时间,并且中间商能够在流通中取得这种地位是以拥有资金、囤积商品为条件的,如此既增加了商品的成本,又延长了资金的周转周期,而网络中间商通过减少营销层次缩短供应链的长度,节省物资资源的耗费和时间的浪费,因而降低了流通成本。

企业可以充分利用网络中间商所建立的基础设施。因为网络中间商已经使库存保持在接近消费点的水平,他们可以为企业创造一个"虚拟仓库"。如果企业接到来自消费者或小企业的直接订单,这些订单可以在经过中央处理之后,由最接近订单发出地的合作伙伴完成配送。企业能够利用网络中间商迅速地将在线订购的商品送到订购者手中。同样的安排也可以体现在退货方面,即由当地的或距离最近的网络中间商来处理退货并补充库存。虚拟仓库使企业能够继续保持它们同网络中间商长期以来建立的关系,同时又把这种关系带到线上,从而通过在线互动创造透明的供应链,提高营销效率。

目前出现了许多基于网络的提供信息服务中介功能的新型网络中间商,他们借助Internet技术,利用电子商务平台实现供销沟通,通常称为电子中间商。在电子中间商的平台上虽然展示有大量的实体产品,但是作为网络中介机构的最大职能是提供内容广泛的信息服务。下面就分别介绍这种以信息服务为核心的网络中间商。

(1)目录服务

目录服务是利用Internet上目录化的站点提供菜单驱动进行搜索。目前主要有3种目录服务。一是通用目录。它把各种不同的站点按层次进行分类组合,消费者按需求对站点进行检索。二是商业目录。它提供各种商业Web站点的索引,类似于印刷工业指南手册。三是专业目录。这种目录服务是电子中间商针对某个行业或主题建立Web站点,站点里面可以包括某类产品、企业、行业、市场等信息。制造商可以利用站点进行网络广告宣传,并付给电子中间商费用,这成为电子中间商的主要收入。

(2)搜索服务

与目录不同,搜索站点搜集大量的数字化信息,建立大型数据库并分类存储各种站点介绍和页面内容,因此为用户提供基于关键词的检索服务。消费者虽然不能直接浏览数据库,但可以向数据库里添加条目。

(3)虚拟商业街

虚拟商业街是指在一个站点内链接多个商业站点或者设置多个企业主页,从而形成类似于传统商业集市的网络销售平台。其经营方式通常为出租或者买断。

(4)网上出版

由于网络信息传输性和交互性,网络出版站点可以提供大量有趣和有用的信息给消费者。目前出现的联机报纸、联机杂志都属于这种类型。由于内容丰富且基本上免费,此类站点访问量特别大,因此出版商利用站点做广告或提供产品目录,并以广告访问次数进行收费。

(5)站点评估

消费者在访问制造商站点时,由于内容、站点繁多,往往显得束手无策,不知该访问哪一个站点。提供站点评估的站点,可以帮助消费者根据以往数据和评估等级,选择合适的站点进行访问。

(6)电子支付

电子商务要求能在网络上交易的同时,实现买方与卖方之间的授权支付。现阶段授权支付系统主要有信用卡、电子等价物以及安全电子邮件等。这些电子支付手段,通常对每笔交易收取一定佣金以减少现金流动风险和维持运转。目前,我国大部分商业银行均提供电子支付服务。

(7)虚拟市场

虚拟市场提供一个虚拟场所,任何只要符合条件的产品都可以在虚拟市场站点内进行展示和销售,消费者可以在站点中任意选择和购买,站点维护者收取一定的管理费。

(8)智能代理

随着Internet的飞速发展,消费者在纷繁复杂的网络上难以选择。智能代理可以根据消费者的偏好和要求预先为消费者自动进行初次搜索。除此之外,它还可以根据别人的搜索经验自动学习优先搜索标准。消费者根据自己的需求选择合适的智能代理站点为自己提供服务,同时支付一定的费用。

[阅读资料9.2]　　　　移动互联网时代的"SoLoMo"模式

随着互联网时代的到来,技术的变革也带动了商业模式的变革,PC时代的生态链正在渐变中显示出新的商机。自2011年2月美国KPCB风险投资公司合伙人约翰·杜尔第一次提出"SoLoMo"概念以来,由Social(社交)、Local(本地化)和Mobile(移动)整合而来的这六个字母随即风靡全球,被一致认为是互联网的未来发展趋势。从Facebook到人人网,代表社交的"So"已经无处不在;"Lo"所代表的以LBS(Location Based Service,地理位置服务)为基础的定位和签到也开始风靡,包括Foursquare、街旁,以及社会化媒体所延伸而来的Facebook Places和人人报到;"Mo"则涵盖了智能手机带来的各种移动互联网应用。SoLoMo袭来,从根本上改变了以前的上网方式、交流方式,也改变了企业与消费者的互动方式,原有的PC端的做法已经无法满足用户的需求,这就需要一种新的技术以新的方式去满足用户的需求。

案例一:购物社交化:"美丽说"玩分享式购物

当人们用"玩"这个词时,听起来似乎很不正经,但乐趣是创意的来源,SoLoMo的可人之处正是解决了两个问题,一个是用户需求能被满足,一个是用户体验在好玩的创意中得到提升。

用社区带动购买力

当一个人单独逛街时,如果无法决定购买哪件衣服,可以拿起手机拍个照片,再打开"美丽说"(北京美丽说网络科技有限公司)的客户端发到自己的分享主页上。这时趴在这个"让女孩修炼美丽"的网站上的搭配达人会随时给你建议,正是这样的便捷解决了女性用户的穿衣搭配难题。"美丽说"这个有着200多万个注册用户的线上社区,其成员从海量的网络图片中寻找到适合自己风格的图片,依此搭配时尚装扮,可以分享给线上好友。为了刺激购买,搭配后的产品链接可以直接指向产品源网站,方便用户购买。"美丽说""爱物网""蘑菇街"……当一批这样的社区化分享购物网站火起来的时候,不仅证明了这块市场的广阔,也成为社交化购物的推动者。

用户规模大于盈利

"美丽说"客户端每天的下载量在中国的生活服务类应用中曾排在第二位,PC端则有上百万活跃用户交流、搜索。其实这个社区最大的差异化竞争优势就是用户的深度参与互动,进而通过聚集形成了用户规模。

案例二:社会化电子商务:在"切客"团购

Foursquare的兴起,带动了国内一批诸如切客网、开开网这样的位置服务网站,但在单纯的Check-in(签到)不足以激发用户的兴趣时,这些网站也在寻求模式上的突破。在经历了2010年底至2011年初的百花齐放之后,中国LBS领域一直呈现着胶着竞争的态势,始终没有出现一家独大的局面。而越来越多的传统网站与平台的加入,使LBS市场更加扑朔迷离。

以切客为例,已经从单纯的位置服务逐渐转型做"社会化身边的电子商务"。这里有3个关键词:社会化,就是融入社交元素;身边,就是用户可以在切客上看到周边有谁,有哪些生活服务店面;电子商务就是品牌计划中的商业模式,比如结合位置推出团购、电子优惠卡以及预付费卡等。

案例三:签到移动化:街旁网

目前,NFC技术备受行业内外关注,作为一种前沿的技术趋势,它赋予了LBS应用更大的价值。2011年6月,国内炙手可热的基于真实位置的社区街旁网与诺基亚开始展开合作,推出的NFC签到功能。这项功能使凡是具备NFC功能的手机可以直接在街旁的读卡机或标签上即可完成签到,无须进入客户端及寻找地址等操作。2011年圣诞节,街旁网再度携手诺基亚,在北京、上海、广州,任意活动店面签到就可获得诺基亚定制徽章,参与者凭徽章有机会抽取诺基亚手机大礼包。

街旁网还与上海星巴克咖啡再度合作,开启2011欢乐圣诞季:从2011年11月8日至12月17日,街旁网用户签到江浙沪任意一家星巴克,上传圣诞心愿便可获得街旁网虚拟徽章,当徽章派送数目到达20 000枚时,徽章功能即被激活;从12月17日至25日,用户凭徽章到指定门店将获得星巴克免费升杯的惊喜。星巴克一直是街旁网最热门的品牌类签到地点之一,深受用户青睐,而节日期间更是街旁用户签到的高峰期。利用NFC技术与LBS结合可以确保签到的真实性,最终能为品牌合作伙伴带来全新的精准营销方案。据了解,江浙沪地区有200余家星巴克门店参与了此次活动,上海统一星巴克行销总监黄路称:"我们看到越来越多的消费者开始喜欢通过社会化媒体分享自己的体验和心情,和街旁网的合作可以让消费者通过线上线下的互动充分感受我们精心营造的欢乐节日气氛。"

任务3　如何建设网络分销渠道

9.3.1　分析目标消费者群

一般来说,网上销售主要有两种方式。一种是B2B,即企业对企业的模式,这种模式每次交易量很大,交易次数较少,并且购买方比较集中,因此网上销售渠道建设的关键是订货系统,方便购买企业进行选择。B2B方式,一方面企业一般都有较好的信用,通过网上结算比较简单;另一方面,由于量大次数少,因此配送时可以进行专门运送,既可以保证速度也可以保证质量,减少中间环节造成的损耗。第二种方式是B2C,即企业对消费者的模式,这种模式的每次交易量小,交易次数多,而且购买者非常分散,因此网上渠道建设的关键是结算系统和配送系统,这也是目前网上购物必须面对的门槛。由于国内的消费者信用机制还没有建立起来,加之缺少专业配送系统,因此开展网上购物活动时,特别是面对大众购物时必须解决好这两个环节才有可能获得成功,这是8848成功的原因,也是杭州新华书店失败的原因。

9.3.2　确定产品所需的服务方式

在选择网络销售渠道时还要注意产品的特性,有些产品易于数字化,可以直接通过Internet

传输,脱离了对传统配送渠道的依赖。但大多数有形产品,还必须依靠传统配送渠道来实现货物的空间移动,对于部分产品所依赖的渠道,可以通过 Internet 进行改造,最大限度地提高渠道的效率,减少渠道运营中的人为失误和时间耽误造成的损失。

虽然有戴尔(Dell)的成功案例,但由于各种产品的自然属性、用途等不同,所以不是所有的产品都适合进行网上销售。如果供应者一味地打破原有经营体系,越过所有的分销商,直接与经销商和最终用户打交道,会给自己增加额外的负担,不仅没有节约成本,还可能在售后服务、培训体系等方面也没做好。所以在设计网络分销渠道时首先要分析产品的特性,确定该产品是否适合在网上进行销售以及需要什么样的网络分销体系。

在分析产品因素时主要考虑产品的性质、产品的时尚性、产品的标准化程度和服务、产品价值大小、产品的流通特点、产品市场生命周期等。如信息、软件产品可以实现在线配送、在线培训和服务,是最适合网上销售的。另外,有些产品虽然目前不适合网上销售,但随着网络技术的发展,随着消费观念的改变和消费水平的提高,将来也可能实现网上销售。在我国,大多数消费者还仅仅只是把货币支出看作成本,而所花的时间和精力不作为成本,除了一些日常用品,购物的方便性还不是消费者购买时非常关注的。

9.3.3　选择网络渠道成员

在从事网络营销活动的企业中,大多数企业除了建立自己的网站,还利用网络间接渠道,如利用信息服务商或商品交易中介机构发布信息,销售产品,扩大企业的影响力。因此,对于开展网络营销的企业来说,要根据自身产品的特性、目标市场的定位和企业整体的战略目标正确选择网络分销商,一旦选择不当就有可能给企业带来很大的负面影响,造成巨大的损失。所以在筛选网络分销商时,可以从其服务水平、成本、信用以及特色等方面进行综合考虑。

1)服务水平

网络分销商的服务水平包括独立开展促销活动的能力、与消费者沟通的能力、搜集信息的能力、物流配送能力以及售后服务能力等。比如,对于一个正处于成长期的中小企业来说,其主要精力都放在了产品的研发上,在网络销售中就需要一个服务水平较高的分销商,协助它与消费者进行交流、搜集市场信息、提供良好的物流系统和售后服务。而一个实力较强、发展成熟的企业往往只是通过网络信息服务商获取需求信息,并不需要网络中间商开展具体的营销活动。

2)成本

这里的成本主要是指企业享受网络分销商服务需支付的费用。这种费用包括生产企业给商品交易中间商的价格折扣、促销支持费用、在中间商服务网站建立主页的费用、维持正常运行的费用、获取信息的费用等。

3)信用

这里的信用指网络分销商所具有的信用程度的大小。由于网络的虚拟性和交易的远程性,买卖双方对于网上交易的安全性都不确定。在目前还无法对各种网站进行有效认证的情况下,网络中间商的信誉就显得至关重要。在虚拟的网络市场里,信誉就是质量和服务的保证。生产企业在进行网络分销时只有通过信誉比较好的中间商,才能在消费者中建立品牌信誉和服务信誉。缺乏良好信誉的网络分销商会给企业形象带来负面影响,增加不安全因素。因此在选择网络分销商时要注意其信誉。

4) 特色

网络营销本身就体现了一种个性化服务,更多地满足消费者的个性化需求。每个网站在其设计、更新过程中由于受到经营者的文化素质、经营理念、经济实力的影响会表现出各自不同的特色。生产企业在选择分销商时,就必须选择与目标消费者群的消费特点相吻合的特色网络分销商,才能真正发挥网络销售的优势,取得好的经济效益。

9.3.4 确定渠道方案

企业在进行产品定位,明确目标市场后,在对影响网络分销渠道决策的因素进行分析的基础上,就需要进行渠道设计,确定具体的渠道方案。渠道设计包括3方面的决策:确定渠道模式、渠道的集成和明确渠道成员的责权利。

1) 确定渠道模式

确定渠道模式,即对网络直销渠道和间接渠道的选择。企业可根据产品的特点、企业战略目标的要求以及各种影响因素,决定采用哪种类型的分销渠道:网络直销还是网络间接销售。企业也可以在采用网络直销的同时开辟网络间接销售渠道。这种混合式的渠道模式被许多经营快销品的企业采用。例如,食品饮料的龙头品牌,娃哈哈、可口可乐等企业都是采用直接渠道和间接渠道兼修的模式。因为在目前买方市场的条件下,通过多种渠道销售产品比通过一条渠道更容易实现"市场渗透",增加销售量。

2) 渠道的集成

渠道的集成,即确定分销渠道的中间商的数目。在网络分销中,分销渠道大大缩短。企业可以选择多个网络平台服务商,集中传播产品或服务信息,或者集中搜集整理分析消费者需求的信息,与目标消费者精准沟通,直至完成交易活动。完全弥补了传统渠道模式下,短渠道在信息覆盖不足及与目标消费者沟通不畅的缺陷。在网络渠道下,渠道集成是指依托网络技术,渠道成员提供实现"线上与线下融合"的方便消费者购买的交易条件。即供应商、物流商、经销商、零售商、支付服务商等渠道成员一体化融合,实现对终端目标消费者,提供全渠道体系的服务。

3) 明确渠道成员的责权利

明确渠道成员的责权利,即在渠道的设计过程中,还必须明确规定每个渠道成员的责任和权利,以约束成员在交易过程中的行为。例如,生产企业向网络中间商提供供货保证、产品质量保证、退换货保证、价格折扣、广告促销、协助服务支持等；分销商要向生产者提供市场信息和各种统计资料，落实价格政策，保证服务水平，保证渠道信息传递的畅通等。在制订渠道成员的责任和权利时要仔细谨慎，要考虑多方面的因素，并取得有关方面的积极配合。

此外，在具体建设网络分销渠道时，还要考虑以下几个方面的内容。

①从消费者角度设计渠道。只有采用消费者比较放心、容易接受的方式才有可能吸引消费者上网购物，以克服网上购物"虚"的感觉。如在中国，目前主要采用货到付款的方式。

②订货系统的设计要简单明了，不要让消费者填写太多信息，而应该采用现在流行的模拟超市的"购物车"方式，让消费者一边浏览物品，比较选择，一边选购。在购物结束后，一次性进行结算。另外，订货系统还应该提供商品搜索和分类查找功能，以便消费者在最短时间内找到需要的商品；同时还应对消费者提供需要了解的有关产品信息，如性能、外形、特色等。

③在选择结算方式时，应考虑到目前网络营销的实际状况，尽量提供多种方式供消费者选择，同时还要考虑网上结算的安全性。

④建设网络分销渠道的关键是建立完善的配送系统。消费者只有看到购买的商品到家后，才真正感到踏实，因此建设快速有效的配送系统是非常重要的。在配送体系还不成熟的区域，进行网上销售时要考虑到该产品是否适合于目前的配送体系。

任务4　选择网络分销渠道的策略

网络分销渠道策略是企业根据其选择的目标市场的需要，在充分分析影响网络分销渠道策略选择的诸多因素的基础上，优化出更适合企业实施网络营销需要的新渠道模式。

9.4.1　不同市场主体渠道策略的选择

在网络市场上，构成市场主体的主要因素是制造商、中间商、消费者、政府和社会团体等。由于他们在分销渠道过程中地位和作用不同，因而在网上他们有各自不同的渠道模式。

1）制造商网上通道

制造商网上通道如图9.4所示。

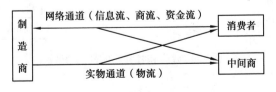

图9.4　制造商网上通道

2)中间商网上通道

①专营某品牌的中间商网上通道,如图9.5所示。

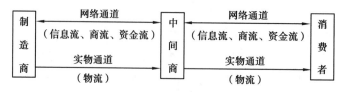

图9.5 专营某品牌的中间商网上通道

②经营多种品牌的中间商网上通道,如图9.6所示。

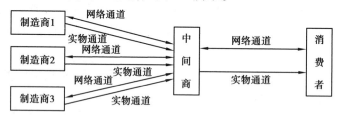

图9.6 经营多种品牌的中间商网上通道

3)消费者网上通道

消费者网上通道如图9.7所示。

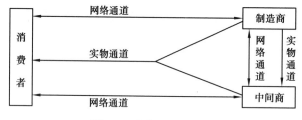

图9.7 消费者网上通道

4)政府和社会团体网上采购通道

政府和社会团体网上采购通道如图9.8所示。

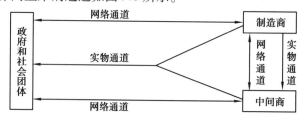

图9.8 政府和社会团体网上通道

9.4.2 网络分销渠道的一般策略

从比较传统的分销渠道模式来看,网络分销渠道可以采用以下3种策略。

　1）长渠道和短渠道策略

　　长渠道,是指经过两个或两个以上的中间环节,把商品出售给消费者的流通渠道。短渠道,是指没有或只经过一个中间环节,就把商品销售给消费者的流通渠道。网络营销的渠道策略是选择长渠道还是短渠道,应根据两者的优缺点并结合具体的营销商品或服务来确定。

　2）宽渠道和窄渠道策略

　　流通渠道的宽、窄是从渠道的横向联系来考察的。在网络渠道中,实现 B2B、B2C 不受时空限制的自由联通,渠道宽或窄不是取决于经销商的多或少,而是取决于网络技术的优或劣,还取决于网络信息传播的受众面、网络的影响力等因素。

　3）直接渠道与间接渠道策略

　　直接渠道是指商品从制造商到达消费者的过程中,不需要中间商的流通渠道策略。网络营销条件下,产品或服务的推广都可以适用直接渠道的模式。

9.4.3　网络分销渠道的特有策略

　　由于 Internet 的商业应用,支持分销渠道商品流通过程的各种技术条件和手段发生了根本变化,实现了营销网络的电子化和信息化。商品流通过程的商流、资金流、物流都以信息化为核心,在内容上和实现形式上发生了新的变化,形成了新的分销渠道模式和商品流通机制,使网络分销渠道的策略有了特殊变化,演变成网络营销特有的策略。

　1）概念直销策略

　　根据大多数网络分销渠道成员的分销能力和满足目标市场消费者需要的程度,以及他们所拥有的电子信息"软件"和"硬件"的技术条件,在 Internet 的市场条件下,分销渠道目前采取的是一种"概念直销"渠道策略,就是电子商务的虚拟化加上商品实体分配的分销渠道模式,或简单说是"在线"加"离线"相结合的商品流通模式。即由制造商直接利用 Internet 与消费者建立商务信息联系,构成虚拟销售商品或服务的空间,完成从搜寻商品信息、洽谈商议、下单订货到电子付账一整套数字化商务过程,同时配以功能齐全的物流系统和精干的营销队伍,完成商品实体分配(物流全过程)和为消费者提供离线特别服务、构成完整的网络分销渠道活动的过程,实现商流、资金流、物流和信息流的统一。

　　网络营销市场条件下的"概念直销"的渠道策略,包括在线商务渠道形式和商品离线的实体分配形式(物流形式)。

　　(1)在线商务渠道形式

　　①利用网站的在线销售形式。企业最简单的网上交易形式就是在企业网站的产品页面附上订单,访问者相中该产品后直接在页面上下订单、付货款,企业送货上门,从而完成整个销售过程。这是多数网络企业选择的商品销售形式。

　　②在线商城(Online mall 或 Cyber mall)的销售形式。在线商城也称虚拟商城。在网络上开设虚拟商城,不需购买或承租房屋店面,没有库存,不需要付水电费用,24 小时营业,消

费者全球性。这类"虚拟市场"被认为是未来"世界最大的、效率最高的和最安全的市场"。"虚拟商城"的优势在于"虚拟商城"的商品信息经常更新,给访问者新鲜感,容易吸引网络用户访问等。

"虚拟商城"由于销售目的不同,销售商品不同,种类也有所不同。

③按销售商品范围分类。目前在 Internet 网络上流行的在线商城,按照销售商品范围的不同可分为以下 3 类。

a.销售单一商品的虚拟商城。这类商店一般只销售一种商品,能够对所销售的商品进行详尽的介绍,并且精心设计页面,图文声音并茂,广告推广效果明显,有利于引导消费者购买。它比较适合实力不强的新办者投资,主要经销品牌商品。

b.销售某一类商品的虚拟商城。这类虚拟商城一般是销售有关的某一类商品,例如,网上花店、网上书店等。这类商城最大的好处就是能够满足消费者在某一方面的需求,访问一个网站,就能一次性选到所需要的商品。在这种商城里"摆"的都是同一类商品,能够方便消费者挑选。同时销售单一类商品也可以降低营销成本,使商城的商品价格比非在线商城的商品价格低,有利于扩大销售,获取更多的利润。它比较适合那些实力有限,但又有某方面专业特长的人士经营,适合经销专业分类明显的商品。

c.销售各类商品的虚拟商城。它如同大百货商场或大超市,商品品种齐全,规格花式多种多样,适合有各种需求的消费者。上网寻购商品的访问者越多,商品销售的机会就越多。这种虚拟商城适合于投资建站点的公司,它通过与其他公司合作来建立此类虚拟商城。但这类商城投资较大,风险也较大,不做市场营销分析就不要对它盲目投资。

④按功能分类。可以分为以下 3 大类。

a.促销型虚拟商城。这类商城是通过广告宣传达到促销目的的网站。这种商城的页面都制作精美,信息时效性强,还常常配一些有奖活动形式,吸引访问者参与并购买。

b.零售型虚拟商城。它对所销售的商品作具体介绍,信息完备,可供咨询参考,从而促进需要的消费者购买,如果消费者用电子付款系统支付了货款,有关商品配送中心应及时送货给消费者。

c.批发型虚拟商城。这种类别的商城较少,主要在一些大公司或一个行业的销售主页上出现。其网页页面设计实用、信息量大,更换信息快,能提供大额的订单货源。

电子商务只是在概念上建立了一种虚拟的商务市场和虚拟的交易形式而已。在商流活动中,商品所有权在购销合同签订的那一刻起,便由供方转移到需方,而商品实体往往并没有因此而移动。在传统的交易中,除了非实物交割的期货交易外,一般的商流都必须伴随着相应的物流活动,"一手钱,一手货",商品的价值和使用价值在同一时空中通过交换,实现互易。在电子商务下,消费者通过网上购物,完成了商品所有权的转移,但商务活动并没有结束,只有商品或服务真正地转移到消费者手中时,商品交换的活动才算终结。

所以说,任何商品流通都只能以商流为交换过程的起点,以物流为交换过程的终结。换句话说,物流(商品实体分配)实际上是以商流的后继者和服务者的姿态出现的。

(2)商品离线的实体分配形式(物流形式)

在网络营销初级阶段,不少消费者采取的是"在线搜索信息,离线传统购物"的特定的分销模式。商品仍按传统流通模式流通到达消费者手中。

事实上,电子商务只是商务活动借助的手段,要完全实现商品真正的分销,还需要有高效强有力的分配系统的支持。我们通常称为"物流"活动,是指商品从供方到需方,在时间和空间上的合理移动。物流企业应集中力量研究物流运动的规律,以方便消费者为基本要求,设计商品流通渠道,最大限度地使分销渠道直线化、距离最小化,按商品的购销要求合理储存商品,实现储存结构合理化和保管的科学化。另外,还应通过对物流信息情报的充分研究和利用,实现物流配送的合理化、规模化、网络化,大大提高物流管理水平(包括库存、送货等环节)。此外,还应包括对消费者的一些特别服务和一部分促销服务活动。缺少了"物流体系的配送服务"的支持,即使在虚拟状态下完成了交易,也是徒劳的。美国最大的网店亚马逊曾经一度经营惨淡,就是由于没有建立起满足其网上交易需要的物流配送体系,这是其发展中遇到的最大阻碍。

对实体分配的管理,主要是存货的管理,应该把握好中间商的订单规律,做到提前备货,满足商家即时送货的要求。因为消费者选择配送商品时考虑的主要因素之一就是企业是否备有充足的库存,能迅速地满足消费者需要。为此,企业要研究订货规律:怎样既能合理掌握库存数量,又能使库存成本最低,然后科学测算出库存水平和库存成本,以最低成本供应物美价廉的商品,以满足消费者需要。

优化物流活动的过程和优化现代化的物流体系要做到以下几点:
①能够科学做好库存计划;
②降低费用,降低库存成本;
③精心设计商品配送路线;
④选择经济的运输工具;
⑤优化库存结构,减少资金占用,缩短资金流通周期;
⑥提供可靠的售后服务;
⑦保持与各类消费者的沟通和联系;
⑧实现物流管理信息化和现代化;
⑨保障分销渠道畅通。
这是满足企业商品实体分配活动的长期性和战略性的需要。

物流最终体现消费者利益。在线商务的出现,最大的好处是方便消费者,他们不用在交易市场一家家挑选,一家家讨价还价,只要坐在电脑前,在 Internet 上搜索、浏览、挑选,就可以完成购物过程。但如果他们所购的商品不能安全及时地送达,就不会再选择网上购物了。物流能使网络营销真正实现"以消费者利益为中心"的营销目标和使网络营销活动具有可靠的物质保证。据资料表明,发达国家的电子商务发展如此迅速,与这些国家居民的计算机普及率高、国民信息素质高等有密切的关系,更与他们拥有现代化的、发达的、能支撑整个分销渠道的、相应的物流服务体系有直接的关系。因此,物流现代化是实现商品流通产业现代化的重要基础。企业应大力发展现代化的物流,以物流建设推动流通产业化建设,最终推动企业的网络营销建设。同时,送货时,企业应借机强化消费者管理,尽可能提供完善的服务;注意与消费者的双向沟通,保持亲和力;及时送货和应时售后服务,降低消费者购物成本;对个别消费者提供"一对一"服务,如教会使用、上门安装、调试维护等。

2)"远程购物与应时配送相结合"的策略

远程购物应时配送是最体现网络分销渠道特色的分销形式之一。目录邮购、会员制销售、电视购物、电话购物和网上购物等都是远程销售的形式。由于客户服务和个性化满足方面的需要,以及 Internet 的商业运用,远程销售方式得到了飞速的发展,并越来越大地影响人们的生活内容和生活质量。网上购物具有巨大的发展潜力,从现阶段的发展趋势看,远程购物将成为未来的主流形式。

(1)远程销售模式

远程销售模式以客户为中心,以准时为原则,以技术为依托,充分反映了现代企业营销理念。

①远程销售组织的业务功能。一个完整的远程销售组织一般由商品价目服务、远程订货服务、上门配送服务和库房采购管理 4 个主要的业务功能组成,如图 9.9 所示。

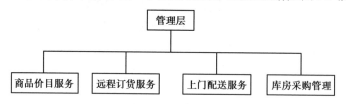

图 9.9　远程销售组织的业务功能构成

②远程销售业务功能分析。远程销售组织的主要业务功能如图 9.10 所示。

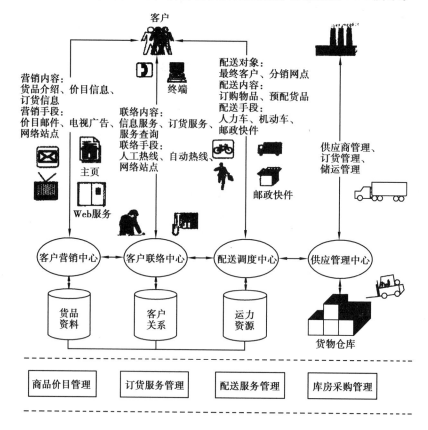

图 9.10　远程销售业务功能图

a.商品价目管理。商品价目服务是由远程销售组织的客户营销中心完成的,包括下列市场营销业务功能:分析和预测市场需求,选择目标客户;研究和确定向目标客户群提供的商品或服务;设计、制作和管理目标商品的信息,如商品介绍、价目信息和订货信息等;选择商品信息传达给客户的渠道,如商业信函、电子邮件、电视广告和网络站点等;超过分销渠道,适时地向目标客户群发布商品信息;对市场活动进行评估。

商品价目服务管理的工作目标:及时建立、更新和充分运用企业的商业智能(Business Intelligence);全面、及时、准确地掌握市场信息;仔细分析老客户的消费行为和模式,准确预测和把握客户需求。

b.订货服务管理。订货服务管理是由远程销售组织的客户联络中心完成的,包括下列销售业务功能:通过人工电话、自动电话或 Web 站点接收客户来的订单;通过与配送调度中心的协调,确认客户送货时间,确认客户的订货请求;接受订单客户的服务查询,报告配送的状态;接受客户的商品信息请求,通知客户营销中心向客户提供商品信息。

订货服务管理的工作目标:快速响应客户的需求,缩短满足客户需求的时间,提高满足客户需求的质量。

c.配送服务管理。配送服务是由配送调度中心管理,指派运力(运输工具形成的能力)来完成的,主要包括下列配送业务功能:根据客户的订单要求、动态计划和调度运力资源,确定客户的最优送货时间;计划和调度运力,向运输部门下达送货作业通知;监控配送的状态,应急调整和安排运输任务。

配送服务管理的工作目标:动态安排和优化运送作业;及时反馈配送的状况,完成应急处理,保证客户的到货时间,提高客户满意度;充分利用运力资源,控制和减少配送成本。

d.库房采购管理。库房采购管理是由供应管理中心完成的,主要包括下列业务功能:根据客户订单,完成商品的出库任务;维持安全库存,保障商品的供应;向供应商订购商品。

库房采购管理的工作目标是动态计划商品的安全库存,既要保证供应,又要避免积压;动态管理供应伙伴,既要实现及时采购,又要保证价格最低。

(2)应时配送服务(Just-in-time Delivery)

在选择远程购物方式采购商品时,从客户的方面看,客户最担心的是无法确定到货时间。从经营的角度看,对客户承诺的时间越短,就意味着配送的成本越高。实际上远程销售方式是一种预约配送服务方式,也是一种合理和可行的配送服务方式。应时配送服务是指在客户订货时确定的到货时间,再由物流配送中心按约定时间将货物送达指定地点的服务。应时配送服务并不意味着最短时间,而是经过与客户协商后,确定送达商品的时间,也是商家可以合理安排运力,真正实现货物按时送达的前提条件。可见,应时配送服务的两个根本保证是:①配送服务商的运力可以计划和管理,保证安排送货的运力和时间;②有足够的存货保证,在发运时可以交付客户所订商品。

从上述可知,无论是传统贸易还是电子商务,商品总是以生产为流通之本,物流对于保障生产的顺利进行具有重要作用。客户通过在线购物,完成商品所有权转移的商流过程,商务活动并未结束,只有商品或服务送达客户,商务活动才算完结。

远程购物与应时配送相结合的渠道策略,实现了客户资源管理、配送调度优化、配送作业监控、库存及财务管理、企业绩效管理等多项功能,使企业实现了物流配送网络化和电子化,大大降低了成本,提高了渠道效益。

任务5　新媒体背景下的分销渠道

随着营销环境的变化,改革开放以来我国的主流分销渠道经历了国营配销—批发市场—经销商(代理商)—零售商连锁经营—基于电子渠道的直销与网络营销的不断发展的过程。自21世纪以来,全球互联网时代全面开启,以互联网为核心的信息技术在很大程度上改变了人们生活和管理的方式,一种以互联网、电脑通信和数字交换等系统工具为基础的网络营销也随之兴起,并逐渐成为新的渠道主潮流。近年来,数字技术、移动通信技术、云计算、大数据等新媒体技术的更新与完善以及手机、平板电脑、笔记本电脑等移动终端设备的不断迭代升级,使得依托网络技术的微信、微博、短视频、网络直播等新媒体如雨后春笋般相继出现,新媒体时代已经来临。

9.5.1　新媒体的概念

新媒体是指利用网络技术、数字技术等技术手段,通过互联网、宽带局域网、无线通信网等渠道,借助计算机、手机、数字电视等输出终端,向用户提供信息和服务的媒介形态。

随着新媒体时代的到来,越来越多的新媒体平台出现,消费者越来越倾向于这种实惠、便利的销售渠道,为企业的营销实践带来了无限商机,依托新媒体平台的营销模式——新媒体营销也应运而生。在"流量经济"时代,新媒体打破了时空的界限,强化了"万物皆媒"的理念,使得企业开展营销活动不再像营销模式那样受限于渠道和区域,企业营销活动争夺的焦点转变为"流量入口",越来越多的企业纷纷开拓新媒体营销渠道,以此获得更多的曝光机会。

9.5.2　新媒体背景下分销渠道的特点

1)更加开放、包容,注重消费者价值

由于新媒体的不断发展和互联网的普及,新媒体逐渐成为人们生活中不可或缺的一部分。在分销过程中考量的不单纯是新技术应用,而是将消费者纳入整个营销渠道运营中,并作为主体存在,参与、互动、体验和分享,而使消费者有了更大的发言权,消费者能借助网络对产品和服务做出积极反馈,甚至参与到产品的设计和生产活动中。在渠道传播上,更加细分人群和需求,创造出更加丰富多样化的营销表达式样,并以此不断激发消费者强烈的互联和消费意愿。在新营销环境下,所有网民都可以参与特定的传播过程中,营销渠道展现出更加开放、包容的特质。

2)渠道成本降低,渠道效率提升

新媒体时代,商家在新媒体平台可借助大数据技术了解消费者的喜好,实现对消费者的

准确定位,明确目标消费群体,可有效降低企业的分销费用,并提高分销成功率。在这个过程中,分销渠道变得越来越扁平化,可以实现直接销售,渠道结构环节成本大大降低。此外,新媒体平台可以实现信息的即时交互,带来了信息传输的高效率,可以在短时间内为产品聚集更多的人气以及关注度,提高市场影响力。

3) 渠道多样化,重视核心价值的内容建设

由于新媒体营销的发展速度较快,其在发展的过程中,逐渐产生新的形式与渠道,微信公众号、小红书、抖音、快手、西瓜视频等新媒体平台闯入人们的视野,拓宽了新媒体分销渠道。在这些迅速崛起的渠道中,内容的生动性、价值性作为最具吸引力的渠道构建部分,通过音频、视频、在线阅读、社交网络、资讯等形式表现出来,共同构成新媒体营销的力量。内容向消费传导的逻辑,是突出产品和服务的价值,而灵活多样的网络表现形式又能够鲜活生动地给予消费者价值展示。营销渠道在新媒体框架内不再是单纯渠道功能的展示,而变为消费者核心价值的传播,极大地吸引消费者的注意。

9.5.3　新媒体背景下分销渠道的优势

随着新媒体产业的发展,新媒体呈现出比传统媒体更强劲的发展趋势,新媒体的发展为分销渠道的营销带来了新的机遇,新媒体背景下的分销渠道突破了传统分销渠道的一些不足,发挥了新媒体的优势,达到更好的营销结果。与传统的分销渠道相对比,新媒体背景下分销渠道的优势如下所述。

1) 覆盖面更广

新媒体背景下的分销渠道极大地满足了现代人碎片化的生活方式,新媒体拥有广泛的覆盖面,为企业市场营销带来了充足的目标受众和潜在消费者。在人群覆盖上,互联网实现了从乡村到城市、从少年到老年的广泛普及,大众形成了从互联网获取信息的习惯,所有网民都可以看作新媒体分销渠道潜在的影响人群或受众。

2) 渠道营销传播力更强

许多新媒体平台已经成为汇聚各行各业的信息数据中心,不同的用户主体均可在平台上实现信息的输出与推广。新媒体迅速突破了传统媒体在时间和空间上的局限,内容篇幅可长可短,随时上传发布,信息在短时间内高效传输。

3) 内容更加多元

对于企业而言,大面积覆盖的新媒体是开展市场营销的有效渠道,其不仅能够通过图文、视频、音频等多元化内容丰富品牌传播维度,还能够在信息科技的支持下通过直播、游戏等,使用户在获取信息时产生多重感官体验,大大吸引了消费者。

4) 交互性更强

传统媒体以单向传播为主,用户居于被动接受的地位。新媒体以线上作为传播的主渠

道,并通过特定平台传播,能够实现新媒体账号与用户账号的双向互动,产生更强的交互价值。如直播形式呈现商品,实时解答用户各类问题,这是传统电视广告没有的优势。

5)更加精准

与传统分销渠道相比,新媒体分销渠道更有针对性,营销定位更准确。在互联网的支持下,用户可以筛选自己更加感兴趣的内容,营销人员也可以利用网络技术或大数据对用户的兴趣爱好进行统计分析,为用户提供更具有针对性地营销信息,利用大数据可以精准推送给用户其感兴趣的内容,提高营销的成功率。

9.5.4　新媒体在分销渠道的应用

如今,消费者把注意力和时间更多地向线上转移,短视频、直播营销等新媒体营销形态快速发展。在移动互联网时代,用户在哪里,哪里就是新的媒体渠道。与传统媒体相比,新媒体的传播力、影响力优势非常明显。以广播、电视、报纸为代表的传统媒体在信息呈现时,传播效果受时间与空间因素的影响较大。随着人们对信息资源的获取加速、需求量提升,新媒体发展迅速。随着全媒体时代的到来,商品和服务的分销渠道和手段越来越丰富。新媒体环境下,企业可以通过门户网站、微博、微信、其他短视频平台等多种渠道开展营销,目前主流的新媒体技术下的营销渠道有短视频营销渠道和社交型自媒体营销渠道。

(1)短视频营销渠道

随着信息化时代的发展及人们生活节奏的加快,大多数人在获取信息时更加追求高效、迅速的消费方式。短视频营销正是抓住了这一特点,片段式的视频内容让用户可在短时间完成观看。短视频营销是指以短视频为主要传播载体,通过向既有消费者和潜在消费者传播各种商品信息,对目标受众群体的消费态度、感知、习惯及消费行为产生影响,从而达到最终消费转化的营销策略形式。短视频技术具有传播速度快、营销成本低、营销效果可数据化、互动性强、能够精准定位客户等特点。新媒体时代,短视频营销渠道逐渐受到人们的青睐。从2020年开始,移动互联网行业最值得关注的就是各种直播的兴起,各大商业"巨头"都相继推出直播平台,一时间明星、粉丝、企业都在做直播。直播的渠道有淘宝直播、抖音直播、快手直播、京东直播、拼多多直播等。在网络直播平台上,主持人通过视频录制或直播,传播活动现场、选秀现场和生活场景,在线观众可以发送大量信息、奖励礼物或直接与主持人互动。在此基础上,网络直播营销以企业客户的需求为出发点,采用相应的方式获取客户信息,有计划地组织相关的市场业务活动,不仅可以实现相关信息的传播和宣传,还可以提高知名度和市场份额,增加总收入。直播实现了线下导购的线上化,为用户提供了线上的互动购物体验。优质的短视频内容亦可借助社交媒体的渠道优势实现病毒式传播。抖音、西瓜视频、快手、小红书等作为新的短视频平台,发展形势锐不可挡。

(2)社交型自媒体营销渠道

新媒体营销技术创造了个人自媒体传播的条件,每一个人都可以成为商品和服务的推广者。目前常用的社交平台有微信、微博、小红书、QQ、知乎等,这些社交自媒体传播平台的辐射性、广泛交融性使之成为颇具有活力的营销渠道。微信营销的私密性带来高可信度、强号召力,增加品牌黏性。消费者在这种对话关系中增强了企业信任感,用户朋友圈的口碑传播,使微信渠道更具有营销转化率的优势,微信公众号也成为当前主流推广渠道。以微博作为营销平台,每一个粉丝都是潜在营销对象,每个企业都可以通过微博平台传播自己的产品信息,在不断扩大营销搜索圈后,寻找或者被更多的准客户寻找到。在客户开拓环节,微博工具的应用打破了时空限制和地域限制,在很短时间内,通过"关注"与"被关注"、原创或转发与大范围内的受众产生关联,促使他们产生购买欲望,做出购物决策,再加以文字、图片等表达方式作为载体吸引,为企业营销开辟更广的渠道。

[阅读资料9.3]微信分销商城有哪些运营模式？用户应该如何选择

做云南鲜花饼生意
如何建立线上渠道

随着越来越多的人从事微商行业,越来越多的人已经开始加入微商分销系统这个发展火热的系统中。可以说,使用微商分销系统可以给大量用户带来更多的好处。这对每个人都很有帮助。目前,市场上微信分销系统的数量和种类也很多。面对这么多的系统,用户应该如何选择？下面详细介绍方法和技术的选择。

1.微信分销系统是否方便

相信大家使用微信分销系统主要是使用方便,才会选择他们,所以这点也是比较重要的因素。

2.微信分销系统功能是否产全

在选择微信分销系统的时候,一定要注意选择一个各方面功能都很完善的系统。每个系统都有不同的功能。有些系统有很多的功能,有些系统有很少的功能。在选择的时候,我们应该根据实际需要来选择。我们必须选择一个能够在各个方面满足自己需求的系统,这是一个非常重要的选择条件。

3.微信分销系统公司的口碑如何

值得注意的是,选择一个口碑良好的微商分销系统,更能得到用户的好评。这对每个人来说都是重要的选择。这种技术,能够更快地选择好的微商配送系统,有很大的好处。

微信分销商城的运营模式有以下4种。

①直接销货模式。直接销货模式,简单来说,就是不经过层级进行分销,而是通过自己的朋友、粉丝、消费者进行产品购买,然后获得积分、返利等相关奖励。

②层层分销模式。层层分销模式是分销商城系统中安全性最高的模式,每一级分销都会有着相应的佣金比例分成,这种分销模式可以帮助企业尽快销货,解决企业库存积压的问题,灵活管理库存,这是目前最为适合企业的一种营销模式。

③微信小程序分销。微信小程序分销和三级分销非常类似,它是利用三级分销模式来提升销量,级别越高,分销商获得的收益就越高。并且,微信小程序的裂变能力强,成本低,因此深受企业的青睐,企业可以通过微信小程序分销推广产品品牌、提升知名度,从而帮助企业获得更多的潜在客户。

④O2O模式。O2O模式也叫店中店模式,一般是指企业鼓励员工开微店,相比较传统的分销模式,这种分销模式可以让更多的粉丝和朋友能够在线下搭建自己的店铺。

请问:微信分销商城各运营模式分别有什么特点？

[阅读资料 9.4] 格力电器"新零售",为线下渠道转型找到新出路

2020 年 6 月 1 日,格力"新零售"模式启动,线上直播联动格力线下 3 万家门店,创下了超 65 亿元的最高销售额和最长直播时间的纪录。虽然后续渠道将如何发展尚需观察,但至少格力已经迈出"新零售"的第一步。

实际上,作为家电巨头,格力电器一直过于依赖线下渠道。然而,格力电器董事长董明珠曾明确表示不会放弃格力的线下渠道。2020 年 4 月以来的多次直播,比起卖货,更像是在为线下门店和经销商寻找新出路。

6 月 1 日上午 10 点,董明珠准时现身直播间,标志着此次"格力健康新生活"直播活动正式开始。此次直播除了在微信小程序"格力董明珠店"进行,直接向自有商城导流,还同时在抖音、快手、京东等 6 大平台同步直播,加上 3 万家格力实体店的"上线",可谓声势浩大。

据此前格力官微的预热公告介绍,此次直播活动将分为上午和晚上两场,上午场秉持着此前格力的风格,重点在于展示公司实力以及输出公司品牌文化。格力国家重点实验室、空气净化器实验室、工厂等都一一亮相直播间。其中,董明珠办公室、格力数控机床精密加工车间等首次面向公众。晚上的直播内容则是此次活动的重点,董明珠带领线下 3 万多家经销商同步联动,一起开启格力"新零售"模式。

此前,董明珠均在不同场合表示过,不会放弃格力线下 3 万多家经销商,做直播不仅是为了"卖货",更多的是"替经销商探路,逐步体验线上的感觉。"而经过三场常规直播的试水,第四次直播,董明珠提出了格力"新零售"的模式。

对于格力"新零售"概念,董明珠也在直播现场进行了解答,她说道:"新零售,线上线下完美结合。我要改变 3 万家经销商思维,改变服务理念,把专卖店变成体验店。而传统专卖店要走出去,让消费者通过网络平台了解产品,实现专卖店与消费者零距离。"

值得一提的是,6 月 1 日直播当天,格力电器还召开了 2019 年度股东大会,董明珠也对格力的"新零售"模式做出了解读。她表示,"我们是真正的线上+线下结合,3W+专卖店背后意味着百万人,我们是不会抛弃这百万人的。有的网上讲董明珠抵制电商销售,不是的,我们是在寻找一个模式。这一次直播,是我们真正开始新零售的时代。"

《证券日报》记者注意到,董明珠对于此次线下经销商的参与十分重视。在上午的直播一开始,她就在格力展厅入口处,指着一个电子屏幕,上面显示了各省市格力电器的实时销售数据。晚上的下半场直播中,董明珠也多次将注意力放在该块电子屏幕上,关注目前的实时销售数据。

据了解,对于这场特殊的"直播",格力线下体系的参与度也极高,不仅线下的产品售价与线上的直播售价相同,直播过程中,也有来自全国各地的经销商代表连线直播间,分享他们的故事。深圳的销售人员也向《证券日报》记者表示:"我们也参与了昨晚线上的活动,同时,即日起将开始大促,到 6 月 18 日结束,形式方面应该会和昨晚的直播类似吧。"

从最后的数据来看,第四次直播还是很成功的。董明珠自媒体官微显示,格力全平台直播启动 1 分 59 秒,销售额突破 1 亿元。而在经过晚上长达 4 小时的"卖货"阶段后,截至当晚 24 点,格力电器此次全平台直播活动的最终成交额达 65.4 亿元,创下家电行业直播带货史上最高成交纪录。

虽然首日成绩好看,但"新零售"真的能成为格力线下渠道的新出路吗?"所谓'新零售'其实就是O2O,线上线下渠道融合,同步同价。这也是格力在整个家电市场不景气的大环境中寻觅新出路的一种积极探索。对于格力来说,这意味着公司更加倾向于将资源投入到线上电子商务渠道。"家电行业分析师梁振鹏对《证券日报》记者分析称,"然而对于格力这样庞大的实体经销商体系来说,很难通过直播活动来带动全年的销售业绩。加上传统的经销商分销模式和线下获取人流客流的思想很难快速转变,格力未来线下几万家经销商的出路仍然是艰难的。"

（资料来源:王小康.格力电器"新零售"首日销售超65亿元董明珠为线下渠道转型找到新出路? 证券日报网,2022年6月2日）

请问:格力的"新零售"模式对渠道进行了怎样的改变?

项目小结

随着Internet的发展,网络给企业提供一种全新的销售渠道。简单地说,网络分销渠道是指借助Internet的销售平台向消费者提供商品的信息和服务,以促成商品的价值转移和信息的双向沟通,从而帮助企业实现营销目标的一整套相互依存的中间环节。

相较于传统分销渠道,网络分销渠道在作用、结构、费用以及决策模式方面都有所不同,它突破了时间、空间的局限,大大减少了中间的流通环节,有效地降低了流通成本,提高了渠道效率和效益。

与传统渠道类似,网络分销渠道也分为直销渠道和中间商渠道两种类型。网络直销渠道是指企业通过建立自己的网站或委托信息服务商发布信息来直接销售产品和服务的渠道。它是企业与消费者"一对一"沟通的有效途径。企业网站是网络直销渠道的主要形式。网络中间商渠道是指借助Internet技术利用电子商务平台实现供销沟通的中间商机构。

网络分销渠道的设计与建设非常重要,主要包括分析目标消费者群、确定产品所需的服务方式、选择网络渠道成员、确定渠道方案等内容。

Internet的商业应用,使得商品流通过程的商流、资金流、物流都以信息化为核心,在内容上和实现形式上发生了新的变化,形成了新的分销渠道模式和商品流通机制,使网络分销渠道的策略有了特殊变化。本项目主要介绍了"概念直销渠道"策略、"远程购物与应时配送相结合"的策略等网络营销特有的策略。

新媒体背景下分销渠道的特点有:更加开放、包容,注重消费者价值;渠道成本降低,渠道效率提升;渠道多样化,重视核心价值的内容建设。新媒体背景下分销渠道具有覆盖面更广、渠道营销传播力更强、内容更加多元、交互性更强、更加精准等优势,新媒体在分销渠道的应用越来越广。

【练习题】

一、名词解释

1. 网络分销渠道
2. 密集型分销渠道策略
3. 长渠道和短渠道策略
4. 虚拟商业街

二、选择题

1. 分销渠道在商品流通过程中创造了以下 3 种效用:时间效用、地点效用、(   )。
    A.功能效用   B.价值效用   C.外观效用   D.所有权效用
2. 提供(   )的站点,可以帮助消费者根据以往数据和评估等级,选择合适的站点访问。
    A.搜索服务   B.目录服务   C.站点评估   D.电子支付
3. (   )是指生产者通过两个或两个以上的中间商,销售自己的商品或服务的流通渠道。
    A.长渠道   B.短渠道   C.宽渠道   D.窄渠道
4. 网络营销市场条件下的(   )渠道策略,包括在线商务渠道形式和商品离线的实体分配形式。
    A.“概念直销”   B.网络通道
    C.宽渠道和窄渠道   D.长渠道和短渠道

三、简答题

1. 网络直销渠道的优点与劣势分别是什么?
2. 简述网络中间商渠道存在的必要性。
3. 选择网络渠道成员时,需要考虑哪些方面?
4. 简述影响网络分销渠道策略选择的主要因素。
5. 简述新媒体技术下的主流营销渠道模式。

四、论述题

网络分销渠道与传统分销渠道有哪些区别? 请加以说明。

【实训题】

某电子产品企业网络分销渠道调研

1. 实操目的:掌握网络分销渠道设计与建设的相关知识,了解网络分销渠道的发展趋势,提高学生分析解决实际问题的能力。

2.实操要求:以学习小组为单位开展调研,完成调研报告。

3.实操步骤:

(1)选择某个熟悉的电子产品企业,对该企业的网络分销渠道进行调研;

(2)调研该企业网络分销渠道的现状;

(3)分析该企业网络分销渠道存在的问题;

(4)根据所学知识,提出具体的改进措施;

(5)形成书面调研报告。

苹果销售渠道单一,在贵人的指点下,小伙打开销售新思路

【案例分析】

新媒体营销渠道助力凤梨释迦果的销售

凤梨释迦果又叫佛头果、蜜释迦,因其外表似佛像而得名,原产南美洲及印度,现在引进我国亚热带地区种植,主要分布在海南、广东、福建、广西等省自治区。凤梨释迦果是一种热带水果,其特有的奶油香味和蜜质口感深受广大消费者的喜爱,属于经济效益高的水果。凤梨释迦果每年结果两次,成熟果上市时间非常短,鲜果保存期一般只有15天左右,如果物流中遇到冷热温差变化较大或者长途运输的颠簸,该果的破损率就很高。因此,凤梨释迦果的分销渠道选择设计十分重要。广西聚然康乐农业开发有限公司从2019年引进凤梨释迦果示范种植500亩,2021年开始收获果实。每年产果约500吨,在集散地凤梨释迦果的收购价为10~15元/500克,市场售价较高,果大且品相好的释迦果,市场零售价为25~30元/500克,是一种高档水果。但因为水果成熟上市的季节时间短,且各地的凤梨释迦果采摘期相同,产品集中上市,市场竞争很激烈,所以,凤梨释迦果的销售成了公司的困惑。开始时,在凤梨释迦果成熟季节,由于分销渠道还不成体系,物流、包装、保鲜、储存等分销服务跟不上,产品破损率高,销路不顺畅,效益未达预期。面对销售难题,广西聚然康乐农业开发有限公司找到广西一九岂非影视传媒有限公司,并与之签署合作协议,委托广西一九岂非影视传媒有限公司为凤梨释迦果的全国销售总代理。

(一)对原有渠道的调研分析。首先,广西一九岂非影视传媒有限公司对现有的凤梨释迦果的分销渠道进行调研分析,在调研后发现,主要有以下几种传统的水果销售途径。

1.农贸市场和批发市场。这是凤梨释迦果传统的销售渠道,通过农贸市场和批发市场的专业批发商将释迦果运往各地进行销售。这种形式对于集中出产的释迦果来说,水果批发商通过较成熟的集散渠道,通达各地零售市场。以往大多数产地市场的水果是通过这种模式从产地市场到销地市场的。传统的水果批发商很难做到凤梨释迦果对物流运输需要保鲜的时间短、运输周转时不颠簸的要求,按照传统的渠道来销售凤梨释迦果,水果破损率高,严重影响了产品的销售效益。

2.直供大型超市、便利店。随着消费升级以及消费者对于食品安全和质量要求的提高,越来越多的凤梨释迦果开始在大型超市、便利店销售。这种渠道要求释迦果的包装、保鲜和卫生标准高,同时还需要和各大主流超市、连锁店等签署供货合作协议,由于凤梨释迦果挂果时受到天气影响,上市又受到市场变化影响等,这一系列的因素都可能导致水果供应商经常不能履约,市场风险很大。

3.电商平台销售。随着互联网技术和电子商务的普及,电商平台销售方式越来越普及,为广大消费者购物消费提供了便利,也开辟了果蔬等农产品的新的销售渠道。这种渠道对凤梨释迦果的包装、保鲜、销售配送等方面的要求更高,且还需要有自建或者合作的物流企业,物流企业服务不到位,如果水果破损率高,也很难保证稳定的经济效益。

广西一九岂非影视传媒有限公司经过市场调研分析后,认为凤梨释迦果的销售可以保留传统的分销渠道模式进行推广,但要提高凤梨释迦果在原有的分销渠道的销售效益,需要改进原有的渠道策略,尤其加大对大型商超、水果专卖店和电商平台的水果专卖店的开发与管理力度,让更多的凤梨释迦果直通零售店,直通终端,缩减水果的流转层次,渠道尽可能地扁平化;针对消费者反映的包装差,收到的凤梨释迦果破损率高的问题,改进了包装,尽量提高产品的保鲜率和完好率;强化分销渠道信息管理和市场服务,及时处理好消费者的投诉。

(二)渠道的创新。广西一九岂非影视传媒有限公司在对原有渠道改造的同时,提出了利用新媒体营销的模式开辟凤梨释迦果新渠道的策略。在新业态、新渠道上下功夫,在线上渠道与线下渠道同时发力,快速拓展凤梨释迦果的市场。

1.社交电商渠道。社交电商就是目前比较流行的新渠道业态,它是通过社交网络建立的交互平台进行产品的推广销售模式。例如,可以通过微信朋友圈、微博等社交平台推广产品,扩大销售。这一销售方式特别适合消费者在自身熟悉的朋友圈或社区的生活圈推广,社交电商平台具有社交性、交互性强、信息传播成本低的优势。产品信息通过这些人与人交往密切的社交平台,广泛而快速传播,目标消费者确定,物流即时到达。像凤梨释迦果也是非常适合用这种销售模式来扩大销售。但社交电商销售模式的推广面有限,市场培育的时间也较长。

2.直播电商渠道。随着网络直播电商的兴起,越来越多的农产品开始将分销渠道转为直播形式。在直播间即时销售,通过互联网直播平台,将凤梨释迦果的品相活灵活现地展示给受众,实时的视频、音频和文字图片等,能充分展示种植场景、采摘场景、立体的实物成品等,向客户介绍产品、解答疑惑,互动性强、真实感凸显、容易激发观众的购买欲望,成交率高。直播电商是将凤梨释迦果生产、成品、包装、展示一体的、线上线下互动一体的销售模式,真正实现从收到订单—从基地采摘—物流配送到户的"逆向渠道"模式。

(三)负责凤梨释迦果的直播营销小组,制订了凤梨释迦果直播销售方案。

(1)活动策划:策划一场有吸引力的直播活动,可以邀请相关行业的嘉宾参加,例如营养师、健康专家等,分享凤梨释迦果的营养成分和健康价值。

(2)产品展示:在直播间内详细地介绍凤梨释迦果的产品信息,包括品牌故事、生产工艺、产品分类、口感特点以及购买方式等。

(3)促销活动:在直播过程中可以设定一些促销活动,例如打折优惠、限量促销等,可以吸引更多的观众购买。

(4)社交媒体宣传:在社交媒体上宣传,增加观看人数、提高产品的曝光率。

(5)快递配送:在直播后立即为消费者配送产品,确保消费者能够及时收到所购买的产品。

（6）消费者评价：在直播结束后，邀请消费者进行评价，以便更好地了解消费者的需求，提高销售和服务水平。

凤梨释迦果直播间销售流程：

（1）营造氛围：向观众介绍产品并营造购买氛围，例如播放产品展示视频或图片并讲解产品特点、优势。

（2）产品展示：将产品摆在画面中心显眼位置进行展示，并详细介绍产品味道、制作工艺等。

（3）点评推荐：品尝产品并进行点评，推荐给观众购买。

（4）活动优惠：利用限时打折、满减等活动吸引观众购买。

（5）下单链接：在直播过程中上传产品链接，引导观众到购买页面。

（6）跟进客服：直播结束后，要及时处理观众的提问，跟进订单状态，保持与观众的良好沟通，提升客户体验。

在直播间，网红主播品尝凤梨释迦果并对其进行味道点评，赢得很多粉丝关注点赞，加上现场有优惠促销活动，包括限时打折、送礼品等，将凤梨释迦果的销售推向高潮。

在2022年12月至2023年3月期间凤梨释迦果通过短视频带货、基地自播、网红直播的销售形式，共销售了150吨，场均销量1.5吨，总销售收入600多万元，占基地释迦果全年销售收入的约30%，还获得了约20万的订阅量。这个案例成功的原因是通过直播仔细展示产品，为观众创造出体验产品的环境和氛围，以及利用活动和礼品等优惠方式吸引观众留在直播间购买。同时，凤梨释迦果在直播结束后还对客户进行跟进，提升了客户体验和打好业务关系的基础。直播电商相比其他的渠道模式，具有交易成本低，销售效益好，与消费者保持良好的沟通等突出的优点。

从凤梨释迦果销售取得成绩来看，直播电商是最适合销售鲜活农产品销售的渠道模式。

（案例由广西一九岂非影视传媒有限公司提供，编者：黄玉宇、马亚非）

案例思考题

1.从广西一九岂非影视传媒有限公司调研分析来看，凤梨释迦果的分销渠道有哪些模式？每一种模式的优缺点有哪些？公司对原有渠道从哪些方面改进？

2.广西一九岂非影视传媒有限公司推出了哪几种新渠道业态？这些新业态有什么特点？

3.请问直播电商推广销售凤梨释迦果有什么优势？

项目10
国际分销渠道

【学习目标】

知识目标

◇掌握国际分销渠道的含义和主要特征；

◇掌握国际分销渠道的进入方式；

◇了解跨境电商的特点与运营技术；

◇了解国际分销渠道的特殊性及发展趋势；

◇认识国际分销渠道的重要作用。

能力目标

◇初步具备为不同的产品选择和设计相应国际分销渠道及策略的能力。

素质目标

◇通过学习使学生深刻理解，如何将党的二十大报告提出的"推进高水平对外开放"的发展战略，推动共建"一带一路"高质量发展，维护多元稳定的国际经济格局和经贸关系，加快建设贸易强国的指导思想，贯彻落实到我国企业构建创新的国际分销渠道模式的实践中。

◇通过学习认识到，积极推进我国跨境电商的发展，对加快落实党的二十大提出的"加快构建以国内大循环为主体、国内国际双循环相互促进的新发展格局"有积极的推动作用。

比亚迪1

比亚迪2

【导入案例】

比亚迪"跨越式"进入国际市场的渠道模式

比亚迪目前已经成为全球最大的新能源汽车生产加工厂商。进入2023年,比亚迪进军国际市场大幅提速。前4个月的数据统计,海外销量数据十分抢眼,达到了5.36万辆,而2022年全年销量是5.59万辆,2023年4个月的出口量就接近2022年的销量。汽车的海外出口跑出了"加速度"。如今,比亚迪的新能源汽车运营足迹遍及全球6大洲,70多个国家和地区,超过400个城市。以新能源公交、大巴为代表的商用汽车出口海外市场,让比亚迪在海外建立了新能源汽车品牌号召力与影响力,为新能源乘用车出海奠定了良好基础。只要速度够快,在德国、日本的电动车产业链尚未完善之前打开突破口,比亚迪的出海计划就算取得阶段性成功。比亚迪总裁王传福说,这是"快鱼比亚迪,要出海吃鳗鱼了"。在当今世界能源空前紧张的市场环境中,新能源汽车处于全球转型时期,比亚迪不想错过这个机会,就需要突破原有的商业格局,更快速地实现海外市场的大突破。截至2023年3月,比亚迪新能源乘用车已进入德国、日本、巴西、澳大利亚、墨西哥等国家,纯电动大巴汽车正式进入印度尼西亚、毛里求斯等国家,对全球多达51个国家和地区完成了布局。

与比亚迪进入国际市场相比较,特斯拉公司现在也是全球各个主要汽车市场拥有销售服务网络和能源充电网络的全球化企业。相比起来,二者都极为重视国际市场的开发,两者都是通过投资建厂的方式进入别国市场的。比亚迪主要采取的是出口和战略联盟的模式,而特斯拉主要是采取"直营"的模式,通过特许经营的形式在欧洲、亚太等地区建立由其直接运营管理的直营店和服务中心,来实现全球布局的业务。在海外市场,比亚迪主要采取的是战略联盟与投资建厂模式,而出口模式作为强有力的补充。

首先,比亚迪的传统出口市场模式是一种简单、低风险的方式。由于海外购买纯电动大巴的主体是政府机构或大型企业集团,比亚迪可以在谈判过程中积累与购买主体的沟通经验,积累服务网点的建设经验,掌握当地需要遵守的法律法规,也有利于在当地居民心中形成认知,至少不会觉得这是个陌生的品牌,因此,比亚迪早期出口选择纯电动大巴等商务用车业务出海有着重要意义。一定程度上为今天新能源乘用车出口迅速扩大打下了很好的基础。从2013年开始,比亚迪多次中标美国、智利、巴西、印度尼西亚、印度等国家和地区的项目。例如,从2012年开始,比亚迪先后拿下了荷兰、英国等国家的电动大巴汽车订单,并于2017年包揽英国所有纯电动大巴项目,获WVTA认证,作为欧洲汽车行业最权威的技术认证,为比亚迪深入欧洲市场奠定了坚实基础。

其次,比亚迪采取国际战略联盟走向国际市场模式。这种模式在合作方共同承担风险、较快实现共同目标等方面有优势。比亚迪从2018年引进了全球知名的战略投资者——伯克希尔哈撒韦能源公司。截至2018年3月,该公司为比亚迪第四大股东,这大大提升了比亚迪在资本市场的地位,同时公司形象和全球知名度也有了很大提升。2015年,比亚迪与英国最大的大巴制造商(ADL)达成战略合作,其中比亚迪提供动力电池技术等,ADL提供工厂和资金等硬件条件。截至2018年,比亚迪和ADL公司联合生产的纯电动大巴在英国的市场份额超过50%,在伦敦甚至高达90%,很快将达到100%。2019年,比亚迪宣布与日本丰田公司合资成立纯电动车研发公司,两者共享技术、共担成本、并联手在整车开发、安全、品控方面不断突破。比亚迪成为国际高水平的汽车品牌。

再次,比亚迪投资建厂模式,这是进入国际市场最便捷的方式。比亚迪第一个在欧洲建成的工厂是于2012年达成K9大巴在欧洲保加利亚布雷兹尼克设立海外合资工厂,定下一个点,打开了欧洲市场。2013年5月,比亚迪在美国蓝开斯特市独立投资设立工厂,从而使北美地区的绿色环保公共交通需求得到满足,成功将品牌打入美国市场。2013年,比亚迪投资2.3亿美元,在美国加利福尼亚州建设北美最大的电动大巴和电池工厂,这也是比亚迪自主投资建设的第一个新能源项目工厂,加州工厂生产的电动公共汽车在这一领域占美国市场份额的80%。此外,比亚迪还在巴西建设了首家全资太阳能电池板和电动大巴工厂,这就意味着比亚迪正式进军拉美市场。2013年,比亚迪纯电动大巴还顺利通过加拿大机动车辆安全标准认证。2016年,比亚迪在法国投资建厂,业务主要是生产新型电动巴士。比亚迪投资建厂主要集中在欧美发达国家和地区,因为,这些国家政府和民众都有较高的节能环保意识。

综上所述,比亚迪的出海之路走出了自己的特色:比亚迪进入国际市场采取的是因市场而异,不同国别采取不同策略;走的是绿色技术领先,产业链衔接的路线;采取的是"先难后易"的方式,优先进入欧美市场、日本等发达国家市场。比亚迪选择了难度大、壁垒高的发达国家作为国际化优先市场,是因为比亚迪经过反复的市场调研分析,认为发达国家对于环境保护更加重视,消费者的环保意识普遍强,加之多年来新能源汽车产业的推广,其基础设施比较完善,对于新能源汽车市场培育难度反而较小。例如,进入欧美市场主要采取的是"跨越式"进入的策略,以直接投资建厂和国际联盟合作为主,同时也涉及出口贸易;然后才向发展中国家迈进,进行全面布局,紧跟国家全球经济新布局。比亚迪开拓亚太市场比较晚,一般采取直接出口为主的方式,主要原因是相比欧美市场,亚太一些市场受制于经济较落后、居民消费能力和观念都比较滞后等,影响了这些国家对新能源汽车市场的拓展。

（资料来源:百度文库.2023.5.）

请问:

1.比亚迪拓展国际市场主要的模式是什么？请举例说明。

2.比亚迪进入国际市场的渠道主要有哪些特色？为什么？

任务1　了解国际分销渠道的特征

在国际市场上,无论消费品还是工业品,市场营销人员都必须设法通过分销渠道将商品送达消费者或最终使用者的手中。选择合理的分销渠道是国际市场营销的重要策略之一。因为分销渠道的选择不仅影响产品能否有效满足目标消费者的需求,而且也在很大程度上影响到企业其他营销策略的运用及目标的实现程度。要成功地进行国际市场的营销活动,必须熟悉国际分销渠道的结构,分析、研究国际分销渠道中的各类中间商,对国际分销渠道科学决策,并对国际分销渠道进行有效地管理和控制。

10.1.1 国际分销渠道的特殊性

所谓国际分销渠道,是指商品从一个国家的生产企业流向国外消费者经历的各个环节和途径,这包含双重含义:第一层含义是指企业进入国际市场的渠道,又称国家间渠道;第二层含义是指在各国国内的分销渠道。这里主要研究国际分销渠道的第一层含义。

如同国内的市场营销一样,任何企业在进行国际市场营销时,也必然会面临分销渠道的决策问题。国际分销与国内分销的重要区别在于,国际分销是跨越国界的营销活动,而国内的分销活动则仅限于一国的国境之内。因此,国际分销要比国内分销复杂得多,决策也困难得多,这是由市场因素的多样化与经营活动的无限性决定的。主要表现在以下几个方面。

1) 商品流通渠道长

国际分销渠道通常是长渠道,在国际市场经销商品,从生产企业制造商品到送达目标市场国家消费者手中,要经过国内中间商、转口中间商、进口中间商和销售国国内的批发零售商。

2) 长距离的商品运输

商品必须经过跨越国境的长途运输,才能送达销售国市场上,因而对运输业、仓储业、保险业的依赖程度很高。

3) 可选择不同国家的法律作为对合约解释的依据

当来自两个国家的分销机构签订买卖合同时,往往可能对合约的某些条款存在理解上的差异。合约一旦签订,就会在执行中出现矛盾和纠纷。因此,选择哪国法律作为对合约进行解释的依据,就是一个至关重要的问题。在过去的实践中,国际贸易领域已经形成了不少成熟的国际惯例。对于大多数企业来说,按国际惯例办事是比较合适的选择。

4) 货币的选择性

当出口方和进口方签订买卖合同时,采用哪国货币作为计价和支付货币,就有多种选择方案。

10.1.2 国际分销渠道的结构特征

当采取不同的战略进入国际市场时,企业会面临不同的分销决策。当企业选择不同的分销策略时,产品或服务从制造商向消费者的转移就会经过不同的营销中介机构,从而形成不同类型的国际分销结构。国际分销系统就由这些营销中介机构以及制造商和消费者构成。营销中介机构可以被区分为许多不同的类型,例如,根据各营销中介机构所执行的功能的不同,营销中介机构可以区分为经销中间商、代理中间商和营销辅助机构。营销辅助机构是那些不参与商品交换(这里的交换是指买卖双方为达成交易而进行的谈判过程),但对商品交换的实现提供支持的各种机构,如管理顾问公司、商业银行、运输公司、仓储公司、保险公司等。根据国际市场分销中选择用的营销中介机构所处的国境的差异,国际分销渠道机构还可以区分为国内中介机构和国外中介机构。

当企业以出口方式进入国际市场时,产品不仅要经过国内的分销渠道,而且要经过进口国的分销渠道,才能最终到达目标市场国家的消费者手中。在这种情况下,一次分销的完成必须经过 3 个环节:第一个环节是本国国内的分销渠道;第二个环节是由本国进入进口国的分销渠道;第三个环节是进口国国内的分销渠道。

当从事国际市场营销的企业在国外建厂生产、就地销售时,产品或服务的分销所需的过程和环节,与出口的方式相比则可能要简单一些,最明显的就是在国外生产时不需要经过母公司所在国的国内中间商。

由此可见,从事国际市场营销的企业有多种分销渠道模式可供选择,这依赖于企业已确定的国际市场进入战略。不仅如此,企业在选择具体的国际分销策略和设计国际分销渠道结构时,还必须充分考虑企业自身的资源及其所在行业的特点,竞争者的渠道策略,目标市场特征,目标市场国家的法律环境以及消费者的生活方式和购买习惯等。此外,不论采取何种选择,国际营销企业都必须考虑渠道的效率以及对渠道的管理和控制。

合理的国际分销渠道应当具备下列特征。

1) 快速适应

开拓国际市场往往比开拓国内市场需要支出更多的成本,因此,进入国际市场和进行扩张的速度是一个非常重要的因素。利用熟悉国际市场环境和商业关系的中间商,或者聘用当地经营人才来从事有关市场开拓工作,能够加快对市场的适应。

2) 按照国际惯例办事

不论是与国外中间商建立合作关系,还是履行对消费者的承诺,都可能产生权利界定方面的问题,关系到有关各方的责任划分和利润分配。这就需要按国际惯例办事,采用对双方都有利的、"双赢"的国际分销渠道策略。

3) 多元结构

出口贸易极容易受到各国政治、经济环境变化和国际关系变化的影响。为了稳定国际分销网络,牢固占领国际市场份额,应当建立多元化的国际分销渠道。这种国际分销渠道就是以多个国家市场为目标市场,发展与多个国家进出口商、商业机构的联系和贸易关系。

4) 可控制

国际分销渠道应该是为销售企业的商品提供服务的。建立和管理国际分销渠道,应当把重点放在渠道内凝聚力或控制力的形成、运用和调节上,以便企业能够有效地激励渠道成员,加强合作,推动商品流通。

5) 高分销效率

在适应国际市场环境的前提下,国际分销渠道建设应当按照"少环节、低内耗、高效能"的原则,对渠道的长度、宽度以及每个渠道成员,进行认真选择和组织,并激励他们有效地发挥其分销作用。

6) 有应变弹性

国际分销渠道应当能够加强国际市场调研和内部的信息沟通,以便国内生产厂商以及每个渠道成员能够及时有效地作出调整,适应国际市场环境和消费者需求的快速变化。

[小思考 10.1]　　　　　　　　**江浙两地民营企业进出口活跃**

在 2014 年 8 月 18 日商务部例行新闻发布会上,商务部新闻发言人沈丹阳称,民营企业的出口活跃,拉动 7 月当月出口增长。7 月份民营企业出口同比增长 23.6%,是今年以来增速最高的一个月。

海关数据显示,今年前 7 个月,江苏对欧盟、美国、东盟、日本和韩国五大贸易地区进出口增速分别为 11.7%、4.3%、8.4%、0.6% 和 4.4%。上海海关关区对最大贸易伙伴欧盟进出口 6 574.5 亿元,增速由 2013 年的下降 3.7% 转变为增长 11.8%,对美国和日本的进出口也有所增长。1—7 月浙江省民营企业进出口 7 894.1 亿元,增长 9.2%,占全省进出口总值的 63.6%。其中,民营企业出口 6 517.1 亿元,增长 11.6%,占全省出口总值的 69.3%,拉动全省出口增长 7.7 个百分点。浙江省民营企业进口和出口均列全国第 2 位。

浙江一家出口欧美地区的外向型企业负责人在接受采访时表示,上半年实现销售同比增长 37.69%,上半年出口形势很好,目前企业手上的订单"非常多"。

请思考:江浙沪的民营进出口企业为什么能够在参与国际市场竞争中取得不俗的业绩?

任务 2　选择进入国际分销渠道的方式

当企业决定参与国际竞争后,它需要决定如何进入国际市场,也就是选择国际分销渠道模式。建立国际分销渠道决策着重考虑的是如何利用企业内部和企业外部的力量(如进口商、批发商、零售商),把产品价值及其使用价值转移到消费者手上。这就要求对国际分销渠道从整体模式上加以合理设计,并选择和利用合适的中间商。

10.2.1　可供选择的几种进入方式

把一国生产的商品转移到国外用户和消费者手上,有许多不同的途径。企业可以根据所面临的市场特点、产品特点,分别采用不同的分销渠道。归纳起来,企业进入国际市场有以下几种方式。

1) 出口

出口(Export)可以分为间接出口和直接出口两种形式。

(1) 间接出口

间接出口(Indirect Export)指企业将生产出来的产品卖给国内出口商或委托国内的代理机构,由其负责经营出口业务。这是一种应用非常普遍的出口分销模式。我国大部分生产企业就是采用这种模式出口其产品的。这种方式的优点是:在企业尚未获得对外贸易经营权时,利用出口公司的外贸经营权出口;利用出口公司的销售渠道和市场经验,迅速打开国际市场;利用出口公司的融资能力摆脱出口资金方面的负担,避免外汇风险及各种信贷风险;利用出口公司在外贸知识、外贸程序和单据方面的专长,减少可能发生的纠漏和延误,不必增设专门办理出口业务的机构和人员,节省开支。间接出口包括下面两种具体形式。

①出口卖断。企业将产品卖断给有该产品出口经营权的公司,由该公司对外销售。这里涉及国内贸易和国际贸易两种合同关系:企业与出口公司之间属于国内贸易合同关系,而出口公司与国外的客户之间属于涉外贸易合同关系。

②出口代理。企业以自己的名义对外签约,同时委托专业出口管理公司代理服务,如与国外客户的联络、租船订舱、制单结汇、报关检验等。这种方式涉及企业与国外客户之间的外销合同和企业与出口管理公司之间的出口代理合同。出口管理公司以佣金的形式获取报酬,不承担外销合同中的主体商的责任。

当然,间接出口也有局限:企业对国外市场的控制程度很低或根本不能控制;没有国外营销的直接经验,不能迅速掌握国际市场信息;由于缺乏与客户和市场的直接沟通,因而售后服务和信息反馈方面存在不便;不利于树立商品形象和提高企业知名度,对提高企业国际化程度带来制约。因此,间接出口主要适用于中小型企业。资金雄厚、经验丰富的大企业,往往需要同时采用几种方式进入国际市场,间接出口只是其中之一,而且主要用于潜量不大的市场。

(2)直接出口

直接出口(Direct Export)是指企业把产品直接卖给国外消费者或最终用户,而不通过国内的中间机构。采取直接出口方式,标志着企业真正开始了国际营销活动。直接出口有下面几种具体形式。

①将产品直接卖给最终用户。这是直接出口形式中最直接的一种,主要适用于:

a.价格高或技术性很强的产品,如飞机、轮船、高技术设备和大型机械设备等;

b.最终用户是国外政府、地方当局及其他官方机构;

c.以邮售方式直接卖给国外最终客户。

②通过国外进口商、批发商和零售商出口。生产企业将产品卖给国外,进口商再转卖给批发商、零售商及用户。有些批发商和零售商也直接进口,如大型零售连锁店经常直接进口并批发到自己在各地的分店。有些大型批发商或零售商在世界各地都设立了自己的办事处。

③利用国外分销商和经销商。分销商和经销商都是指在特定的地区和市场上,在购买或转售本企业某种产品或劳务方面获得独家权或优先权的中间商。他们与供应商保持着长期、稳定的业务联系。通过分销商和经销商可以对价格、促销、存货、服务和其他分销、经销职能获得一定的控制,尤其是经营有利可图的产品时,分销商和经销商的表现通常能够符合生产企业的要求。

④利用国外代理商。代理商是指对产品无所有权,只能代委托方招揽生意、促进成交的中间商。这种代理可分为"销售代理""独家代理""佣金代理"等。他们一般不出资,不担风险,不经手货物,也不负责货运安排。代理商与经销商的区别在于前者与供货商是委托代理

关系,后者是买卖关系。

⑤设立办事处或营销子公司。在国外设立办事处或营销子公司实际上是企业业务活动向国外的延伸。这类机构的主要职责是搜集市场情报,联络客户,推销产品,提供服务、维修保养、零部件等。设立办事处或营销子公司可更直接地接触国外市场,便于掌握需求动态,提高服务水平。

直接出口可以克服或消除间接出口的局限性,具有以下优点:企业更直接地接触国外客户,可迅速及时地获得信息反馈,能深入了解国际市场需求动态,从而可提供更适销对路的产品;独立完成各项出口业务,增加了企业对国外营销的控制权;直接参与国际市场竞争,能够树立自己的形象和声誉,并不断积累经验,为进一步扩大国际市场奠定基础。

直接出口也有其不利之处:企业独立完成各道出口程序,要承担更高的费用,占用更多的资金;需要配备外贸方面的专门人才和建立外销渠道。这对于中小型企业来说,是比较困难的。

采取直接出口还是间接出口,要顺应企业生产销售发展变化的需要。即使是有出口自营权的企业,也不一定全部采用直接出口方式。一些资金雄厚、经验丰富的大企业,在面对潜力不大或风险较大的市场时,往往采用间接出口方式。

2)许可贸易

许可贸易就是指企业(许可方)与国外另一企业(被许可方)签订许可协议,授权对方在一定期间和范围内使用本企业(许可方)的工艺、商标、专利、贸易秘密或其他有价值的项目,许可方收取一定费用(或称特许权使用费)。

许可证贸易是企业进入国际市场的一种简单而迅速的方式。通过许可贸易进入国际市场,许可方(企业)无须进行生产和市场营销方面的投资;同时,由于许可接受方不仅负责生产,还负责市场营销,这样企业面临的风险就小得多;还可以避开关税、配额、高运费、竞争等不利因素,较容易进入国际市场;由于向目标市场国提供先进技术,更容易得到东道国政府的批准。不过,许可贸易对企业也有不利的一面。由于许可接受方建立了自己的生产设施,由它进行生产和销售,企业对国际市场营销活动的控制就受到了削弱。采用这种方式,企业获得的利润较低,因为企业一般不愿出让自己的先进技术或响亮的品牌。另外,如果许可接受方经营非常成功,当许可证合同期满时,企业将会发现它给自己在国际市场上树立了一个难以对付的竞争对手。为避免这种情况,企业必须建立自己的相对优势,关键是要不断创新,使许可接受方继续依赖自己。

3)国外生产

当企业在外国市场上缺少工厂而又不愿意选择一个当地的生产商开展许可证经营时,它主要的选择就是进行某种形式的国外生产了。国外生产是具有某种生产能力的企业把生产移到他国领土上就地生产和销售。这种经营方式可以是从装配分厂到完整的生产企业之中的任何一种,所有权形式也可以是从合资经营到独资所有当中的任何一种。国外生产已成为企业进入国际市场的一种重要渠道。国外生产的形式有许多,这里只简单介绍比较重要的几种。

（1）组装业务

组装业务是指生产企业在国内生产出某种产品的全部或大部分零部件,运到国外市场就地组装,完成整个生产过程,然后将成品就地销售或再出口。这比在国外建立完整的制造厂便宜和简单得多,不仅可以节省运输费用和关税,投资少、人工工资低,而且能够为当地增加就业机会,容易被当地政府接受。在国外市场上,企业一般更愿意开设组装分厂而不愿意建立完整的制造商,这不仅是因为前者更经济,更是由于它可以使大部分生产和技术仍然保留在本国内,从而更便于控制。如丰田公司在美国组装汽车;荷兰"飞利浦",日本"东芝""日立"等许多品牌在我国有组装业务。

（2）合同制造

合同制造是企业与国外制造商签订合同,规定由制造商按照本企业的要求生产某种产品,而本企业主要负责产品的营销。如果企业的优势在于工艺和营销而不在于生产制造,那么采用这种方式进入国外市场是比较合适的。比如,西尔斯公司在国外经营百货商店时,就曾选择条件较好的外国制造商,同它们签订合同,利用它们生产西尔斯公司销售的许多产品,以便充分发挥西尔斯在市场营销方面的优势。

合同制造能使企业较快地进入国际市场,而且风险极小。它有助于企业同国外制造商建立合伙关系或将来买下它的全部产权。如果国外市场的生产成本低,合同制造就会大大提高企业产品的竞争力。不过采用这种方式,企业难以控制产品制造过程和制造过程产生的潜在利润的损失;而且一旦合同到期,对方可能成为本企业的竞争对手。

（3）建立海外合营企业

这种战略已为越来越多的企业采用。即由企业与国外某一个或几个企业共同投资在国外联合建立新企业,共同管理、共负盈亏、共担风险,各方都对企业拥有所有权和经营权。这个合营企业可以由企业购买当地公司的股份,或当地公司购买企业在这个国家的分公司的股份,也可能是双方合资创办新的企业。

①合营企业的优点。

a.可以避开东道国政府的限制。

b.可以减少投资的风险。

c.可以用较少的资金达到对外投资的目标。

d.可以借助东道国合伙人的力量开拓市场。

②合资经营也有许多不利之处。

a.国外投资者对合营企业的控制程度比独资方式低得多,在少数股权的情况下控制程度则更低。

b.合资双方可能在投资、生产、市场营销以及利润的再使用等方面发生争执;由于双方市场营销观念存在差异,也会导致双方在制订企业的各种战略时发生分歧。

c.合伙人了解技术秘密和财务情报等,一旦泄漏出去这些信息将不利于国外投资者对技术的垄断和通过转移价格获取利益。

（4）国外独资经营

这是企业进行国外生产的最高阶段,意味着企业在国外市场上单独控制一个企业的生产和营销。其做法有两种:一是在市场上收购一个现有合适的企业;二是在当地投资,重新建一个企业。大多数企业都愿意百分之百地掌握自己在国外的生产,国际商业机器公司就是因为在这点上的不妥协而被迫撤离了印度。国外独资经营意味着具有更大的控制权和灵活性,企业可以更容易、更好地协调它在各国的经营,且不存在与那些具有不同方向和目标的当地合作者发生冲突的危险。独资经营的一个弊端是投资大、风险大;另一个缺陷是许多国家不允许外国企业进入,除非它同意与某些国内投资者共享所有权。因此,如果企业坚持拥有全部的所有权,有些市场可能就会成为禁地。通用汽车公司曾顽固地坚持完全拥有国外产业的政策,但它不像国际商业机器公司那样勇敢,在后来进入某些市场,如日本和韩国时,通用汽车公司就改变了这一政策。

在国际市场营销中,最基本的分销问题是怎样使企业的产品进入国外市场。我们已在总体上分析了一些可供选择的进入方式,它们都有各自的优点和局限性,在选择过程中,并没有什么绝对的法则或简单的模式可确保其正确性,这依赖于企业的经营状况和需求。企业在选择进入国际市场的方式时,必须全面考虑各种进入方式的利弊,综合权衡,选择最合适的进入方式,真正实现企业的国际化经营。

[阅读资料10.1]　　　　　　　**星巴克的海外扩张之路**

星巴克快速的海外扩张是通过与当地合作者建立的合资企业以及公司自营店并举的方式进行的。星巴克的全球扩张主要是通过合资企业和授权协议取得的。然而,经常使用合资企业模式的这种说法有点儿误导,因为星巴克持有的所有权相对于当地合作者非常有限。例外情况有:澳大利亚(星巴克持股90%),韩国(星巴克持股40%),泰国(星巴克持股97%),以及英国(星巴克收购现有的一家大型咖啡连锁店获得全部股权,并进行快速扩张)。即使在这些国家中,星巴克也是不得已才持有多数股份。2002年前期,由于当地合作者遭遇了财务困难,星巴克被迫买下当地合作者的全部股权。财务问题使这家当地公司无法按照合资协议的要求快速扩张门店。

由于依靠合资和授权协议作为对外扩张的模式,公司设立了它对当地潜在合作者的基本资质要求。这些要求包括财务偿债能力,对当地市场状况的了解,以前的零售经验以及创新能力。进入一个新的国家之前,进行了严格量化的市场研究和广泛焦点小组访谈,以了解该国市场的发展状况和发展潜力。尽管公司有成熟的选择市场和合作者的流程,公司仍会经常收到许多国际城市的商业机构要求合作的提议。

和星巴克合资或者签署授权协议的合作者必须预付授权费用,在经营开始后支付特许销售金,并从星巴克购买所有店中家具和咖啡类的材料。这些条款因各个地区情况和市场潜力不同而有所区别。例如,星巴克以色列的合作者 Delek Fuel 曾支付了25万美元的授权费用,6%的特许销售金;印度尼西亚的合作者 P.T.Mitra Adiperkasa 预先支付了200万美元的授权费用。

虽然公司在各合资企业的持股各异,但是趋势是星巴克不断减少其控股股份,而要求当地合作者承担大部分资本成本。日本是星巴克在北美以外的最大也是第一家全球性投资国,星巴克最初获得销售额5.5%的特许销售金,而当地的合作者只获得1.0%,随后,特许销售金以每年0.25%的幅度下降直到降为零。星巴克对其授权或者合资形式的咖啡店经营的参与只是在程度上略有不同。星巴克经常与咖啡店经营者联系以跟上市场的发展。星巴克在西雅图对所有咖啡店的管理人员进行了为期13周的培训。该培训是店面开张过程的一个重要部分,因为这有助于公司让新员工了解星巴克体验的价值及含义。让公司前线经营人员具备星巴克精神这一点至关重要。星巴克国际公司总裁彼得·马斯林这样评价:星巴克品牌是建立在激情之上的,在我们全球的任何一家咖啡店,你都很容易感受到我们的合作者的热情。一旦咖啡店开始营业,星巴克就派检查队伍每两周来检查一次,以确保经营符合公司的预期要求和标准。这种连续的参与和培训保证了星巴克体验在各地是一致的。

公司在世界多数地方统一了咖啡的菜单,而烤制的食物和糕点却各具地方特色。星巴克要求它的咖啡店通过星巴克购买与咖啡有关的大多数材料,但是对于烤制的点心,他们可以在双方都接受的情况下从当地采购。例如,星巴克上海合作方通过一家航空餐饮公司和一家面包连锁店购买糕点。公司的标准非常严格,星巴克甚至坚持将自己烘烤的咖啡豆运回其有分店的咖啡原产国。即使在其最近的拉丁美洲的店面扩张中,公司仍然不在当地采购原材料,尽管该地区的许多国家是世界上咖啡生产大国,也是星巴克很多咖啡的原产地。

10.2.2　影响选择最优进入方式的因素

国际营销企业选择进入国际市场模式要受到外部因素和内部因素的影响,外部因素包括目标市场国环境因素和本国环境因素;内部因素包括产品因素、技术因素和资源因素。在特定的影响因素下企业进入国际市场的方式是不同的,主要有外部因素和企业内部因素。

1)外部因素

(1)目标市场国家环境

企业选择进入国外市场的方式,首先应当考虑以国外目标市场的环境为出发点,分别考虑以下几个方面的因素。

①市场规模。市场规模历来是影响企业营销决策的重要依据,同样是选择进入模式的重要影响因素。对于市场规模较小的国家,即市场只有少量的现实需求和潜在需求,可采用短期的进入方式,如间接出口、许可证贸易等,以便适应市场需求、减少投入。反之,对于市场潜力很大的国家,则可采取长期进入方式,如直接出口、投资进入或在目标国家设立分销机构。

②市场竞争情况。从当地的市场竞争的类型分析,对于分散型市场,竞争者的地位基本相当,一般可选择出口方式进入;而对于垄断型市场,则宜采用直接投资方式,以生产和营销的本土化增强企业在价格等方面的竞争力。

③经济基础条件。目标国家的能源和原料供应、商业和金融业的服务水平、交通和通信设施等,都影响着市场进入方式的选择。在考虑当地的销售分支机构或在当地投资设厂的情况下,这类因素的影响作用就更为突出。

④目标国家的政策。对一国市场进入方式的选择,还深受东道国政府有关进口和外资政策、法规的影响。一国政府采取减税、免税的优惠待遇,可能鼓励更多企业采取投资进入方式;反之,如果该国政府采取限制外来投资的政策,会使企业转向出口进入方式。

⑤中间商素质。如果国外中间商素质较好,可采用出口方式进入目标国家市场,借助他

们的力量开拓、占领、巩固市场;反之,最好在目标国家设立分销机构,依靠自己的力量加强对市场的管理和控制。

此外,还应考虑目标国家的外汇可自由兑换程度、汇率变动情况以及政治风险等因素,以便选择最优的国际分销渠道进入方式。

(2)本国环境因素

①生产成本。生产成本低,可采用实体产品出口的进入方式;反之,则应采取投资或许可证贸易、服务合同的方式。

②出口政策。如果本国实行鼓励出口的政策,可采用实体产品出口的进入方式;如果实行限制海外投资的政策,则只能采用许可证贸易、通过中间商出口或服务合同的进入方式。

③本币汇率变动趋势。汇率上升,宜在东道国投资生产销售产品;反之,则可用实体产品出口的进入方式。

2)企业内部因素

(1)企业的发展目标

发展目标说明企业是否决定走向国际化,以及实现国际化生产和经营的程度,在很大程度上决定着进入的方式。如果一个企业决定以本国市场为主要发展领域,在有机会的条件下也外销产品,就可以采用间接出口方式;如果企业的发展战略是成为国际企业或跨国公司,就应采用直接出口和投资方式,逐步形成企业的国际营销网络和国外生产基地。

(2)企业的资源条件

资源条件包括企业的生产能力、资金实力、人力资源和管理水平等。一般来说,企业的资源越丰富,实力越强,对进入方式的选择余地就越大,特别情况下可采用风险大但控制程度高的直接进入方式,如投资进入,或在东道国建立分销机构;反之则只能采用一般的进入方式,如通过中间商出口产品,或采用许可证贸易的方式。

(3)企业的产品特征

专用性强、技术复杂又要求较多服务的产品,最好在目标国家设立分销机构或采用投资的方式,便于加强对产品的管理和直接提供售后服务,以利于扩大销售。而对于技术含量低、通用性强的产品,则可以借助各种中间商以出口方式进入。属于服务性质的无形产品,可采用投资或许可证贸易、服务合同等进入方式。而技术产品,最好采用许可证贸易的进入方式。

除此之外,企业在选择进入方式时,还需要考虑市场进入方式本身的特征与使用条件。在一般情况下,从间接出口到建立海外独资企业,需要投入的资金增加、风险加大;但是,企业进入市场的程度加深,可以获得的利润和国际营销经验就更多。这说明,不同市场进入方式各有利弊,不存在所谓"最好",而需要根据具体情况选择"最合适"的。

[阅读资料 10.2]　　　　　　　　国际分销渠道的"6C"目标

一些企业把选择和利用国际分销渠道所要实现的目标分解为"6C":成本(Cost)、资金(Capital)、控制(Control)、覆盖(Coverage)、个性(Character)和长久(Continuity)。

①成本。分销成本分为两部分:一是渠道建设成本,包括与中间商沟通、谈判所需的费

用和基础设施的建设投资;二是维持渠道连续运行的成本,如维持企业自身销售力量的开支,各个中间商的加价、毛利、佣金等。是否利用中间商,以及如何利用中间商,企业都要考量能否节省分销成本。

②资金。利用经销商分销,在风险转移和资金回笼方面为制造商欢迎,但是制造商难以控制商品销售价格;如果利用代理商,制造商虽然控制价格,但是风险转移和资金回笼速度将降低。必须综合考虑风险转移、资金回笼、销售利润分割等目标,对分销渠道模式以及渠道成员加以合理选择。

③控制。谋求对各中间商的定价、促销努力等方面的有效影响,有利于开拓国际市场和树立企业形象。一般来说,企业对分销渠道的控制力将随着渠道的增长而减弱。常见的选择是建立企业自有的海外生产基地或者分销机构,这虽然会增加成本负担,但能保证对分销渠道最大程度的控制。

④覆盖。提高产品的市场覆盖率,可以让更多的消费者方便地购买企业的产品。企业可以通过选择、利用更多的中间商来实现。另外,选择和利用连锁商店或者拥有独立分销渠道的中间商也能够达到扩大市场覆盖面的效果。

⑤个性。国际分销渠道模式应当有个性,有利于树立企业形象和品牌形象。企业应当敢于标新立异。当然,任何有个性的分销渠道都要符合产品和市场的特性,尤其要符合消费者的口味和需求,另外也要尽可能与中间商的特性相吻合。

⑥长久。一个高效的、配合良好的分销渠道应当能长期正常地连续运转,尤其是对于市场变化、环境变化具有一定的适应性。这对企业在国际市场长久经营具有重要意义,为此需要提高国际分销渠道成员之间的凝聚力和协同性。

10.2.3　国际合作伙伴的选择

国际分销渠道模式从计划到实现的转变开始于国际分销渠道成员即中间商的选择,也就是国际合作伙伴的选择。选择好的中间商,建立稳固而良好的合作关系,直接关系到企业在国际市场上营销活动的成败。所以,企业必须十分慎重。

1) 选择中间商应考虑的因素

为了树立企业声誉和市场形象,扩大商品销路,企业应以较高的标准严格地挑选中间商。一般来说,企业在选择中间商时应考虑以下因素。

(1) 中间商的经营目标和范围是否与本企业相一致

中间商的业务范围、活动区域、市场形象、消费者类别应符合国际分销渠道模式的要求,只有具备这些条件,所选择的中间商才可能让企业的产品进入目标市场,让消费者能够在他们认为最方便、最信得过的地方购买到企业的产品。

(2) 中间商的市场经验和信息反馈能力

中间商应具备良好的专业条件,对自己经营范围的产品、市场、销售渠道等有关情况有所了解,尤其是对企业的产品如何营销,如何争取消费者,有相应的经验。这一条件对于中间商展开有效的分销活动,是很重要的。

（3）中间商的经济实力

中间商的经济实力在很大程度上决定了其经营实力，包括可利用的周转资金、融资能力、资产变现能力、信誉良好。这是反映有关中间商经营管理能力大小的客观依据，也是保障货款回收的重要条件。没有足够的经营资金作保证，中间商很难履约、守信，特别是那些自负盈亏的经销商，一旦发生资金短缺，往往会弃信毁约。

（4）中间商的业务素质和商业信誉

中间商应有较高的经营管理水平，能够合理控制消费者服务水平，保证对消费者负责，赢得消费者信赖；能够有效促进商品销售，具有较高的商业声誉。

（5）中间商的合作历史和合作态度

建立国际分销渠道时一定要强调对方的合作态度和合作历史。利用中间商的目的是拓展出口销售渠道，扩大产品出口，而中间商的目的是赚取商业利润。这就有一个中间商的合作态度问题。而在选择中间商时，对老客户应优先考虑，并给予适当的照顾；对于合作历史较短、情况不明的新客户则要认真对待，严格考核。

2）选择程序

中间商的选择过程通常可以分为以下 3 个阶段。

（1）搜集各种中间商的资料

在国际分销渠道的建设中，可从以下途径获得各种中间商的资料：
①目标市场国的商会；
②通过我国经营外汇的银行和进驻我国的外国商业银行的介绍；
③国内外出版的工商企业目录；
④目标市场国驻本国的使领馆和外国商务部的企业资料；
⑤广告、专业报刊或其他公众传媒的报道；
⑥国外的市场调查以及国内外的信息咨询公司；
⑦在国外举办或参加展销会、展览会、博览会等。

此外，企业也可以通过在国内外报纸、杂志和专业刊物上发布招募广告，提出招募条件，由符合条件的有关中间商"毛遂自荐"，从中获得一些资料和信息。有些候选者的资料需要通过调研进一步核实，以便对他们有真实、全面的认识。

对经过调查，初步认为比较合适的候选者，还可与他们进行直接联系，了解他们的业务发展及正在进行的与其他供应商的合作情况，征询其参与本企业商品分销的态度、信心和初步设想。

（2）对有关候选者进行评价

通过上述种种途径，企业可以发现许多国外市场上的中间商。然而，并非所有的中间商都能成为合作伙伴。有的中间商可能明显不符合成为合作伙伴的标准，可以立即剔出候选者名单。常常发现的问题是候选者完全符合入选标准的极少，多数是部分符合标准。有的经营实力、资金条件方面符合要求，但是在合作态度方面欠缺；而那些有良好的合作态度的中间商有可能缺乏较强的市场影响力和开拓力。对于这些中间商，就要通过更深入的分析、比较、权衡甚至通过直接接触,才能了解其"达标"程度。所以,企业应对已建立初步联系的国外中间商进行全面考察和评价,以便从中筛选出符合要求的中间商。

(3)作出选择,建立合作关系

企业应当按照符合分销渠道成员标准的程度把候选者进行排序,符合入选标准程度最高的候选者就是企业要首先选择的中间商。根据建立国际分销渠道所需要的中间商数量,挑出所需要的中间商,并与他们谈判,达成进行商品分销的商业性协议。

[阅读资料10.3]　　　　爱普生公司在美国招聘中间商

爱普生公司是日本打印机制造业的领头羊,在美国市场上颇有影响,但它一直对现有的经销商不满。当它打算增加新的产品生产计算机时,决定招募新的经销商以取代现有的经销商。爱普生美国公司总裁杰克·沃伦委托赫展拉特尔公司来完成这一工作,并提出了下列要求和合作条件。

①寻找在经营褐色商品(如电视机等)和白色商品(如冰箱等)方面有批发和零售两个层次分销经验的候选者。

②申请者必须具有领袖风格,他们愿意并有能力建立自己的分销系统。

③他们每年的薪水是8万美元底薪加奖金,提供37.5万美元帮助其拓展业务,他们每人再出资2.5万美元,并获得相应的股份。

④他们将只经营爱普生公司的产品,但可以经销其他公司的软件;同时,每个经销商都配备一名培训经理并经营一个维修服务中心。

要寻找符合杰克·沃伦要求、具有较强的市场开拓能力的申请者并非易事。赫展拉特尔公司在《华尔街日报》上刊登招募广告(不提及爱普生公司),收到了170封申请信,但其中绝大多数是不合格者。赫展拉特尔公司付出了相当大的努力来了解每个应聘者的情况,并进行评估。经初步筛选,接着与较合格的申请者的第二常务经理进行面试,再次筛选后,才提交最具资格的候选者名单。杰克·沃伦亲自面试,最后选出了12名最合格的经销商负责12个分销区。赫展拉特尔公司也由此获得了17万美元的报酬。

招募新的经销商以后,接着与现在的经销商终止业务。由于现有的经销商与爱普生美国公司没有合同,所以他们只有乖乖地转交业务。新的经销商开展业务工作以后,爱普生的产品在美国的销售确实有很大起色。

10.2.4　跨境电商

跨境电商是"互联网+外贸"的一种新型贸易模式,使消费者能够便捷地通过互联网直接从全球商家购置商品,以享受赋税方面的优惠。跨境电商作为推动经济一体化、贸易全球化的技术基础,具有非常重要的战略意义。它不仅冲破了国家间的障碍,使国际贸易走向无国界贸易,同时也正在引起世界经济贸易的巨大变革。

1)跨境电商的概念

跨境电商是指分属不同关境的交易主体,通过电子商务平台达成交易、支付结算,并通过跨境物流送达商品、完成交易的一种国际商业活动。跨境电商按进出口方向可分为进口跨境电商和出口跨境电商。

2)跨境电商的特点

随着跨境电商的快速发展,很多企业非常重视跨境电商的发展机遇,从而促进企业进出口贸易的发展。与传统的国际贸易相对比,跨境电商具有以下特点。

(1)无纸化、透明化

跨境电子商务主要采取无纸化操作的方式,电子计算机通信记录取代了一系列的纸面交易文件,在跨境电子商务模式下,供求双方的贸易活动可以采取标准化、电子化的合同、提单、发票和凭证,使得各种相关单证在网上即可实现瞬间传递,增加贸易信息的透明度,减少信息不对称造成的贸易风险。这将传统分销中一些重要的中间角色弱化甚至替代了,使国际分销渠道更加扁平化。

(2)交易的批量小、频度高

跨境电子商务通过电子商务交易与服务平台,实现多国企业之间、企业与消费者之间的直接交易,由于是单个企业之间或单个企业与单个消费者之间的交易,相对于传统贸易而言,大多是小批量交易,甚至是单件交易,交易频率较高。

(3)多边化

跨境电子商务的信息流、商流、物流、资金流由传统的双边逐步向多边的方向演进,其分销渠道呈现出网状结构。跨境电子商务从链条逐步进入网状时代,中小微企业不再简单依附于单向的交易或是跨国大企业的协调,而是形成一种互相动态连接的生态系统。

(4)效率高,具有可追踪性

传统的国际贸易通过境内流通企业经过多级分销,进出口环节多、时间长、成本高。而跨境电子商务可以通过电子商务交易与服务平台,实现多国企业之间、企业与消费者之间的直接交易,进出口环节少、时间短、成本低、效率高。同时,交易相关信息在跨境电商整个交易过程中都有记录,消费者可以实时追踪订单进度,如发货信息、运输状态等。

3)跨境电商的运营

随着跨境电商的发展,渠道垄断被打破,中间环节减少,交易成本下降,消费者与企业能同时获利。跨境电商蕴着巨大的市场发展潜力,这种潜力引起互联网零售企业的广泛关注,于是,各大企业纷纷在跨境电商领域布局。

(1)跨境电商平台

从2014年开始,天猫国际、京东、苏宁易购等大型电商平台先后开设了跨境电商频道,进入跨境电商领域,紧接着各类跨境电商平台迅速崛起。

①B2B平台。B2B跨境电商平台所面对的最终客户为企业或集团客户,提供产品、服务等相关信息,代表平台有敦煌网、中国制造、阿里巴巴国际站、环球资源网等。

②B2C平台。B2C跨境电商企业所面对的最终客户为个人消费者,针对最终客户以网上零售的方式,将产品售卖给个人消费者。代表平台有速卖通、米兰网、大龙网等。

③C2C平台。C2C电子商务是个人与个人之间的电子商务,主要通过第三方交易平台

实现个人对个人的电子交易活动,代表平台有淘世界、洋码头、蜜芽宝贝等。

根据不同的业务形态,跨境电商现有的主要运营模式分为:海外代购模式、直发/直运平台模式、自营 B2C 模式、导购/返利平台模式、海外商品闪购模式、B2C 平台模式。虽然特定电商平台所采用的运营模式可能是多样化的,但通常仍会有比较强的模式定位倾向性。不同的跨境电商平台有不同的特点和运营规则,企业在开展跨境电子商务时,首先要考虑企业经营的产品、所处的市场、当前的行业、客户群体等因素,其次要考虑跨境电商平台各自的特点,企业在挑选平台时,要根据企业的状况,找准位置。

(2)跨境电商下的销售渠道规划

跨境电商营销通过巧妙地结合社会化媒体营销、搜索引擎营销、电子邮件营销等各种营销手段,利用数字化的信息和网络媒体的交互性来实现跨境电商营销目标,可通过以下销售渠道进行规划。

①自建 B2C 商城。通过自建 B2C 商城,加大平台的品牌宣传力度,利用垂直自媒体、公关传播策划,迅速提高企业在跨境电商网购平台的地位。

②第三方电商平台。如京东,自行组建运营团队,直接招募成熟的代运营团队加盟,快速启动相关工作。

③线下渠道植入。搭建一个微店云平台,让合作的线下店家到平台开设店铺,合作店家的消费者自动导流至对应店家的云店铺进行交易。

④微商。充分利用微信营销,选择合适产品进行渠道抢占。

任务3　协调和管理国际分销渠道

[阅读资料10.4]　　　　华为成功实施品牌国际化战略的案例

华为掌门人任正非说,"中国市场一旦萎缩,企业将何去何从",他给出的答案就是,只有走出去才有活路。这就是华为国内国外两个市场一起抓的华为理念。华为最初进入国际市场是 2G 时代,华为是全球电信行业的迟到者,起步比别人晚,虽然苦苦追赶,但始终是跟在别人的后面,曾经扭转乾坤的机会是 3G 时代,华为虽然也没能参与 3G 的标准制定,但它紧紧跟随国际技术潮流,凭借着全球大规模的网络基础建设的机会,华为投入重金进行技术研发,终于在全球电信网络行业中取得了辉煌的业绩。华为给自己的定位就是,成为全球运营商发展业务所需的从前端到终端产品的解决方案的服务商。进入 5G 时代,华为成为全球电信行业的领跑者。

华为是如何实施品牌国际化战略的呢?

1.供应链的国际化。1988 年,华为成立之初正是从香港一家公司获得代理销售用户交换机在大陆的经销权开始的。有了供应链开始的国际化之后,华为就建立自己的技术团队,从做好产品销售服务,到最终掌握了用户交换机的生产技术,然后到研发自主品牌,开启了国际市场供应商之路。

2.研发的国际化。华为公司从 1996 年开始进入国际市场,最初公司的海外市场年收入只有 5 000 万美元,此后海外销售量连年翻番,目前华为已经在全球范围内建立了强大的市场体系,包括在全球拥有 15 个研究院/所,36 个联合创新中心,同时依托自身的全球 15 个研究院,面向世界一流的合作伙伴,它的合作伙伴有 SUN、英特尔、微软、高通、摩托罗拉等,与这些合作伙伴一起共同推进产业创新,在自身市场合作伙伴和渠道的国际化同时,也为客户带来极致的体验。研发的国际化使华为在长期的国际市场竞争中处于领先的位置。华为每年投入的研发经费是其每年销售收入的 10% 以上,研发的投入是华为国际化战略成功的主要原因。

3.管理体制的国际化。1997 年起,华为与 IBM、Hay Group、PvC 、FrG 等世界一流管理咨询公司合作,在集成产品开发(IPD)、集成供应商(ISC)、人力资源管理、财务管理、质量控制等方面进行深刻变革,建立了基于 IT 管理的体制。

4.品牌传播的国际化。通过参加国际专业展览,打开华为品牌的国际知名度。华为最初进入国际市场时,主要选择在通信落后的非洲市场,如中东市场、拉丁美洲市场,这些国家的市场门槛比较低。为了改变当地人对中国企业的刻板印象,加深他们对华为的认识,一方面,华为公司积极与当地人、当地政府进行面对面的沟通,向他们详细介绍中国的发展成就与华为的情况;另一方面,华为每一年都分别在多个国家参加诸多大型国际展览会,如埃及的电信展、巴西的电信展、莫斯科的电信展等。华为每进入一个国家市场都会在当地举办有规模的通信展,通过在展览和技术汇报会上宣传中国,宣传华为,华为的知名度在国际市场上越来越高,对争取当地客户的支持和获得入网许可证或者选型准入证资格提供有利条件。华为的国际口碑,就是通过国际专业展览和员工锲而不舍地宣传华为的产品和服务积累起来的。

把意见领袖"请进来"强化了华为的品牌国际知名度。2000 年,华为开始实施"走出去,请进来"战略,在 40 多个国家开设代表处,制订了"新丝绸之路计划",通过邀请外国政府电信官员和专家到中国访问,让他们了解中国的新面貌,领着他们从北京入境,之后到上海、深圳等发达城市,让他们发现中国城市的现代化程度已超出了预期。在访问中让他们使用中国的固定电话和手机,以及到中国电信和中国移动的机房参观华为的通信设备,让其明白通话质量、电话的普及程度已经达到发达国家和地区的水平,而华为已经是中国最大的电信设备供应商。在路线的最后,是到耗资 100 亿元创建的深圳华为公司总部——华为坂田基地,参观华为的现代化厂房和科研基地,加深对华为品牌的了解,通过这样多形式的多次邀请意见领袖参观活动,华为的国际化形象在行业内大幅提升。

2005 年以后,华为进军终端市场,生产智能手机、智能手环等终端消费品,此时,华为开始走进消费者的视野,在通信产品的终端消费市场上,华为处处展露头角。从此华为的身影在国际市场上随处可见,并开始花巨资赞助欧洲球队,如马德里竞技、AC 米兰、巴黎圣日尔曼、阿森纳、阿贾克斯、安德莱赫特、印度板球队等球队。邀请体育明星、影视明星等拍摄各类产品广告、企业形象宣传片,并在电视、网络和手机上进行投放,在国际知名媒体上投放等。

花旗:非常有兴趣进入中国基金分销渠道

经过 30 多年发展,华为的业务遍布全世界 170 多个国家和地区,拥有广阔的国际市场。今天的华为已经成长为国际知名的电信品牌,是中国实施品牌国际化成功的企业。

(资料来源:百度文库 2003 年 12 月)

10.3.1　国际分销渠道成员的权利平衡

国际分销渠道是不同市场主体的一种合作方式。保持国际分销渠道成员之间的良好合作,关键在于生产厂商与中间商之间,中间商与消费者之间,生产厂商、中间商与最终用户和消费者之间的权利平衡。权利平等是彼此间公平分配共同产品或利润的基础。因此,各个主体在进行合作时,都要争取自己应有的权利。平等地谈判、达成合作协议,是实现渠道成员之间权利平等的一种途径。

生产厂商与国际分销渠道成员之间,或者渠道中垂直关系层面,通常需要处理的权利平衡问题包括委托权和代理权关系、独家经销(代理)权与选择权关系、自主经营权与控制权关系。不少委托人难以及时收回货款,与委托—代理权关系不平衡是分不开的。

1) 委托权与代理权关系

在国际市场营销中,受资源条件的限制,多数企业没有条件在国际市场自设分销机构,或者分销机构无法遍及各自目标市场,多数企业都需经过数量不等的中间商,将产品送到目标消费者手中。国际市场的中间商包括出口中间商和进口中间商,企业有权根据自己的分销渠道模式选择合适的中间商,以达到拓展出口销售渠道,扩大产品出口的目的。而中间商也完全可以自主选择委托企业,以实现赚取最大化的商业利润。企业在与中间商签订委托合同时,必须明确双方的责任、权力与利益,并给予中间商充分的激励,以调动中间商的积极性。

2) 独家经销(代理)权与选择权的关系

独家经销(代理)权附带着地区独占权,即在拥有独占权的零售商所在地区,生产企业不再与其他零售商做交易。这实际上排除了其他零售商参与经销制造商的商品的机会。企业采用这种策略通常为了使经销商更负责、更热心。但是在这种安排中,通常规定零售商也不得在其独家销售区之外经营该企业的产品。这实际上剥夺了这些零售商在独家销售区之外销售潜力更大的市场上经营该企业的产品、谋求发展的权利,这往往成为主要的法律争端原因。

3) 自主经营权与选择权的关系

名牌企业销售的有畅销产品,也有非畅销产品。把非畅销产品销售出去可以增加企业的销售额和边际利润。因此,这些企业有时只向愿意经营其产品线全部产品的经销商供货,或者要求那些有意经营其畅销产品的经销商同时也销售非畅销产品。这样做可能使经销商或消费者不能从众多的竞争品牌中作出自主选择。

除了商品销售权之外,生产厂商和中间商之间还可能对供货保证、货款返还保证、分担商品运输费用、保险费用、促销费用以及价格控制、利润分配等方面的权利与义务进行谈判,以达成协议,或者沿用国际惯例或者有关国家法律,来明确界定。

上面主要讨论的是国际分销渠道中的生产厂商与出口商、进口商,进口国内批发商与零售商等之间的权利平衡问题。这些成员往往处于同一分销渠道的前后环节,属于垂直关联关系。在国际分销渠道管理中还需要认真管理的另外两种权利平衡关系,是不同分销渠道之间和同一分销渠道中的相同环节不同成员之间的权利平衡问题,前者一般是指两个出口商之间或两个进口商之间的关系,通常成为多渠道之间的权利关系;后者一般是指进口国内批发商之间、零售商之间的关系,通常成为水平关联关系。

权利与责任、利益是紧密联系在一起的。权利不平衡,就会造成有关承担分销功能的责任和利益关系的冲突。在国际分销渠道中,这种冲突很容易发生,因为这里存在着复杂关系,而且容易受到市场环境变动而出现不平衡。

10.3.2　国际分销渠道成员的冲突与控制

国际分销渠道的冲突既源于企业、渠道成员之间的利益动机,又迫于强烈的市场竞争压力——这是经济转型时期的一个重要特征。在目前的市场发展中,企业与渠道成员,渠道成员与渠道成员之间的冲突是必然的,也是不可避免的。一个主要的原因是有关成员的目标不同。例如,一家生产厂商希望以低价政策达到高渗透目标,而零售商则希望以高价格获取高利润。这种冲突就很难解决。目标的差异也可能起源于成员经营战略和策略的不同,也可能来自对经济形势的判断、对营销策略的预期的分歧。对于分销渠道的冲突,我们应该从以下两个方面来进行分析。

一方面是分销渠道的良性冲突。例如分销渠道的创新、新业态的出现,分销成员因为拓展市场、提高销量、扩大市场份额,企业为了推广新产品、拓展新渠道、实施新计划而发生的各种冲突。这种冲突总体上说是促进市场发展,加强流通,加快网络的发展速度的,因此对市场发展、对消费者是有利的,给分销成员带来了销售的动力,给消费者带来了购买的方便和价格的实惠。另一方面是分销渠道恶性冲突。例如假冒伪劣产品横行、区域窜货猖獗、不正当竞争泛滥等。任何企业、任何分销渠道都不可能做到风平浪静、利益平衡,在处理分销渠道的冲突中,企业只有不断提高经营管理水平,才能不断化解分销渠道的冲突,让分销渠道在冲突中健康成长。

美国市场营销专家科特勒教授提出下面几种管理冲突的办法。

①企业首先应选择的、最重要的解决方法是确立共同目标。只要渠道成员发现他们有共同的目标,如生存、市场份额、高品质、消费者满意度,就有了相互协调、解决冲突的基础。这种情况通常发生在渠道面临外来威胁时,比如出现了强有力的竞争渠道、立法的改变或消费者需求的改变等。有关成员很容易明白紧密合作就能够战胜威胁,这就会使他们从合作大局出发,追求共同的最终目标。

②在两个或两个以上的渠道成员之间交换人员,以便让各方亲身感受合作伙伴面临的压力和挑战,增进相互理解。例如,方迪公司就要求销售代表每年去每个经销商那里工作一天,从中了解经销商是如何做生意的。本田公司的经理可能会在其经销商那里工作一段时间,经销商也会在本田的经销商政策部门工作一段时间。这样,他们回到自己的工作岗位上之后,彼此之间便有了更多的了解,更容易从对方的角度去考虑问题。

③合作。所谓合作是指一个渠道成员为赢得另一个渠道成员或组织的领导者的支持所做的努力,包括邀请他们参加咨询会议、董事会等,使他们感到自己的建议能够被倾听,受到

重视。只要发起者认真对待其他组织相关人员的意见总能减少冲突。大宇公司就曾实施过一项计划,每年要求 20 名年轻的经销商经理和 20 名年轻的大宇经理,举办为期一周的研讨会,让彼此有机会交换意见,相互学习和促进合作。

④鼓励在行业协会内部和行业协会之间建立和发展成员之间的联系。不少行业不仅有国内的行业协会,还有国际性的行业协会,这些组织为各类制造商、进出口商、批发商和零售商彼此之间相互联系、沟通信息、相互了解创造了条件。

当冲突经常发生,或冲突激烈时,有关各方可以采取谈判、调停和仲裁。谈判是指有关各方派出代表共同协商解决冲突,一般会签署协议,保证继续合作,避免冲突升级。调停是由中立的第三方协调双方的利益。仲裁是指双方将冲突提交第三方(一个或多个仲裁人)解决,并接受仲裁。所有的渠道安排都会存在冲突,渠道成员总是不断设计出各方都满意的方案解决渠道冲突。

归根结底,分销渠道的冲突是利益之争,不论是济南 7 家商场拒售长虹彩电事件,还是天津 10 家商场联合抵制国美公司事件,还是发生在各地区接连不断的分销商之间的争斗,都是为了维持市场份额,保持竞争优势,争夺分销渠道控制权。企业在处理分销渠道冲突中应该保持清晰的思路,分清冲突的来源——在必要的时候,还可以通过设计冲突来激发分销渠道成员的竞争意识,对分销渠道的建设发展起到促进作用。

设计冲突的目的是激发分销成员的活力,因此,企业在管理条件许可的情况下一方面可以增加区域市场分销成员的数量来制造竞争,以降低分销渠道主宰者或分销领导者的反控制力,另一方面在自身的市场占有率不高或者市场体系不健全的时候适当倒货,以促进市场尽快进入火爆状态。当然,设计分销冲突必须掌握好度,也必须能够收放自如——只有这样,才能充分地体现激发分销渠道活力的设计原则。如果掌握不好,企业得不偿失,对分销渠道的伤害是巨大的。

对于良性冲突,企业可以利用管理资源、人力资源、利益资源进行充分的协调,促使良性冲突在分销渠道中成为发展的动力;而对于恶性冲突,企业则必须采取坚决的手段予以杜绝或者化解。因为恶性冲突的破坏性巨大,为了保证分销体系的完整和分销渠道的健康,加强企业对分销渠道的控制力和分销成员的忠诚度,采取激进且有效的手段是必要的。

[阅读资料 10.5]　　IBM 国外分销渠道系统中的多渠道冲突

有时候冲突来自于不合理的渠道分工,产生了权利的不明晰。IBM 国外分销渠道包括经销商、邮购、电话直销等。为明确渠道分工,IBM 任命该地区全国级客户管理者负责超大客户,地区销售人员负责大客户,电话直销部负责中等客户,经销商负责城市中小客户。但是出现了问题,因为各个渠道都会努力去争取可能发现的各类客户,必然出现相互间的竞争;如果各个渠道不管别的渠道所负责的客户,有可能失去一批客户。不论哪种情况出现,对 IBM 及其渠道成员都是不利的。

任务4　认识经济全球化下国际分销渠道的必然性

10.4.1　经济全球化下国际分销渠道的客观性

对世界来说,20世纪的结束宣告了工业文明之后一个信息时代和网络社会的到来。全球经济一体化、竞争无国界化的崭新格局,正在引发着市场营销继工业社会诞生以来最深刻的变革。经济全球化是战后经济国际化发展的结果。由于科学技术的突飞猛进,社会生产力的迅速发展,使得经济因素在整个国际关系中占有越来越重要的地位,商品、服务、资本、技术跨越国界的流量越来越大,资源在更大范围内的有效配置,已成为国际经济与合作的战略目标。国际经济组织大力推动贸易投资自由化,促进了资金、技术、人才在全球范围内更加自由、更大规模的流动。这种情况使得产业、市场、消费者的竞争日趋全球化,通信产业尤为明显。这就意味着国际市场营销竞争环境将发生战略性的重组,竞争国际化将进入专业营销人员的视野。如何应对这一系列的变化,必须充分认识到经济全球化下国际分销渠道创新发展的重要性。

[阅读资料10.6]　　　　推动共建"一带一路"高质量发展

当今世界,全球经济一体化、世界政治格局多边化以及霸权主义、强权政治、单边主义、保护主义和霸凌行为依然存在,越演越烈,为了打破坚冰,习近平总书记提出构建人类命运共同体战略和共建"一带一路"的扩大对外开放的倡议,为世界经济的持续发展提供中国智慧、中国模式、中国方案,做出积极的贡献。所谓"一带一路"是"丝绸之路经济带"和"二十一世纪海上丝绸之路"的简称。2013年9月和10月由习近平总书记分别提出建设"新丝绸之路经济带"和"二十一世纪海上丝绸之路"的合作倡议。10年来,共建"一带一路"倡议得到了国际社会的普遍关注并主动参与。"一带一路"倡议先后写进联合国、亚太经合组织等多边机制的成果文件中,截至2022年7月,中国已同149个国家、32个国际组织签署了200多份共建"一带一路"合作文件,所以说,共建"一带一路"推动中国与沿线国家和地区展开广泛合作,深度参与全球产业分工与合作并取得了系列卓越的成果;不仅如此,共建"一带一路"还对稳定多边的国际经济秩序和经贸关系,以及全球治理体系有着深远影响和积极意义;在共建"一带一路"的引领下,我国企业要加快扩展国际合作空间,重点加强产能合作;在共建"一带一路"下优化我国的产业结构,高质量地加快产业的重组和创新发展,积极培育新的经济增长点,为努力实现互联互通,合作共赢,夯实基础。

(资料来源:运城学院—融媒体中心,2022年12月16日)

[阅读资料10.7]　广交会观察:中企深耕共建"一带一路"国家市场持续挖掘新商机

"早在2023年3月,公司专业设计团队就去了阿联酋、沙特、科威特等国家拜访客户,了解市场需求。"上海万盛保温容器有限公司总经理赵伟在第133届广交会上称。该公司携钟表旋钮式咖啡壶等新品亮相广交会,积极开拓共建"一带一路"国家市场。

广交会是中国企业抢抓外贸订单的重要平台。本届广交会上,上海万盛保温容器有限公司就与来自中东、中亚、北非等地区的 20 多家采购商达成合作意向,累计金额超 200 万美元。

自 2013 年共建"一带一路"倡议提出以来,中国与共建"一带一路"国家经贸投资合作稳步增长。中国商务部此前发布的数据显示,从 2013 年到 2022 年,中国与共建"一带一路"国家货物贸易额从 1.04 万亿美元扩大到 2.07 万亿美元,年均增长 8%。

中国海关总署日前发布的数据显示,2023 年一季度,中国与共建"一带一路"国家进出口达 3.43 万亿元人民币,占中国外贸比重达 34.7%。

十年来,作为"中国第一展",广交会积极邀请共建"一带一路"国家和地区的采购商与会,让中国优质产品进入其市场。据统计,广交会的采购商中,有一半来自共建"一带一路"国家和地区。

本届广交会上,中国参展企业纷纷表示,将通过加强技术创新、品牌建设、市场布局等方式,进一步深耕共建"一带一路"国家和地区市场,持续挖掘沿线新商机。

近年来,东南亚等市场对可降解纸制品需求上升。江苏凯序金原纸塑包装有限公司了解到这一市场动向后,在本届广交会上新推出 15 款绿色可降解、无塑料原料的环保产品,吸引了众多沿线国家采购商前来咨询。据了解,该公司投入数百万元人民币,进行了可降解新材料的创新研发。

广东三角牌电器股份有限公司总经理李新华带着 47 款新产品参加本届广交会,包括工业风扇、智能锁、智能电饭煲等。李新华称,今年公司要通过品牌重塑与焕新,实现品牌年轻化、时尚化转型,提升品牌竞争力;同时,结合现有的品牌布局及产品定位,将重点销售目标市场定为东南亚国家及共建"一带一路"国家市场。

展望未来,共建"一带一路"国家市场商机无限。本届广交会上,中国世界贸易组织研究会副会长霍建国指出,东南亚经济体仍将保持较快增长势头,中国同《区域全面经济伙伴关系协定》(RCEP)市场的对接正在产生新的较大溢出效应,对中国继续扩大双边贸易形成有力支撑。中国同中东主要国家的关系改善将为中国贸易发展提供新的潜在增长点。拉美市场和非洲市场继续保持稳定,仍具扩大出口的潜能。

霍建国认为,中国同共建"一带一路"国家和地区的贸易仍将保持较快增长,出口商品结构的优化和新的出口增长点正在快速形成。

事实上,广交会也为共建"一带一路"国家和地区企业向中国推销当地产品和服务提供了"快车道"。本届广交会的进口展规模进一步扩大,首次在 3 个展期均设立,展览面积达到 3 万平方米。40 个国家和地区的 508 家企业参展,其中共建"一带一路"国家和地区企业占 73%。

(资料来源:中国新闻网,2023 年 4 月 27 日)

10.4.2　经济全球化下国际分销渠道的创新与发展

国际市场趋同促使分销渠道系统大型化、综合化、世界一体化。全球经济一体化的趋势加强,市场机会的差异萌生了全球分销渠道系统的发展。地区之间销售渠道形成的差别正日趋减小。20 世纪 50 年代初,美国和欧洲的销售方式存在着天壤之别。时至今日,情况大不相同,超级市场、连锁商店和直复营销等形式在工业发达的国家和地区普遍存在和发展。长期以来,一些巨型零售机构正把自己的销售网扩大到世界各地。西尔斯在墨西哥、西班牙和日本设立了销售网点;马狮集团在欧洲市场零售网络中的影响久负盛名。这种零售商业的国际化发展,反过来进一步带动了生产商开拓国际市场的能力,生产的国际化更加依赖渠道网络的国际化,各种全球化的垂直营销系统应运而生。在经济全球化下,国际分销渠道模式发生了以下变化。

1)国际分销模式的标准化与多样化

所谓分销模式标准化是指国际企业在海外市场上采用与母国相同的分销模式;多样化则是指根据各个国家或地区的不同情况,分别采用不同的分销模式。

采用标准化的分销模式可以使营销人员以经验为基础来提高营销效率,实现规模经济。然而事实上即使产品采用标准化策略,分销模式要采用标准化策略却更加困难。这主要是因为各国分销结构由于历史原因而相异殊多;各国消费者的特点不同,如购买数量、购买习惯、消费偏好、地理分布等方面存在较大差异;同时国际企业还要考虑自身实力,竞争对手的渠道策略以及其他营销组合因素。所以选择海外市场分销模式绝非国际企业一厢情愿即可为,国外企业在进入日本市场时,普遍对其高度集中与封闭的渠道结构感到无从入手,必须与综合商社、大的制造商或批发商合作,方可将产品推入其渠道系统。成员都完全独立,相互缺乏紧密合作与支持。

[阅读资料 10.8]   加快构建国内、国际双循环的新发展格局

2020 年 4 月,习近平总书记在中央财经委员会会议上首次提出构建以国内大循环为主体、国内国际双循环相互促进的新发展格局。2023 年 1 月,在二十届中央政治局第二次集体学习时,习近平总书记对加快构建新发展格局作出重要论述,在我国发展的新征程上,我们要深刻理解构建新发展格局的重大意义,深入贯彻落实党中央关于加快构建新发展格局的重要决策部署,新征程上,我国坚定不移实施"一带一路"的对外开放的战略,坚定不移地扩大对外贸易,加快建设贸易强国。党的十八大以来,我国的对外贸易取得了历史性突破,货物贸易、服务贸易分别跃居全球第一位和第二位,交出了贸易结构不断优化、贸易效益显著提高的靓丽答卷。党的二十大提出的新发展格局绝不是封闭的国内循环,而是开放的国内国际双循环。"国内国际双循环"是要求以国内循环为主体,既开发国内市场,又扩展国际市场,两条腿走路,两方面相互促进的新的发展格局。国内国际双循环相互促进是指,一方面,内循环牵引外循环,塑造我国参与国际经济合作和竞争的新优势;另一方面,外循环促进内循环,在参与国际循环中提升国内循环效率,实现内外循环的顺畅联通。加快建设贸易强国,就是要更好发挥贸易对商品和要素流动的载体作用,促进市场相通、产业相融、创新相促、规则相连,深度参与国际产业分工与合作,进一步提高开放水平,推进高水平科技自立自强,提升产业链和供应链的韧性,通过出口质量效益的提高,更好发挥外贸在稳就业、稳经济上的重要作用;同时扩大优质产品和服务进口,满足人民群众多层次多样化消费需求,不断增强人民群众的获得感和幸福感。

当前我国对外贸易仍有很大的提升空间,加快构建新发展格局就是要加快建设贸易强国,扩大高水平对外开放,对标高标准国际经贸规则,推动贸易规模稳定、质量提高,我国要真正成为全球国际贸易的引领者,全球经济治理重要参与者。党的十八大以来,我国深入推进对外贸易的创新发展,积极培育新业态、新模式,顺应全球数字经济发展新趋势和可持续发展新要求,不断在对外贸易中提高数字化和绿色化水平,不断通过新业态和新模式的应用推出,如:跨境电商快速发展,电商网络应用技术水平的提高,大大地增强了我国企业在国际市场的竞争力。

（资料来源：《人民日报》）

2）新兴渠道模式的流行

所谓新兴渠道模式是指渠道成员采取了不同程度的联合经营策略,具体有纵向联合和横向联合两种。纵向联合有3种系统:一是公司垂直一体化系统,主要为大制造商或大型零售商牵头建立的控制批发、零售各个层次,直至控制整个销售渠道的系统,它往往集生产、批发、零售业务于一体;二是合同垂直一体化系统,它是由不同层次的相互关联的生产单位和销售单位,以契约形式联合起来的系统,它有特许经营系统、批发商自愿连锁系统和零售商合作社3种形式;三是管理一体化系统,制造商通过与中间商协议,以控制其生产线产品在销售中的供应、促销、定价等工作。横向联合是指由中小批发商组成的自愿连锁,它较少涉及渠道结构中的其他层次,主要是中小批发商合作抗衡大批发商的一种方式。

3）垂直营销系统的增加

为了应付日益复杂的市场,许多生产商、批发商和零售商组成统一的系统,以降低交易费用、开发技术、确保供应和需求。市场竞争往往表现为整个渠道系统之间的竞争。以日本汽车行业为例,现代的竞争不单是丰田汽车工业公司、丰田汽车销售公司与日产汽车公司的竞争,而是包括经销店在内的丰田集团与日产集团的竞争。由于垂直营销系统能有效地规避风险,一些小型的商业机构为了应对大型连锁组织、超级市场和百货商店的竞争,也相继组成了垂直营销系统。如批发商组织的自愿连锁店、零售商合作社等。

4）数字化分销渠道

21世纪人类迅速进入数字化生存时代,商业过程的高度自动化和网络化将市场营销中的分销移植到了互联网,实现真正的虚拟营销。电子商务改变了工业时代传统的、物化的分销体制,企业必须为适应B2B或B2C的业务开展在网上建立全新的分销模式。

数字化分销渠道缩短了生产与消费之间的距离,节省了商品在流通中的诸多环节,消费者或用户通过互联网在电脑屏幕前直接操作鼠标或手机端就可完成购买行为。在网上购物不仅可以节省时间,方便快捷,而且还省钱省力。互联网对于传统的市场营销最具革命性的影响就在于此。虽然全球电子商务的推广与发展还未能完全取代传统的分销体制,但数字化分销的电子商务带来的是21世纪全球性的商业革命。

无论是B2B还是B2C,全球电子商务正以百倍的发展速度推动着网上交易的扩张和渗透。据统计,1992年全球网上购物总值达50亿美元,而到1998年已增长了30倍,总额达1 500亿美元。如何利用互联网建立自己的分销体系? 如何将数字化的分销渠道和传统的分销体系有机地结合起来? 如何在网上和客户建立长久的合作关系? 是现代企业在21世纪相当长一段时间必须面对和要思考的问题。

项目小结

国际分销渠道是指一国生产厂商的产品进入海外市场最后到达国外购买者所经过的各个环节和途径。由于各国之间存在营销环境、营销对象、营销方式和营销管理的不同,因此,国际分销渠道建设和管理就要跨越各种差异而把渠道成员有机地连接成为一个有效运转的合作分销系统。合理的国际分销渠道应当具备6个特征:快速反应、按照国际惯例办事、多元结构、可控制、高分销效率、有应变弹性。

受到各国对外贸易政策的影响,一国商品出口到海外市场,需要经过出口—进口以及在进口国内的流通等环节。企业可以通过多种方式进入国外市场,并要选择合适的合作伙伴,正确处理渠道成员之间的权力关系和冲突,以保证渠道正常、有效地运转。在经济全球化下,企业还可以对渠道模式进行改革与创新,以提高企业在国际市场上的竞争力,扩大市场份额。

学习和理解我国实施"国内国际双循环经济"发展战略以及共建"一带一路"扩大对外开放发展战略的重要意义,在此引领下实现我国企业国际分销渠道的创新发展。

【练习题】

一、名词解释

1.国际分销渠道

2.许可贸易

3.出口卖断

4.国际分销模式标准化

5."一带一路"倡议

6.国内国际双循环战略

二、选择题

1.国际分销渠道通常是(   )。

    A.短渠道   B.长渠道   C.中渠道   D.窄渠道

2.(   )企业以自己的名义对外签约,同时委托专业性的出口管理公司代理服务,如与国外客户的联络、租船订舱、制单结汇、报关检验等。

    A.出口代理   B.出口卖断   C.直接出口   D.合同制造

3.组装业务是属于选择进入国际分销渠道方式中的哪一种方式?（   ）

    A.出口   B.许可贸易

    C.国外生产   D.建立海外合营企业

4.影响企业进入国际市场的因素中,市场规模属于(   )因素。

    A.目标市场国家环境   B.本国环境因素

    C.企业的资源条件   D.企业的发展目标

三、简答题

1.合理的国际分销渠道应当具有哪些特征?

2.企业选择进入国际分销渠道的方式有哪些?

3.在国际分销渠道中选择国际合作伙伴应该考虑哪些因素?

4.企业选择进入国际市场方式的影响因素有哪些?

5.简述共建"一带一路"倡议的重要意义。

四、论述题

请论述在国内国际双循环牵引下,我国企业国际分销渠道的发展趋势。

【实训题】

国际分销渠道实训

1.实操目的:通过实训熟悉国际分销渠道的进入方式,了解跨国企业是如何选择合作伙伴的,认识国际分销渠道的发展趋势,提高为产品选择和设计相应的国际分销渠道的能力。

2.实操要求:以学习小组为单位,通过网络调研、资料查阅等方式开展调研,完成调研报告。

3.实操步骤:

(1)选择某个跨国企业;

(2)调研该企业进入国际分销渠道的方式;

(3)调研该企业是如何选择跨国合作伙伴的;

(4)分析该企业国际分销渠道存在的问题;

(5)根据所学知识,提出改进建议;

(6)撰写书面调研报告。

【案例分析】

李宁国际文化
营销案例

李宁品牌的海外营销战略:东方文化遇上西方市场

李宁公司自1989年成立以来,在中国市场始终坚持为消费者提供高品质的体育用品,取得持续稳定的发展,成功塑造了中国的体育用品品牌。进入21世纪以来,经济全球化席卷而来,给中国企业带来了机遇和挑战,随着中国加入WTO,中国企业也纷纷加快了品牌国际化的进程。其中,在中国品牌纷纷进入国际市场的潮流中,李宁体育用品品牌,无疑是中国企业比较具代表性的开发国际市场成功的案例。

据统计,2019年李宁的市场销售额近200亿元人民币,其中,国外市场的贡献不容小觑,占比达到了 20%。这个惊人的数字足以证明李宁在国际市场的影响力。李宁品牌开发国际市场,得益于它成功的营销策略。

产品策略

回顾李宁品牌这几年的经历,我们发现李宁在产品研发和设计上进行了大胆的尝试和创新,除了保留有特色的传统的运动产品,也朝着国际化和时尚化的方向,加快了产品更新迭代的速度。李宁开始涉足潮流时尚领域。例如,与日本知名设计师濑户欣哉(Yosuke Aizawa)合作,李宁品牌成功地打入了日本市场,成为日本年轻人追捧的对象。

但这并不是李宁唯一的成功案例。李宁还通过与不同国别的设计师合作,推出了一系列令人印象深刻的联名款产品。每一款产品都非常精准地融合了东方哲学和西方的设计文化,这也正是李宁品牌获得国际化成功的魅力所在。

品牌形象传播与销售渠道拓展

2018 年,李宁在纽约时装周上亮相,惊艳全场,受到热烈欢迎。这次秀不仅展示了李宁的新品,更展示了中国品牌的自信和魅力。这场时装秀也为李宁赢得了国际媒体的广泛关注和赞誉,使李宁品牌在国际用品体育市场上大放异彩。

不仅如此,通过与 NBA 球员 Dwyane Wade 的合作,李宁在美国球鞋市场也取得了不小的成功。这一系列动作都表明,李宁正在努力将品牌定位于全球化,而不仅仅是中国市场。

海外网红营销

李宁在国际市场的营销策略中,大量采用了网红营销。这是一个非常明智的决策。在社交媒体日益发展的今天,网红的影响力不容小觑。

以欧美市场为例,李宁与一些 YouTube 和 Instagram 的知名网红进行了合作。这些网红在自己的社交媒体上发布了与李宁合作的内容,获得了大量的点击和关注。例如,YouTube 网红 Alex Costa 与李宁合作,他在自己的频道上为粉丝推荐了李宁的一款运动鞋,这一举动使李宁的品牌知名度国际市场得到了极大的提升。

面对全球市场的机遇与挑战,李宁品牌国际化的成功经验,表明其特有的国际市场营销竞争力。在当今的国际市场上,李宁品牌不仅仅是一个运动品牌,更是一个充满中国文化和故事的国际化品牌。未来,我们有理由相信,李宁将会在国际市场上取得更大的成功。

(资料来源:百度文库)

案例思考题

1.通过案例,请分析李宁品牌开发国际市场的营销环境条件如何?

2.李宁品牌开发国际市场运用的营销策略有什么特色?

3.在什么方面体现李宁品牌如何将东方文化与西方市场成功的结合?

附　录

附录一　经销商调查表

经销商名			产权性质	
注册地址			经营地点	
	电话：			电话：
产权人	姓名：		经营方针	
	电话：			
负责人	姓名：		经营品种	
	职务：			
	电话：			
销售收入			注册资本	
成立日期			资金状况	
员工人数			经营能力	
卖场数量			经营者素质	
地域分布			库存状况	
员工素质			下属网络	
合作意向			合作制造商	
合作方式			送货服务	
当地市场地位	实力排名	第　名	组装力量	
	信誉排名	第　名	促销方式	
计划目标			促销投入	
合作时间			业内评价	
支持条件			综合评价	
调查人			日期	

附录二　经销商信息资料表

企业名称				产权人	
地　址				电　话	
联系人		职　务		电　话	
月销售额		年销售额		资金状况	
卖场数量		经营面积		员工数量	
现经营家具品牌					
公司产品进货情况					
公司产品销售情况					
公司产品库存情况					
合作订货意向					
营销网络现状					
需要支持事项					
结算方式					
价　格					
运　输					
其他信息					
业务员				日期	

附录三 经销商订货单

<table>
<tr><td>供方(甲方)</td><td>需方(乙方)</td></tr>
<tr><td>公司名称:_____</td><td>客户名称:_____</td></tr>
<tr><td>经 办 人:_____</td><td>经 办 人:_____</td></tr>
<tr><td>地   址:_____</td><td>地   址:_____</td></tr>
<tr><td>邮   编:_____</td><td>邮   编:_____</td></tr>
<tr><td>电   话:_____</td><td>电   话:_____</td></tr>
<tr><td>开户银行:_____</td><td>开户银行:_____</td></tr>
<tr><td>账   号:_____</td><td>账   号:_____</td></tr>
<tr><td>税   号:_____</td><td>税   号:_____</td></tr>
</table>

成品名称	规格型号	单 位	单 价	数 量	金 额	折让率	折让金额	实际金额
合 计								
运输方式			联系人					
交货地点			电 话					
运 费			发货期限					
总计金额			付款期限					
备 注								

本订单一式四份。

参考文献

[1] 杨伦超. 促销策划与管理[M]. 3 版. 重庆：重庆大学出版社，2014.

[2] 刘红燕. 国际市场营销[M]. 2 版. 重庆：重庆大学出版社，2014.

[3] 朱玉童. 采纳方法[M]. 北京：企业管理出版社，2014.

[4] 凌子谦. 渠道的力量[M]. 北京：中国长安出版社，2014.

[5] 伯特·罗森布洛姆. 营销渠道：管理的视野[M]. 宋华，等译. 8 版. 北京：中国人民大学出版社，2014.

[6] 谭长春. 快消品营销与渠道管理[M]. 北京：电子工业出版社，2013.

[7] 菲利普·科特勒，凯文·莱恩·凯勒. 营销管理[M]. 王永贵，等译. 北京：中国人民大学出版社，2012.

[8] 凯特奥拉，吉利，格雷厄姆. 国际市场营销学[M]. 赵银德，沈辉，张华，译. 15 版. 北京：机械工业出版社，2012.

[9] 张磊楠. 营销渠道成员间竞合行为形成机制及作用效果研究[M]. 北京：中国人民大学出版社，2014.

[10] 庄贵军. 营销渠道管理[M]. 2 版. 北京：北京大学出版社，2012.

[11] 佩尔顿，等. 营销渠道[M]. 张永强，彭敬巧，译. 北京：机械工业出版社，2004.

[12] 吕一林. 营销渠道决策与管理[M]. 北京：首都经济贸易大学出版社，2002.

[13] 卜妙金. 分销渠道管理[M]. 北京：高等教育出版社，2001.

[14] 王方华，奚俊芳. 营销渠道[M]. 上海：上海交通大学出版社，2005.

[15] 鲁怀坤，戴强，张继承. 分销渠道控管模式策划[J]. 企业活力，2000(5)：40-42.

[16] 陈保国. 论生产企业分销渠道的组织[J]. 企业经济，1998，17(1)：34-36.

[17] SHUGAN S M. Implicit understandings in channels of distribution[J]. Management Science，1985，31(4)：435-460.

[18] 刘春雄. 新营销[M]. 北京：中华工商联合出版社，2018.

[19] 加里·阿姆斯特朗，菲利普·科特勒，王永贵. 市场营销学：第 12 版全球版[M]. 王永贵，郑孝莹，等译. 北京：中国人民大学出版社，2017.

[20] 琳达·哥乔斯，爱德华·马里恩，查克·韦斯特. 渠道管理的第一本书[M]. 徐礼德，侯金刚，译. 北京：机械工业出版社，2013.

[21] 郑锐洪. 分销渠道原理与实务[M]. 北京：中国水利水电出版社，2011.

[22] 王方. 渠道管理[M]. 2 版. 北京：高等教育出版社，2019.

[23] 郑锐洪，王振馨，陈凯. 营销渠道管理[M]. 2 版. 北京：机械工业出版社，2016.

[24] 施炜. 深度分销：掌控渠道价值链[M]. 北京：企业管理出版社，2018.

［25］王先庆，彭雷清，曹富生. 全渠道零售：新零售时代的渠道跨界与融合［M］. 北京：中国经济出版社，2018.

［26］刘娜. 新媒体营销［M］. 西安：西安电子科技大学出版社，2021.

［27］胡介埙. 分销渠道管理［M］. 4 版. 大连：东北财经大学出版社，2018.

［28］潘文富，黄静. 从零开始管理经销商［M］. 北京：清华大学出版社，2016.

［29］高聪蕊. 营销赋能：新媒体营销下的渠道创新［J］. 商业经济研究，2021（18）：82-84.

［30］刘琪. 中粮：全产业链与全网营销［J］. IT 经理世界，2012（18）：76-81.

［31］段振亮. 中粮集团："我买网"探索新模式［J］. 现代国企研究，2011（9）：64-67.

［32］郑立捷. 加入"生产队""乐享"新生活：中粮集团携手 MSN 推出全新实时互动交际游戏［J］. 经济，2010（5）：72.